国家社科基金
后期资助项目
GUOJIA SHEKE JIJIN HOUQI ZIZHU XIANGMU

《左传》的文献形成
与历史书写

陈鸿超　著

社会科学文献出版社
SOCIAL SCIENCES ACADEMIC PRESS (CHINA)

图书在版编目（CIP）数据

《左传》的文献形成与历史书写／陈鸿超著．－－
北京：社会科学文献出版社，2024.11.－－ISBN 978-7
-5228-3970-7

Ⅰ.K225.04

中国国家版本馆 CIP 数据核字第 2024UZ5376 号

国家社科基金后期资助项目

《左传》的文献形成与历史书写

著　　者／陈鸿超

出 版 人／冀祥德
责任编辑／王玉敏
文稿编辑／梅怡萍
责任印制／王京美

出　　版／社会科学文献出版社·马克思主义分社（010）59367126
　　　　　地址：北京市北三环中路甲 29 号院华龙大厦　邮编：100029
　　　　　网址：www.ssap.com.cn
发　　行／社会科学文献出版社（010）59367028
印　　装／三河市龙林印务有限公司

规　　格／开　本：787mm×1092mm　1/16
　　　　　印　张：26.5　字　数：420 千字
版　　次／2024 年 11 月第 1 版　2024 年 11 月第 1 次印刷
书　　号／ISBN 978-7-5228-3970-7
定　　价／129.00 元

国家社科基金后期资助项目
出版说明

后期资助项目是国家社科基金设立的一类重要项目，旨在鼓励广大社科研究者潜心治学，支持基础研究多出优秀成果。它是经过严格评审，从接近完成的科研成果中遴选立项的。为扩大后期资助项目的影响，更好地推动学术发展，促进成果转化，全国哲学社会科学工作办公室按照"统一设计、统一标识、统一版式、形成系列"的总体要求，组织出版国家社科基金后期资助项目成果。

全国哲学社会科学工作办公室

序 一

陈鸿超《〈左传〉的文献形成与历史书写》即将付梓，请我作序，作为其导师，能够见证他在学术道路上的成长与进步，我深感欣慰，欣然应允。

我与陈鸿超初识于 2012 年吉林大学金景芳师的塑像揭幕仪式上，当时觉得这个南方小伙饱含学术热情，因此对他印象颇佳。2013 年陈鸿超从吉林大学考入清华大学，从我治学四年。他并非历史学科班出身，但勤于学习，颇有悟性，对传统问题往往能够发散思维，另辟蹊径。他的毕业论文便以《左传》文献研究为方向，当时获得评审专家的广泛好评。

《左传》成书与编纂等相关问题是一个传统问题，也是早期文献学、经学领域的焦点问题，内中头绪繁多，说法纷出。陈鸿超能够迎难而上，将出土文献与传统典籍相结合，利用新方法、新视角深入探讨这一传统课题，显然具有重要的学术价值。总体来看，本书有不少优点，主要表现在以下三个方面。

一是充分吸收既有研究成果。从汉唐注疏、清人考据到近现代中外学者对于《左传》的多角度探索，本书抓住了《左传》文献研究的焦点和主线，厘清了学界争论的发展脉络。文中提出的一系列观点，诸如"《左传》成书历经三个阶段""《别录》所记的《左传》世系并非凭空臆造""《春秋》笔法确实存在""《左传》确为传《春秋》所作"等等，并不是对传统结论的机械重复，而是通过深入融合传世文献与出土资料获得的立论有据的见解。有些观点纵然仍可再讨论，但其研究方法、对资料的吸收分析和鉴别能力无疑是令人称道的。

二是充分运用出土新资料。近年大量公布的出土文献为本书提供了丰厚的基础，这是推动探究向纵深发展的有利条件之一。本书论述传统问题的同时，综合利用上博简、清华简、马王堆帛书等新材料，发现《左传》研究的新问题，从而拓宽了《左传》的研究视角。值得肯定的是，本书虽重点利用出土资料，但不是盲目信从，更不忽略原有传世史料的作用，而是充分吸收传世文献的研究成果，科学合理地把两方面结合起来，将它们分别作为完整的作品及社会共用的史料进行对读与参证。

三是融通文献学与史学史的研究方法。陈鸿超硕士研究生阶段主要作《左传》史学方面研究，博士研究生阶段转而研究《左传》文献问题，史学史和历史文献学的研究背景使他能够深入思考《左传》文献形成与历史书写的相互关联，从而得出《左传》多阶段的成书过程使其史学思想呈现多元性、《左传》多源的史料构成推动"纪事本末体"与"纪传体"雏形的出现等新结论。

可以说，本书是一部高质量的《左传》文献研究新作，有助于加深、拓宽、补充现有研究。同时，本书亦是在"结合传世文献与出土文献研究古书形成"研究范式下一次有意义的实践，能为日后学界"研究古书的形成"，乃至"研究早期史著的形成"提供方法借鉴。当然，《左传》文献问题也非此一书能够完全解决，仍有诸多研究课题可继续挖掘，本书自然有进一步完善与拓展的空间。我衷心祝愿陈鸿超在这一领域不断耕耘，再接再厉，能够取得更多有突破性的成果。

廖名春

2024 年 5 月 1 日

序 二

　　《左传》是战国史学发展的最杰出成就。从历史叙事的角度看，《史记》出现之前，各类史著无出其右者。其卓尔不群的成就，自然衍生出复杂多样的文献学问题。近年战国竹书出现大量单篇述史文献，所述主要为春秋时期史事，包括楚、晋、齐、郑、秦、鲁、吴、越等众多诸侯国，与《左传》所载内容存在大量重合。这一方面固然为解决《左传》的成书问题提供了新的资料，但另一方面也对《左传》这种庞大体量文献的创作、储藏与流传提出了新的问题。因此，有关《左传》的文献学研究，既是一个历千余年之久的传统课题，在新的资料条件下，它又极富开创性，不能以"炒冷饭"视之。

　　历代关于先秦儒家文献的研究，大致可以中唐为界。前此两汉及魏晋学者，对于先秦儒家文献态度严谨，秉持家法或师法，不轻易怀疑。即使如四库馆臣所言王弼、王肃等人"稍持异议"，也只是针对当时的一些具体经说，对儒家相传经文本身，并不质疑。唐以"五经"取士，儒家经典成为士人科举入仕的门径，而疑经之风也逐渐兴起。汉儒、唐儒，虽同重"五经"，但方式不一。汉代以"五经"取士，强调师徒授受，学、政合一，能得其师学之髓，即有出仕的机会。故而学者都谨守门户，重师说旧学，不重己说新见。唐代同样以"五经"取士，但途径已明显不同，像明经这样的考试科目，已开教、考分离之端。士人参考科举，若仍局促于谨守某师旧说，就很难在一众士人中脱颖而出，因此自然会形成破除师说旧学门户、创立新说的风气。如刘知几作《疑古》《惑经》等篇，就是当时这一风气的首倡。韩愈构建儒家授受道统，孟子之后，于两汉学者一无所取，则是这种破除旧学门户的极端表现。他与李翱从儒家经典中单拈出《大学》《中庸》，固然开发出这两篇文献特殊的思想史意义，开导出在后世延续千余年的道学一脉，但就先秦儒家的学术整体而言，显然是一种以偏概全。从文献学的角度看，它必然会对作为一个整体的先秦旧籍造成很大程度的撕裂，为学者对经典采取或信或疑的态度，提供了思想性前提。两宋时期，随着理学的兴起，经典的重新阐释成为新学奠基之必需。不唯汉学旧说需要重新整理，即经典本身也需经过再度甚至是多轮次审定。这一时期的重要学术成就，如针对古文《尚书》的质疑，实开后代学者《尚书》辨伪工作之端，当然值得肯定。但与此同时，经典的权威性也受到很大损害。像《春秋》这样的儒家经典，战国以至两汉，有众多史料可证为孔子所作，或至少与孔子有密切关系，也被王安石简单讥为断烂朝报。而至理学、心学正式兴起之后，更由于学者独倡义理，束书不观，虽并未在文献领域形成直斥经典的风气，但在两宋以后学者的普遍心理上实导致经典文献权威性的进一步削弱。受其深刻影响，明末清初兴起了具有一定启蒙性质的社会思潮。其代表人物中，李贽开其风气，形成一种极端的批判意识，之后则有黄宗羲、顾炎武、王夫之等思想界巨擘。他们针对传统思想的反思与批判，必然也会在客观上削弱传统经典文献的权威性。实际上，自明代始，即有将六经归入史部的文献认识。发展到清代，章学诚最终提出"六经皆史"的观点。六经既降为史，学者虽对其中圣人主张未敢质疑，但针对其中所载具体史事，自然有了怀疑的空间。在《原学》篇中，章学诚明确指出"以诵读为学者，推教者之所及而言之，非谓此外无学也"，就是将儒家传统经典文献与圣人之学分而视之。他甚至还讥讽"专于诵读而言学"为"世儒之陋"。他的这些看法，具体地看，是针对当时流行的烦琐考证学风的批评；深层地讲，亦构成针对儒家传统经典文献权威性的正面挑战。实际上，即使是章氏批评的清代考据学，虽然研学方式与宋、明独尊义理大相径庭，但对先秦经典文献的质疑也并未止步。尤其是清人以所谓考据、实学自居，治学难免有务求胜于战国及汉儒旧说之心态。其领军人物崔述，即宣言"不以传注杂于经，不以诸子百家杂于经传"。因此，战国儒家师徒相传之各种史料、故事即使可为佐证，在其所谓的"考信"工作中也都失去了可信性。这种将经、传注、百家说截然区别的做法，表面上看是在尊经，事实上却从内部架空了儒家的各种经说，最终实际形成的恰是贬抑儒家经典之学术价值的客观影响。可以想象，若无诗之大、小序，则《诗经》大多数篇章所述不过男女相悦之情，何以得为经？同样，若无十翼，则《周易》不过上古卜筮之书，只能归于圣人所不语之怪力乱神，亦何以得为经？此外，若无三传，则《春秋》即诚如王安石所云，不过是些前后难续、首尾不属之断烂朝报，亦难以得为经。显然，崔氏所谓"不以传注杂于经"实在是一句空话！若使后世学者仅读《周易》《诗经》《春秋》之原文，则《周易》多半仅能使人深陷于文明早期阶段甚至是前文明时代的迷信与愚昧之中；《诗经》亦不过使人得识两千余年前普通人的情感与今人无异而已；《春秋》则只能令人丈二和尚摸不着头脑，完全不知所云。然而，清代学者的这种"考信"，却对 20 世纪的上古文献研究产生了深远的影响。当然，这种影响之所以最终形成"波澜壮阔"的疑古思潮，更是近代以来国运、族运日趋衰败的现实直接推动所致。近代以来，随着中国政治、经济、军事面对西方势力的全方位败退，无数仁人志士不断反思中国落后挨打的原因。他们寻找救国救民的出路，起初限于军事，随后转向社会经济，进而迈向政治体制。辛亥革命之后，当学者们发现西方"先进的"政治体制虽然引进，但在中国仍不能马上产生积极的社会效果时，他们最终将中国的落后与失败归因于几千年传统文化的"荼毒"。正是在这一社会政治背景下，新文化运动应运而生。在先进知识群体的普遍认知中，旧经典的被打倒才是中华复兴的必由之路。由文化重建先行奠基，而后一切先进的政治、经济乃至于军事制度才能在中华复兴的进程中发挥积极作用。百余年后的今天，当我们站在历史唯物主义的立场来反观这一复兴逻辑时，会发现它从根本上颠倒了经济基础、上层建筑与意识形态三者的关系，将作为意识形态之重要组成部分的文化反置于三者之中的基础位置。意识形态固然可以反作用于上层建筑和经济基础，但一种特定意识形态的出现与成长，只能植根于特定的经济基础和上层建筑之上。新文化运动的深入开展，最终在学术界促成了疑古思潮的兴起。疑古派的学术成就，主要是对先秦经典文献进行全面整理，但受当时"新文化"的影响，它的整理是以否定为基调的。这是 2000 多年来出现的最大也最为普遍的一次文献否定。它直接导致先秦古史研究一时间出现了巨大的史料空白。百余年前，正是现实中的自我怀疑，最终导致了针对国、族全部文化、全部历史的怀疑。从科学史的角度看，怀疑当然具有重要的科学价值，但怀疑并不等同于科学精神。真正的科学精神，是对证据的重视。无证据的怀疑，一如无证据的迷信，是反科学的左右两翼。站在今天的视角平心反观百年前的那场疑古学术运动，离开传世文献的佐证，疑古派所能提供的确切证据，其实远少于肯定派。由于当时中国现代考古学也刚刚起步，因此疑古派的很多结论往往是基于推理而非有效实据得出的，既没有多少文献证据，当然也不可能有多少考古实物资料作证据。但是，学术史上凡此种截断众流的惊人结论，往往能给当时的学术界带来巨大的震撼，自然影响广泛。同时，疑古派的否定在当时又非常切合整个社会急于改变、急于改造的普遍心态。此外，当时学者的考证与研究，虽往往存在置数千年前的历史语境于不顾的缺陷，但这种历史语境的缺失，反倒使其推理逻辑更易获得现代人的共情与共理，由此形成极其深远的学术影响和社会影响。

　　百年前疑古思潮的功过是非，需要今后数十年乃至数百年时间来整理与评述。以上简单追述先秦经典文献的研究历史可以发现，文献研究虽属历史学科中最为考实性的工作之一，但事实上同样具有鲜明的时代性特征。文献研究的结论以及研究方式等等，都会随一时之社会思潮及学术风格应律而动，两者之间若合符节。克罗齐说，所有的历史都是当代史，这一历史叙事及历史研究中不断呈现的内在学理，同样出现在有关文献研究的历史回顾之中。显然，任何具有时代性特征的研究结论和研究方法，继承其遗产，反思其不足，既是后来学者的一份学术责任，也是其一份不可剥夺的学术权利。

　　20世纪90年代，李学勤先生提出要"走出疑古时代"，指出百年先秦史研究，已由传统之信古进入全面整理与反思的疑古，但不应止于疑古，而应再进一步，由疑古而释古。李学勤先生的走出疑古说，在当时突破了传承近百年以反思和否定为基调的现代学术壁垒，在学术界引起巨大震动。自今日观之，"走出疑古"之于"疑古"，虽然具体的学术结论迥然不同，形同两军对垒，但在学术精神上却是真正的一脉相传。因为无论是疑古还是走出疑古，都体现了对于成说的"怀疑"精神。显然，若疑古疑到不能对疑古本身有任何质疑，则真正的疑古精神已死，甚至已然走到了它的对立面。

　　所谓释古，首先是对历史遗迹——无论是地下出土的物质性资料，还是数千年流传下来的文献资料，都采取一种尊重态度，在没有确凿证据的条件下，既不迷信，同时也不轻言否定，而是致力于发现其中"事出有因"的历史内涵。当代先秦文献学及先秦史料学的研究，一方面，简单地否定百年来关于上古文献真伪考辨的学术成就，将传世上古文献的所有记述都当成不可置疑的历史事实，则又等于回到了传统时代尊经复古的窠臼之中，显然并未秉持历史研究中的科学态度。战国时代的孟子，仅从儒家"仁者无敌"的观念出发，就简单否定了《尚书·武成》中武王伐纣之时"血流漂杵"的记载。可以想见，主要经由儒家之手整理的以"五经"为代表的上古文献，必然在流传过程中渗透进这一特定学派的主观认识。因此，先秦文献学及史料学的研究，首先要做的，是去伪存真的工作。但另一方面，也必须确认这一基本态度，即针对大量传世先秦文献，不能简单地指认其出自后人毫无根据的伪造。先秦史料学的基础领域——先秦文献学的任务，不应再是简单的辨伪，甚至是带有特定历史时期强烈主观情绪的疑古，而应致力于辨别这些文献在漫长的流传过程中，不同时代、不同学派留下来的历史印迹，以图最大限度地利用这些宝贵资料，再现上古华夏文明发展的客观历史内容。福柯在其《知识考古学》一著中曾说：

> 历史的首要任务已不是解释文献、确定它的真伪及其表述的价值，而是研究文献的内涵和制订文献：历史对文献进行组织、分割、分配、安排、划分层次、建立序列、从不合理的因素中提炼出合理的因素、测定各种成分、确定各种单位、描述各种关系。
>
> 在今天，历史则将文献转变成重大遗迹，并且在那些人们曾辨别前人遗留印迹的地方，在人们试图辨认这些印迹曾经是什么样的地方，历史便展示出大量的素材以供人们区分、组合、寻找合理性、建立联系，构成整体。……不妨作一个文字游戏，历史而今趋向于考古学——对历史重大遗迹作本质的描述。①

文献本身就是重大的历史遗迹，它的史料价值是多方面的。它不仅可以通过其"所指"提供直接的历史记述，还可以通过其"能指"属性呈现其本身所包含的丰富历史内涵和重要史料价值。释古的学术价值，

---

① 米歇尔·福柯：《知识考古学》，谢强、马月译，北京：三联书店，2003年，第6—7页。

它对各类文献旧说"事出有因"的追问，正是针对文献价值之多种维度的充分关注。

与其他先秦传世文献一样，《左传》的命运也曾深受不同时代学术风尚及各种社会思潮的影响。两汉学者仅在《左传》是否传《春秋》经问题上有过激烈争论，但对该书本身的作者、成书等基本问题并无异议。自中唐之后，啖助、赵匡首先对《左传》的一些基本文献问题提出疑问，至清代，刘逢禄的刘歆作伪论最终将《左传》一否到底。疑古派继承清代学者的意见，也从根本上否认《左传》的史料价值。虽然当代已很少有学者还坚持刘歆作伪论，但对《左传》的史料价值，仍有不少学者持怀疑态度。显然，《左传》文献学研究史中的一些过往争议及相关结论，仍对这部史著的当代利用存在重要影响。

陈鸿超博士的《〈左传〉的文献形成与历史书写》一书，对于《左传》的成书、史料来源、文本传授、与儒家五经之一《春秋》的关系及其史学成就等等，皆作新证，内容丰富，创建颇多。其中最突出的学术价值，我以为正是作者尊重旧籍成说的基本态度。他对《左传》成书三个阶段的考证、《左传》与《国语》成书关系的厘定、《左传》先秦传授世系的再议、《左传》与《春秋》经学关系的讨论等等，都体现了突出的释古精神，即首先不轻易否定旧说，在回应历代学者不同意见的同时，又对其中的"事出有因"作出合理的解释。读者对于这些解释，当然可以有不同意见。但其平实、稳妥的研究方法，不妄作惊人之语的研究态度，相信一定能够对《左传》学的当代发展发挥积极的作用。

许兆昌

2024 年 5 月 4 日

目　录

第一章　导论

《左传》是中国第一部记事详备的编年体史书。其叙事首尾完备，内容详赡，故历代治史，无不重视对《左传》的研读。崔东壁云："无此传则三代之遗制，东周之时事，与圣贤之事迹年月先后，皆无可考，则此书实孔子以后一大功臣也。"① 时至今日，《左传》仍是研究古史，了解中国古代政治、思想、学术、文化的必备资料。李学勤先生就说："《左传》是研究中国古代历史文化的起点和基础。"②

然而，千百年来，《左传》文献一直备受争议，相关问题更是盘根错节，错综复杂，很多问题至今未有一致结论。但我们对古代中国，尤其对早期中国的研究，往往又绕不开《左传》这部文献，这之中又牵涉诸多《左传》文献形成与历史书写问题。尽管过去此类研究成果丰硕，但尚未解决的问题亦不少，如《左传》如何获得原始史料，如何完成编写，如何叙述历史等问题。以今视之，对《左传》文献形成与历史书写的研究不仅属于文献学与史学史领域之问题，也直接关系到在古史研究中，我们应如何看待《左传》的史料价值、文献属性、思想成就等问题。

文献考证与历史书写研究往往受到方法与资料的双重影响。在研究方法上，一方面，历代学者沿着中国传统学术道路不断探索，从文献考据、制度考证、思想辨析方面，提出诸多具有启发性的命题和观点；而另一方面，近代以来，随着西方思潮的传入与现代学术的建立，学者开始利用现代语言学、天文学等相关学科的研究成果来解决《左传》的文献问题，涌现出许多新的思路。这些方法有独到之处，也有其局限性，但不可否认都具有重要的启示意义，从而开启了《左传》文献

---

① 崔述：《崔东壁遗书》，顾颉刚编订，上海：上海古籍出版社，1983年，第395页。
② 李学勤：《关于〈左传〉的几点认识》，孙绿怡主编《春秋左传研究：2008〈春秋〉〈左传〉学术研讨会论文集》，北京：中华书局、中央广播电视大学出版社，2009年，第1页。

研究的新局面。然而，在资料方面，受传统先秦史料所限，以往学者不得不面对资料匮乏的窘境，只能在诸子及汉人的著作中寻找蛛丝马迹，这就造成了时至今日对《左传》成书的认识无法进一步拓宽与深入的结果。

值得庆幸的是，随着近年来大量出土文献的问世，史料匮乏的限制得到了一定程度的解决。其中，有相当一部分出土文献可以与《左传》相互印证。如1978年出土于河南淅川县仓房镇下寺春秋墓的王子午鼎，①作器者王子午不见于先秦任何文献，却独见于《左传》，使我们知道王子午极可能就是《左传》中楚国的令尹子庚。又如《上海博物馆藏战国楚竹书》（简称上博简）之《姑城家父》，其所述内容可与《左传》互为补充，给我们提供了一个可资比较的全新版本，从而可以帮助我们更全面地了解晋国三郤之乱的始末。② 再如《清华大学藏战国竹简》（简称清华简）的《系年》，其绝大部分内容可见于《左传》，甚至二者在文献编纂上也颇有渊源。③ 现今学者多从王国维先生"二重证据法"，利用《左传》去疏通、释读这些出土文献，取得了一系列成果。可以说，没有《左传》这部书，解读地下典籍将困难重重。而王国维先生的"二重证据法"，针对的不仅是传世典籍对地下材料的解读，同时也包括地下材料对传世文献的印证。有鉴于此，倘若我们换位思考，以《左传》为中心，用日益丰富的出土材料去考察《左传》文献，无疑具有重要意义。这不仅包括可供《左传》比对的史类文献，也包括那些相关的非史类文献，因为即便是出土的其他类别文献，今人对其成书的研究成果，也有利于我们掌握更多有关先秦古书成书、流传的规律，从而有助于我们复原《左传》编纂的历史背景。

因此，本书致力于对传统诸说的总结，同时注重利用日益丰富的出土文献，以期对《左传》历来的文献形成问题及历史书写过程作一个综合的考察。

---

① 中国社会科学院考古研究所编《殷周金文集成》（修订增补本）第2册，编号：02811，北京：中华书局，2007年，第1480页。

② 马承源主编《上海博物馆藏战国楚竹书》（五），上海：上海古籍出版社，2005年。

③ 李学勤主编《清华大学藏战国竹简》（二），上海：中西书局，2011年。关于《左传》与《系年》的文献关系，详见本书第三章论述。

第一节　文献论争的简要回顾

在《左传》研究史上，文献真伪问题是贯穿始终的一个主线。《左传》一系列文献学问题实质上正是在真伪研究范式下的延伸。鉴于本书展开讨论的背景，我们有必要按历史的线性发展，对《左传》文献真伪争论的源起及发展作一简要的回顾。

首先需弄清真伪的概念。以往人们将刘歆是否伪造《左传》，即《左传》是否为先秦古书作为评判《左传》文献真伪的标准，当然，这是清末民国时期"真伪"争论的焦点。然而，《左传》文献的"真伪"实质上是一个历时性概念，归纳起来包含三个方面：（1）《左传》传书性质的真伪；（2）《左传》作者的真伪；（3）《左传》史料的真伪。现在很多人往往会把这三个方面放到一起看待。实际上，这三者不是同时出现的，历史上对《左传》文献真伪的争论经历了从（1）到（3）的过程。

《左传》传经的真伪问题也不是开始就有，至少在汉初之前这一问题从未见诸史料。先秦西汉诸子多称引《左传》，他们未将《左传》是否传经视作一个问题。① 自武帝开始立五经博士，三传地位发生改变，《公羊传》《穀梁传》二家立于官学，而《左传》属私学，只于民间流传。② 不过，司马迁在编写《史记》时似更推崇《左传》，《史记·十二诸侯年表第二》最早对《左传》由来进行了系统的记载：

> 是以孔子明王道，干七十余君，莫能用，故西观周室，论史记旧闻，兴于鲁而次《春秋》，上记隐，下至哀之获麟，约其辞文，去其烦重，以制义法，王道备，人事浃。七十子之徒口受其传指，为有所刺讥褒讳挹损之文辞不可以书见也。鲁君子左丘明惧弟子人人异端，各安其意，失其真，故因孔子史记具论其语，成《左

---

① 刘师培：《周季诸子述左传考》，《刘师培史学论著选集》，上海：上海古籍出版社，2006年；刘正浩：《周秦诸子述左传考》，台北：台湾商务印书馆，1980年。

② 有关《左传》西汉授受世系，可参见黄觉弘《左传学早期流变研究》，北京：中国社会科学出版社，2010年，第144—156页。

氏春秋》。①

　　武帝时司马迁之言似未引起争议，但自成帝时议立《左传》，胥君安独驳《左传》不祖孔子。② 此后，今文家便对《左传》的传经性质进行了激烈的攻击。今古文派对《左传》一书的性质争执不休，③《左传》于官学也几经兴废。汉人争论焦点在于《左传》是否传《春秋》经，至少从我们现在掌握的汉代史料来看，汉代的今文家并不怀疑《左传》为左丘明所作。

　　对左丘明为《左传》作者的质疑始于中唐的啖助，其云：

　　　　予观《左氏传》，自周、晋、齐、宋、楚、郑等国之事最详。晋则每一出师，具列将佐。宋则每因兴废，备举六卿。故知史策之文，每国各异。左氏得此数国之史，以授门人。义则口传，未形竹帛。后代学者乃演而通之，总而合之。编次年月，以为传记。又广采当时文籍，故兼与子产、晏子及诸国卿佐家传，并卜书、梦书及杂占书、纵横家、小说、讽谏等杂在其中。④

不过，从上述引文来看，啖助的怀疑相对含蓄，只是认为《左传》是由左丘明搜集史料，后世书写成文的。而真正明确提出《左传》非左丘明所作的是其弟子赵匡，他说：

　　　　今观《左氏》解经，浅于《公》《穀》，诬谬实繁。若丘明才实过人，岂宜若此？推类而言，皆孔门后之门人，但《公》《穀》守经，《左氏》通史，故其体异耳。且夫子自比，皆引往人，故曰：

---

①　司马迁：《史记》卷一四，北京：中华书局，2009年，第509—510页。

②　《华阳国志》卷一〇《士女传》引《春秋穀梁传·首序》曰："成帝时，议立三传博士，巴郡胥君安独驳《左传》不祖圣人。"（任乃强校注《华阳国志校补图注》，上海：上海古籍出版社，1987年，第618页）但此条不见于今本《穀梁传》，胥君安其人也不见于汉代史籍，不知《华阳国志》从何处得，但既有所载，姑且暂列于上。

③　《左传》在两汉有明文记载共有四次大争论：一为西汉哀帝时刘歆与太常博士之争，二为东汉初陈元与范升之争，三为贾逵与李育之争，四为东汉末郑玄与何休之争。

④　陆淳：《春秋集传纂例》卷一，清武英殿聚珍版丛书本。

"窃比于我老彭。"又说伯夷等六人，云："我则异于是。"并非同时人也。丘明者，盖夫子以前贤人，如史佚、迟任之流，见称于当时耳。焚书之后，莫得详知，学者各信胸臆。见《传》及《国语》俱题"左氏"，遂引丘明为其人。①

自啖、赵之后，疑者日众，借此从各角度反思传统之说（详见第二章）。而这一研究脉络随着时代发展，至清代中后期又有了新风向。由于刘歆对于《左传》学有开创之功，加之其身份与所处政治环境的特殊性，于是清代一些学者正式提出了刘歆作伪论。最早系统论述刘歆作伪的论著当属刘逢禄的《左氏春秋考证》：

> 刘歆强以为传《春秋》，或缘经饰说，或缘《左氏》本文前后事，或兼采他书以实其年……要之，皆出点窜，文采便陋，不足乱真也。②

此后，龚自珍、康有为、崔适、钱玄同、顾颉刚等皆从此说。实际上，此时学人对《左传》文献真伪的争论已转移到对《左传》史料价值的评判上来，因为倘若《左传》确是汉人附会编撰，那么其史料价值就会大打折扣。如张西堂《〈左氏春秋考证〉序》评价刘逢禄《左氏春秋考证》说："他这部书不惟揭穿了《左氏春秋》的黑幕，举凡假冒的招牌，粗劣的原料，不清的来路，一一地发现，而且开出了一条考订伪经的新路线，几乎把新学伪经的真赃实证都道破。"③ 叶华《左传之编者时代问题》甚至认为，由于《左传》成于秦火之后，忽视了大量先秦文献，史料已难以成立。④ 与此针锋相对，刘歆作伪说也受到当时诸多学者的反对。他们主要从三个方面加以驳斥。一是有针对性地逐条反驳，如章太炎《春秋左传读》《春秋左传读叙录》就对刘逢禄《左氏春秋考

---

① 陆淳：《春秋集传纂例》卷一。
② 刘逢禄：《春秋左传考证》卷上，顾颉刚校点，上海：朴社，1933 年，第 19 页。
③ 顾颉刚编著《古史辨》第 5 册，上海：上海古籍出版社，1982 年，第 274 页。
④ 叶华：《左传之编者时代问题》，《龙门杂志》第 1 卷第 2 期，1947 年。

证》逐条辩驳。① 二是对《左传》材料可靠性的考察，如刘师培《周季
诸子述左传考》《左传学行于西汉考》是从《左传》于先秦汉初已广为
流传的角度，证明《左传》一书古已有之，非刘歆独创；又如罗倬汉
《史记十二诸侯年表考证》，用大量证据证明《十二诸侯年表》里的很多
条目只能根据《左传》而来。他的结论不仅印证了刘师培的观点，还证
明了司马迁对《左传》的熟悉与采纳。② 三是从刘歆生平入手，如钱穆
《刘向歆父子年谱》，详细考证刘向、刘歆父子及王莽的身世经历，指出
二十八条证据证明刘歆不可能作伪。③ 由于以上这三个方面涉及了《左
传》的内在和外延，故 1949 年后，刘歆作伪说逐渐式微。直到 20 世纪
70 年代末 80 年代初，徐仁甫发表多篇论文，并在此基础上写成《左传
疏证》，重持刘歆作"伪"说，再次引发了学界对《左传》是否作伪的
争论。值得注意的是，此次，徐仁甫所持的刘歆作伪说与先前有所不同，
为了弥补旧有伪书论的缺陷，他不再像清末民国那些疑古学者那样认为
《左传》连史料都是出自刘歆伪造，而只是认定《左传》乃刘氏编纂，
他说：

> 我并不是说《左传》的内容，都是伪造的。相反，我认为刘歆
> 根据当时皇家秘府堆积如山的典籍，按照《春秋》的年代所编纂的
> 史实，是最可靠的……我不赞同康有为认定"刘歆遍伪群书"（钱
> 穆早已驳倒此说），以及"《左传》从《国语》分出"的说法……
> 总之，我是反对康有为，而不是随声附和他。④

然而，即便徐氏有此调和，其立论仍不足以信众。胡念贻在前人对
《左传》各角度研究的基础上，利用文献学、天文学、语言学等领域的
研究成果，并结合当时新近出土的马王堆《春秋事语》，对刘歆作伪说
作了总结性的批判。此外，他还在方法论上指明徐仁甫的错误。⑤ 与此

---

① 上海人民出版社编《章太炎全集》（二），上海：上海人民出版社，1982 年。
② 罗倬汉：《史记十二诸侯年表考证》，重庆：商务印书馆，1943 年。
③ 钱穆：《两汉经学今古文平议》，北京：商务印书馆，2017 年。
④ 徐仁甫：《论刘歆作〈左传〉——与持不同意见的同志商讨》，中华书局编辑部编《文
　史》第 11 辑，北京：中华书局，1981 年，第 35 页。
⑤ 胡念贻：《〈左传〉的真伪和写作时代问题考辨》，《文史》第 11 辑。

同时，台湾方炫琛的《春秋左传刘歆伪作窜乱辨疑》也系统论证并否定了刘歆作伪的可能。① 故此之后，信从徐仁甫说法的学者寥寥无几。

从以上真伪问题的简单梳理来看，经过了 20 世纪八九十年代的争论，对《左传》文献真伪问题的争执逐渐走向沉寂。其间原因，一是一些问题在争论中得以解决，比如刘歆作伪说已基本被否定。二是仍有一些问题，如《左传》的作者和《左传》所用史料之来源，由于没有新材料和新方法的指导，在历代学者精审研究的基础上，难以再寻突破。这就造成了近年来对《左传》文献本身研究的相对停滞。

第二节　研究思路与方法

《左传》文献问题错综复杂，盘根错节，历来是一个老大难问题，故历代相关著作可谓卷帙浩繁。这不仅揭示出时至今日，该问题仍亟待进一步深入研究，而且也意味着若要寻求突破，首先要面对的是这些浩如烟海的研究论著。当然，《左传》文献学学术史梳理本身就可以成为非常厚重的研究。为了更加透彻地解析并吸收这些成果，不同于过去学者单纯按作者的写作年代，或按观点进行研究综述，本书试图按诸家所采的研究方法进行归类与总结。这样做的好处是不仅能更好地看清诸家之论点、论据，更重要的是还可以着重突出他们所用的研究思路与逻辑。此外，本书将改变以往学术史梳理重介绍而轻考辨的缺陷，注重辨析诸家所用方法的长处与局限，以此建立我们对《左传》文献的理解。

在上述基础上，本书将进一步搜集近年来公布的与《左传》相关的出土文献，作为《左传》文献的外证来进行比对研究，从而加深我们对《左传》史料价值、史料来源与编纂过程的认识。这些可资比较的出土文献可分为三类：（1）史实直接对应类，（2）史实背景对应类，（3）史料相关类。其中，史实直接对应类文献如马王堆汉墓出土的《春秋事语》《清华大学藏战国竹简·系年》等，此类文献不仅内容多见于《左传》，而且文献创作也与《左传》大有关系。这类文献是本书的重点考

---

① 方炫琛：《春秋左传刘歆伪作窜乱辨疑》，硕士学位论文，台湾政治大学，1979 年。

察对象。史实背景对应是指有些文献与《左传》记载并非同时，但彼此前后关联，甚至在记述上具有某些共通性，可互为补充。如《上海博物馆藏战国楚竹书》（五）中有一篇名为《姑城家父》的文献，其对郤犨事迹的描述虽不见于《左传》，但与《左传》互有关联。史料相关，是指这类典籍与《左传》本不属同类，但从与它们的比对中，可以看到《左传》的某些记载或征引确实渊源有自。如新出的《清华大学藏战国竹简》（五）有《汤处于汤丘》一文，其中记有小臣言古之圣人"食时不嗜饔，五味皆覩，不有所重；不服过文，器不雕镂"，而《左传·哀公元年》言阖闾"食不二味，居不重席，室不崇坛，器不彤镂，宫室不观，舟车不饰，衣服财用，择不取费"，二者主旨相同，句式相近。① 可见至少在战国之时已有此言，《左传》与此文句是有渊源的。

除了春秋类文献外，还有一些出土文献，例如一些甲骨文、铜器铭文史料，其与《左传》相关的部分，本书亦有所涉及。当然，本书虽有意重点利用出土资料，但对其并不盲目信从，更不会忽略原有传世史料的作用，正如陈寅恪先生所说：

> 历史的新材料，上古史部分如甲骨、铜器等，中古部分如石刻、敦煌文书、日本藏器之类。所谓新材料，并非从天空中掉下来的，乃指新发现，或原藏于他处，或本为旧材料而加以新注意、新解释（旧材料而予以新解释，很危险。如作史论的专门翻案，往往牵强附会，要戒惕）。必须对旧材料很熟悉，才能利用新材料。因为新材料是零星发现的，是片断的。旧材料熟，才能把新材料安置于适宜的地位，正像一幅已残破的古画，必须知道这幅画的大概轮廓，才能将其一山一树置于适当的地位，以复旧观。在今日能利用新材料的，上古史部分必对经（经史子集的经，也即上古史的旧材料）书很熟。②

---

① 李学勤主编《清华大学藏战国竹简》（五），上海：中西书局，2015 年，第 134 页。
② 蒋天枢：《陈寅恪先生编年事辑》（增订本），上海：上海古籍出版社，1997 年，第 96 页。

就《左传》文献研究而言，本书将充分吸收以往传世文献的研究成果，尽可能科学合理地将传世文献与出土文献结合起来，将它们分别作为当时社会共用的史料进行对读与参证。在解读史料中既重史料批判又重史学分析，以期重构《左传》成书过程与历史书写的具体语境。

第三节 篇章结构与主要内容

在明晰研究思路及方法之后，除第一章"导论"和"结语"外，本书将分为五章，围绕《左传》文献的形成与历史书写展开讨论。

第二章"《左传》成书新论"结合传世文献与出土文献，对《左传》成书作更全面的考察。本章首先将以诸家所采的研究方法为主线，梳理过去学界的研究成果。这不仅使我们能看清诸家之论点、论据，更重要的是还可以突出各家的研究思路与论证逻辑。在此基础上，本章将进一步考察《左传》成书，分析传统说法的合理性与局限性，通过古书的成书规律与命名习惯尝试解释传统说法形成的原因，考证《左传》成书很可能经历了"原始资料编写""左氏家传编纂""后世附益"三个历史阶段。最后，本章从全新的视角重新探讨了《左传》与《国语》的成书关系，认为传统观点并非无根之木，而是自有其深厚依据与学术价值。

第三章"《左传》史料来源与文本传授新证"立足于新近出土的史类、故事类文献，将之与《左传》进行比对研究。本章分为四节：第一节探讨《左传》与《系年》的文献关系，将通过文本比对，分析《左传》与清华简《系年》的叙事异同，指出《左传》《系年》属于两个体系的史著，但它们的不少内容有相同的史料来源，《系年》的抄写时代、文字特点、史料特征暗示其创作可能与《左传》流传至楚有关。第二节讨论马王堆帛书《春秋事语》与《左传》的文献关系，并通过《春秋事语》窥看先秦汉初《左传》学流行之特点，认为《春秋事语》既不是《左传》的抄撮本，亦不是与《左传》有密切关联的《国语》选本，但在创作抄写时曾参考借鉴各类《春秋》传书，受《左传》影响最大，是《左传》学在周秦汉初发展的代表。第三节从出土文献探讨《左传》的史料来源与价值，指出以往不少独见于《左传》的史料，现今可在出土文献中得到印证，说明《左传》史料有凭有据，有脉络可循，由此证明了《左传》具有极高的史料价值。第四节将结合传世记载和清华简《系年》两方面线索，证明《左传》先秦流传世系并非凭空捏造，而是渊源有自，但《左传》在先秦的传授线路实际上是多线的，绝非仅有简单的一条传授路线。《别录》所载世系虽然历历可考，但也只是反映《左传》先秦流传的一个方面。

第四章"《春秋》《左传》经学性质新探"探讨《春秋》及《左传》的经传性质。这是《左传》学，乃至《春秋》学史上至关重要的问题，自古以来众说纷纭，莫衷一是。本书的一大特色是在传统研究的基础上，充分利用出土史类文献，分析《春秋》《左传》与当时一般史书的记史差异，尝试从新角度证明《春秋》《左传》的经传性质，并探讨它们如何利用与史书相同的史料达到经学化的目的，即将《春秋》《左传》与题材相同的史类文献对比，进一步发现《春秋》之特殊笔法与《左传》阐发《春秋》义理的手法与特征。这显然是《春秋》《左传》区别于一般史著，为经为传的关键。

第五章"《左传》与中国早期史学"从三个方面考察《左传》的史学成就及影响，从而重新认识早期史学的发展与成熟：第一节将以第二章《左传》成书研究为基础，讨论古书成书的史学意义，认为多阶段的成书过程作为早期史书生成的主要方式，对中国早期史学产生了重要影响。以《左传》成书的三个阶段为例，笔者发现春秋战国史学的发展与繁荣与当时古书的成书方式密不可分。第二节通过与新出土史类文献比较发现，《左传》的内容具有无可比拟的丰富性和完整性；同时在思想上，《左传》对历史有着深刻思考，将道德训诫、历史理性预测融入叙事之中。第三节考察《左传》神异预言的史学内涵，指出此类预言，是《左传》历史叙事方式的内在组成部分，它们继承并体现了夏商至战国时期宗教迷信思维与历史思维间复杂的纠结。在《左传》历史叙事中，这些神异预言成为历史因果和道德教训阐释的表达方式。其后，宗教性思维与事实陈说及道德史观更深入地相互结合，构成了中国古代史学传统的一个突出特色。

第六章"余论"包含从《左传》文献延展出来的两个方面研究。第一节"从《左传》看《周易》'元'之释义"分析了《左传》对《周易》"元"的解释。在《左传》中，"元"当训为"善"，兼有"长"之义，意为德行仁善且身居尊位的君子。故"元"是"亨"或"吉"的条件，既从德行上进行限定，也从身份上进行定义。《左传》的这一解释融入了深刻的儒家思想。第二节"东周史体的分衍与融合"重点利用《左传》等东周史籍，探讨东周史体间的互动及影响，认为史体分衍是东周史体多元化的重要呈现，史体融合则是与之相伴随的动态过程。它们交织在一起，背后所折射的不仅仅是历史书写体裁的变革，更是中国古代史学从幼年走向成熟的过程。

第二章　《左传》成书新论

第一节　既往研究方法评述

有关《左传》的成书年代及作者，历来议论迭出，众说纷纭。现代学者对此也作过诸多综述。不过，以往综述大都按照观点或写作年代进行分类阐述，这样虽能明晰各家结论，却无法归纳、总结诸家所用方法之得失。因而，本书将以诸家所用的考证方法为主线，进行系统的梳理与归类，并针对这些方法作逐类评介。

一　成书年代

（一）内证法

内证法是判断古书成书年代最常用的方法，其重点着眼于文献本身之材料，即文献中可能存在一些易于被推测写作年代的材料。如果文献的编纂具有统一性，① 那么这些材料将成为文献创作年代的极佳证明。

1. 从预言推断

《左传》载有大量预言，这些预言原本未引起争议，在汉代甚至曾一度成为古文家争立《左传》的一个重要理由。② 但随着时代推移，社会理性思维兴起，开始有人质疑这些预言。如汉王充在《论衡·案语》中称《左传》："言多怪，颇与孔子'不语怪力'相违返也。"③ 又东晋范宁撰《春秋穀梁传集解》时云："《左氏》艳而富，其失也巫。"④ 唐

---

① 就《左传》而言，这一统一性包括《左传》经过统一的编纂，出自一人之手。

② 如《后汉书·贾逵传》载贾逵上帝疏："臣以永平中上言《左氏》与图谶合者，先帝不遗刍尧，省纳臣言，写其传诂，藏之秘书。"范晔：《后汉书》卷三六，北京：中华书局，1973年，第1237页。

③ 黄晖：《论衡校释》卷二九，北京：中华书局，1990年，第1164页。

④ 阮元校刻《十三经注疏·春秋穀梁传注疏·春秋穀梁传集解序》，北京：中华书局，1980年，第2361页。

韩愈亦在《进学解》中称："《春秋》谨严,《左氏》浮夸。"① 韩菼在为高士奇《左传纪事本末》作序时谈及《左传》"好语神怪,易致失实"。② 这些批评均是对预言进入历史叙述的否定。因此,后世学人认为,这些荒诞不经的预言不可能是当时的实录,而应出自事后杜撰。其中有一些预言的验证时间发生在《左传》记史下限(哀公二十七年)之后,而这类预言有些却没有在后来的历史中应验,即后世所谓"不验预言"。以笔者目力所及,不验预言最早受到宋代叶梦得、朱熹的关注,清初顾炎武又将其总结为五条。③ 近世以来,学者承袭前人的思路进一步推衍,预言被视为考证《左传》成书年代最令人信服的证据。④ 其依据在于,如果承认《左传》预言是作者事后追加的,那么不验预言定然是作者未亲眼见到的事实结果。因此,预言应验与否,就成为辨明《左传》成书年代的关键。卫聚贤、刘汝霖、钱穆、洪业、顾颉刚、蒋伯潜、朱东润、徐中舒、童书业、杨伯峻、胡念贻、王和、牛鸿恩、赵伯雄、黄觉弘等诸多学者皆系统利用不验预言,考证《左传》成书时代。

应该说,预言推求法的思路易被理解,值得借鉴。然而,不论从操作上还是从方法论上,这种方法均存在一定局限。

预言的推求过程易受到学者主观因素的影响。这就造成了诸家虽方法相同,但推算结果不一。如赵光贤认为《左传》改编年代当在公元前⑤375年至前352年,⑥ 刘汝霖认为《左传》成书当于前375年至前

---

① 马其昶校注《韩昌黎文集校注》卷一,马茂元整理,上海:上海古籍出版社,1986年,第46页。

② 高士奇:《左传纪事本末·序》,北京:中华书局,1987年,第2页。

③ 《日知录·左氏不必尽信》云:"昔人所言兴亡祸福之故不必尽验。《左氏》但记其信而有征者尔,而亦不尽信也。三良殉死,君子是以知秦之不复东征;至于孝公,而天子致伯,诸侯毕贺,其后始皇逐并天下。季札闻齐风,以为'国未可量';乃不久而篡于陈氏。闻郑风,以为'其先亡乎';而郑至三家分晋之后始灭于韩。浑罕言:'姬在列者,蔡及曹、滕其先亡乎?'而滕灭于宋王偃,在诸姬为最后。僖三十一年,'狄围卫,卫迁于帝丘,卜曰三百年'。而卫至秦二世元年始废,历四百二十一年。是《左传》所记之言亦不尽信也。"黄汝成集释《日知录集释》卷四,栾保群、吕宗力校点,上海:上海古籍出版社,2006年,第253页。

④ 赵伯雄:《春秋学史》,济南:山东教育出版社,2004年,第13页。

⑤ 以下"公元前"简称"前"。

⑥ 赵光贤:《〈左传〉编纂考》,《古史考辨》,北京:北京师范大学出版社,1987年。

340 年,① 徐中舒将《左传》成书推定为前 375 年到前 351 年,② 童书业认为《左传》大体为前 4 世纪作品,③ 杨伯峻推测《左传》成书在前 403 年到前 389 年,④ 王和推测《左传》成书应在前 375 年到前 360 年,⑤ 黄觉弘认为《左传》成书当于前 320 年至前 296 年,⑥ 陈剑则认为《左传》最后成书时代为前 425 年到前 403 年。⑦

有学者作过统计,诸家之讨论主要涉及《左传》中 13 段 19 个预言,本书兹征引如下:

1. 庄公二十二年,陈公子完后代陈有国。
2. 闵公二年,毕万之后必大。
3. 闵公二年,季氏亡,则鲁不昌。
4. 僖公三十一年,卫国三百年。
5. 文公六年,秦不复东征。
6. 宣公三年,周世三十,年七百。
7. 襄公二十七年,子展后亡。
8. 襄公二十九年,晋国萃于赵、魏、韩三族。
9. 襄公二十九年,郑先亡,齐未可量。
10. 襄公二十九年,郑罕氏、宋乐氏得国。
11. 昭公四年,国氏先亡,蔡及曹、滕其先亡,郑先卫亡。
12. 昭公二十八年,魏长有后于晋国。
13. 定公九年,赵氏其世有乱预言。⑧

对以上所列预言,学者多有不同看法,以致得出不同结论。一是对

① 刘汝霖:《汉晋学术编年·中国学术编年方法》,北京:中华书局,1987 年。
② 徐中舒编注《左传选·后序》,北京:中华书局,1985 年。
③ 童书业:《春秋左传研究》,北京:中华书局,2006 年。
④ 杨伯峻编著《春秋左传注·前言》,北京:中华书局,2009 年。
⑤ 王和:《论左传预言》,《史学月刊》1984 年第 6 期。
⑥ 黄觉弘:《左传学早期流变研究》。
⑦ 陈剑:《论以预言推断〈左传〉成书年代》,吉林大学古籍研究所编《吉林大学古籍研究所建所 30 周年纪念论文集》,上海:上海古籍出版社,2014 年,第 286 页。
⑧ 陈剑:《论以预言推断〈左传〉成书年代》,《吉林大学古籍研究所建所 30 周年纪念论文集》,第 276 页。

不验预言甄别标准不同。例如上引第 4 条《左传·僖公三十一年》载：

> 冬，狄围卫，卫迁于帝丘，卜曰：三百年。①

这条预言最初被视为不验预言。《春秋左传正义》以《史记》解云："案《史记·卫世家》及《年表》，卫从此年以后历十九君，积四百三十年，卫元君乃徙于野王。元君卒，子角代立。秦灭卫，废角为庶人。"② 后世学者多从此说。然而，近世以来，有学者从另外的角度论证该预言准确无误，如法国学者马伯乐说：

> 《史记》云："卫嗣侯五年（B.C.320），更贬号曰君，独有濮阳。"此距帝丘始卜，已三百九年，卫迁其都，当近此时。著者殆知之，故载其卜也。③

黄觉弘先生继而发扬该说，详加辨证，认为卫实亡于卫嗣君之时，此时"卫迁于帝丘，卜曰：三百年"的预言则已应验。④

此外，还有一些学者认为，从《左传》成书的角度，没有完全失验的预言。如王和先生说：

> 昔人皆以为《左传》预言有验有不验，但实际上，完全不验的预言《左传》中是没有的。《左传》预言绝大部分皆验，极个别预言是有时限的或在一定程度上的应验。⑤

以上可见，诸家对不验预言的选取标准各不相同。显然，这将直接影响《左传》成书年代下限的结论。

二是对应验预言的理解不同。如上引第 1 条《左传·庄公二十二年》

---

① 阮元校刻《十三经注疏·春秋左传正义》卷一七，北京：中华书局，1980 年，第 1832 页。
② 阮元校刻《十三经注疏·春秋左传正义》卷一七，第 1832 页。
③ 洪业：《春秋经传引得序》，《洪业论学集》，北京：中华书局，1981 年，第 267 页。
④ 黄觉弘：《左传学早期流变研究》，第 82—88 页。
⑤ 王和：《论〈左传〉预言》，《史学月刊》1984 年第 6 期。

"陈公子完后代陈有国"的预言：

> 初，懿氏卜妻敬仲，其妻占之，曰："吉，是谓'凤皇于飞，和鸣锵锵，有妫之后，将育于姜。五世其昌，并于正卿。八世之后，莫之与京！'"……及陈之初亡也，陈桓子始大于齐。其后亡也，成子得政。①

杨伯峻认为"八世之后，莫之与京"对应的就是文中的"成子得政"，②而赵伯雄则认为其对应的是战国初的田氏代齐。③就此例而言，便存在对预言结论理解差异的问题。

对不验预言认定标准的不同和对应验预言理解的不同使得各家争执不休，莫衷一是。公允地说，这些争论各有所据，仅以现有之史料，难以评判孰是孰非。所以以预言推求《左传》成书年代，看似易于操作，但实际上面临客观标准难定的困境。

更深层次地讲，预言推论法在方法论上也值得推敲，即它在论证之前预设了两个前提：一是预设应验的预言都是事后追记的，二是预设预言是统一编纂的。实际上，这两点都是难以确定的。

首先，预言叙事在中国传统史学中普遍存在，未必全是事后追记，不能排除有一些属于当时的记载。对于此类如实记载的情况，陈剑作过很好的解释：

> 正是由于预言的普遍存在，在描述历史情况时，必然要或多或少地涉及这部分内容。例如，朝鲜战争前夕，美国兰德公司预测"中国将出兵朝鲜"。作为历史的一个细节，这个预言在很多关于朝鲜战争的叙述中被提到。古代情况与此类似，虽然古代预言未必有科学的依据和庞大资料的支援，但是作为当时历史情况的一部分，进入历史叙述是完全可以理解的。进入历史叙述与预言是否准确没有直接关系，只要预言在当时普遍存在，就会进入历

---

①　阮元校刻《十三经注疏·春秋左传正义》卷九，第 1775—1776 页。
②　杨伯峻编著《春秋左传注·前言》，第 38—39 页。
③　赵伯雄：《春秋学史》，第 14 页。

史叙述。①

所以，《左传》中的一些应验预言也不见得都是追记，甚至可能是《左传》的理性预测。有鉴于此，假设在《左传》中找到年代最晚的应验预言 A，和年代最早的不验预言 B，那么用预言推求法得出的结论就是：《左传》成书时代在 A 验辞时代之后，且在 B 验辞时代之前。然而，问题是我们无法确定预言 A 到底是作者的理性预判，还是事后追加编撰。倘若真相是前者，那么《左传》成书年代就会在预言 A 的验辞时代之前。

其次，古书的成书往往要经过一个非常复杂的过程，于流传中历经不断增改，才形成我们今天所见的版本。尤其是随着近些年出土典籍的增多，我们对古书成书及流传的情况有了更多的了解。李学勤先生曾在《对古书的反思》一文中举例道：

> 古书开始出现时，内容较少。传世既久，为世人爱读，学者加以增补，内容加多，与起初大有不同。如阜阳双古堆和定县八角廊都出有一种竹简古籍，审其内容，大多述孔子及其弟子言行。查《汉书·艺文志》，记述孔门事迹的书有《论语》《家语》，此书体裁与今《家语》接近，许多内容同于《说苑》等，也与今《家语》一致。今本《家语》久为人所怀疑，指为王肃伪作。从新发现看，《家语》还是有渊源的，只是多经增广补辑而已。②

以此反观《左传》。《左传》在战国的流行是毋庸置疑的。因此，该书很可能确如顾炎武云"成之者非一人，录之者非一世"。③倘若预言是《左传》在流传过程中某些学人后加的，那么以预言来推求《左传》成书年代自然就缺乏可信度了。甚至，这些预言也极可能非由单一作者一时所编。因为若预言成于一时，那么《左传》中一些预言在编纂时间上

---

① 陈剑：《论以预言推断〈左传〉成书年代》，《吉林大学古籍研究所建所 30 周年纪念论文集》，第 277 页。
② 李学勤：《简帛佚籍与学术史》，南昌：江西教育出版社，2004 年，第 30 页。
③ 黄汝成集释《日知录集释》卷四，第 182 页。

便会存在矛盾，例如僖公三十一年"卫国三百年"和文公六年"秦不复东征"这两条预言。

> 《左传·僖公三十一年》：冬，狄围卫，卫迁于帝丘，卜曰：三百年。①
> 《左传·文公六年》：君子是以知秦之不复东征也。②

照现在的一般观点，自僖公三十一年（前 629 年）至卫嗣君五年（前 320 年），卫嗣君自贬为君，代表着卫国在名义上不再是独立的诸侯国，历经 309 年，因而此预言可谓应验。那么《左传》作者至少见到过前 320 年的史实。而"秦不复东征"是说秦穆公后，秦国从此衰弱不振，难有作为。以此类推，《左传》作者没有见到秦国于战国兴起。秦于战国兴起是在商鞅变法时期，标志事件是前 341 年，商鞅东征魏国，收复河西。如此一来，用这两条预言断代，就会得到相互抵牾的结论。

三是《左传》预言还存在对同一个对象，预测结论不同的现象。刚才"秦不复东征"的预言，表明《左传》作者并不看好秦国的前景。然而，襄公二十九年季札聘鲁观乐，闻秦风时云：

> 此之谓夏声。夫能夏则大，大之至也，其周之旧乎？③

"夫能夏则大，大之至也"表现出对秦国无限的赞誉，甚至我们细嚼深意，该材料可能还是一则隐射秦承周运的预言。我们知道，至少自周代开始，已形成"三代"的法统观念，周人常自称"夏"，以视己继商之后，承夏之正统。如《尚书·康诰》："（周文王）用肇造我区夏。"④《尚书·立政》："帝侵伐之，乃伻我有夏，式商受命，奄甸万姓。"⑤《诗·周颂·时迈》："我求懿德，肆于时夏，允王保之。"⑥《诗·周颂·

---

① 阮元校刻《十三经注疏·春秋左传正义》卷一七，第 1832 页。
② 阮元校刻《十三经注疏·春秋左传正义》卷一九上，第 1844 页。
③ 阮元校刻《十三经注疏·春秋左传正义》卷三九，第 2007 页。
④ 阮元校刻《十三经注疏·尚书正义》卷一四，北京：中华书局，1980 年，第 203 页。
⑤ 阮元校刻《十三经注疏·尚书正义》卷一七，第 231 页。
⑥ 阮元校刻《十三经注疏·毛诗正义》卷一九，北京：中华书局，1980 年，第 589 页。

思文》："思文后稷，克配彼天，立我烝民，莫匪尔极。贻我来牟，帝命率育。无此疆尔界，陈常于时夏。"① 入东周之后，诸侯列国在争霸中争相自称为"夏"，以此标榜本国承天命正统。如《战国策·秦策四》云魏惠王称王时："乘夏车，称夏王，朝为天子。"② 又如现藏澳门珍秦斋"秦子簋盖"铭文有："秦子之光，卲于夏四方。"③ 睡虎地秦简《法律问答》记载国籍认定，只有母亲是秦国人的才能称作"夏子"。④ 然而，鲁襄公二十九年的秦与晋楚相比，仍为赢弱之国，而身为吴使的季札却唯独称"秦"为"夏"，并且扬言"大之至也，其周之旧"，似乎已预见秦侵吞六国，代周一统之势，这与之前君子所言"知秦之不复东征也"的态度显然大相径庭。

又如季札同年适晋，言赵文子、韩宣子、魏献子曰：

> 晋国其萃于三族乎！⑤

此时，晋国除赵魏韩三族外，中行氏、范氏、智氏三卿尚存，而《左传》似乎是因见到过赵魏韩三族享有晋国，才有此言。但《左传·定公九年》载孔子之言道：

> 赵氏其世有乱乎！⑥

显然又与之前的预言内容相左。

对于上述矛盾现象，一个合理的解释是：这些预言非出于一时一人，而是出自不同时期不同作者之手。

综上所述，尽管预言推求法有其合理之处，是 20 世纪以来最为流行的方法，但因其具体操作及方法论上的局限，我们仍需进一步反思。

---

① 阮元校刻《十三经注疏·毛诗正义》卷一九，第 590 页。
② 刘向集录《战国策》卷六，上海：上海古籍出版社，1985 年，第 259 页。
③ 萧春源：《珍秦斋藏金——秦铜器篇》，澳门：澳门基金会，2006 年，第 32 页。
④ 睡虎地秦墓竹简整理小组编《睡虎地秦墓竹简》，北京：文物出版社，1990 年，第 135 页。
⑤ 阮元校刻《十三经注疏·春秋左传正义》卷三九，第 2008 页。
⑥ 阮元校刻《十三经注疏·春秋左传正义》卷五五，第 2144 页。

2. 从天文历法推断

《左传》记史丰富，包罗万象，含有不少星象历法史料。20 世纪以来，随着天文学的发展，《左传》中这些天文星象材料日益受到学者的注意。其中，日食和岁星因具有周期规律性，可推算验证，遂成为备受学界关注的焦点。

《春秋》经共记载有日食 37 次，《左传》有传 10 次。对此，古今多有学者研究，最早如一行、卫朴推验《春秋》日食，皆合于建寅。尤其自清以来，不少学者发现《春秋》所载日食之误，如陈厚耀，[①] 吴守一，[②] 冯澂，[③] 朱文鑫，[④] 斋藤国治、小泽贤二，[⑤] F. Richard Stephenson[⑥] 等学者均有论述。近来，张培瑜先生发现，对于《春秋》误记的日食，《左传》也从经误，"将错就错"，强为解释。据此他认为《左传》作者选择这 10 次日食，完全是出于有感而发，并非亲历或搜集到什么新的史料。[⑦] 此外，他还根据《左传》昭公时的 5 次日食记载，推测《左传》日食材料的编入当在战国时期，但不会晚于战国晚期：

> 《左传》记载昭公时的 5 次日食，在曲阜、鲁国以至整个中国，均可见偏食。《左传》记有食时日月所在位置和一些星占学方面的内容。食时日月所在位置和星宿不可见，这可证《左传》作者已掌握推算合朔时太阳月亮位置的方法（且合三统次度），是时天文学应有了一定的发展。《左传》惜简如金，从不空载经文；但从不时记载日月位置这类文字来看，说明其时应属于天文学发展的早期阶段，可能约当战国时期。参照《孟子·离娄下》"天之高也，星辰之远也。苟求其故，千岁之日至，可坐而致也"可知，战国后期学

---

① 陈厚耀等：《春秋长历》，《泰州文献》第四辑，南京：凤凰出版社，2015 年。
② 吴守一：《春秋日食质疑》，济南：齐鲁书社，1997 年。
③ 冯澂：《春秋日食集证》，上海：商务印书馆，1929 年。
④ 朱文鑫：《春秋日食考》，《天文考古录》，上海：商务印书馆，1933 年。
⑤ 斋藤国治、小泽贤二：《春秋之天文记录》，《中国古代天文记录之验证》，东京：日本东京雄山阁出版株式会社，1992 年。
⑥ F. Richard Stephenson and Kevin K. C. Yau, "Astronomical Records in the Chun-Chiu Chronicle," *Journal for the History of Astronomy*, vol. 23, 1992, pp. 31–51.
⑦ 张培瑜：《试论〈左传〉〈国语〉天象纪事的史料价值》，《史学月刊》2009 年第 1 期；亦见张培瑜《先秦秦汉历法和殷周年代》，北京：科学出版社，2015 年，第 10 页。

者肯定已经可以推算日月的准确位置了。[①]

张先生的这一结论值得深思，似乎意味着《左传》最终成文年代在孟子时代之前的战国早中期。

岁星更是学者讨论的重点。所谓岁星，即太阳系八大行星中的木星。《史记·天官书》云岁星："岁行三十度十六分度之七，率日行十二分度之一，十二岁而周天。"[②] 先秦时人认为，岁星一年移动一个星次，12年运行一周天。实际上，岁星真实的恒星周期为 11.8622 年，并非整 12年。若以 12年一周天计算，则每 86.1年就会超辰一次。因而用这一方法就可以验证《左传》中的岁星材料是否属于真实记录。最早对《左传》中的岁星作系统分析的是饭岛忠夫、新城新藏、刘坦等学者。他们发现，《左传》中的岁星并非当时的真实观测，而是从某一时刻依照 12年的周期逆推得来的，其行迹与刘歆的三统历相合。然而，这一发现却得出两种结论。其中，饭岛忠夫、刘坦认为《左传》岁星记载位是由刘歆依 144年超辰法推步算出，这便证明了刘歆作伪说。如刘坦说：

> 以三统历《世经》岁星纪年与上列（《左传》)岁星纪年互相对校，起鲁僖公五年星在大火迄昭公三十二年星在星纪，前后通凡一百四十六年（从公元前 655 至 510 年）之星次，竟一无乖舛。尤其从鲁昭公十三年星在大梁，循岁星岁行一次，下数至鲁昭公三十二年，岁星应次析木。三统历以鲁昭公十五年岁星超鹑首入鹑火，故其鲁昭公三十二年岁星在星纪。今上述鲁昭公三十二年，岁星乃亦不在析木，而在星纪。与三统超辰岁次之契合，形成毫厘不爽。……而应根据实测岁星超辰年数，较定其与刘歆三统历星岁纪年之一息相通，证明其为刘歆伪托，更进而追寻刘歆窜乱经史之踪迹。[③]

但是，用 144年超辰法验证《左传》实则是有问题的。《左传》中的岁星记载从前 655年至前 510年，这 145年间用 144年超辰法计算，

---

① 张培瑜：《试论〈左传〉〈国语〉天象纪事的史料价值》，《史学月刊》2009 年第 1 期。
② 司马迁：《史记》卷二七，第 1313 页。
③ 刘坦：《论星岁纪年》，北京：科学出版社，1955 年，第 6—7 页。

本该在前 527 年有一次超辰，但《左传》并未有超辰显示。所以新城新藏认为，应因果倒置，刘歆《世经》的超辰法是根据《左传》《国语》之记载和西汉末年岁星观测位推导得来的。他推定《左传》作者并未考虑超辰，仍信岁星一周天为整 12 年。以此前提，他推算出《左传》成书时代当约为前 350 年至前 340 年：

> 凡《左传》及《国语》中之岁星纪年，乃依据西元前三六五年所观测之天象，以此年为标准的元始年，而案推步所作者也。故作此等纪事之时代，当在该年后者，是不待言。然自此标准的元始年经十数年后，观测与推步之间，自有若干参差，而当时人亦自然注意及之。爰著此记事之年代，恐在此标准的元始年以后数年之内也。①

新城新藏的论证至今被诸多学者奉为圭臬。如沈玉成、刘宁《春秋左传学史稿》云："新城氏的意见是值得重视的。"② 陈美东《中国科学技术史·天文学卷》写道："新城新藏确认公元前 478 年岁星在鹑火可信，并认同公元前 510 年岁星在析木之说，进而推算这种情况是公元前 378 年前后的某一作者依其时岁星所在次的状况与岁星每年行一次的认识推衍而得的结果。我们认为新城新藏结论是基本可靠的。"③ 同时，有学者沿新城新藏岁星推求的思路进一步完善。针对 90 多年前新城计算岁星位置不够精确，且受"元始甲寅之岁"影响的缺陷，张培瑜先生对新城的工作作了新的补充：

> 木星的真实恒星周期为 11.8622 年或 4332.59 日，约 86.1 年就要超辰 1 次，用岁星 12 年行天 1 周推，与用 11.8622 年计算，每年木星位置会有 0.3484° 的差别。
>
> $$\frac{360}{11.862238} - \frac{360}{12} = 30.348404 - 30 = 0.348404°，\quad \frac{30}{0.348404} = 86.106916 \text{ 年}$$

---

① 新城新藏：《由岁星之记事论〈左传〉〈国语〉之著作年代及干支纪年法之发达》，《东洋天文学史研究》第六编，沈璿译，上海：中华学艺社，1933 年，第 418 页。
② 沈玉成、刘宁：《春秋左传学史稿》，南京：江苏古籍出版社，1992 年，第 388 页。
③ 陈美东：《中国科学技术史·天文学卷》，北京：科学出版社，2003 年，第 64 页。

也就是说，用岁星 12 年行 1 周前推与用 11.8622 年计算，每隔 86.1069 年就会相差 1 次（30°）……

《左传》所书岁星位置，在公元前 538 年前后与天相差约 2.1 次，由 538-2.1×86.1069＝357.18 可以看出，《左传》所书的岁星位置，大约是公元前 357 年左右的作者，根据岁星 12 年行天 1 周计算加进去的。①

然而，也有部分学者对新城的推证过程进行质疑，按结论可分为两类。一种是重申刘坦之观点。如乔治忠先生撰文承刘坦之说，认为新城新藏错误地把星纪、玄枵、诹訾等星次名称当作战国时期固有的说法。战国石申十二星次名称体系中并未有星纪、玄枵、诹訾这些称呼，刘歆《三统历》中却有之。由此他推断刘歆为了迎合王莽篡位，改变了十二星次的名称。而《左传》中却出现经刘歆更改的十二星次，说明《左传》经过刘歆的窜改。在结论中，乔先生肯定刘坦的论断，认为"抓住岁星纪事中星次名称问题，是破解刘歆窜乱《国语》《左传》案情的关键，是一项使辩护者无可置喙的铁证"。②

另一种观点则认为新城的方法不可靠，《左传》中的岁星材料为《左传》书中原有。如洪诚先生《关于新城新藏〈东洋天文学史研究〉中几个问题的讨论》一文从四点反驳新城的论证：（1）新城推定前 104 年为星纪年是违天象，刘歆《世经》关于太初元年的岁星记录是忠实的转载；（2）前 365 年非战国时期的原始甲寅岁；（3）《左传》中的岁星纪事非后人所加；（4）"武王伐殷，岁在鹑火"是当时的观测位，不是后人所加。③ 此后顾涛先生亦对此观点作了进一步阐发与归纳，深入剖析新城的五层逻辑推理，指出其三项逻辑预设均不能成立，从而认为新城的推求法太过于简单化，不能用于《左传》的断代。④

---

① 张培瑜：《先秦秦汉历法和殷周年代》，第 44—45 页。
② 乔治忠：《〈左传〉〈国语〉被刘歆窜乱的一项铁证——历史年代学家刘坦之说申论》，《北京师范大学学报》（社会科学版）2016 年第 3 期。
③ 以上四点参见洪诚《关于新城新藏〈东洋天文学史研究〉中几个问题的讨论》，《洪诚文集·雒诵庐论文集》，南京：江苏古籍出版社，2000 年，第 260—318 页。
④ 顾涛：《新城新藏由岁星纪事推证〈左传〉著作年代之研究法驳论》，《中国文化研究》2007 年第 2 期。

以上两种观点，第一种观点似不太可能成立。第一，我们不能因《史记·天官书》未有星纪、玄枵、诹訾等星次的称谓，就否定先秦时期有这些称呼。《天官书》采用的是魏国人石申的星次体系，代表了石氏的学说理论。战国时期社会纷乱，星占诸家各有各的理论，一些天文理论可能并不完全固定。例如战国书中的分野体系各有不同，甘氏、石氏对二十八宿次的认定不同等。由于现存的关于先秦的天文材料较少，我们无法获知当时是否存在其他星次体系。事实上，刘歆采取的这些称谓，并不是他的全新创造，很可能古已有之，《考工记》中已有"大火""鹑火"的记录。① 现主流观点认为《考工记》反映了战国时齐国的手工业状况，很可能为东周齐人所作。② 可以肯定，其时代不会晚于刘歆。第二，除《左传》《国语》外，《尔雅·释天》也有这些称谓。《尔雅》成书复杂，③ 这部分内容是否是东汉之人从刘歆《三统历》那里学习过来的，缺乏直接的证据。第三，结合近代以来的研究，刘歆作伪疑点甚多，前人已多有论述。退一步讲，即便刘歆发明了十二星次的新称谓，也只能证明刘歆在《左传》中窜入了十二星次，不能说明刘歆伪造了整部《左传》。

关于第二种观点，洪诚先生论证详尽，值得深思，可成一家之言。然而，其文虽写成于 1973 年，但直到 2000 年才得以问世，且赞同这一观点的学者大都非专攻天文史者，所以其结论终究未得到广泛认可。因此，《左传》中岁星材料是否是逆推得来学者尚未达成共识，还有待学界作进一步探讨。

就方法来说，尽管星象的观测具有客观性，能够通过数据科学推求，然而运用于《左传》断代仍有一定局限。即便《左传》中星象材料真由

---

① 《考工记》载："龙旂九斿，以象大火也。鸟旟七斿，以象鹑火也。熊旗六斿，以象伐也。龟蛇四斿，以象营室也。"（孙诒让：《周礼正义》卷七七，王文锦、陈玉霞点校，北京：中华书局，2008 年，第 3233—3236 页）即反映了四象及其与十二次概念的对应。

② 可参见梁启超演讲，周传儒等笔记《古书真伪及其年代》，北京：中华书局，1955 年，第 126 页。郭沫若：《天地玄黄》，上海：新文艺出版社，1954 年，第 605 页。史景成：《〈考工记〉之成书年代考》，《书目季刊》1971 年第 3 期。闻人军：《〈考工记〉成书年代新考》，中华书局编辑部编《文史》第 23 辑，北京：中华书局，1984 年；另见《考工记导读》，成都：巴蜀书社，1988 年，第 126 页。

③ 目前大多数学者认为《释天》一章成文于战国时期。可参见窦秀艳《关于〈尔雅〉的成书时代和作者问题研究评述》，《东方论坛（青岛大学学报）》2005 年第 3 期。

逆推得来，但这类记载在《左传》全书中所占比例很小，且材料非常集中。例如胡念贻先生就已发现《左传》中岁星纪事的材料几乎都集中在襄公二十八年至昭公十一年的十余年间。他举出三点理由，认为这些岁星材料非《左传》原书所有，而是战国时人所后加。① 倘若其所言属实，那么用岁星材料来鉴定成书年代的准确性就要大打折扣。

除星象之外，还有学者结合历法综合考察《左传》的成书年代，如日本学者平势隆郎先生在《左传の史料批判研究》一书中认为，《左传》中有关冬至的记载是将前 352 年末冬至视为朔并以此为起点的。以此为基础，平势先生推算被《左传》视为正统的历是将正月固定在从冬至月算起的第三个月的历，甚至这样的历法只有战国时期的韩国才有：

> 采用夏正的六国，各自认为自己的君主为正统的王，因此即使同样用夏正，亦各有相异点。其相异点乃在讨论正统时成为关键。主要的相异点在于，以何处为 76 年周期的起点，以及如何置闰。历算的起点有三种，置闰法有两种，合计有六种历……
>
> 公元前 352 年末冬至朔为起点的场合（①），与公元前 366 年立春朔为起点的场合（②），两者以冬至为朔之年有所差异。这是因为大小月排列虽然都采用相同的形式，但因起点相异而产生同一冬至日一方认为是朔、另一方认为是晦的情况。将公元前 352 年末冬至视为晦而当作起点（③）的场合，是把①讨论的冬至朔重新视作晦而讨论。《春秋左氏传》讨论的冬至，是将公元前 352 年末冬至视为朔（①）而追溯的……剩余理想的历，只有韩历。②

与单纯的星象记录相比，《左传》记史所用的历法理解起来要复杂许多。其原因在于，春秋时期历法尚未成熟，各种历法并存于世，没有得到统一。甚至可能当时各国所实际使用的历表在建正上也有摇摆。如

---

① 这三个理由是：第一，岁星纪事在这两部书中出现太少，而且出现很集中；第二，两书中出现的几次岁星纪事都是预言，似乎经过了精心的设计；第三，两书中所写的几条岁星纪事，都是可以和上下文脱离的。见胡念贻《〈左传〉的真伪和写作时代问题考辨》，《文史》第 11 辑，第 24 页。

② 平势隆郎：《左传の史料批判研究·中文摘要》，东京：汲古书院，1998 年，第 19 页。

清末王韬指出，鲁历僖公五年之前多建丑，之后多建子。[①] 张培瑜先生说："春秋时期，由观象授时发展到先期推步制定历法的阶段还为时不久，尚未形成如古六历、三统历、四分历等完整统一的年月日朔闰气的严格推步体系。斯时日至测量还不够准确，闰月设置尚欠规范。因此相应的岁首建正并非十分固定。"[②] 由于见到的历法材料有限，各国的历法体系我们目前还没有完全探明。然而，《左传》史料取材广泛，来源不一，有些史料应保留了原始的历日记录，作者尚未作统一改订，这就给历法推求带来了一定困难。同时，各家采用的历法基准和理解不同，造成了推算的结果有一定差别。由于这些客观原因，历法推求的方法尚存在瓶颈。

综上，天文的推求方法及结论仍非常值得我们重视，但由于逆推的星象史料在《左传》中总数较少且出现集中，而历法的推算受到材料和时代的限制，故以此作为《左传》断代的证据有其局限性。稳妥的做法是，我们可以用某些已经公认的天文成果推断某些材料的成文年代，但却不能以此推求《左传》全书的成书年代。

3. 从语言学推断

据文字用词以考察文献性质的方法古已有之，如朱熹就以辞气检验今古文《尚书》，认为今文《尚书》"艰涩难晓"，古文《尚书》"平易易晓"，怀疑今文《尚书》作伪。[③]

对于《左传》，20 世纪 20 年代初，瑞典古汉语学家高本汉（Bernhard Karlgren）写成《左传真伪考及其他》一书，利用现代语言学的统计方法系统研究《左传》中例如"如""若""斯""乎""与""於"等助词，从而开创出一条用语言学探求《左传》成书年代的新思路。该书中文版由陆侃如先生翻译，初版于新月书店，后又在商务印书馆重印，曾在国内学界产生巨大影响。高本汉认为古书的文法具有历时性和共时性特征，这一点很难伪造。通过与其他古书（《荀子》《韩非子》）助词文法的比较，高本汉认为，《左传》一书绝不可能是前 2 世纪的伪作。为此，他在全书末尾作了如下总结：

---

① 王韬：《春秋历学三种》，曾次亮点校，北京：中华书局，1959 年，第 30 页。
② 张培瑜：《先秦秦汉历法和殷周年代》，第 26 页。
③ 黎靖德编《朱子语类》卷七八，王星贤点校，北京：中华书局，1986 年，第 1978 页。

《左传》有一律的文法，和《国语》很近，但不全同（和别的古书却完全不同）。这种文法绝不是一个后来的伪造者所能想像的或实行的，所以这一定是部真的书，是一个人所作的，或者是属于一个派和一个方言的几个人作的。它同鲁国学派没有关系（至少没有直接关系），因为它的文法和孔子及弟子及《孟子》完全不同。此书是在（公元前）四六八年以后（书中所述最迟的一年），而无论如何总在（公元前）二一三年以前，多份还是（公元前）四六八年到（公元前）三〇〇年中间。①

高氏之观点，驳斥了《左传》成文于汉代的观点，即刘歆作伪说。此后，不断有学者继续从事《左传》文辞语法研究，这些研究成果都折射出《左传》的成书年代，如林语堂《左传真伪与上古方音》②、卫聚贤《我们的朋友——评林语堂先生的〈左传真伪与上古方音〉》③、蒋廷曜《〈春秋左氏传〉言语学绪言》④ 等。新中国成立以后的作品中，比较有代表性的如何乐士先生的《左传虚词研究》，新版该书中收录有《“弗”的历史演变——从〈左传“不”与“弗”的比较〉到〈“弗”的历史演变〉》一文。何先生通过系统统计，将“弗”的历史演变分为五个历史时期，认为随着历史发展，“弗”字使用率呈逐渐下降的趋势。她在论及“弗”字于历史上的第二次削减时说：

就以《史记》和《后汉书》相比而言，《史记》“弗”例317，而《后汉书》仅为28，两书“弗”的比例约为 11：1。这是“弗”在它历史演变过程中的第二次大削减。第一次是西周至春秋之际，具体体现在《诗经》中，已如前述。第二次就明显地表现在《后汉书》中。这可能有两个方面的影响，主要是随着口语化的发展，“不”的各种功能迅猛增长，大有取而代“弗”的趋势。再就是社

---

① Bernhard Karlgren：《左传真伪考及其他》，陆侃如译，上海：商务印书馆，1936年，第95页。
② 林语堂：《左传真伪与上古方音》，《语丝》第4卷第27期，1929年。
③ 收入晁岳佩选编《民国期刊资料分类汇编·春秋学研究》，北京：国家图书馆出版社，2009年，第313—314页。
④ 收入晁岳佩选编《民国期刊资料分类汇编·春秋学研究》，第433—436页。

会政治因素对语言的影响。如汉武帝刘彻给皇太子（后嗣位为汉昭帝）取名为刘弗陵（后改为刘弗）。刘弗死后，朝廷上下为了避讳，均以"不"代"弗"。诸如此类的社会政治原因形成"弗"的陡降。① 此后"弗"在诸书中的数量一直趋减。②

在另外一篇文章中，何先生还谈到《左传》用"弗"之情况：

> "弗"在全书（《左传》）共 362 例，虽只是"不"的十分之一，但绝对数量上也不算少，在先秦许多典籍中居于第一位。③

何先生虽没有直接给《左传》下成书年代的结论，但该统计实际上暗示了《左传》至少成书于汉昭帝刘弗陵之前，不可能为刘歆伪作。

总结语言学之方法，其优势在于，文辞的使用习惯不可避免地受到时代的影响，这使文献具有难以全然模仿的历史特质。如杨伯峻先生就非常推崇这一方法，认为"从汉语史的角度来鉴定中国古籍写作年代应该是科学方法之一"，他言道：

> 生在某一时代的人，他的思想活动不能不以当日的语言为基础，谁也不能摆脱他所处时代的语言的影响。尽管古书的伪造者在竭尽全力地向古人学舌，务使他的伪造品足以乱真，但在摇笔成文的时候，无论如何仍然不可能完全阻止当日的语言的向笔底侵袭。这种侵袭不但是不自觉的，甚至有时是不可能自觉的。因为极端谨慎地运用语言，避免在语言上露出作伪的痕迹，这一种观念未必是所有古书的伪造者人人都具有的，或者非常敏感地、强烈地具有的。④

---

① 日本学者大西克也曾指出这个问题。见大西克也《论上古汉语否定词"弗""不"分用说》，《日本中国学会报》第 40 集，1988 年。
② 何乐士：《左传虚词研究》，北京：商务印书馆，2004 年，第 540 页。
③ 何乐士：《左传否定副词"不"、"弗"特点的比较》，高思曼、何乐士主编《第一届国际先秦汉语语法研讨会论文集》，长沙：岳麓书社，1994 年，第 94 页。
④ 杨伯峻：《汉语史的角度来鉴定中国古籍写作年代的一个实例——〈列子〉著述年代考》，收入《列子集释》，北京：中华书局，1985 年，第 323—324 页。

显然，这一理据具有一定科学性。例如，即便在当今，我们也很容易看出现代人与年代相隔不久的民国时人写文章存在的用词差异。因此，建立参照体系，探寻古书中具有时代特征的文辞，从而推断成书年代成为当今文献考证中非常流行的一种内证方法。

不过，语言学的方法也面临两个困境。第一，如何去选择这些具有时代特征的词语。古书文辞的独特性，并不一定完全是时代造成的，也可能是作者主观使用习惯所致，因此不能全然将原因归于客观的时代背景。同时，选择这些词的困难不仅存在于目标文献，也存在于建立的参照文献中。例如高本汉在《左传真伪考及其他》中选择了《诗经》《庄子》《国语》《礼记》等书作为参照。但事实上，这些书内容繁杂，书中各章篇目也非成于一时，出于一人之手，可以说，没有一部可以视为成文单一的作品。那么拿这些书中的词语直接作为参照标准，显然是有问题的。因此，上述两点造成了学者对词语的选择各有侧重，导致最终论证有别。例如冯沅君先生以《左传》与《国语》文法相较，认为高本汉的论证有疏漏，如她认为"於"与"于"之比例《左传》和《国语》有相反者；"与""及"之比例，《左传》《国语》大小不同；她还找到一个"奈"字，指出《左传》中没有"奈"字，而其在《国语》中存在五条，因晚出的《战国策》中大量用"奈"字，所以《左传》比《国语》早出。①

第二，古书用词在流传过程中非一成不变。由于早期中国印刷术尚未产生，古书的流传全凭口授或传抄，抄手可能出于某些目的，会在抄写过程中改换文字。如《史记》征引《尚书》就用易懂的同义字替换难字，使之更符合汉人的语言习惯。又如传世的《尉缭子》，由于文辞浅显，自南宋以来，曾长期被怀疑为伪书。但临沂银雀山汉墓竹简《尉缭子》的出土，可证今本《尉缭子》绝非伪书。简本《尉缭子》与《群书治要》中的选篇及宋以后通行的《尉缭子》内容是一致的，只是与今本相较，简本颇多深奥文字。可见该书在后世的流传中经过了大量的文句改动，以致遭受后世非议。又如清华简《金縢》公布后，我们发现，与现存的传世本对比，二者虽内容主体相同，但存在不少用词用句上的差异。例如传世本

---

① 见 Bernhard Karlgren《左传真伪考及其他》，第141—178页。对于冯氏观点的梳理，可参看张以仁《从文法、语汇的差异证〈国语〉、〈左传〉二书非一人所作》，《张以仁先秦史论集》，上海：上海古籍出版社，2010年，第80—89页。

作"岁则大熟",而简本作"岁大有年";传世本作"朕小子",简本作"余冲人";传世本作"我",简本作"吾"等。又如魏三体石经《春秋·僖公三十一年》"公子遂如晋"中"遂"古文作"述"。可见,这些词语许多是因后世抄写产生的历时演变。随着出土文献的增多,这样的例子愈发多见。同样,《左传》作为古文经,必然经过了一个长期传抄、流传的过程,在这中间,应不可避免地发生一些文辞改动。在没有出土古本的情况下,我们很难探明今本《左传》具体在哪些地方经过了改动,因而无法判断原先我们于《左传》中选取的那些具有"时代代表性"的文辞,是否是文献流传中某些抄手改动的结果,而非《左传》原貌。

总之,语言学的研究方法是文献考证非常重要的辅助手段,但运用这一方法于像《左传》这样的先秦古书,需要持更加谨慎的态度,① 避免受到一些惯性思维的误导,② 尤其是在选择参照文献上,首先需要明晰文献内各部分材料的成书年代,③ 且选取的材料最好有出土古本的比对,以便尽可能地保证所选取的词句没有经过后世改动。

(二) 外证法

相对于内证法,外证法主要是从当时行世的制度、思想观念等方面去对照《左传》之内容,从而推测《左传》成书时代。需要注意的是,制度、思想角度的论证通常会与传统说法持反面立场。因为《左传》还

---

① 张世超先生对词义鉴别法提出过两点很重要的建议,他说:"第一,我们主张以词义的时代特点论证古书的时代,并不意味着可以取一个词的一次使用来证明整部书的写作时代。……第二,以词义的时代特点鉴定古书,并不排斥其他方法的运用。实际运用上,一部古书的科学鉴定往往是目录、语言、历史等多学科知识综合运用的结果。"参见张世超《词义的时代性与古书辨伪》,《古籍整理研究学刊》1990 年第 1 期。

② 过去不少学者对古文献语言的研究受到"没有的就是不存在"的思维的影响,即某篇古文献出现当时文献中没有的语言现象时,该文献就很可能年代较晚或者是后人伪造,这种古书年代考证与辨伪思路自然存在逻辑上的漏洞,由此得出的诸多结论不会有很高的可信度。详见冯胜君《二十世纪古文献新证研究》第七章"根据出土文献判断古书真伪及年代"第一节"利用甲骨文、金文判断古书真伪及年代",济南:齐鲁书社,2006 年,第 226—252 页。

③ 如余霭芹先生认为,只用一种语法结构去衡量作品的成书年代,是极其片面的观察,而且各篇内部也包含不同时代的语法成分。她以《尚书》为例,认为《尚书》各篇内部可以根据不同的标准,包括不同的语法类型、不同的学术领域标准(考古、文字、天文和历史等),厘清不同时代的成分。见余霭芹《〈尚书〉的定中结构》,《中国语文研究》第 1 期,2003 年。同样,余先生的这一思路也可用于考察《左传》各部分内容的成文年代。

存在一些易让人生疑的地方，它们远比那些已明确符合传统说法的材料更易受到关注。故采用该方法的学者总是寄希望从这些材料中找到反例，以证明《左传》非春秋之作。

《左传》的这一研究思路始盛于宋。有宋一代，思想活跃，学人多敢于质疑古有成说。如叶梦得云《左传》中"官之有'庶长''不更'，秦孝公之所名也；祭之有腊以易蜡，秦惠公之所名也；饮之有酎，礼之所无有，而吕不韦《月令》之所名也……则《左氏》固出于秦孝公、惠公、吕不韦之后矣"。① 朱熹亦有相同之意见："《左氏》谓'虞不腊矣'，是秦时文字分明。"② 至郑樵，集诸家质疑，转相发明，从制度、思想方面共举出八条证据，认为《左传》作于战国中后期：

> 《左氏》终纪韩魏智伯之事，又举赵襄子之谥，则是书之作必在赵襄子既卒之后。若以为丘明，自获麟至襄子卒已八十年矣。使丘明与孔子同时，不应孔子既没七十有八年之后丘明犹能著书，今《左氏》引之，此左氏为六国人，在于赵襄子既卒之后，明验一也。《左氏》战于麻隧，秦师败绩，获不更女父，又云秦庶长鲍、庶长武帅师及晋师战于栎。秦至孝公时立赏级之爵，乃有不更、庶长之号。今《左氏》引之，是左氏为六国人，在于秦孝公之后，明验二也。《左氏》云虞不腊矣。秦至惠王十二年初腊，郑氏、蔡邕皆谓腊于周即蜡祭，诸经并无明文，惟《吕氏》月令有腊先祖之言，今《左氏》引之，则左氏为六国人，在于秦惠王之后，明验三也。《左氏》师承邹衍之诞，而称帝王子孙，案齐威王时邹衍推五德终始之运，其语不经，今《左氏》引之，则左氏为六国人，在齐威王之后，明验四也。《左氏》言分星皆准《堪舆》，案韩、魏分晋之后，而《堪舆》十二次始于赵分曰大梁之语。今《左氏》引之，则左氏为六国人，在三家分晋之后，明验五也。《左氏》云左师辰将以公乘马而归，按三代时有车战无骑兵，惟苏秦合从六国始有车千乘骑万匹之语。今《左氏》引之，是左氏为六国人，在苏秦之后，明验

---

① 叶梦得：《春秋考》卷三，清武英殿聚珍版丛书本。
② 黎靖德编《朱子语类》卷八三，第2147页。

六也。《左氏》序吕相绝秦，声子说齐，其为雄辨徂诈，真游说之
士，掉阖之辞，此左氏为六国人，明验七也。《左氏》之书序晋楚
事最详，如楚师熠犹拾渖等语，则《左氏》为楚人，明验八也。①

郑说对后世影响尤大，至今仍有不少学者深以为然。然而，姑且不
论《左传》是否成于战国，详查郑氏之说，这八条证据并经不起推敲。
这里值得注意的是，在 20 世纪 80 年代，胡念贻先生曾对这八条证据进
行了有力的驳斥，其说大都信而有征。不过，胡氏之论也存在一些问题，
且囿于时代及篇幅所限，很多论述过于单薄，没能进一步深入展开。故
以下试图在胡氏之说的基础上，对《左传》这一历史疑义作一系统的
辨析。

1. 关于谥号

谥号是古代贵族死后，根据他们的生平事迹与品德修养，给予的带
有评判性质的称号。郑樵以《左传》书中出现了"赵襄子"推断《左
传》成书至少当在赵襄子卒年（前 425 年，其时已是战国时期）之后。
"赵襄子"之谥出现于《左传·哀公二十七年》文末：

> 悼之四年，晋荀瑶帅师围郑。未至，郑驷弘曰："知伯愎而好
> 胜，早下之，则可行也。"乃先保南里以待之。知伯入南里，门于桔
> 秩之门。郑人俘酅魁垒，略之以知政，闭其口而死。将门，知伯谓
> 赵孟："入之。"对曰："主在此。"知伯曰："恶而无勇，何以为
> 子？"对曰："以能忍耻，庶无害赵宗乎！"知伯不悛，赵襄子由是
> 憋知伯，遂丧之。知伯贪而愎，故韩、魏反而丧之。②

与郑樵几乎同时代的叶梦得也表示怀疑，除"赵襄子"之外，他又
举出"鲁悼公""楚惠王"之谥：

> 辞及韩、魏、知伯、赵襄子之事，而名鲁悼公、楚惠王。夫以

---

① 郑樵：《六经奥论》卷四，清文渊阁四库全书本。
② 阮元校刻《十三经注疏·春秋左传正义》卷六〇，第 2183 页。

春秋为经而续之，知孔子者固不敢为是矣。以年考之，楚惠王卒去孔子四十七年，鲁悼公卒去孔子四十八年，赵襄子卒去孔子五十三年。……岂有与孔子同时非弟子而如是其久者乎？①

以谥号推断成书年代的方法简单、直观，难以直接批驳，因而多受后世学者信奉，如卫聚贤就说："《左传》的末段内有'赵襄子'三字，按'襄子'二字是死后的谥法；襄子卒在周威烈王元年即西元前四二五年；是《左传》的最迟一年为公元前四二五年，非公元前四六八年了（高本汉说）。"② 然而，胡念贻则批判这一说法，他的论证不是直接针对"谥号"，而是怀疑《左传》末尾"悼之四年"这段材料为后人所窜，为此他举出三点理由：

一、它不是正文，正文已在哀公二十七年结束；二、它的最后几句写到了韩、魏、赵灭知氏之事，这件事上距"悼之四年"又已十年，书中草草带过，"丧之"二字复出，显得笨拙，不似作者手笔；三、哀公二十年写到赵孟，没有写赵襄子谥，可见《左传》作者和赵孟是同时人。从哀公年间叙事不举赵襄子谥可以反过来证明"悼之四年"一段举赵襄子谥是后人所加。③

此外，他还谈到书中出现"楚惠王"谥号的问题：

《左传》中称楚"惠王"有三处，两处为"君子曰"之辞，"君子曰"之辞不必都是作者所写。一处见于叙述文字，而叙述文字中有好几处都称"王"，无"惠"字，这一处"惠"字当为后人窜入。④

---

① 叶梦得：《春秋考》卷三。
② 见卫聚贤《跋左传真伪考》，Bernhard Karlgren：《左传真伪考及其他》附录二，第124页。
③ 胡念贻：《〈左传〉的真伪和写作时代问题考辨》，《文史》第11辑，第18页。
④ 胡念贻：《〈左传〉的真伪和写作时代问题考辨》，《文史》第11辑，第18—19页。

以上胡念贻的说法是值得重视的。"悼之四年"这段材料放在哀公二十七年之末确实极为突兀。我们知道，《左传》叙事前后连珠贯串，在记《春秋》经文之外但与之密切关联的史实时，往往一并穿插叙述，使之呈现一个条理清晰的完整事件。如记载"晋公子重耳的流亡经历"就是把晋文公在外流亡的十九年经历一并叙述于僖公二十四年传中。此类现象在《左传》全书中比比皆是，实是《左传》叙事高明之处。反观"悼之四年"这段材料，在前因后果上，本应紧接哀公二十七年"知襄子师师伐郑，田成子言襄子不能久"事件之后，但它们之间却夹杂着一段与前后毫无关联的"鲁哀公患三桓赴越"之事，破坏了叙事的连贯性，不符合《左传》一贯的编纂习惯。那么，一种合理的解释就是："悼之四年"这段材料实为后人于末尾所加，从而造成了叙事的割裂。除上述整段材料外，《左传》中某些谥号确也有后人在传抄时误抄的可能，如《左传·隐公四年》载：

> 州吁未能和其民，厚问定君于石子。石子曰："王觐为可。"曰："何以得觐？"曰："陈桓公方有宠于王，陈、卫方睦，若朝陈使请，必可得也。"①

上举石碏与石厚的对话中出现了"陈桓公"。此时陈桓公尚未辞世，石碏即称其谥号显然有违史实。然而考之《左传》全书，此类错误仅此一见，其余无一如此。可见，《左传》的作者原本已注意到这点，在写作时非常注意措辞，照理不应犯此低级错误。那么，此处出现"陈桓公"极可能是后人在传抄时所误添。

因此，用《左传》书中出现的谥号推断《左传》全文的成书年代并不一定稳妥，但借此方法，我们可以说，《左传》此处文本增改于前425年之后。

2. 关于秦之官名

郑樵以"不更""庶长"见于商鞅所立二十等爵，认为"庶长""不更"之称始于孝公后。"庶长"见于《左传·襄公十二年》：

---

① 阮元校刻《十三经注疏·春秋左传正义》卷三，第1725页。

秦庶长鲍、庶长武帅师伐晋以救郑。[1]

其实，作为官名，"庶长"之称早在孝公之前就已有之，如《史记·秦本纪》秦宁公时期有"大庶长弗忌"，秦怀公有"庶长晁"，秦出公二年有"庶长改"，又《史记·赵世家》记赵敬侯十三年"秦献公使庶长国伐魏"。[2] 而《商君书·境内》列出"不更""庶长"，只说它们的等级和受享的爵禄，没有说明具体职权，乃明确它们是官爵分化后的爵称，盖商鞅直接取自旧有官名称之。[3] 所以，孝公时立二十等爵，是说借原来的官名创立军功爵位，不是说商鞅另创官职。因此，郑樵以"庶长"说《左传》成书于商鞅之后是欠妥的。

"不更"的情况要复杂一些，"不更"见于《左传·成公十三年》：

五月丁亥，晋师以诸侯之师及秦师战于麻隧。秦师败绩，获秦成差及不更女父。[4]

此处若将"不更"理解为"官名"或"爵名"便产生两个问题。一是与《左传》文法不合。《左传》记晋师不仅俘获"女父"，还有"成差"。"成差"后人注疏未予关注，其前面"秦"字若是与"成差"连读，那么"秦"很可能是"成差"之氏；若"秦"是用来表示成差和不更女父的国别，那么"成差"很可能以"成"为氏。但可以肯定的是，不管是"秦"还是"成"，都不可能是官爵名。此外，"（秦）成差"与"不更女父"在《左传》中仅此一见。那么，按《左传》文法，记载军事活动，参与将领并列出现，若记官爵，一般都一并书之，例如：

《左传·僖公二十六年》：冬，楚令尹子玉、司马子西帅师伐

---

① 阮元校刻《十三经注疏·春秋左传正义》卷三一，第1951—1952页。
② 司马迁：《史记》卷五、四三，第181、199、200、1799页。
③ 蒋礼鸿：《商君书锥指》卷五，北京：中华书局，2011年，第114—127页。
④ 阮元校刻《十三经注疏·春秋左传正义》卷二七，第1912页。

宋，围缗。①

  《左传·昭公三十一年》：左司马戌、右司马稽帅师救弦，及豫
章。吴师还。②

若并列人物前不加官爵称谓，则一般一并不书，如：

  《左传·庄公八年》：齐侯使连称、管至父戍葵丘。③
  《左传·僖公三十三年》：夏四月辛巳，败秦师于殽，获百里孟
明视、西乞术、白乙丙以归。④

  因此，若《左传·成公十三年》"不更女父"之"不更"是官名或
爵名，照理在"（秦）成差"之前也应有他的官爵称谓，且《左传》先
言"（秦）成差"，显示其地位应在"不更女父"之上，本不该遗漏。
  二是"不更"作为官爵与"女父"的身份不符。这点杨伯峻先生在
《春秋左传注》中已提出疑义：

  据《汉书·百官公卿表》及《续汉书·百官志五》刘昭《注》
引刘劭《爵制》，不更仅是秦商鞅所定四级爵，士之最高级，不足
为大夫，爵位甚低，而《左传》不但记其所获，且书其名女父，或
此春秋时之不更，与商鞅以后之不更名同实异，职位较高。⑤

  因此，综合以上两条线索，笔者颇疑此处"不更"不是官职，而是
氏名。《元和姓纂》引有"不更氏"：

  《英贤传》，秦公子不更之后，或云秦大夫爵，为不更，因
氏焉。⑥

---

① 阮元校刻《十三经注疏·春秋左传正义》卷一六，第 1822 页。
② 阮元校刻《十三经注疏·春秋左传正义》卷五三，第 2126 页。
③ 阮元校刻《十三经注疏·春秋左传正义》卷八，第 1765 页。
④ 阮元校刻《十三经注疏·春秋左传正义》卷一七，第 1833 页。
⑤ 杨伯峻编著《春秋左传注》，第 866 页。
⑥ 林宝：《元和姓纂》卷一〇，北京：中华书局，2012 年，第 1520 页。

若《姓氏英贤传》前半句推测属实，那么"不更女父"极可能是秦某位公子之后，与秦官爵"不更"不是一回事。当然，这只是推测，缺少更多的证据。不过，即便"不更"确属官名，其早在秦孝公之前既有之。《元和姓纂》又云：

> 齐简公时，不更苗，为执法也。①

而郑樵《通志二十略·氏族略》中所引该条"齐简公"作"秦简公"，②不知孰是。猜测此处言秦人氏，可能"秦简公"为是。然而，不论是"齐简公"还是"秦简公"，二人时代均在孝公之前，可证孝公之前已有"不更"之职。

3. 关于腊祭

"腊祭"出自《左传·僖公五年》记载晋国假虞道伐虢，宫之奇谏虞君：

> 宫之奇以其族行，曰："虞不腊矣，在此行也，晋不更举矣。"③

叶梦得、朱熹、郑樵等以《史记·秦本纪》云"（秦惠文王）十二年，初腊"，④认为腊祭直到秦惠文王时期才有。事实上，他们对《史记》的理解都犯了断章取义的错误。《风俗通义·祀典》云："《礼传》：'夏曰嘉平，殷曰清祀，周曰大蜡，汉改为腊。'"王利器注云："《世说新语·德行篇》注引《五经要义》：'三代名腊：夏曰嘉平，殷曰清祀，周曰大蜡，总谓之腊。'《礼记·月令》疏引蔡邕章句：'夏曰清祀，殷曰嘉平，周曰蜡，秦曰腊。'《靖康缃素杂记》四：'案《礼记外传》云："腊祭即腊祭也，夏曰清祀，殷曰嘉平，周谓之蜡祭，秦曰腊。"……

---

① 林宝：《元和姓纂》卷一〇，第1520页。
② 郑樵：《通志二十略》，王树民点校，北京：中华书局，2012年，第158页。
③ 阮元校刻《十三经注疏·春秋左传正义》卷一二，第1795页。
④ 司马迁：《史记》卷五，第206页。

《风俗通》云云，此云"秦曰腊"，盖汉仍之也。'"① 诸家所述三代腊祭名称虽略有互换，但可以确定的是，腊祭古已有之，绝非秦国首创。而《史记》所云之"腊"，张守节《正义》已解释得很清楚："秦惠文王始效中国为之，故云初腊。"② 也就是说，原处西陲的秦国在惠文王时开始学习中原"腊祭"之俗，而不是秦惠文王创制腊祭。此外，出土文献更是印证了这一点，《清华大学藏战国竹简》（六）收有《子仪》一篇，讲述春秋秦晋殽之战后，秦穆公与楚修好，主动送归楚子仪之事。文中记载，楚国送归子仪，楚乐歌之曰："……昔之腊兮余不与，今兹之腊余或不与……"③ 可见，腊祭春秋之时便已有之。故宋人的这条批驳显然无法成立。

4. 关于邹衍"五德终始"之说

郑樵认为《左传》"师承邹衍之诞，而称帝王子孙"，所以成书在邹衍之后。

战国邹衍阴阳五行对后世影响甚大，乃至战国秦汉之书多吸收其思想。关于邹衍著作，《汉书·艺文志》曾载有《邹子》四十九篇、《邹子终始》五十六篇，可惜早已亡佚。但其主旨思想曾被秦汉众书所引，故今我们仍可得其旨要。邹衍之说的核心就是以五行相胜配以朝代更迭。如《史记·封禅书》集解引如淳云："今其书有《五德终始》。五德各以所胜为行，秦谓周为火德，灭火者水，故自谓水德。"④《淮南子·齐俗训》载："有虞氏之祀，其社用土，祀中溜，葬成亩，其乐咸池、承云、九韶，其服尚黄。夏后氏其社用松，祀户，葬墙置翣，其乐夏籥九成、六佾、六列、六英。殷人之礼，其社用石，祀门，葬树松，其乐大濩、晨露，其服尚白。周人之礼，其社用栗，祀灶，葬树柏，其乐大武、三象、棘下，其服尚赤。"⑤《文选》沈休文《安陆昭王碑文》注引《邹子》云："五德从所不胜，虞土、夏木、殷金、周火。"⑥

---

①　王利器校注《风俗通义校注》卷八，北京：中华书局，2013 年，第 379 页。

②　司马迁：《史记》卷五，第 207 页。

③　李学勤主编《清华大学藏战国竹简》（六），上海：中西书局，2016 年，第 128 页。若无特殊说明，本书所引出土文献释文一律采用宽式。

④　司马迁：《史记》卷二八，第 1369 页。

⑤　何宁：《淮南子集释》卷一一，北京：中华书局，2011 年，第 788—790 页。

⑥　何宁：《淮南子集释》卷一一，第 790 页。

然而，遍观《左传》涉及五行之记载，见其远未发展为"五德终始"之说。如《左传·昭公二十九年》记蔡墨答魏献子云：

> 木正曰句芒，火正曰祝融，金正曰蓐收，水正曰玄冥，土正曰后土……少皞氏有四叔，曰重、曰该、曰修、曰熙，实能金、木及水。使重为句芒，该为蓐收，修及熙为玄冥，世不失职，遂济穷桑，此其三祀也。颛顼氏有子曰犁，为祝融；共工氏有子曰句龙，为后土，此其二祀也。后土为社；稷，田正也。有烈山氏之子曰柱为稷，自夏以上祀之。周弃亦为稷，自商以来祀之。①

从上文中，我们可以看到"金、木、水、火、土"与古史传说中人物相配。然而，《左传》于此描述的"五行"是指万物的五个属性，虽配以人物，但五行之间更多的是一种平行的关系，并未涉及朝代更迭，足见《左传》中五行观念还未达到邹衍之说的层面。

5. 关于星象分野观念

关于《左传》中的星际分野，郑樵以《堪舆》比照《左传》的做法显然是不对的。胡念贻就已指出，《左传》"分星"和《堪舆》不完全符合。如《堪舆》把星纪作为吴越的分野，把析木作为燕的分野，而《左传》却仅以析木作为越的分野。② 其实，这反倒可以说明《左传》比《堪舆》时代要早。因为战国时候，吴已被越所灭，二者再作星野区分已无多大意义，故二者合为星纪之分野，而《左传》则还保留着春秋时期的分野体系。

这里还可补充的是，任何思想都不是一蹴而就、突然出现的，而是有一个从起源、发展到成熟的过程。其实，分野思想萌芽甚早。《诗·小雅·大东》有"维天有汉，监亦有光"。③ 陈遵妫先生说："我们祖先把天河拟为地上的汉水，把它叫做天汉或河汉，……所以分野的观念，可以说是源起于原始时代。"④ 此外，《周礼·春官·保章氏》载："保章氏

---

① 阮元校刻《十三经注疏·春秋左传正义》卷五三，第2123—2124页。
② 胡念贻：《〈左传〉的真伪和写作时代问题考辨》，《文史》第11辑，第19页。
③ 阮元校刻《十三经注疏·毛诗正义》卷一三，第461页。
④ 陈遵妫：《中国古代天文学简史》，上海：上海人民出版社，1955年，第91页。

掌天星，以志星辰日月之变动，以观天下之迁，辨其吉凶。以星土辨九州之地，所封封域，皆有分星，以观妖祥。"① 如果《周礼》这一说法不是凭空想象，是有一定的来源的话，那么西周时期很可能就有了比较系统化的分野学说。

从上可知，分野是不能作为《左传》成书于战国之依据的。

6. 关于"乘马"

"乘马"一词见于《左传·昭公二十五年》：

> 平子有异志。冬十月辛酉，昭子齐于其寝，使祝宗祈死。戊辰，卒。左师展将以公乘马而归，公徒执之。②

陆德明《经典释文》载"乘，如字，骑马也"，③ 将"乘马"解释为"骑马"，后世诸儒多信其训。于是，郑樵便以三代之时只有车乘无骑兵，直到苏秦之时方有车千乘骑万匹之语，认为《左传》成书在苏秦之后。不过，也有学者认为偶见"骑马"不足为怪，如《左传正义》引刘炫之言："此左师展将以公乘马而归，欲共公单骑而归，此骑马之渐也。"④ 段玉裁《说文解字注》"马"部"骑"字下注："按：《左传》左师展将以昭公乘马而归，此必谓骑也。然则古人非无骑矣。"⑤ 朱骏声《说文通训定声·随部第十》"骑"字引《左传》该条："是单骑春秋时已有之。"⑥ 后胡念贻继此之言进一步阐发：

> 战国时代大规模用骑兵，不能是突然而起，从春秋末期开始有"骑马之渐"，这是合乎情理的推测。⑦

不过，春秋时期中原地区有无骑马之例尚缺乏足够的文献与考古证据，

---

① 孙诒让：《周礼正义》卷五一，第2114—2116页。
② 阮元校刻《十三经注疏·春秋左传正义》卷五一，第2110页。
③ 陆德明：《经典释文》，上海：上海古籍出版社，2012年，第440页。
④ 阮元校刻《十三经注疏·春秋左传正义》卷五一，第2110页。
⑤ 段玉裁注《说文解字注》，上海：上海古籍出版社，2011年，第464页。
⑥ 朱骏声：《说文通训定声·随部第十》，武汉：武汉市古籍书店，1983年，第490页。
⑦ 胡念贻：《〈左传〉的真伪和写作时代问题考辨》，《文史》第11辑，第21页。

仅属推测。但至少可以确定，在赵武灵王胡服骑射之前，由于中原长袖宽腰的服饰特点，尚未形成骑马之俗。那么，《左传》此处"乘马"能否作为习俗之外的特例呢？实际上是不能的。"乘马"不仅在《左传》中不止一见，而且在其他战国之前的文献中也屡见，如《论语·雍也》记孔子言公西赤适齐"乘肥马，衣轻裘"，"乘肥马"俨然是当时富贵生活的标准之一。因此，另外一些学者认为，《左传》"乘马"一词非作"骑马"之解，如杨伯峻先生《春秋左传注》：

> 杜注、孔疏及陆德明《释文》皆谓此为骑马，王应麟《困学纪闻》四亦言之。宋翔凤《过庭录》卷九则云："乘读去声，言以车一乘归鲁。"疑宋说较近事实。《左传》凡五言乘马，如六年传云："以其乘马八匹私面。"《公羊》《穀梁》亦各言乘马，俱见隐元年传，皆驾车马。①

我们认为，这一结论实为正确，不过论证未安。杨伯峻所举《左传·昭公六年》及《公羊传》《穀梁传》中"乘马"一词均属偏正结构，②此"乘马"当按注疏家理解为"四马"，③显然与"左师展将以公乘马而归"中"乘马"作动宾结构不同。综观《左传》其余五处言"乘马"，四处皆与杨氏所举一致，唯有一例与"以公乘马而归"用法相同，见于哀公三年，鲁公室失火：

> 夏五月辛卯，司铎火。火逾公宫，桓、僖灾。救火者皆曰："顾

① 杨伯峻编著《春秋左传注》，第 1466 页。
② 《左传·昭公六年》载："以其乘马八匹私面。"（阮元校刻《十三经注疏·春秋左传正义》卷四三，第 2045 页）《公羊传·隐公元年》载："赗者盖以马，以乘马、束帛。"（阮元校刻《十三经注疏·春秋公羊传注疏》卷一，北京：中华书局，1980 年，第 2199 页）《穀梁传·隐公元年》载："乘马曰赗。"（阮元校刻《十三经注疏·春秋穀梁传注疏》卷一，第 2366 页）
③ 如《诗·大雅·崧高》载："王遣申伯，路车乘马。"毛传："乘马，四马也。"（阮元校刻《十三经注疏·毛诗正义》卷一八，第 567 页）又《左传·闵公二年》载："齐侯使公子无亏帅车三百乘、甲士三千人以戍曹。归公乘马……"孔颖达疏曰："《周礼·校人》云：'乘马一师四圉。'圉养一马，故云：'四马曰乘。'"（阮元校刻《十三经注疏·春秋左传正义》卷一一，第 1788 页）

府。"南宫敬叔至，命周人出御书，俟于宫，曰："庀女而不在，
死。"子服景伯至，命宰人出礼书，以待命："命不共，有常刑。"
校人乘马，巾车脂辖。百官官备，府库慎守，官人肃给。济濡帷幕，
郁攸从之，蒙葺公屋。自大庙始，外内以悛，助所不给。有不用命，
则有常刑，无赦。公父文伯至，命校人驾乘车……①

《周礼·夏官·校人》云校人的职责为"颁良马而养乘之"。② 在词
义上，"乘"作动词是可以训为"驾"的。如《诗·小雅·采芑》"方叔
率止，乘其四骐"；《诗·郑风·大叔于田》"叔于田，乘乘马"；《诗·陈
风·株林》"乘我乘驹"。其中"乘"皆可训为"驾"。而在上引传文中，
"校人乘马"与"巾车脂辖"当视为一个关联行为，即巾车给车辖上油，
做好后勤，校人驱车乘马出动。同时，后面更有"校人驾乘车"之语，显
然意与前"乘马"意义等同，足见这里的"乘"就是"驾"，"乘马"就
是"驾乘车"。此外，在战国之前的古书中也有动宾结构的"乘马"之词，
如《周易》"屯"卦六二爻和六四爻爻辞均有"乘马班如"。"乘马班如"
即表示乘驾车马纷纷而来，③ 此"乘马"用法与"以公乘马而归"完全相
同。《周易》卦爻辞文辞古奥，按传统说法作于殷末周初，当时更未出现
骑马之俗，故此处"乘马"只能解释为驾驭车马。

既然"乘马"可以解释为驾驭车马，而非骑马，那么郑樵以"乘
马"推断《左传》成书于苏秦之后的立论自然就站不住脚了。

7. 关于"吕相绝秦""声子说楚"

"吕相绝秦""声子说楚"是《左传》中著名的两段长篇言论，分见
于《左传·成公十三年》和《左传·襄公二十六年》。郑樵认为这两段
辞令含有战国的游说思想，据战国始有游士之风推断"此左氏为六国人"。
朱熹也认为："《左传》之文自有纵横意思。"④ 后来赵光贤先生更注意到

---

① 阮元校刻《十三经注疏·春秋左传正义》卷五七，第 2157 页。
② 孙诒让：《周礼正义》卷六二，第 2605 页。
③ 孔疏云："班如者，谓相牵不进也。"（阮元校刻《十三经注疏·周易正义》卷一，北京：
中华书局，1980 年，第 19—20 页）但这一解释，与该爻爻辞"求婚媾，往，吉，无不
利"辞义扞格。廖名春先生认为，"班如"当为"纷纷而至"之意，如此便可文从字顺。
参见廖名春《周易经传十五讲》（第 2 版），北京：北京大学出版社，2012 年，第 69 页。
④ 黎靖德编《朱子语类》卷八三，第 2147 页。

了战国辞令的修辞手法，以此与《左传》比较，认为其"有战国时期的特点，那就是句法齐整，多半四字一句，作排偶式，以前没有这种文体，也不是后人所能模仿的"。①

然而，这一论断下得过于草率，其论证方法存在两个问题：一是缺乏春秋史料的横向比对（当然，这也是囿于春秋史料匮乏），二是前后时代的纵向比较太过简单。

首先从身份目的上，"吕相绝秦"和"声子说楚"与战国游士之辞是有相当差别的。第一，吕相和声子均是本国"大夫"，并不属"士"一层。第二，战国游说之辞的盛行是与战国"功利"思潮的兴起相伴随的。综观《战国策》所记载的游说事例，无不体现"功利"的动机。而《左传》中的"吕相绝秦"属邦交辞令，"声子说楚"是为好友说情，均未求私利，这显然与战国游士逐利的思想有别。

再看修辞。相比战国文辞的铺张恣肆，《左传》古朴简约的文风是有目共睹的。黄泽说："《左氏》乃是春秋时文字，或以为战国时文字者非也。今考其文，自成一家，真春秋时文体。战国文字粗豪，贾谊、司马迁尚有余习"；"（《左传》）文字全无战国意思，如战国书战伐之类，皆大与《左传》不同。如所谓拔某城、下某邑、大破之、即急击等字，皆《左传》所无"。②崔述也说："战国之文恣横，而《左传》文平易简直，颇近《论语》及《戴记》之《曲礼》《檀弓》诸篇，绝不类战国时文，何况于秦。"③此外，《左传》中"句法齐整，多半四字一句"的修辞方式并非战国时的发明，早在西周就可见端倪，如西周著名的史墙盘铭文：

> 曰古文王，初盩龢于政，上帝降懿德大屏，抚佑上下，会受万邦，㸚圉武王，遹征四方，达殷畯民，永不恐狄祖，微伐夷童，宪圣成王，左右绶䠱刚鲧，用肇彻周邦，渊哲康王，勔尹亿疆，宏鲁昭王，广㻤楚荆，唯㸚南行，只景穆王，型帅诲谋，申宁天子，天子佫缵文武长烈，天子微无害，褱㽙上下，亟狱宣谟，昊照亡斁……④

---

①　赵光贤：《〈左传〉编纂考》（上），《古史考辨》，第182页。
②　赵汸：《春秋师说》卷上，清皇清经解续编本。
③　崔述：《崔东壁遗书》，第394页。
④　《殷周金文集成》（修订增补本），编号：10175，第5485页。

此盘铭历述文、武、成、康、昭、穆六王历史功德，同样"句法齐整，多半四字一句"，与"吕相绝秦"的言辞手法是十分相似的，但与战国粗豪扬厉的文体迥然有别。所以，《左传》这种叙事手法是沿着西周文风自然发展形成的，并非受战国游士之风的影响。

8. 关于记史详略

郑樵以《左传》记述晋楚事最详，断言作者是楚人。这条理由是过于牵强的。不可否认，《左传》编纂非囿于一国档案，而是博采诸国史料。这点自唐啖助以来，几乎无人有疑义。① 不过，《左传》记晋、楚等大国之事较多，只能反映它对史料取舍的倾向，并不能说明《左传》的成书年代或作者。我们知道，孔子作《春秋》，虽以鲁国为中心叙事，但鲁国本身的史实并不占最多篇幅。孟子就说《春秋》"其事则齐桓晋文，其文则史，孔子曰：'其义则丘窃取之矣。'"。② 孟子所谓"其事则齐桓晋文"泛指强国争霸之事，足见《春秋》是透过鲁国叙事，重点反映春秋大国争霸之史实。

所以，《左传》晋楚事所记最详不仅不能说明《左传》成书年代，反倒可以说明《左传》与《春秋》匹配，正是为解《春秋》所作。

二　作者

《左传》作者的问题，同样错综复杂，与《左传》成书年代的问题紧密相连。自中唐以来争讼纷纭，犹如治丝益棼，为历史悬案。除传统左丘明作传说外，诸家纷纷从行文、语言、内容、思想甚至历法等方面寻找突破，以图另立新说。

（一）正统说的辨析

首先，我们有必要先简要梳理正统说的脉络，审视学者对其产生疑义的主要原因。目前可见最早的确切记载当属《史记·十二诸侯年表》：

> 鲁君子左丘明，惧弟子人人异端，各安其意，失其真，故因孔子史记具论其语，成《左氏春秋》。③

---

① 啖助云《左传》"广采当时文籍，故兼与子产、晏子及诸国卿佐家传，并卜书、梦书及杂占书、纵横家、小说、讽谏等杂在其中"。陆淳：《春秋集传纂例》卷一。
② 阮元校刻《十三经注疏·孟子注疏》卷八，北京：中华书局，1980年，第2728页。
③ 司马迁：《史记》卷一四，第509—510页。

上面这段文字本已把《左传》的作者及创作的成因、背景交代得十分清楚。这一说法从汉至唐，并无异议。然而，由于历史上对左丘明生平并无清晰详尽的记载，故自中唐啖助、赵匡"左氏非丘明"之论后，怀疑者日渐增多。尤以清季以后，今文经学派和疑古学派崛起，对左丘明作《左传》的说法进行了更激烈更系统的攻击，产生了巨大影响。总的来说，他们的怀疑主要从以下三点入手。

一是认为左丘明年长于孔子，从而推断左丘明不可能作《左传》。这一思路是：《左传》文末曾提及三家分晋和赵襄子谥号，分别距孔子去世已过二十六年和五十三年。而孔子卒年七十三，若左丘明确实年长于孔子，那他便没有作《左传》的可能。凡持此论者，必举出《论语·公冶长》中孔子对左丘明的一则评价："巧言、令色、足恭，左丘明耻之，丘亦耻之。匿怨而友其人，左丘明耻之，丘亦耻之。"① 从孔子的口气来看，他不仅对左丘明推崇备至，而且非常谦恭，将自己置于其后。于是一些学者便认为这是左丘明长于孔子的明证，如陆淳云：

> 夫子自比，皆引往人，故曰："窃比于我老、彭。"又说伯夷等六人云："我则异于是。"并非同时人也。丘明者，盖夫子以前贤人，如史佚、迟任之流，见称于当时耳。②

陆淳之说影响深远。然而，这种语气上的类推实际上并不能作为直接证据。因为从其他一些材料可知，仅凭孔子的自比与口气是不能推断人物年长与否的。众所周知，孔子曾云"三人行，必有我师焉"，③ "敏而好学，不耻下问"，④ "后生可畏"。⑤ 可见，在孔子心中，只要学识渊博、德行高尚，均心向往之，虚心求教，绝不拘泥于身份年龄。这之中不乏晚辈，一个典型的例子同属《公冶长》篇，是孔子与子贡评价颜渊的记载：

---

① 阮元校刻《十三经注疏·论语注疏》卷五，北京：中华书局，1980 年，第 2475 页。
② 陆淳：《春秋集传纂例》卷一。
③ 阮元校刻《十三经注疏·论语注疏》卷七，第 2483 页。
④ 阮元校刻《十三经注疏·论语注疏》卷五，第 2474 页。
⑤ 阮元校刻《十三经注疏·论语注疏》卷九，第 2491 页。

子谓子贡曰："女与回也孰愈？"对曰："赐也何敢望回？回也闻
一以知十，赐也闻一以知二。"子曰："弗如也，吾与女弗如也。"①

在以上言论中，孔子甚至公然承认自己在学习悟性上不如弟子颜回。②
由此反观孔子对左丘明的评价，也只能反映孔子对左丘明赞誉有加，并
不能说明左丘明必然年长于孔子。以孔子虚心谦恭的品格，完全有可能
推崇比自己年幼但品德高尚的左丘明。同时，孔子这段话的重点在于赞
同左丘明的品德，倘若确实是左丘明年纪小于孔子，想必以孔子谦逊之
品质，也绝不会将自己排在前，说成"丘耻之，左丘明亦耻之"。③

关于三家分晋和赵襄子谥号，本书在上节已作论证，前人提到的
《左传》中出现的"赵襄子"谥号及"悼之四年"极可能是后人增改的
说法是可信的。那么，如此看来，以左丘明的年龄断言其不可能作《左
传》的说法便不能确实了。

二是从左丘明的姓氏入手，认为《史记·十二诸侯年表》这段记载
是后人窜入。如顾颉刚说：

---

① 阮元校刻《十三经注疏·论语注疏》卷五，第 2473 页。
② 需要说明，《公冶长》此段"子曰：'弗如也，吾与女弗如也。'"中的"与"历来有两
种训解。第一种是作连词解释，言自己与子贡都不如颜回。如康有为云："圣人素知子
赣、颜子之才分，而颜子闻一知十，生知之质实为卓绝，故孔子谓子贡信不如，且自逊
言弗如。"（康有为：《论语注》卷五，北京：中华书局，1984 年，第 59 页）第二种作
动词"赞许"解，言孔子赞许子贡自认不如颜回。如朱熹云："与，许也。胡氏曰：'子
贡方人……夫子以其自知之明，而又不难于自屈，故既然之，又重许之。'"（朱熹：《四
书章句集注》卷三，北京：中华书局，2012 年，第 77 页）本书认为，此处"与"当作
连词为是，程树德云："'吾与女俱不如'之训，汉以来旧说如是。惠栋《论语古义》亦
主之。《集解》用包咸云云，明有'俱'字，邢《疏》亦有之。《新唐书·孝友传》所
引，是唐时犹未脱'俱'字也。古无以与作逊解者。张文虎曰：'吾与点也'之与，谓
相与也。与《毛诗》'不我与''必有与也'同，亦不作许字解。《集注》失之。"（程树
德：《论语集释》卷九，程俊英、蒋见元点校，北京：中华书局，1990 年，第 307—308
页）此外，孔子对颜回自谦之事例还可见于《史记·孔子世家》：子贡出，颜回入见。
孔子曰："回，《诗》云：'匪兕匪虎，率彼旷野。'吾道非邪？吾何为于此？"颜回曰：
"夫子之道至大，故天下莫能容。虽然，夫子推而行之，不容何病，不容然后见君子！
夫道之不修也，是吾丑也。夫道既已大修而不用，是有国者之丑也。不容何病，不容
然后见君子！"孔子欣然而笑曰："有是哉颜氏之子！使尔多财，吾为尔宰。"（司马
迁：《史记》卷四七，第 1932 页）在孔子对颜回的评价中，甚至说道"使尔多财，吾
为尔宰"，颇有自比于下之意，足见孔子以圣人自谦的方式夸奖颜回本已有之。
③ 此前，张以仁先生已有类似观点。可参见张以仁《从司马迁的意见看左丘明与〈国
语〉的关系》，《张以仁先秦史论集》，第 141—142 页。

《太史公自序》："左丘失明，厥有国语"……然《十二诸侯年表》又云："鲁君子左丘明惧弟子各安其意，失其真，故具论其语成《左氏春秋》。"此节恐为后人插入……且左丘明姓左丘，著《国语》，今忽又称左氏，前后实相背。①

这里面牵涉学界争论不休的左丘明以"左"为氏，或以"左丘"为氏，还是以"丘"为氏的问题。② 在这一疑团至今尚未明朗的情况下，我们仍需作三种假设，考察司马迁《太史公自序》（《报任少卿》）称"左丘"与《十二诸侯年表》称"左氏"是否存在矛盾。先看左丘明以"左"为氏的可能性，对此，杨伯峻先生有非常精辟的总结：

《艺文志》云："左丘明，鲁史也。"是言"丘明为传"，以其姓左，故号为《左氏传》也。但怎样解释司马迁之称他为"左丘"呢？有人说，古人本有复名单称之例，如晋文公重耳，《左传》屡见，而定公四年《左传》所引载书（盟约），省称为晋重。这种例子并不少见。何况司马迁是在做文章，并不曾考虑到因此引起后代争议。杨树达先生《古书疑义举例续补》有两字之名省称一字例子，而且说："史记中此例甚多。"那么，司马迁省左丘明为左丘，便不足为奇了。何况若称丘明，便和本句下文"失明"的"明"字重复。司马迁这段文字既都是四字一逗，又要避免重复，其称左丘明省为左丘，竟是文势所不得不然。③

---

① 顾颉刚讲授《春秋三传及国语之综合研究》，刘起釪笔记，成都：巴蜀书社，1988年，第30—31页。

② 左丘明姓"左"名"丘明"的说法，如孔颖达《左传正义》"以其姓左，故号为《左氏传》也"；左丘明为"左丘"复姓的说法，如朱彝尊《经义考》以司马迁"左丘失明，厥有国语"之言，认为"左丘为复姓甚明"；左丘明"丘"姓的说法可见于应劭《风俗通义》："丘姓，左丘明，鲁左丘明之后。"此外，今有学者据《左氏精舍志》推断左丘明以"丘"为氏，其后代经历了初以"丘"为氏，后改为"左"为氏，后复以"丘"为氏的过程。（参见张为民、王钧林《左丘明姓氏推考》，《管子学刊》2001年第1期）但《左传精舍志》是明天启年间集族谱而编，对左丘明的记载本属晚出，可靠性仍待更多查证。

③ 杨伯峻编著《春秋左传注》，第31页。

从杨先生引述中可以得见，实际上前人已经通过上下文例，分析司马迁省称"左丘"的原因。① 故若左丘明以"左"为氏，《十二诸侯年表》的记载便不存在疑点。

再看左丘明若以"左丘"为氏。那么，"左丘失明"的称法已不成问题，关键是《十二诸侯年表》里的"左氏"如何解释？它貌似与"左丘"氏有不可调和之矛盾。其实不然，这里提供一种可能。中国姓氏在发展中有省称的现象，例如战国名将赵奢，被赵惠文王封在马服，称为马服君，子孙最初以"马服"两字为氏，后省去"服"字，遂称马氏。如《世本》云：

> 马氏，本自伯益之裔，赵王子奢封马服君，后遂氏焉。②

又《通志·氏族略》有言：

> 马氏，即马服氏。嬴姓，伯益之后，赵奢封马服君，因以为氏。或去"服"为"马"，秦灭赵，奢孙兴徙咸阳。③

在中国姓氏发展中，类似这样复姓省称的现象屡见不鲜。例如巫马氏与巫氏、段干氏与段氏、上官氏与官氏、欧阳氏与欧氏或阳氏、西门氏与西氏、百里氏与百氏、钟离氏与钟氏、宗正氏与宗氏、闻人氏与闻氏等。以此观"左丘明"姓氏。据先前"左丘明"本为"左丘"氏的假设推测，在汉代，"左丘"氏很可能如此类复姓一般，有一部分或已省

---

① 或许在新近发现的出土文献中可以找到另外一条证据。《清华大学藏战国竹简》（六）中收有《郑文公问太伯》一篇，记载了太伯临终时告诫郑文公之词，其言有云："君如由彼孔叔、佚之夷、师佢鹿、堵之俞弥，是四人者，……"关于"堵之俞弥"，整理者注云："《左传》僖公二十年：'夏，郑公子士洩、堵寇率师入滑'事在郑文公三十三年。《左传》僖公二十四年：'郑公子士洩、堵俞珍帅师伐滑。'事在郑文公三十七年。旧说皆读作'公子士''洩堵俞弥'，以'洩堵'为'俞弥'之氏，非是。《左传》宣公三年称郑文公'娶于江，生公子士'，疑'士''洩'一名一字，或名'士洩'而单称'士'，如晋文公重耳称'晋重'之例。"［李学勤主编《清华大学藏战国竹简》（六），第123—124页］倘若属于后一种情况，也就意味着在出土文献中找到古人双名单称的用例。
② 宋衷注，秦嘉谟等辑《世本八种》，上海：商务印书馆，1957年，第283页。
③ 郑樵：《通志二十略》，第93页。

称、分化为"左氏"。① 因而，司马迁在一些地方的记载中据当时习惯，省称"左丘氏"为"左氏"未尝不可。

最后看左丘明若以"丘"为氏。俞正燮曾推论"左"乃是"左史"官名的省称："邱明传《春秋》而曰《左氏传》者，以为左史官言之。"② 照此，左丘明以"丘"为氏与《十二诸侯年表》中《左氏春秋》之称也不矛盾。

三是认为左丘明只作《国语》，未作《左传》。此论如康有为《新学伪经考》云：

> 《汉书·司马迁传》称："司马迁据左氏《国语》，采《世本》《战国策》，述《楚汉春秋》。"《史记·太史公自序》及《报任安书》俱言"左丘失明，厥有《国语》。"《报任安书》下又云："乃如左丘明无目，孙子断足，终不可用，退论书策，以抒其愤。"凡三言左丘明，俱称《国语》。然则左丘明所作，史迁所据，《国语》而已，无所谓《春秋传》也。③

康氏认为《太史公自序》及《报任安书》不载左丘明作《左传》，实际上是欲说明《十二诸侯年表》的记载来路不明。此后，梁启超、崔适、钱玄同、胡适等皆取此说。然而，综观司马迁这番言论，完整的表述为：

> 盖西伯拘而演《周易》；仲尼厄而作《春秋》；屈原放逐，乃赋《离骚》；左丘失明，厥有《国语》；孙子膑脚，《兵法》修列；不韦

---

① 在传世文献中，汉代人物并无以"左丘"为氏之人。在汉代玺印中，据前贤对复姓的统计，暂时也未见"左丘"这一姓氏。可参见刘乐贤《汉印复姓杂考》，吉林大学古文字研究室编《于省吾教授100周年诞辰纪念文集》，长春：吉林大学出版社，1996年，第213—217页；赵平安《汉印复姓的考辨和统计》，《秦西汉印章研究》，上海：上海古籍出版社，2012年，第133—144页；吴良宝《〈汉印复姓的考辨与统计〉补正》，《文史》2002年第1期；石继承《汉印文字研究》附录《汉印复姓的考辨与统计三补》，博士学位论文，复旦大学，2015年，第227—240页。

② 俞正燮：《癸巳类稿》卷七，涂小马等校点，沈阳：辽宁教育出版社，2001年，第246页。

③ 康有为：《新学伪经考》，《康有为全集》第1集，姜义华、张荣华编校，北京：中国人民大学出版社，2007年，第397—398页。

迁蜀，世传《吕览》；韩非囚秦，《说难》《孤愤》；《诗》三百篇，大氐贤圣发愤之所为作也。①

以上司马迁提到的这些人物的作品，只是作为"贤圣发愤之所为作"的例子以自勉，并不是通列所有著作。比如，我们不能以司马迁这里只谈到屈原作《离骚》，便推断屈原未作《天问》《招魂》《哀郢》。因而我们于此应重视司马迁行文的语境，不能简单以《太史公自序》及《报任安书》中没有言及左丘明作《左传》便否定《十二诸侯年表》之记载。

再看《汉书》中的问题。其实《司马迁传》当标点为"《左氏》《国语》"，"左氏"不是指左丘明，而是《左氏春秋》的简称。我们将该段完整摘引并标点如下：

> 赞曰：自古书契之作而有史官，其载籍博矣。至孔氏纂之，上继唐尧，下讫秦缪。唐虞以前虽有遗文，其语不经，故言黄帝、颛顼之事未可明也。及孔子因鲁史记而作《春秋》，而左丘明论辑其本事以为之传，又纂异同为《国语》。又有《世本》，录黄帝以来至春秋时帝王公侯卿大夫祖世所出。春秋之后，七国并争，秦兼诸侯，有《战国策》。汉兴，伐秦定天下，有《楚汉春秋》。故司马迁据《左氏》《国语》，采《世本》《战国策》，述《楚汉春秋》，接其后事，讫于天汉。

从"左丘明论辑其本事以为之传"云云看，提到了《春秋》《左传》《国语》《世本》《战国策》《楚汉春秋》，与下文司马迁所据之书目应是一一对应的，不可能独缺《左传》。再者，下文若只言《国语》，前文已提到左丘明所作，没必要此处又重复加上"左氏"二字。此外，古人对《左氏春秋》确有省称《左氏》的习惯。故一般认为，班固此处确实应说过司马迁采用过《左传》。如现中华书局的《汉书》点校本亦是将《左氏》《国语》中间断开。②

再来回头看《十二诸侯年表》关于《左氏春秋》记载的完整表述：

---

① 班固：《汉书》卷六二，北京：中华书局，1964 年，第 2735 页。

② 班固：《汉书》卷六二，第 2737 页。

　　孔子明王道，干七十余君，莫能用。故西观周室，论史记旧闻，兴于鲁而次《春秋》，上记隐，下至哀之获麟，约其辞文，去其烦重，以制义法，王道备，人事浃。七十子之徒口受其传指，为有所刺讥褒讳挹损之文辞不可以书见也。鲁君子左丘明惧弟子人人异端，各安其意，失其真，故因孔子史记具论其语，成《左氏春秋》。铎椒为楚威王傅，为王不能尽观《春秋》，采取成败，卒四十章，为《铎氏微》。赵孝成王时，其相虞卿上采《春秋》，下观近势，亦著八篇，为《虞氏春秋》。吕不韦者，秦庄襄王相，亦上观尚古，删拾《春秋》，集六国时事，以为八览、六论、十二纪，为《吕氏春秋》。及如荀卿、孟子、公孙固、韩非之徒，各往往捃摭《春秋》之文以著书，不可胜纪。汉相张苍历谱五德，上大夫董仲舒推《春秋》义，颇著文焉。①

从这段前后文并结合年表的具体内容来看，有两点理由可支持此段确为司马迁真言。其一，《十二诸侯年表》对《左传》的称谓古朴。虽然本书肯定《左传》为《春秋》之传（详见第四章）。但不可否认，《左传》这一称谓始自西汉末，而司马迁言《左传》皆谓"左氏春秋"或"《春秋》古文"。② 而《十二诸侯年表》的这段总纲先言《左氏春秋》，后言及《铎氏微》和《虞氏春秋》创作，将《左传》省称为《春秋》，③ 显

---

① 司马迁：《史记》卷一四，第509—510页。
② 如《史记·吴世家》文末太史公云："余读《春秋》古文，乃知中国之虞与荆蛮句吴兄弟也。延陵季子之仁心，慕义无穷，见微而知清浊。"（司马迁：《史记》卷三一，第1475页）这里提到的太史公读《春秋》知"延陵季子之仁心，慕义无穷，见微而知清浊"，应是根据《左传·襄公二十九年》传文。
③ 《春秋》经仅万余字，已十分精简凝练，甚至被后世批评为"断烂朝报"。而《史记》言《铎氏微》道"为王不能尽观《春秋》"之《春秋》；言《虞氏春秋》道"虞卿上采《春秋》，下观近势"之《春秋》；言《吕氏春秋》道"删拾《春秋》"之《春秋》，言"荀卿、孟子、公孙固、韩非之徒，各往往捃摭《春秋》"之《春秋》。这些地方提到的《春秋》不可能是今本《春秋》。而《吕氏春秋》《荀子》《韩非子》中有《左传》文句，所以这些《春秋》很可能指的是《左氏春秋》。另外，司马迁《太史公自序》云："《春秋》文成数万，其指数千。万物之散聚皆在《春秋》。《春秋》之中，弑君三十六，亡国五十二，诸侯奔走不得保其社稷者不可胜数。"《春秋》经文不到2万字，显然不是司马迁所言的"数万"；《春秋》经文记载的弑君和亡国数显然也不足"三十六"和"五十二"，而观《左传》全文，符合司马迁所述数值，所以司马迁此处所指的《春秋》应当是《左传》。

然保持了《左传》古朴的称谓，不似后世为故意强调《左传》为《春秋》之传而伪窜。

其二，《十二诸侯年表》内容前后相连，文义贯通。这段总纲先叙述孔子作《春秋》，紧接着言左丘明作《左氏春秋》的源起，之后论述各家对《左传》的改编与利用。其前后照应，逻辑连贯。刘正浩曾作有《周秦诸子述左传考·征引子书一览表》，可见《吕氏春秋》《孟子》《荀子》《韩非子》等诸子之书本于《左传》者甚多，① 足见此处所言《左传》与这些诸子的关系并非虚言。再者，如果"鲁君子左丘明……成《左氏春秋》"这段是伪窜插入，那么后面《铎氏微》《虞氏春秋》及诸子所采的《春秋》就会让读者误以为是孔子所作之《春秋》，极易造成混淆。此外，在年表具体内容上，民国时期，罗倬汉曾用大量证据证明《十二诸侯年表》里的很多条目只能根据《左传》而来。② 这就更加证明了这段总纲和年表是对应的。

综上，我们认为，左丘明作《左传》的说法应有历史渊源，不能完全摒弃。

值得一提的是，《左传正义》孔疏有引沈文何云："《严氏春秋》引《观周篇》云：'孔子将修《春秋》，与左丘明乘如周，观书于周史，归而修《春秋》之经，丘明为之传，共为表里。'"③ 这条记载过去亦受重视。若是光从内容上看，也能说得通。一是严氏公羊学派可能有兼治《左传》的传统，④ 二是"观书于周室"也符合《左传》编纂的一些特点。然而，这段记载仅此一见，目前仍没办法解决两个疑点。一是，由于《严氏春秋》在《隋书·经籍志》中就已不存，孔疏所引也无法得到

---

① 刘正浩：《周秦诸子述左传考》，台北：台湾商务印书馆，1980 年，第 1—9 页。21 世纪以后，赵奉蓉先生亦有进一步完善，见赵奉蓉《战国诸子对〈左传〉的传播》，《兰州学刊》2008 年第 2 期。

② 罗倬汉：《史记十二诸侯年表考证》。

③ 阮元校刻《十三经注疏·春秋左传正义》卷一，第 1705 页。

④ 《隋书·经籍志》有载汉太子太傅严彭祖撰《春秋左氏图》十卷。另外，《后汉书·儒林传》记载有东汉章帝令贾逵挑选今文经学生教授《左传》之事："书奏，帝嘉之，赐布五百匹，衣一袭，令逵自选《公羊》严、颜诸生高才者二十人，教以《左氏》，与简纸经传各一通。"（范晔：《后汉书》卷三六，第 1239 页）于是，我们可以作一个合理假设，贾逵之所以选择《公羊传》"严、颜"学派的学生，可能不仅是因为这两学派于当时颇为昌盛，还因为他们师承中曾兼及《左传》，具有一定的基础。

当时验证，再加之这条材料从《观周篇》到《正义》孔疏，经过了三次转引，甚为迂绕。二是，若严氏真有此言，对于这么重要的材料，汉代古文经师在今古文争论中却从未称引过不合情理。《史记·孔子世家》载有孔子适周问礼之事，同行者为南宫敬叔，而非左丘明。今本《孔子家语·观周篇》记载与《史记》同，同行者亦仅有南宫敬叔。所以左丘明是否曾和孔子同行观书于周，也受到颇多学者的质疑。① 因而，在没有更多参证的前提下，我们仍需谨慎存疑。

　　然而，还需要注意的是，虽然左丘明作《左传》确是古有明说，但不可否认，后世为了提升《左传》的地位，作了历史层累的演绎，即左丘明与孔子的关系在历史中变得愈加亲密化和明晰化，大致可列出以下发展轨迹：

　　　左丘明因孔子而作《左传》→左丘明亲见孔子→左丘明亲受经于孔子→左丘明是孔子弟子

　　左丘明亲见孔子的说法始见于刘歆，《汉书》说他"以为左丘明好恶与圣人同，亲见夫子，而公羊、穀梁在七十子后，传闻之与亲见之，其详略不同"。② 刘歆的说法虽带有浓厚的感情色彩，然而"亲见夫子"的推测还是具有一定合理性的。即便孔子与左丘明一同观周之事还需存疑，但从《论语》中孔子对左丘明的赞赏来看，二人很可能有过接触。不过，从东汉陈元开始，以为左丘明"亲受孔子"，③ 由"亲见夫子"演变成了"亲受孔子"，推测的尺度明显变大了。该说很快又被进一步地细节化，如晋荀崧发挥道："（《春秋》）是以微辞妙旨，义不显明。……时左丘明、子夏造膝亲受，无不精究。孔子既没，微言将绝。于是丘明退撰所闻，而为之传。"④ 他甚至构想出了左丘明、子夏受孔子亲自教授的画面，这意味着一些古文家开始将左丘明纳入孔门弟子的行列。同时

① 如郝经《春秋三传折衷》、刘逢禄《春秋左传考证》、皮锡瑞《经学通论》、吕思勉《读史札记》皆有此疑。
② 班固：《汉书》卷三六，第1967页。
③ 范晔：《后汉书》卷三六，第1230页。
④ 房玄龄：《晋书》卷七五，北京：中华书局，1974年，第1978页。

随着历代官方逐渐推崇《左传》，朝廷亦将左丘明与孔子之徒等同看待。[①] 至清代，王棠便直接说："又按《古今人表》于孔子弟子居第二等者，左邱明、颜渊、闵子骞、冉伯牛、仲弓。"[②] 则明确将左丘明视为孔子之徒。如果说陈元的说法还存在一定合理性的话，那么后世将左丘明孔门化则显然出自臆测，因为先秦两汉典籍从未有左丘明是孔门弟子的记载。即便孔子对左丘明真的曾以《春秋》相授，也不能仅凭此便视其为孔门弟子。自古师门有其特殊定义，单就某一方面求教于人，并非所谓的师徒关系。这就好比孔子就琴艺曾求学于师襄子，但不能说孔子为师襄子之门人。所以这是后世《左传》学者为了应对《公羊传》《穀梁传》对《左传》经学性质的质疑，千方百计地拉近左丘明与孔子的关系，将孔门与儒学等同视之。这二者不可否认有密切的联系，但不能混同。后者覆盖的范围远比前者要大。也就是说，虽然孔子创立了儒学，但非入门弟子亦可推崇仲尼之说，信奉儒学。就左丘明而言，目前所掌握的材料无法证明他与孔子的确切关系。但从仅有的蛛丝马迹来看，刘歆的说法还是具有很大的可能性的。那么，即便左丘明非孔门之徒，亦不能否定他与孔子、与儒家的关联，也并不妨碍其所作的《左传》确为一部儒家经典。

综上，左丘明作《左传》的古说不能被否定。不过，伴随着历史上左丘明学术、政治地位的提高，左丘明的身份也逐渐被曲解、演绎。因而我们认为，传统的左丘明作《左传》说并非毫无根据，但后世对左丘明身份层累地演绎仍需辨明。

（二）从叙事立场推测

叙事立场是《左传》中比较直观的特征。但凡读过《左传》，都可以很容易地看到《左传》叙事所处的鲁国立场。于是，这便成为一些学

---

① 如《旧唐书·太宗下》载："二月壬申，诏以左丘明、卜子夏、公羊高、穀梁赤、伏胜……代用其书，垂于国胄，自今有事于太学，并命配享宣尼庙堂。"（刘昫：《旧唐书》卷三，北京：中华书局，1986年，第59页）朱彝尊《经义考》云："鲁太史左邱子明，唐贞观十三年诏与颜渊同从祀庙庭，宋祥符中赠瑕邱伯，政和中改赠中都伯。"（朱彝尊：《经义考》卷二八一，北京：中华书局，1998年，第1439—1440页）《明史·礼志》："崇祯十五年，以左丘明亲授经于圣人，改称先贤。"（张廷玉：《明史》卷五〇，北京：中华书局，1984年，第1301页）

② 朱彝尊：《经义考》卷二八一，第1440页。

者推测《左传》作者的一个重要线索。在此之中，持传统观点的学者认为《左传》作者就是左丘明，另外有些学者虽不赞成左丘明作《左传》，但也承认《左传》是鲁国人所作。比较典型的如赵光贤先生《〈左传〉编纂考》写道：

> （《左传》）总有一个作整理、加工、改编的人，这个人应当说是鲁国人左氏。为什么这样说呢？《左传》中记事，虽采用各国史料，但经过加工，也和《春秋》一样，以鲁国为内，以各国诸侯国为外，鲁十二公只书"公"，不书谥；鲁国卿大夫不书"鲁"；称鲁国为"我"，称王室和诸侯国人来鲁为"来"，乃至记鲁国事亦不书"鲁"，凡此种种书法都与《春秋》相同。解经的话也是这样……总之，《左传》全书，不论记事部分还是解经部分，都充分证明编者是站在鲁国的立场上的，因此我们有理由相信他是鲁国人。①

近年来在有关《左传》文献学的研究著作中，黄觉弘《左传学早期流变研究》亦重申这一观点：

> 《左传》作者的国籍，最大可能是鲁人，应与鲁国和孔子学派有着深切关系……其一，《左传》是在鲁国的立场上展开记述的……②

如果将《左传》当作一本独立的史书来看（例如有些学者在论述中已事先否定《左传》为《春秋》之传），以叙事口吻来推求作者为鲁国人是没有问题的。因为他国之人撰写一本史书，不可能用鲁国人的叙事口吻。但问题是，传统看来，《左传》并非独立的史书，而是《春秋》之传。那么便存在别国人士特意遵循《春秋》立场，以"鲁"为尊的可能性。其实这点可以从《公羊传》《穀梁传》文例观之。如《公羊传》的传承一般追溯到齐国的公羊高，其书内容大体是齐国经师的成果。作

---

① 赵光贤：《〈左传〉编纂考》（下），《古史考辨》，第 176—177 页。
② 黄觉弘：《左传学早期流变研究》，第 91 页。

为齐系传书,《公羊传》在解《春秋》经文时,也用鲁国口吻。如《春秋·隐公元年》中的一条经文:

> 三月,公及邾娄仪父盟于眛。

《公羊传》解释云:

> 及者何?与也……及,我欲之;暨,不得已也……①

这里《公羊》亦以"我"称代"鲁国",使用鲁国口吻。因此,倘若承认《左传》的传书性质,仅凭行文语气,是不能够推断出《左传》作者必然是鲁国人的。不过,这里简略一提,《左传》的行文口气倒是能够成为证明《左传》性质的一条线索。不论《左传》作者是否是鲁人,在鲁国已有完备史书的情况下,② 作者广采他国史料汇编撰写成《左传》,并自觉地以《春秋》经为叙事框架,以鲁国为中心,似乎隐射《左传》本身是《春秋》之传。

(三) 从语言用字分析

如同上节曾论及一些学者从语言特征去解决《左传》成书年代的问题一样,语言分析也被运用到对《左传》作者的推测之中。高本汉对《左传》的语言学研究不仅涵盖对《左传》成书年代的探求,也包含了对作者的推测。在方法上,高本汉认为《论语》和《孟子》代表了鲁国的纯正方言,称它为"鲁语",又把《左传》所用的语言称为"左语",他在二者中选用了七个虚词以作比较。③

1. "若"和"如"

高氏统计得出以下结论:(1)"如"在作"假使"解时,左语用"若",

---

① 阮元校刻《十三经注疏·春秋公羊传注疏》卷一,第 2197 页。

② 《左传·昭公二年》记载韩宣子观书于鲁,见到《易象》与鲁《春秋》,曰:"周礼尽在鲁矣!"(阮元校刻《十三经注疏·春秋左传正义》卷四二,第 2029 页)足见鲁国史书在列国之中应是非常完备的。

③ Bernhard Karlgren:《左传真伪考及其他》,第 52—77 页;高氏观点之总结参考提炼自单周尧《〈左传〉学论集》,台北:文史哲出版社,2000 年。

只有三处例外，而鲁语则很规律用"如"，只有两处例外；（2）"如"在作"像"解时，或者在"不（弗等）若（如）"固定结构中，除了四处例外，左语一律用"如"，鲁语则"如""若"混用；（3）"如"在跟疑问字"何"连用时，鲁语全用"如"字，《左传》则根据"何"字在前在后而定——在前用"如"，在后用"若"。

2. 作"则"解的"斯"

高本汉指出，"斯"作"则"解，在鲁语中很常见，但在《左传》中的几百个"斯"中，只有4个"斯"作"则"解。

3. 作"此"解的"斯"

高本汉认为，"斯"字作为指示代词和形容词，解作"这个"，在鲁语中习见，然而在左语中未见。

4. 作介词的"乎"

高本汉指出，作介词的"乎"鲁语中常见，《论语》中有28处，《孟子》中有47处，而在《左传》中却未见。

5. 作疑问字的"与"

高本汉指出，"与"解作"乎"，用作疑问字，在鲁语中很常见，而在左语中则没有。

6. 作连词解的"及"和"与"

高本汉指出，在左语里，作连词"和"解的"与"和"及"都有，而鲁语只用"与"字。

7. "於"和"于"

高氏根据原始、具体的意义，将《左传》中的"於"和"于"分出三种用法。

A. 置于人名之前，用如法文 chez、auprès de、vis-à-vis de。在《左传》中如"请於武公""公问於众仲""有宠於王""言於齐侯""晋君宣其明德於诸侯"等。

B. 置于地名之前，用如英文 at、to，或法文 à。在《左传》中如"败宋师于黄""置于廪延""遂田于贝丘"等。

C. 表示地位所在或动作所止，但其下不是地名。用如英文的 in、to，或法文 dans，在《左传》中如"见孔父之妻于路""杀孟阳于床""淹久於敝邑""赵旃夜至於楚军"等。

根据以上分类，高本汉统计《左传》全书"於"和"于"用法如下（见表2-1）。

表2-1　高本汉对《左传》"於"和"于"三种用法的统计

单位：例

	於	于
A	581	85
B	97	501
C	197	182

资料来源：Bernhard Karlgren：《左传真伪考及其他》，第68页。

高氏认为，《左传》A类多用"於"字，B类多用"于"字，C类则"於""于"混用。但是，左语里"於""于"的分别在鲁语中并不存在。为此，他作了一张比较表（见表2-2）。

表2-2　高本汉对左语、鲁语的比较

	左语	鲁语
A	於	於
B	于	於
C	於、于	於

资料来源：Bernhard Karlgren：《左传真伪考及其他》，第76页。

通过以上7处统计分析，高本汉认为左语有别于鲁语，所以《左传》不是孔子所作，也不是孔门弟子所作，当然也不可能是鲁君子左丘明所作。

高氏之说在当时引起了极大反响，不过同样也受到了后来诸多学者的质疑，牵涉到其论证的三个方面。一是从文本用字习惯的角度反驳，如胡念贻说："《左传》和《论语》《孟子》二书在某些助词用法上的差异，不是由于方言的不同，而是由于作品内容、风格和作者用字习惯不同。"[1] 二是对高氏所选用的参照文本提出怀疑。如姚曼波指出，高本汉只选择《论语》《孟子》作参照标尺的错误在于"完全忽视了自古以来被公认为是鲁人所写的《春秋经》。正是这部鲁人所修的鲁史中，'于'字用的最多"，据她的统计，"《春秋经》全书中，地名、国名前用'于'

---

① 胡念贻：《〈左传〉真伪和写作时代问题考辨》，第28页。

者 439 处，用'於'者 15 处，比例是 439：15，其比差比高本汉统计的《左传》用'于'的比例还要大。这就从根本上推翻了高氏的论断"。①三是对高氏拿今本《左传》《孟子》《论语》比较的科学性产生怀疑。正如单周尧先生所说："高本汉根据《十三经注疏》本《左传》《论语》和《孟子》所使用的助词来证明左语不同于鲁语，从而证明《左传》的作者不是鲁人，是不可靠的，主要是因为材料有问题。只有找到原本，或十分接近原本的《左传》、《论语》和《孟子》来比较，才能得出比较可信的结论。"②

实际上，倘若我们再进一步反思，即便是原本《论语》和《孟子》，也未必是典型的鲁语。《论语》不能单纯视为孔子的私家著述，《孟子》也不能单纯视为孟子的私家著作。对于《论语》，首先，《论语》记载了大量孔子与其门生的对话。孔子弟子众多，出身各国，孔子与他们的沟通当然不可能都用方言，应当用的是当时通行的雅言。③ 其次，我们都知道，《论语》的编纂出于众手，是由孔门七十子及再传弟子回忆、口授、记录、整理而成。那么，那些参与编纂、非鲁国籍的后学不可能用一套自己不熟悉的鲁方言来编写《论语》，而最可能采用雅言，所以《论语》里有多少鲁方言的印迹我们无从得知。《孟子》也是一样，《孟子》一书的编写除孟子之外，可能还有万章之徒的参与。④ 这一集体创作应是采用大家都通晓的雅言，所以《孟子》是否代表了典型的鲁方言也是值得怀疑的。因此，高本汉对研究范式的创新虽值得肯定，但在论

① 姚曼波：《〈春秋〉考论》，南京：江苏古籍出版社，2002 年，第 123 页。
② 单周尧：《〈左传〉学论集》，第 67 页。
③ 尽管以往我们一般认为，战国时代"言语异声，文字异形"，但从目前一些出土资料来看，各地书写材料已流行使用雅言。比如胡海琼通过对上博简通用字的声母系统的考察，指出上博简的声母系统与《诗经》音系大致相同，没有反映出明显的楚地方音特色，可能当时雅言系统已经成熟，各地文献上可通行用雅言书写。参见胡海琼《〈上海博物馆藏战国楚竹书〉通用字声母研究》，博士学位论文，中山大学，2007 年。
④ 关于《孟子》的成书，简略来说，学界有三种观点：（1）《孟子》是孟轲自己著的；（2）《孟子》是孟轲死后，其弟子万章、公孙丑之徒共同记述的；（3）《孟子》是孟轲生前的著作，有"万章之徒"的参与。综合来看，第三种观点起源最早，出自《史记·孟荀列传》："退而与万章之徒序《诗》《书》，述仲尼之意，作《孟子》七篇。"杨伯峻说："我们认为，太史公的话是可信的。他的时代较早，当日所见到的史料，所听到的传闻，比后人多而且确实；尤其是验以《孟子》本书，考之孟子生卒，其余两种说法所持的理由都是不充分的。"参见杨伯峻《孟子译注·导言》，北京：中华书局，1988 年，第 6 页。

证上不能不说确有一些问题。

不过，高本汉之说于当时大大开阔了人们的研究思路，在社会上产生了巨大影响。受高氏的启发，民国时期，卫聚贤《左传的研究》也同样利用了语言学的研究方法，寻得三条线索，试图得出"《左传》作于子夏"的结论：

> 一、又如"邾娄""邹"是一个国名，……山东出品的《公羊》《礼记》用复音（原音）读为"邾娄"，后起的《孟子》《庄子》《郑语》用的拼音读为"邹"，山西出品的《纪年》用的单音读为"邾"，但与《纪年》记单音表同情用"邾"的为《左传》，可知《左传》是山西的产品了。①

> 二、又如《方言》说："秦晋之间，美色为艳。"《左传》桓二年"美而艳"，现山西河东人言"好的很"为"艳的很"。②

> 三、宣五年"楚斗伯比淫于䢵子之女，生文子焉，䢵夫人使弃诸梦中，虎乳之；䢵田见之，惧而归以告；遂使收之。楚人谓'乳''谷'，谓'虎''於菟'，故命之曰'斗谷於菟'，实'令尹子文'"。论断：……著者若未到过楚，何以知楚叫"虎"为"於菟"，叫"乳"为"谷"，与北方的方言不同，而特为标明的记载呢？是知著者曾到过楚国了。③

卫先生举这三个例证的用意是让《左传》中的这些语言特征符合子夏的生平，例如子夏为温县人，曾到过楚国。然而，通过仔细分析，这三条证据均无法说圆。

关于第一条，卫先生没有考虑到先秦典籍用字的具体情况。首先，《左传》属古文经，西汉末尚多存"古字古言"。④ 而《公羊传》最初是

---

① 卫聚贤：《左传的研究》，《古史研究》第 1 集，上海：新月书店，1928 年，第 125 页。
② 卫聚贤：《左传的研究》，《古史研究》第 1 集，第 126 页。
③ 卫聚贤：《左传的研究》，《古史研究》第 1 集，第 114—115 页。
④ 班固：《汉书》卷三六，第 1967 页。

口耳相传，汉初才书写于竹帛，《礼记》亦是由汉人汇编而来，故后面两者的文字很可能已符合汉人的书写、阅读习惯，与《左传》在某些用字上的差异是完全可以理解的。而且，从邾国出土的铜器来看，邾人自称有以下四种：①

1. 邾：如寻伯匜写作"![字]"（《集成》：10221，春秋早期）
2. 鼄：如鼄伯鬲写作"![字]"（《集成》：669，西周晚期）
3. 朱：如曾猛朱姬簠写作"![字]"（《新收》：530，春秋晚期）
4. 牧：如杞伯鼎写作"![字]"（《集成》：02495，春秋早期）

可见，除用"鼄""朱""牧"等字外，也有用"邾"字的现象。反倒金文中从未出现"邾娄""邹"字。"邾""邹"古音均为侯部字，是音近而字异，其实皆一事，看不出方言的意味。

再看《竹书纪年》。《竹书纪年》原本是由战国文字书写，于晋代出土，经晋人隶定释读。因此，我们无法知晓《竹书纪年》最初的用字是否是"邾"，如若不是，则可能是晋人根据《左传》的用字习惯释读（毕竟《竹书纪年》是先秦史书，很多材料可与《左传》对照，当时学者在整理时极可能曾参考过《左传》）。所以，用今本用字比较的方法并不一定科学。

关于第二条，赵光贤先生已作过有力反驳：

> 至于引《方言》，说秦晋之间谓美好为艳，可是《方言》上明明写着："艳，美也；宋、卫、郑、晋之间曰艳。"可见谓美好为艳，并不限于山西人。《楚辞·招魂》"艳陆离些"注："艳，好貌也。"不是楚人也有这个叫法吗？②

对于第三条，卫氏以《左传》对楚国方言作过解释，便认为作者必

---

① 以下铭文出自《殷周金文集成》（修订增补本）；钟柏生等编《新收殷周青铜器铭文暨器影汇编》，台北：艺文印书馆，2006年。
② 赵光贤：《〈左传〉编纂考》（下），《古史考辨》，第175页。

然到过楚国，这显然是一种主观想象。《左传》对楚语的认识，存在多种可能性。可能作者是通过所掌握的楚国文献与中原文献比对而来；可能是楚人来往交际时相告；也有可能是作者对一些楚语词早已认知（尽管对《左传》作者的意见莫衷一是，但还是有诸多学者承认，以《左传》丰富的史料，作者极可能具有史官背景。那么，如果《左传》作者是一位史官，那他很可能受过比较完善的语言训练，知识广博，其职能也使他能够经常接触诸侯国之间的来往文书，很可能本就掌握一些他国常用的方言词）。总之，以上都是有可能的，我们无法作出绝对的限定。因而以《左传》解释过楚语，便推测《左传》作者去过楚国也仅仅是一种猜测。

此外，又如廖平从音训角度，亦提出子夏说：

> "明"与"商"、"羊"、"梁"同音，左邱即启予，所谓"左邱
> 明"，即"启予商"，左邱丧明即子夏丧明事。"三传"始师，皆为
> 子夏。①

但这样推论太过武断。司马迁《史记·仲尼弟子列传》明确有"子夏"，而《十二诸侯年表》则称"鲁君子左丘明"，可知定然是二人无疑。廖氏之说过于曲绕，仅属臆测，缺乏足够的证据。

（四）从内容详略推测

至少从宋代开始，学者开始通过《左传》中各国记史的详略推求作者的国别。这一方法的思路是，如果《左传》详于某国史实，那么便可认定是该国之人所作。然而，虽然诸多学者使用相同的方法，但由于关注点不同，往往得出不同的结论。例如朱熹云："左氏乃楚左史倚相之后，故载楚事极详。"② 郑樵亦云："左氏之书序晋楚事最详，如楚师熸犹拾沈等语，则左氏为楚人明验。"③ 除楚人论外，亦有学者认为，《左传》载晋国事详，故作者应与晋国关系密切，如卫聚贤亦从叙事详略角

---

① 廖平：《知圣篇》，刘梦溪主编《中国现代学术经典（廖平、蒙文通卷）》，石家庄：
河北教育出版社，1996年，第142页。
② 黎靖德编《朱子语类》卷八三，第2147页。
③ 郑樵：《六经奥论》。

度论述子夏作《左传》的观点：

> 《左传》记晋事为多，对晋五大战役，叙述详明；齐桓之霸，竟为略过。而且于成五年宗伯与舆人之辨重，襄三十晋卿计算绛县老人之年纪；对晋记的如此详细，而对于秦齐燕楚的大国，数世一书，间岁一记。著者与晋无关，何以至此？是知著者与晋有关系了。①

又例如刘起釪亦以记史详略为据，认为《左传》作者是魏人或楚人：

> 《左氏春秋》主要采集了大量的晋、楚两国史料及与之有关各国的一些史料……《左氏春秋》最大可能成于三晋中的魏国而与楚国亦相关的人员之手。②

事实上，记史详略应受主客观两方面的影响。客观方面是当时搜集史料的环境与条件，而主观方面则是作者对史料的取舍。上述学者无疑都注意到了客观方面，但对主观方面鲜有涉及。史家虽被动地受史料环境的限制，但同时也具有对史料选择的主动性。张荫麟曾说："史家在叙述里必须把知道的事情大加省略。他所省略的，也许要比他所采取的多几百千倍。"③ 应该说，《左传》经过作者的统一编纂，对史料定然是有选择的，这在一定程度上也体现了《左传》自身对历史局势的理解。例如，虽然整体上，楚国史料确实在《左传》中占比很大，但是桓公二年前的这十二年几乎不见有关楚国的记载。从近年来出土的楚地典籍来看，楚国在鲁桓公二年前亦发生了诸多重大事件。④ 可从《左传》之后对楚国翔实的记载推断，《左传》作者本应掌握非常丰富的楚国史料。那么，这很可能是此前楚国势力尚不强大，尚未对中原局势产生影响，因而作者没有把此前的楚国史料编入《左传》之中。故从内容详略推断作者之

---

① 卫聚贤：《左传的研究》，《古史研究》第 1 集，第 117 页。
② 刘起釪：《后记》，顾颉刚讲授《春秋三传及国语之综合研究》，第 128—129 页。
③ 张荫麟：《论史实之选择与综合》，《思想与时代》第 18 期，1943 年。
④ 例如清华简《楚居》便从楚人迁徙角度，记载了楚国包括早期历史在内的一系列重大事件。

国别，虽不失为一种思路，但也有其局限。

（五）　从叙事倾向论断

除了内容详略，一些学者也开始注意《左传》的叙事笔法，希望能找到作者内在的情感倾向。有相当一部分学者关注到《左传》对魏国的粉饰，从而将《左传》作者锁定在儒门之中与魏国有紧密关系的子夏、吴起身上。如清人姚鼐说："余考其书，于魏氏事造饰尤甚，窃以为吴起为之者盖尤多。"① 徐中舒先生则云："《左传》作者对于魏国的期望是很大的。他在晋赐毕万以魏时说：'毕万之后必大。万，盈数也；魏，大名也；以是始赏，天启之矣。'……所以作者可能就是子夏一再传弟子。"②

黄觉弘先生虽不赞成子夏、吴起作《左传》，但他也认为《左传》作者与魏有着深切的关系，其中一条重要理由同样在于："《左传》述晋事极详，于魏造饰尤甚，偏爱、赞誉时时溢于言表，而魏在当时特晋一卿耳。"③

但平心而论，《左传》的褒贬评价基本上是持"国际"立场，大都是就事论事，并无特殊之偏向。以往我们只关注到《左传》对魏国的粉饰，却没有发觉它在一些地方对魏氏的批评。如《左传·僖公二十八年》，晋伐曹，晋文公念及当年流亡曹国，僖负羁对己有恩，嘱咐魏犨、颠颉勿伤其族人：

> （晋文公）令无入僖负羁之宫，而免其族，报施也。魏犨、颠颉怒曰："劳之不图，报于何有！"爇僖负羁氏。魏犨伤于胸，公欲杀之，而爱其材，使问，且视之病，将杀之。魏犨束胸见使者曰："以君之灵，不有宁也。"距跃三百，曲踊三百。乃舍之。杀颠颉以徇于师，立舟之侨以为戎右。④

魏武子本可成就一桩美事，但此时却偏偏心有不甘，意气用事，违令擅自进攻僖负羁宫并将其烧毁。事后他却抓住晋文公爱才的心理，"距跃三

---

① 姚鼐：《惜抱轩全集·文集》卷三，北京：中国书店，1991年，第25页。
② 徐中舒：《〈左传〉的作者及其成书年代》，《历史教学》1962年第11期。
③ 黄觉弘：《左传学早期流变研究》，第92页。
④ 阮元校刻《十三经注疏·春秋左传正义》卷一六，第1824页。

百，曲踊三百"以逃避责任。如果《左传》作者真有意偏向魏国，如此不光彩之事应该讳莫如深。而《左传》则秉笔直书，毫无曲美之意，可见《左传》对魏国并无袒护。这样的例子不止一处，又如《左传·宣公十二年》在晋楚邲之战中对魏锜的记载：

> 晋魏锜求公族未得，而怒，欲败晋师。请致师，弗许。请使，许之。遂往请战而还。①

魏锜不惜以本国之败泄私愤，这样的做法尽显低劣。对于如此不利于魏氏形象的记述也公然出现于《左传》的记载之中，亦足见《左传》实无偏爱魏国之心。再如《左传·昭公三十二年》传文：

> 冬十一月，晋魏舒、韩不信如京师，合诸侯之大夫于狄泉，寻盟，且令城成周。魏子南面。卫彪傒曰："魏子必有大咎。干位以令大事，非其任也。《诗》曰：'敬天之怒，不敢戏豫。敬天之渝，不敢驰驱。'况敢干位以作大事乎？"②

此处《左传》批评魏献子逾越本分擅自发布命令。同样的批评又见于《左传·定公元年》传文：

> 元年春，王正月辛巳，晋魏舒合诸侯之大夫于狄泉，将以城成周。魏子莅政。卫彪傒曰："将建天子，而易位以令，非义也。大事奸义，必有大咎。晋不失诸侯，魏子其不免乎！"③

按《左传》的看法，魏国的先祖魏献子僭越礼制，因此不具备号令诸侯的合法性。我们知道，战国时期各国都在极力塑造、夸大本国先祖的形象，以谋求在争霸中的正统地位，这番言论显然对争霸中的魏国极为不利。如果《左传》倾向魏国，大概不会留下这样的记载。

---

① 阮元校刻《十三经注疏·春秋左传正义》卷二三，第 1881 页。
② 阮元校刻《十三经注疏·春秋左传正义》卷五三，第 2128 页。
③ 阮元校刻《十三经注疏·春秋左传正义》卷五四，第 2131 页。

此外，综观《左传》，除魏国外，亦不乏对他国的赞誉。如昭公三年记载叔向：

> 既成昏，晏子受礼。叔向从之宴，相与语。叔向曰："齐其何如？"晏子曰："此季世也，吾弗知。齐其为陈氏矣！公弃其民而归于陈氏。……陈氏三量，皆登一焉，钟乃大矣。以家量贷，而以公量收之。……民人痛疾，而或燠休之，其爱之如父母，而归之如流水，欲无获民，将焉辟之？箕伯、直柄、虞遂、伯戏，其相胡公、大姬，已在齐矣。"①

在这段对话中，《左传》不仅详细记载了陈氏在齐国获得民心的具体做法，而且"爱之如父母，而归之如流水"的结论也暗含了对陈氏的赞许。我们知道，魏和田齐在战国初本是劲敌，而《左传》作者若真偏向魏国，怎么可能会给田齐这么高的赞誉。综上，靠叙事倾向推求《左传》作者的思路恐怕是难以实现的。

（六）从作者的生平推想

《左传》全书体系庞大，内容繁杂。据此推测，撰写《左传》应具备一系列的条件。这促使一些学者开始综合相关线索，寻求符合《左传》创作条件的历史人物，影响较大的有子夏说和吴起说，以下提取要点，作简要条陈。

1. 子夏说

提出《左传》作于子夏说的学者，② 根据子夏的生平，举出以下理由。

（1）子夏传《春秋》。历史上对子夏与《春秋》的关系多有记载。例如《史记·孔子世家》云："至于为《春秋》，笔则笔，削则削，子夏之徒不能赞一辞。"③《韩非子·外储说右上》云："《春秋》之记臣杀君，子杀父者，以十数矣，皆非一日之积也，有渐而以至矣。……故子

---

① 阮元校刻《十三经注疏·春秋左传正义》卷四二，第 2031 页。
② 如徐中舒、卫聚贤即持此观点。
③ 司马迁：《史记》卷四七，第 1944 页。

夏曰：'善持势者，蚤绝奸之萌。'"① 此外，《公羊》《穀梁》今文学传授世系中，皆把子夏作为传授之始。这说明子夏有创作《左传》的动机。

（2）子夏长于文学。《论语·先进》曾言"文学：子游、子夏"。② 这表明子夏有创作《左传》的才能。

（3）在孔子去世后，子夏曾于魏国西河传学，有条件接触大量的晋国史料，而《左传》正好记载了大量的晋国史事，说明子夏有创作《左传》的有利环境。

（4）《左传》传授世系中的吴起曾是子夏的学生。《史记·儒林列传》载："如田子方、段干木、吴起、禽滑厘之属，皆受业于子夏之伦，为王者师。"③ 而史载吴起传《左传》，可能受自子夏。

（5）司马迁说："左丘失明，厥有《国语》。"而子夏恰恰也是晚年失明。《礼记·檀弓》有记载"子夏丧其子而丧其明"一事，④ 历史上可能误将左丘明、子夏二人混同。

2. 吴起说

在《左传》作者研究中，除子夏外，吴起也是颇受学人关注的人物，⑤ 其生平经历也有几个令人注意的地方。

（1）《吕氏春秋·当染篇》和《史记·孙子吴起列传》均有吴起早年受学于曾子的记载。那么吴起受过儒学教育，与《左传》内在的儒学思想相合。

（2）吴起先后从仕于鲁、魏、楚，因而能够充分掌握鲁、晋、楚三国的史料。

（3）《左传》记载军事战争方面的史实丰富，而吴起正是杰出的军事家，有丰富的军事经验。

（4）吴起可能就是史起，在魏国做过史官。

综上，作者的生平不失为一条重要线索，因此，从作者生平入手的推测方法不独守于内在文献，具有从《左传》外部思考的启示意义，然

---

① 王先慎：《韩非子集解》卷一三，钟哲点校，北京：中华书局，2003 年，第 314 页。

② 阮元校刻《十三经注疏·论语注疏》卷一一，第 2498 页。

③ 司马迁：《史记》卷一二一，第 3116 页。

④ 阮元校刻《十三经注疏·礼记正义》卷七，北京：中华书局，1980 年，第 1282 页。

⑤ 自清人姚鼐持"吴起为之（《左传》)盖尤多"观点之后，章太炎、钱穆、郭沫若、童书业等皆有进一步发挥。

而这一方法就目前来看也存在三点局限。

一是，这些人的生活经历不一定和作《左传》存在必然的联系。确实，要写出《左传》这样一部内容如此丰富的书，必须具备一系列主客观的条件。然而，拥有这些条件的人物，并不一定就是《左传》的作者。所以，这样的逆向推导实际上存在逻辑上的问题。

二是，由于先秦史料的匮乏，我们无法全盘掌握所有具有类似经历人物的信息，仅从有限的几位人物筛选，存在遗漏的可能。另外，对于传统说法的左丘明，历史遗留下的记载太少，因而也无法排除他作《左传》的可能。

三是，这些推测在一些细节方面尚存在矛盾。例如思想上，吴起虽曾受学于儒家，但却是战国早期法家的代表人物，在魏、楚两国主持变法时主张"明法审令"。然而，深受儒家影响的《左传》是不赞成制定新法的，如昭公六年和昭公二十九年记载郑、晋相继作刑鼎，以颁布新令，《左传》均予以批评。在《左传》看来，"国将亡，必多制"，[①] 这显然与吴起的做法背道而驰。如果吴起确是《左传》的作者，大概是不会这样编写的。

综上，先秦一些人物的经历，给我们提供了有关《左传》作者可能性的推测，然而，鉴于上述局限，据此方法的研究恐怕还需商榷。

（七）从对《春秋》的质疑猜测

自清初张沐首倡孔子作《左传》以来，清人王渭、许伯政，近人毛起，德国汉学家顾路柏（Wilhelm Grube，亦译作"格鲁伯"）等学者均对该说有进一步的发展。对于孔子作《左传》的历史脉络，黄觉弘先生曾作《孔子作〈左传〉说源流考》一文，梳理甚为翔实完备，可供参阅。[②] 由于清末以来学界注意力主要集中于《左传》是否为刘歆作伪，这种反传统的说法原未产生重大影响。不过近年来，姚曼波先生写成《春秋考论》一书，以更为系统的论证重操此旧说，从而引发了学界持续五年的广泛争论。[③]

---

① 阮元校刻《十三经注疏·春秋左传正义》卷四三，第 2044 页。

② 黄觉弘：《孔子作〈左传〉说源流考》，《武汉大学学报》（人文科学版）2007 年第 5 期。

③ 可参见王晓鹃《〈左传〉现当代研究史回顾》，《南京师大学报》（社会科学版）2014年第 3 期。

倘若我们站在历史理性的角度，试图从根源上探寻其原因，可以发现，这种观念绝非凭空兴起，实际上出于历史上对于《春秋》零碎简短、大义不可通晓的质疑，如宋人富弼说《春秋》：

> 隐奥微婉，使后人传之、注之尚未能通；疏之又疏之尚未能尽；以至为说、为解、为训释、为议论，经千余年而学者至今终不能贯彻晓了。①

此类评论反映了世人长久以来的疑惑，是此后研究《春秋》所必须面对的问题。由于一些学者既承认《春秋》经文过于简陋无法发挥应有的作用，同时又坚信孔子作《春秋》以明大义的传统说法，故而在他们眼中，《春秋》经文"断烂朝报"的形式与先秦两汉学人对《春秋》的崇高评价产生了不可调和的矛盾，这继而促使他们进行了另辟蹊径的探索，萌发了孔子所作的《春秋》并非现存之《春秋》的怀疑。那么，"真"的《春秋》现存何处？正好《左传》具有内涵丰富、记载详尽、说理备俱等诸多特性，符合他们心中的《春秋》标准。基本上所有持孔子作《左传》论者均是沿着这一思路展开他们的论证的。如富弼言道：

> 窃怪圣人既号作《春秋》，何以必待后人作传而始明。设无此传，圣经不虚作乎？②

如果说古人的质疑还略带一点含蓄的话，那么，作为一名西方学者，顾路柏的观点则更为直白：

> 因为孔子自己有一句话说他希望后人拿《春秋》评判他；所以他（指顾路柏——引者注）想这部书是孔子一生最大的工作，但《春秋》不过是很朴素和干燥的文句，从鲁国国史里摘出来的。格

---

① 邵博：《邵氏闻见后录》卷二一，刘德权、李剑雄点校，北京：中华书局，1983年，第163页。

② 张沐：《春秋疏略》，四库全书存目丛书编委会编《四库全书存目丛书·经部》第132册，济南：齐鲁书社，1997年，第292页。

　　鲁伯解释这一种矛盾，说是孔子并不是指《春秋》原本，实在是指《左传》对于那些简单记载所补充的丰富而宝贵的史料。①

　　这一观点发展到姚曼波那里，形成了更为系统性的论证，② 她认为"孔子作的《春秋》，并非'春秋经'，而是'春秋传'"。③ 对于姚先生所论，牛鸿恩、黄觉弘先生曾作专文进行坚实有力的反驳。④ 然而，在根本出发点上，牛先生以"圣化孔子"的现象来解释孟子、司马迁对《春秋》的推崇，从而否定"孔子作《左传》说"的立论，则将思路带向了另一个极端，似乎有些矫枉过正。应该说，孔子作《左传》没有确实的依据，但后世对《春秋》"断烂朝报"的看法亦有所不当。

　　概述之，除了之前学者的举证驳论外，"孔子作《左传》"说尚存在三个明显的漏洞无法圆通。一是在史实上说不通。《左传》自汉初以来流传便有明晰的脉络，不论是张苍、贾谊，还是后来争立《左传》官学的刘歆，古文学家非但从未提出《左传》出于孔子之手，而且也视《公羊传》《穀梁传》所奉的《春秋》为《左传》所本，他们所争取的是《左传》的传书地位。二是，"孔子作《左传》"说无法完美处理孔壁古书中有《春秋》经的记载。据刘巍先生的考证，《汉书·艺文志》所录《春秋》古经即许慎《说文解字序》所称"壁中书"。⑤ 因此，孔壁《春秋》古经不但证明《春秋》经文古有来源，而且与古文《尚书》、《礼》古经、《论语》、《孝经》一同藏于孔壁，说明它在儒学中具有特殊的意义，不是鲁《春秋》之类的普通史书，而是一部正宗的儒学经书。三是从三传里头看它们对《春秋》的描述，"孔子作《左传》"也说不通。因为三传均承认存在"微言大义"的《春秋》，如《公羊传·庄公七年》就提到不修《春秋》以对比孔子所修之《春秋》：

---

① 　Bernhard Karlgren：《左传真伪考及其他》，第 49 页。

② 　可参见姚曼波《〈春秋〉考论》。

③ 　姚曼波：《孔子作〈春秋〉即"春秋传"说初证》，《文献》1994 年第 3 期。

④ 　牛鸿恩：《厌弃〈春秋〉尊〈左传〉——姚曼波女士〈春秋〉"蓝本"作于孔子说驳议》，《聊城大学学报》（哲学社会科学版）2002 年第 1 期；黄觉弘：《"孔子作〈左传〉说"再议》，《聊城大学学报》（社会科学版）2005 年第 2 期。

⑤ 　刘巍：《读刘歆〈移书让太常博士〉——汉代经学"古文"争议缘起及相关经学史论题探》，《社会科学研究》2012 年第 4 期。

不修《春秋》曰："雨星不及地尺而复。"君子修之曰："星陨如雨。"①

而这个君子修《春秋》，对应的就是今存《春秋》庄公七年之经文：

夏四月辛卯，夜，恒星不见。夜中星陨如雨。②

同时，《左传》常常有"书曰"一类的传文用以解释《春秋》书例，据统计，共计74处，如《左传·僖公二十三年》一处：

十一月，杞成公卒。书曰"子"，杞，夷也。不书名，未同盟也。凡诸侯同盟，死则赴以名，礼也。赴以名，则亦书之，不然则否，辟不敏也。③

此处"书曰'子'"对应的正是《春秋·僖公二十三年》经文：

冬十有一月，杞子卒。④

若没有今存《春秋》经文的对照，我们对《左传》"书曰"就会不知所云。如果《左传》即孔子所修《春秋》，那这个"书曰"之书究竟是什么书？它又何必前面先云"杞成公卒"，后面再写一段"书曰"的解释？这些都是令人费解的。此外，在《左传·成公十四年》中曾明确提到孔子所作之《春秋》：

九月，侨如以夫人妇姜氏至自齐。舍族，尊夫人也。故君子曰："《春秋》之称，微而显，志而晦，婉而成章，尽而不污，惩恶而劝

---

① 阮元校刻《十三经注疏·春秋公羊传注疏》卷六，第 2228 页。
② 阮元校刻《十三经注疏·春秋公羊传注疏》卷六，第 2228 页。
③ 阮元校刻《十三经注疏·春秋左传正义》卷一五，第 1815 页。
④ 阮元校刻《十三经注疏·春秋左传正义》卷一五，第 1814 页。

善。非圣人谁能修之？"①

　　《左传》对《春秋》"微而显，志而晦……"的描述完全符合今存《春秋》的特点。假设《左传》即《春秋》主体，那么如此叙事详赡，总计约 18 万字的《左传》，如何能称为"微而显，志而晦"呢？所以，我们认为，"孔子作《左传》"说法虽不无创见，但终究还只是流于猜测。

　　那么，既然孔子作《左传》并没有切实的证据，在今存《春秋》经文很可能确实是孔子所作《春秋》的前提下，是否存在像牛先生所说，孟子、司马迁因圣化孔子，而有违事实地过度推崇《春秋》呢？答案是否定的。首先，孔子曾云："知我者其惟《春秋》乎，罪我者其惟《春秋》乎？"② 说明他对《春秋》本身就十分看重，寄予厚望。其次，孟子、司马迁时代去古未远，《春秋》创作的历史背景未完全模糊化。关于孟子对《春秋》的评价，早在 1986 年，吕绍纲先生就曾作《孟子论〈春秋〉》一文，对孟子对《春秋》的认识给予肯定，他总结说：

　　　　《孟子》书关于《春秋》的这两段论述解决了三个问题。第一，它明白无误地肯定《春秋》为孔子所作。第二，它正确地回答了孔子作《春秋》的政治用意。第三，它指出《春秋》与一般史书不同，史书重事，《春秋》重义。③

可见孟子对《春秋》的评价，不是盲目地推崇，而是有理有据、高屋建瓴的总结。

　　然而，跳出争论的焦点，若从宏观角度反观历史上任何一种说法，即便它们存在或这样或那样的局限，往往也能给我们带来某些重要的反思与启示。就"孔子作《左传》"说法而言，其价值在于告诫我们不能简单地脱离《春秋》的背景，仅从《春秋》经文的眼光看待《春秋》。如果割裂当时的历史语境，确实只能得出"断烂朝报"的结论。理解

---

① 阮元校刻《十三经注疏·春秋左传正义》卷二七，第 1913 页。
② 焦循：《孟子正义》卷一三，沈文倬点校，北京：中华书局，1987 年，第 452 页。
③ 吕绍纲：《孟子论〈春秋〉》，《史学史研究》1986 年第 1 期。

《春秋》这部书，不但需要《春秋》经文，更需要掌握《春秋》经文的背景。孔子作《春秋》以明大道，自然是希望人们能够读懂《春秋》，以实践他期望的春秋大义，不可能隐晦到让世人不可知晓。以此推测，《春秋》背后所包含的史实、书法或是当时一部分人所共知，或是孔子有过亲自说解教授。可以说，理解《春秋》经文所必需的知识背景至少在孔子在世时是一部分人所具备的。然而，在历史规律下不可避免地，《春秋》的这些背景——或者我们可称之为集体记忆，极易在时间的长河中逐渐淡化、流失，它的传承必然需要额外的语言媒介。包括《左传》在内的春秋传书，就是在这样一种历史环境中出现的。尽管无法原原本本地复原孔子的说教，但在一定程度上，这些传书代表了对《春秋》经文背后历史记忆的重建。

如同历史编纂本身具备多元的故事性。[①]《春秋》之后诠释它的诸多传书难免产生形式和内容上的偏差，从而引发了自两汉以来对三传无休止的争论。这促使后世一些学者萌发绕开三传去探求《春秋》真谛的想法。于是自中唐以后，"春秋三传束高阁，独抱遗经究终始"风气渐盛，直至宋代，《春秋》学产生了尊经贬传的倾向，[②] 甚至明清之时仍有学者推崇"弃传求经"，如姚际恒云："经有三《传》，经之所以滋晦也。"[③]然而，抛弃最近于当时历史记忆的三传去解《春秋》，本就是不切实际的做法。因为，我们无法抛开历史记忆，单从经文去解读《春秋》。如若如此，《春秋》也只能剩下干巴巴的"断烂朝报"。但是，这一思想却在之后的历史中或明或暗，几经沉浮，影响至今。这实际上是孔子作《左传》说产生的一个核心根源。

不可否认，《左传》中很可能有源自孔子教授的内容。然则，种种迹象表明，《左传》不是现场记录孔子的言论，而是建立在解释《春秋》基础上有意识的创作。内容上，它已超越了对孔子的复述。例如《左传》中除有18处引用孔子之言的"仲尼曰"外，亦有67处很可能属于作者的"君子曰（谓）"。这显然是有意识地在解释《春秋》中渗入自

---

① 伊格尔斯：《二十世纪的历史学——从科学的客观性到后现代的挑战》，何兆武译，沈阳：辽宁教育出版社，2003年，第118页。
② 杨新勋：《北宋〈春秋〉学的主要特点》，《中州学刊》2003年第2期。
③ 姚际恒：《春秋通论·春秋论旨》，台北："中央研究院"手抄本，第10页。

身评价。此外，《左传》迄于哀公二十七年，续写了《春秋》后十三年原本未记载的历史。而哀公十六年孔子已去世，不可能将《左传》写到哀公二十七年。

因此，尽管《左传》可能深受孔子影响，内容上也可能包含大量孔子教授《春秋》的内容，但不能就此便认为孔子作《左传》。

（八） 从战国时代正统理念论证

近年来，日本学者在考求《左传》作者上也进行了全新的探索。如平势隆郎先生先后于 1998 年和 2003 年写成《〈左传〉的史料批判的研究》和《〈春秋〉和〈左传〉》两部著作，从战国时代的正统理念出发，并结合他多年来对上古天文的研究，提出了一种颇为新颖的观点，即认为《左传》为战国时期的韩国人所作。同时，平势先生在 2014 年出版的《从城市国家到中华：殷周 春秋战国》第三章中也再一次系统扼要地论述了他的这一观点。在方法上，他所搜寻的线索主要从以下三个方面层层递进。

一是重点分析《左传》中的天象神话，认为它们反映了韩国的正统观念。这主要分为两步。第一步，平势先生先以《左传·昭公元年》中一则子产与叔向之间关于晋侯病情的对话为例，牵扯出"实沈"与"大夏"、"台骀"与"汾水"的关系，从而说明在《左传》中，韩国具有统治三晋之地的正当性。他得出的结论是：

> 韩氏原本是春秋时代雄踞山西的大国——晋侯的一族。韩氏假托于晋，讲述神话传说时代以来历史的来龙去脉，然后赋予自己统治三晋之地的正当性。这一主张就记录在《左传》之中。[①]

第二步是论证《左传》中隐含了晋国继承夏、商之星宿，韩国继承晋国星宿的重要信息。平势先生由此推测，韩国正是通过《左传》这样的巧妙表达，确立了其在战国诸侯中的正统地位：

---

① 平势隆郎：《从城市国家到中华：殷周 春秋战国》，桂林：广西师范大学出版社，2014年，第 99 页。

在商王朝、夏王朝的星宿之中，联系汾水上游的唐与夏王朝古都大夏的参宿成为晋的星宿，而晋的星宿后来被韩氏所继承……这里暗示了作为继承晋的国家，韩氏对夏之故地具有正当的统治权。①

二是认为在《左传》中，韩氏受到了特别的对待，且通过祭祀与夏王朝建立联系。平势先生指出，《左传》对韩宣子的赞誉主要是通过子产评价完成的。他找出子产与韩宣子对话的材料，认为向来只会批评他人的郑国子产，却对韩宣子处处表达敬意：

> 《左传》中常常成为话题的是郑国的子产。在《左传》中，子产被定位为辅佐韩宣子的圣人。②

另外，在韩氏与夏的关系上，《左传·昭公元年》中记载晋侯的病情，是通过韩宣子祭祀鲧后康复的。在平势先生看来，这是韩氏与夏王朝确立继承关系的关键证据：

> 通过描述祭祀夏王朝与韩宣子之间的关系，古人巧妙地将韩氏将来必会匡复夏王朝的含义表达出来。③

三是从天文角度，认为《左传》中的很多天象出自郑韩之地的观测。他指出，战国时代的韩国都城为郑，恰好在夏王朝都城遗址"夏墟"以东、商王朝都城遗址"殷墟"以西的位置上，刚好在两个王朝遗址的中间。北斗作为周王朝的星宿，在韩国之地的观测中，只是围绕天极旋转的星宿而已，那么北斗的地位就比韩国的天极低。于是，他总结道：

> 以上的天象正好用一种可以凭肉眼观察到的"形式"，向大家展示了夏王朝、商王朝、周王朝三代的王朝交替，而终于东面天空又再升起夏王朝的参宿。新的夏王朝再次出现，夏王朝的制度复活。

---

① 平势隆郎：《从城市国家到中华：殷周 春秋战国》，第102页。
② 平势隆郎：《从城市国家到中华：殷周 春秋战国》，第106—107页。
③ 平势隆郎：《从城市国家到中华：殷周 春秋战国》，第105页。

这种看法是站在天极立场上的观察方法，而站在这个立场上的人就是韩王。①

这是近些年来颇为新颖的一种说法，它跳出了纯粹的微观考证，把对《左传》作者的探究安置于宏大的历史背景之中，将《左传》与东周以来各国萌发的正统观念联系起来。就创新而言，这种尝试无疑是值得肯定的。然而，它也存在一些问题。

一是，这种假设是建立在《左传》战国成书说的基础上的。犹如我们在上一节论及的那样，虽然战国说在目前是一种主流论调，但是尚未形成定论。

二是，平势先生建立的这套理论体系，有些地方证据是单薄的。比如，平势先生认为，《左传》是韩国王室为了建构自己合法性而创作的，这一观念隐含在《左传》文中。事实上，文献中隐射的思想，解读起来往往是很不易的，极易受论证者主观思维先入为主的影响，造成过度解读。要避免这种情况，就要综合分析作者的其他作品是否采用相同的隐射方法，以及他在现实中的一些具体行为。同理，平势先生这样的解读是否正确也不能仅凭《左传》中的内容来论《左传》，还需要更多其他证据支撑，比如需要大量韩国塑造自身形象的文献实例作为对照。可惜的是，这方面的文献本身就极度缺乏。因而平势先生所用的诸多方法，皆是在《左传》里寻找线索，这就显得证据不足。

三是，有些论证具有片面性。例如，平势先生认为，《左传》塑造了"圣王""圣人"的二元结构以阐发韩国的正统地位。那么，我们借此思路试想，如果《左传》以子产为圣人，为了塑造"圣人"话语的权威性，应着力刻画子产的正面形象，避免负面描写。然而，《左传·昭公四年》却记录了国人对子产的批评：

> 郑子产作丘赋。国人谤之，曰："其父死于路，己为蛮尾。以令于国，国将若之何？"子宽以告。子产曰："何害？苟利社稷，死生以之。且吾闻为善者不改其度，故能有济也。民不可逞，度不可改。

---
① 平势隆郎：《从城市国家到中华：殷周 春秋战国》，第122页。

《诗》曰：'礼义不愆，何恤于人言。'吾不迁矣。"浑罕曰："国氏其先亡乎！君子作法于凉，其敝犹贪。作法于贪，敝将若之何？姬在列者，蔡及曹、滕其先亡乎！逼而无礼。郑先卫亡，逼而无法。政不率法，而制于心。民各有心，何上之有？"①

由上可见，《左传》对子产作丘赋的批评是极为严厉的，甚至为此预言"郑先卫亡"的结局。此外，《左传·昭公六年》又有叔向批评子产作刑书：

> 三月，郑人铸刑书。叔向使诒子产书，曰：
> 始吾有虞于子，今则已矣。……
> 夏有乱政，而作《禹刑》；商有乱政，而作《汤刑》；周有乱政，而作《九刑》：三辟之兴，皆叔世也。
> 今吾子相郑国，作封洫，立谤政，制参辟，铸刑书，将以靖民，不亦难乎？《诗》曰："仪式刑文王之德，日靖四方。"又曰："仪刑文王，万邦作孚。"如是，何辟之有？民知争端矣，将弃礼而征于书。锥刀之末，将尽争之。乱狱滋丰，贿赂并行。终子之世，郑其败乎？肸闻之，"国将亡，必多制"，其此之谓乎！
> 复书曰：
> 若吾子之言，侨不才，不能及子孙，吾以救世也。既不承命，敢忘大惠！②

从《左传》的叙事倾向来看，似乎也非常不赞成子产的这一做法。这些负面描写恰恰表明《左传》并未对子产有"圣人"化的塑造。

另外，平势先生还认为，《左传》表达了韩国承"夏"正统的观念。战国时期，各国都借承袭"夏"统来塑造本国的正统地位，这个是毋庸置疑的。不过，《左传》是否独用此观念于韩国，却是值得怀疑的。因为，《左传·襄公二十九年》记载了季札聘鲁观乐之事。借观乐为名，

---

① 阮元校刻《十三经注疏·春秋左传正义》卷四二，第2035—2036页。
② 阮元校刻《十三经注疏·春秋左传正义》卷四三，第2043—2044页。

季札把中原诸国都评价了一遍，在此，却唯独称秦国为"夏"：

> 此之谓夏声。夫能夏则大，大之至也，其周之旧乎？①

很明显，若《左传》是韩人所书，定然千方百计地为自己与"夏"统建立联系，恐怕不会为他人作嫁衣裳，为秦国塑造正统形象。

总之，尽管平势隆郎先生以敏锐的洞察力细密爬梳，以证明《左传》出自韩国人之手，然而，由于缺乏坚实的证据，猜测附会性较强，因而自平势先生提出该说之后，国内鲜有学者附同此论。

第二节　传统说法的合理性与局限性

尽管晚近以来，不断有学者对传统说法提出种种异议，提出各种假说，但从上节的梳理来看，这些假说均存在一定的局限，并没有确凿证据。因而时至今日，传统说法仍具有不可替代的影响力。自汉至唐千年间，世人皆信《左传》的作者是左丘明，长久以来并无争议。这说明，左丘明之说本身具有合理性。然而，自中唐以来的怀疑，我们也不能一概否定。应该认识到，它不是凭空臆测，而是有其学术缘由。实际上，后世对《左传》作者及成书年代的争议暴露出我们在理解传统说法上存在过于简单化的问题。因此，本节将重点审视在当代学术视角中，传统说法的合理性与局限性。② 这些合理性使得左丘明作《左传》具备最大的可能性；同时，其局限性促使我们在认识古书成书规律的基础上，尝试重新理解传统的说法，以期得到更为圆满的解释。

这里有必要事先说明的是，以往我们受惯性思维的影响，总是以社会史分期的眼光，将左丘明作《左传》说与《左传》春秋成书说画等号。其实，这并不十分科学。因为秦汉诸儒对于先秦典籍的创作年代，

---

① 阮元校刻《十三经注疏·春秋左传正义》卷三九，第 2007 页。

② 这里之所以要强调"当代学术视角"，是因为我们现在看待左丘明作《左传》说，往往是严格按照著作的最终成书形态去理解。我相信，自汉至唐，无人（包括今文家）提出疑义，不是因为时人缺乏理性——其实，此间近千年不乏精湛的考据家——而很可能是因为在唐以前的学术思维中，传统说法比之现在有着更宽泛的内涵（后文将详细论证）。

没有春秋、战国概念的区分，往往不作说明。① 如在最早论及"左丘明作《左传》"的《十二诸侯年表》中，司马迁没有明确指出左丘明是春秋时人还是战国时人：

> 是以孔子明王道，干七十余君，莫能用，故西观周室，论史记旧闻，兴于鲁而次春秋，上记隐，下至哀之获麟，约其辞文，去其烦重，以制义法，王道备，人事浃。七十子之徒口受其传指，为有所刺讥褒讳挹损之文辞不可以书见也。鲁君子左丘明惧弟子人人异端，各安其意，失其真，故因孔子史记具论其语，成《左氏春秋》。②

我们在此前已经论述过，仅凭《论语·公冶长》中"巧言、令色、足恭，左丘明耻之，丘亦耻之。匿怨而友其人，左丘明耻之，丘亦耻之"这段话是无法推断左丘明与孔子年龄长幼的，同时亦无法知晓孔子说这段话时的年龄。但有一点可以确定，左丘明必定与孔子年世相及。由于孔子年七十三去世（前479年），我们不能排除左丘明年龄比孔子小的可能，所以不妨将左丘明所处的时代下限稍微下移，但大概不会晚于孔子去世三十年前后（约前449年）。③ 这个年代在许多学者眼中，已属于战国早中期。④

---

① 先秦时人对春秋、战国社会之分已有模糊的认识，如《孟子·尽心下》载"春秋无义战"；《战国策·赵策》载"今取古之为万国者，分以为战国七"。到汉代，春秋、战国成为历史时代的名称，作为史家的司马迁在《史记》年表中明确作了《十二诸侯年表》和《六国年表》的划分。但是，这些划分只是针对社会形态，而对于先秦文献的创作时代，汉人往往仅以作者及作品说明，没有特意地作春秋、战国之区分，例如《汉书·艺文志》对先秦典籍的著录，大都只是注明作者及著作。

② 司马迁：《史记》卷一四，第509—510页。

③ 张以仁先生曾根据《史记·仲尼弟子列传》的资料，说明左丘明小于孔子四十岁，乃至五十岁。（参见张以仁《从司马迁的意见看左丘明与〈国语〉的关系》，《张以仁先秦史论集》，第141—144页）张先生反对历来从《论语·公冶长》篇"左丘明耻之，丘亦耻之"的语气上所作的凿空无据的论调，这点是十分值得肯定的。然而，笔者认为，左丘明是可能年龄比孔子小，但两人相差不会有四五十岁之巨。这是因为，左丘明能被孔子所知晓、被孔子所称赞，其人在当时社会不可能默默无闻。那么在孔子赞誉之时，左丘明很可能已身为鲁太史。作为史官中的最高官职，能当任太史之人自然资历匪浅。纵使左丘明年幼于孔子，想必在孔子去世之时，左丘明至少已迈入中年。

④ 例如，杨宽《战国史》依照吕祖谦《大事记》说法，认为战国始于前481年；司马迁《史记·六国年表》以前475年算起，这一说法后被郭沫若采纳；翦伯赞《中国史纲要》则将战国开始时间提前一年，定在前476年；金景芳《中国古代史分期商榷》及《中国奴隶社会史》以战国起于前453年。

那么，左丘明的活动时期就有可能跨越春秋、战国。因而从概念上，我们审视传统说法之合理与局限，应按照古人论述的思维习惯，详查汉代史家对左丘明的记载是否正确，故所探求的不应是《左传》是否作于春秋时代，而当是左丘明在他所处的时代范围内（下限应放宽到战国早期），有没有可能作《左传》。

一　传统说法的合理性

相较于诸家种种假说，我们认为传统的说法仍最为可取，不仅是因为它出自最早的记载，还因为它具有客观的合理性。近代以来亦有不少学者力申左丘明作《左传》说，如章太炎《春秋左传读》《春秋左传疑义答问》，刘师培《周秦诸子述〈左传〉考》《左传学行于西汉考》《司马迁〈左传〉义序例》等名文，皆是对当时怀疑之风的有力反驳。不过，他们把主要精力放在驳斥当时盛行的刘歆作伪论，在论证上大都仍拘守古文家传统的经学思路，缺乏现代史学的系统性论述。① 以下本书将试图更为全面地阐述传统说法的合理性。在这之中，我们既要利用前人方法中的科学成分，从《左传》内容着手验证传统说法是否属实，也要从宏观处着眼，将左丘明置于时代背景中，分析他是否具备创作《左传》的客观条件。

（一）左丘明已具备创作《左传》的条件

任何作品创作都离不开内外因的共同作用。《左传》能创作成文自然也要符合当时的历史条件。《左传》叙事的完备详尽是人所共知的，刘知几谓《左传》叙事"广包它国，每事皆详"。② 这表明要作一部《左传》，必然需要规模庞大的西周、春秋史料的支撑。唐人啖助对《左传》史料来源作过一个合理的推测："广采当时文籍，故兼与子产、晏子及诸国卿佐家传，并卜书、梦书及杂占书、纵横家、小说、讽谏等杂在其中。"③ 在此基础上，徐中舒先生作过更为完整详尽的论述：

---

① 　沈玉成、刘宁：《春秋左传学史稿》，第 354 页。
② 　浦起龙释《史通通释》卷一四，上海：上海古籍出版社，1978 年，第 418 页。
③ 　陆淳：《春秋集传纂例》卷一。

申叔时说太子要学的除《春秋》和《语》外，还有《世》、《令》、《诗》、《礼》、《故志》、《训典》等书，《左传》作者对于这些文献是不会轻易放过的。《左传》引用的书见于本书的有《周志》、《周制》、《周秩官》、《周书》、《郑书》、《商书》、《夏书》、《夏训》，同时楚国倚相能读"三坟、五典、八索、九丘"之书，说明楚国也存有许多坟典，《晋语》称"羊舌肸习于《春秋》"，羊舌肸所习的《春秋》就应是晋史，汲冢书有《纪年》十三篇、《国语》三篇论晋楚事、《周书》论楚事、《穆天子传》之类，也是魏襄王时代现存的史籍。这些史料都应在《左传》作者网罗之列。《左传》所载周王室以及列国诸侯大夫的族姓世系，也是本于《帝系》《秩官》以及《春秋历谱谍》诸书。再就《左传》引用《国语》而言，《国语》中《周语》、《鲁语》、《晋语》、《楚语》，《左传》都有所征引，而引用《晋语》尤多。《左传》引用《国语》，往往经过删节润色，言简而意赅，都有改动迹象可寻，即有所增补，删减也比增补为多。《诗》更是《左传》经常引用的篇章，其论周郑交质说："苟有明信，涧谿沼沚之毛，蘋蘩蕴藻之菜，筐筥锜釜之器，潢污行潦之水，可荐于鬼神，可羞于王公。"连用许多篇什的成语，已开后人用典范例。其论礼也必然要本于《故志》、《训典》诸书。《左传》就是凭借了这样繁富的资料编纂成书的，……①

可见，能否掌握、编纂如此庞杂的史料是《左传》能否在左丘明时代创作的一个基本前提。在这一方面，我们认为，左丘明已具备三个条件：一是这些史料在左丘明时代业已完备。二是在当时的历史环境下，这些史料已能够被左丘明接触到。三是左丘明具备创作《左传》的素养。

关于第一点，需要我们考察在左丘明之前，及左丘明所处的时代有无完备的史料记录与保存条件。可以确定的是，周代已具有发达的史官建制。周代史官名目繁多，群体庞大，使之具备完善的史官记录传统。西周之时，学在王官，因此在当时，对历史的记录主要集中出自史官之

---

① 徐中舒：《〈左传〉的作者及其成书年代》，《历史教学》1962 年第 11 期。

笔，而记录的内容显然与他们的日常活动密切相关，许兆昌先生对周代史官的职能作过整理和归纳。从史官的这些活动中我们可以大体窥看左丘明之前时代的史料类别：

（1）记事。

（2）宣读册命。

（3）书写册命。

（4）宣读文告。

（5）诵读往事之要戒，为王提供各种经验、教训。

（6）为王诵读文书。

（7）登录、保管契约。

（8）记录刑书。

（9）书写盟誓。

（10）管理文字。

（11）占筮。

（12）祭祀。

（13）祝祷。

（14）占星。

（15）释异禳灾。

（16）相术。

（17）交通神人。

（18）从君参战。

（19）制定历朔。

（20）保管政府档案。

（21）典藏图书文献。

（22）管理氏族档案。

（23）司会同朝觐之礼。

（24）司射礼。

（25）司丧葬之礼。

（26）司籍礼。

（27）司威礼。

（28）管理旌旗。

（29）司王后之礼。

（30）监察。

（31）觐见诸侯。

（32）受王命赏赐大臣。

（33）受命安抚地方诸侯。

（34）受王姜令出使。

（35）统军作战。

（36）保存户籍档案。

（37）编史。

（38）司聘礼。①

以上可见，周代的史官职能众多，涉及当时政治生活的方方面面。上举职能活动都必然有史官在场记录，这使得他们可以记录非常丰富的史料素材，几乎囊括《左传》所有的史料类别。

另外，当时之史料往往被予以妥善保存，重要的档案留有多个副本。这点我们从西周的铜器铭文中可见一斑。众所周知，周人对重要事件的记载，不仅书于竹帛，还以铭文形式铸于铜器（见图2-1、图2-2）。②倘若从史料保存的角度去思考，这样的行为无疑提高了史料的留存概率。而且，这一对史料保存与复制的活动不但具有共时性特征，还具有历时性的特点。以往一般认为，铸有相同铭文的青铜器——所谓的同铭器，是同一时期的器物。但据学者研究，有些同铭器为不同时期所铸。③例如克盉和克罍，两器器盖铭文内容一致，记载了周初天子分封燕国的任命。这是燕国乃至西周历史上极其重大的事件。李峰先生指出，克盉铭

① 可参见许兆昌《先秦史官的制度与文化》，哈尔滨：黑龙江人民出版社，2007年，第99—100页。

② 有关将文书转铸于铜器的研究，参见 Lothar von Falkenhausen, "Issues in Western Zhou Studies: A Review Article," *Early China*, Vol. 18, 1993, pp. 145-146, 161-167; Li Feng, "Ancient Reproductions and Calligraphic Variations: Studies of Western Zhou Bronzes with Identical Inscriptions," *Early China*, Vol. 22, 1997, pp. 40-41。

③ Li Feng, "Ancient Reproductions and Calligraphic Variations: Studies of Western Zhou Bronzes with Identical Inscriptions," *Early China*, Vol. 22, 1997, pp. 40-41.

文字体粗糙，错字百出。这么重大的事件，以燕国的国力，倘若是初次铸造，应该不会如此草率地书写。而克罍铭文铸造精良，字体精妙。李峰先生由此认为，克盉和克罍铸于不同时期。克罍铸于西周开国之初，而克盉则是依照原铭文的复铸，铸成的时间稍晚，很可能为首任燕侯克晚年所铸。[①]

图 2-1 罍盖铭文　　　　图 2-2 盉盖铭文

资料来源：本书所引克罍及克盉图片出自中国社会科学院考古研究所、北京市文物研究所琉璃河考古队《北京琉璃河 1193 号大墓发掘简报》，《考古》1990 年第 1 期。

如果认同这一说法，就会发现，克盉和克罍铭文，加上周天子和燕侯克最初各保留的原件，仅在燕侯克在位的时间里，这份册命史料已至少保有四个存本。由此可见，西周史料保存完整，形式丰富，给后世的编史活动提供了良好的保障。并且，我们有理由相信，这一状况一直持续到春秋时期。虽然东周礼崩乐坏，但各国依旧保持了良好的史料管理传统，如《左传·定公四年》记载祝佗言及践土之盟：

①　Li Feng, "Ancient Reproductions and Calligraphic Variations: Studies of Western Zhou Bronzes with Identical Inscriptions," *Early China*, Vol. 22, 1997, pp. 40-41.

子鱼曰："……晋文公为践土之盟，卫成公不在，夷叔，其母弟也，犹先蔡。其载书云：'王若曰，晋重、鲁申、卫武、蔡甲午、郑捷、齐潘、宋王臣、莒期。'藏在周府，可覆视也……"①

尽管自平王东迁以来，周王室的权威及控制力不断衰落，不过根据这段材料可知，周府收藏各国档案的制度未见破坏。此外，践土之盟距离鲁定公四年已逾百年，祝佗能够清楚地说出盟约的内容，说明该盟约的副本在卫国也得到很好的保存，祝佗很可能亲眼看到过。总而言之，西周到春秋丰富的史料留存及积累，使左丘明时代已具有良好的史料基础。

以上说明《左传》中的史料在左丘明的时代普遍存在。然而，由于史官的记载往往藏于各国府库，因而以当时的历史条件，单靠左丘明一己之力，想要遍访各国搜寻史料显然是不可能的。因此第二点，左丘明若要具备作《左传》足够的现实条件，还必须保证他能够获得所需的史料。种种迹象表明，左丘明所处的社会，史料的流通已相当广泛，体现在两个方面，即各地区间的书写流通，及东周以来的人才流动。

从我们掌握的线索来看，左丘明之时，甚至早在左丘明之前的西周之时，各地区之间不仅文化交流广泛，且已存在密切的书写沟通，其广度不局限于周文化圈内的文书交流，还包括周文化圈与周文化圈以外地区的文本流通。

在周文化圈内，王室与地方之间，以文本为载体的信息流通极为普遍。如周天子对臣下的册命文书，就是典型的由上到下传播的史料。在此可举著名的颂鼎铭文以作说明：

唯三年五月既死霸甲戌，王在周康卲宫。旦，王各大室，即位。宰引佑颂。入门，立中廷。尹氏授王命书，王乎史虢生册命颂。王曰：颂，……受命册佩以出，返纳瑾璋……②

据颂鼎铭文所载，周王事先准备好了册命（可想而知，册命原件应不止

---

① 阮元校刻《十三经注疏·春秋左传正义》卷五四，第2134—2135页。
② 《殷周金文集成》（修订增补本），编号：02827，第1497—1498页。

此一份，至少还有一份供王室存档），当宣读完册命之后，交由受封者"佩以出"，即受封者离开王廷时均需要携带书写册命的材料返回封地。据李峰先生推测，在受封者返回之后，该册命文书可能被多次转写复制。而且，若受封者想要更好地保存，还可将其铸于铜器（犹如上文提到的克器）。① 可见，整个册命经过不仅是一个从上至下的分封过程，同时也是一次册命文书自上而下的传递过程。

同时，在周文化圈内的各诸侯之间，设有互相来告的定制。《左传》中的许多史料，可以明显看出是从告命得来的。如《左传·昭公十八年》记载宋、卫、陈、郑发生火灾，鲁国之所以得闻，便是由当事国告知：

> 夏五月，火始昏见。丙子，风。梓慎曰："是谓融风，火之始也。七日，其火作乎！"戊寅，风甚。壬午，大甚。宋、卫、陈、郑皆火。梓慎登大庭氏之库以望之，曰："宋、卫、陈、郑也。"数日，皆来告火。②

关于此则消息，《左传》应采自鲁国档案。由此可见，诸侯之间频繁的信息流通，给之后《左传》的史料搜集提供了便利。此外，王室和地方之间、地方与地方之间、上下级之间的史料流通不光是单向的，有时还是双向的，甚至是多向的。如六年琱生簋（过去被称为"六年召伯虎簋"）铭文：

> 唯六年四月甲子，王在莽，召伯虎告曰：余告庆。曰：公厥禀贝，用狱諆为伯，有祇有成，亦我考幽伯、幽姜令，余告庆，余以邑讯有司，余典勿敢封，今余既讯，有司曰：厚令，今余既一名典献，伯氏则报璧，琱生奉扬朕宗君其休，用作朕烈祖召公尝簋，其万年子子孙孙宝，用享于宗。③

---

① Li Feng, "Literacy and the Social Contexts of Writing in the Western Zhou," in Li Feng and David Prager Branner, eds., *Writing and Literacy in Early China*, Seattle: University of Washington Press, 2011, pp. 276-277.

② 阮元校刻《十三经注疏·春秋左传正义》卷四八，第 2085 页。

③ 《殷周金文集成》（修订增补本），编号：04293，第 2638—2639 页。

在上述这则土地纠纷事件中，身为大宗的召伯虎向王廷提交土地注册文件，获得胜诉，最后将判决文件交由当事的小宗琱生保存。可以推测，除了琱生之外，王廷、召氏家族也都应保留该判决文件，甚至状告琱生的原告也可能会获得该判决文件。① 可见，这样一则文本史料流向是多渠道的。这一现象现今看来虽属平常，但对春秋战国编史的意义却十分重大，它使得左丘明时代的史家能在史料获取途径上拥有更多的选择。

同时，西周与周文化圈以外地区的频繁交流，带来了书写文化由内向外的传播，这也给后来《左传》的史料获取提供了新的条件。以往学界一般认为，根据现有的考古资料，相较于商周文明，商周文化圈之外的社会还没能发展出独立、成熟的书写系统。然而，伴随着西周的建立与兴盛，周人与周文化圈外交流日益频繁，从而促进了外围社会文字书写的发展。李峰先生就已发现，在西周铜器铭文中存在着一个特殊的群体。它们并不诞生于传统的周文化圈中，而可能铸造于非周人地区。② 例如眉敖簋盖铭文：

> 戎献金于子牙父百车，而赐鲁眉敖金十钧，赐不讳，眉敖用擦用璧，用稽首，其佑子敦吏盂，眉敖况用豹皮于吏盂，用作宝簋，眉敖其子子孙孙永宝。③

尽管在部分释字上，学界有所分歧，但大意已基本可通晓。该篇铭文记载了眉敖与西周官员的互相馈赠，之后眉敖铸造了这件铜器以纪念这次事件。这一事件反映了眉敖与负责边境事务的西周高级官员之间的交流，它直接成了眉敖记录的缘由和对象，由此产生了创作该篇铭文的史料。这里边最引人关注的是眉敖簋的铭文字体，其书写极为特别，并没有遵循大多数西周铭文的书写习惯。李峰先生指出，与同时代许多精美的西周铭文相比，其笔迹显得拙劣了许多。对此，他推断该铭文应是该国当地的抄手所书，

---

① Li Feng, "Literacy and the Social Contexts of Writing in the Western Zhou," in Li Feng and David Prager Branner, eds., *Writing and Literacy in Early China*, pp. 281-284.

② 参见 Li Feng, "Literacy Crossing Cultural Borders: Evidence from the Bronze Inscriptions of the Western Zhou Period (1045-771 B. C.)," *Bulletin of the Museum of Far Eastern Antiquities*, Vol. 74, 2002, pp. 210-242。

③ 《殷周金文集成》（修订增补本），编号：04213，第 2415 页。

是书写向周文化圈外围传播的代表。① 从史料层面来说，书写传播给后世编史带来的一个突出影响是，它给史料的编写、保存提供了新的场所。具体而言，一方面，它给周文化圈的史料向外输出增添了途径，使得夷人在与周人交流中，可以记载周人的政治、生活，从而能够留存有关周人的史料；另一方面，也给外夷本族的史料编写提供了可能。例如《左传》中的一些史料便很可能来自外夷的史书，如《左传·定公十五年》传文：

> 吴之入楚也，胡子尽俘楚邑之近胡者。楚既定，胡子豹又不事楚，曰："存亡有命，事楚何为？多取费焉。"二月，楚灭胡。②

胡子之言有恃无恐，为他记录的当然不会是别国史官，所以很可能原出自胡国本国所记。可推测大概是楚国灭胡之后，获得了此处史料。

总之，早期书写文化的传播使外蛮之地奠定了一定的文化基础，所以在东周动荡之时，伴随着人才外流，出现了春秋末期"学在四夷"的现象，也充分说明了东周之时，四夷之地保留了相当数量的史料典籍。③

---

① Li Feng, "Literacy Crossing Cultural Borders: Evidence from the Bronze Inscriptions of the Western Zhou Period (1045–771 B.C.)," *Bulletin of the Museum of Far Eastern Antiquities*, Vol. 74, 2002, p.221.

② 阮元校刻《十三经注疏·春秋左传正义》卷五六，第2152页。

③ 从一些资料中我们可以推断，春秋之时，四夷之国极可能还保存着先祖时期的史书典要。如《左传·昭公十七年》记载郯子谈及先祖官职的由来，孔子认为这是"学在四夷"的表现：

　　秋，郯子来朝，公与之宴。昭子问焉，曰："少皞氏鸟名官，何故也？"郯子曰："吾祖也，我知之。昔者黄帝氏以云纪，故为云师而云名；炎帝氏以火纪，故为火师而火名；共工氏以水纪，故为水师而水名；大皞氏以龙纪，故为龙师而龙名。我高祖少皞挚之立也，凤鸟适至，故纪于鸟，为鸟师而鸟名。凤鸟氏，历正也；玄鸟氏，司分者也；伯赵氏，司至者也；青鸟氏，司启者也；丹鸟氏，司闭者也。祝鸠氏，司徒也；雎鸠氏，司马也；鸤鸠氏，司空也；爽鸠氏，司寇也；鹘鸠氏，司事也。五鸠，鸠民者也。五雉为五工正，利器用、正度量，夷民者也。九扈为九农正，扈民无淫者也。自颛顼以来，不能纪远，乃纪于近，为民师而命以民事，则不能故也。"仲尼闻之，见于郯子而学之。既而告人曰："吾闻之：'天子失官，学在四夷'，犹信。"（阮元校刻《十三经注疏·春秋左传正义》卷四八，第2083—2084页）

虽然郯子所述未必真实，但他之所以能如数家珍般述说这些官名的由来，想必是曾参看本国史书典籍。由此可见，左丘明之时，四夷之地存有大量的史料可供利用。

这也给左丘明作《左传》提供了另一个现实条件。

除上述之外，左丘明时代史料广泛流通的另一个因素是各地人才的流通。

虽然西周以来，各地区诸侯之间的官方交流十分频繁，但不难发现，《左传》中的一些史料可能并不来自官方，如《左传·隐公十一年》：

> 冬十月，郑伯以虢师伐宋。壬戌，大败宋师，以报其入郑也。宋不告命，故不书。凡诸侯有命，告则书，不然则否。师出臧否，亦如之。虽及灭国，灭不告败，胜不告克，不书于策。①

对于此则宋师战败的消息，宋国并未告知鲁国，所以据鲁史所修的《春秋》也未记载。

又如《左传·哀公元年》：

> 吴入越，不书，吴不告庆，越不告败也。②

此处吴、越两国皆不来告，所以不见鲁国记载。那么，身为鲁史的左丘明，如何能获得这些史料呢？或许，我们可以从春秋时期的人才流动来解答这一问题。春秋战国是社会大动荡、大变革的转型时期，同时也是一个人才流动激荡的时代。人作为史料传播的重要媒介，可以通过口传的方式传递史料，故亦是史料的重要来源。此外，人才的流动，有时还伴随着书籍的迁移，如《左传·昭公二十六年》记载王子朝奔楚，便携带了大量的周之典籍：

> 十一月辛酉，晋师克巩。召伯盈逐王子朝，王子朝及召氏之族、毛伯得、尹氏固、南宫嚚奉周之典籍以奔楚。③

我们有理由相信，这样的事例在东周之时不是个案，而是时有发生。

---

① 阮元校刻《十三经注疏·春秋左传正义》卷四，第 1737 页。
② 阮元校刻《十三经注疏·春秋左传正义》卷五七，第 2155 页。
③ 阮元校刻《十三经注疏·春秋左传正义》卷五二，第 2114 页。

从日渐丰富的出土文献中，更可以证明这一点。如 2008 年清华大学收藏了一批战国竹简，内容包括大量"经、史"类文献，其文字风格主要为楚文字，但李守奎先生谈到在这批楚简中出现不少三晋文字：

> 三晋文字羼入是清华简文本中的突出特点。从总体上看，清华简是楚文字系统。但是有些篇目三晋特点十分突出，例如《良臣》，无论从文字构形还是书写风格上，都可以说是三晋文本。①

楚人在楚地自然不会用三晋文字来书写。这暗示这批清华简有部分抄写者来自三晋地区，在他们乔迁入楚时，可能随身携带一些用本国文字书写的文献（例如《良臣》），为了便于楚人阅读，便选择一些篇章用楚文字重新誊抄。这些抄手初来乍到，大概对楚文字掌握得并不是十分熟练，因而出现清华简部分篇章夹带有三晋文字的现象。由此可见，东周以来人才的活跃流动，不仅带来大量的口头传闻，也增强了旧有书籍史料的转写、流通，从而于当时形成了庞大的史料传播网。这一趋势无疑拓宽了各国史料的流通渠道，降低了编纂一部"国际"史的史料搜获难度。更值得重视的是，从这一角度可以发现，各国人才的流动情况也大致能够反映出《左传》的史料构成，例如楚国的人才流失在春秋时期尤为严重。② 这些人才流散在外，也很可能带去了楚地的典籍与传闻，于是造成《左传》虽思想倾向中原，但却包含了甚为详尽的楚国史料。与此对比，春秋时期的秦国社会相对闭塞，除秦穆公时期之外，见诸文献的人才流动相对较少。③ 相应的，在穆公之后，《左传》关于秦国国内历史的记载也相对较少，偶有涉及的部分，往往正好与秦国的人才流动相伴随，例如《左传·襄公十四年》记载士鞅流亡到秦：

> 士鞅奔秦……秦伯问于士鞅曰："晋大夫其谁先亡？"对曰："其栾氏乎！"秦伯曰："以其汰乎？"对曰："然。栾黡汰虐已甚，

---

① 李守奎：《古文字与古史考——清华简整理研究》，上海：中西书局，2015 年，第 109 页。

② 冯庆余、闾忠：《春秋战国时期的人才流动》，《史学集刊》1991 年第 1 期。

③ 穆公时期的人才流入，主要有百里奚、蹇叔、公孙支、由余和丕豹等。

犹可以免。其在盈乎！"秦伯曰："何故？"对曰："武子之德在民，……"秦伯以为知言，为之请于晋而复之。①

对于士鞅与秦伯的这段对话，很有可能不仅有史官在场记录，士鞅在归国后也完全有可能提及。此外，从秦国流出的人才同样也带动了史料的传播，如《左传·昭公元年》记载秦太后与后子的对话：

秦后子有宠于桓，如二君于景。其母曰："弗去，惧选。"癸卯，鍼适晋，其车千乘。书曰："秦伯之弟鍼出奔晋。"②

秦太后对后子的忠告属于私下对话，应该不会有史官在场。而且，后子在离秦之前恐怕也不会大肆声张。那么，就极可能是秦公子鍼奔晋后复述该事。所以，春秋至战国早期的人才流动状况与《左传》的史料构成有一定关系，从而间接说明了《左传》的创作符合当时的历史现实，是当时的作品。

综合以上两点，东周之时，社会上保留着异常丰富的史料，这些史料不仅题材众多，而且流通广泛，它们使得左丘明作《左传》成为可能。因此，可以说，左丘明时代已完全具备了撰写《左传》这样一部大型典籍的外部条件。

再来看第三点，左丘明的鲁国史官身份，③ 不仅使之具备创作《左

---

① 阮元校刻《十三经注疏·春秋左传正义》卷三二，第 1956 页。

② 阮元校刻《十三经注疏·春秋左传正义》卷四一，第 2022 页。

③ 左丘明是鲁太史的说法最早见于班固《汉书·艺文志·六艺略》春秋类《左氏传》下注："左丘明，鲁太史。"此后学者大都沿信其说，向无异议。但由于近代以来对左丘明作《左传》说的怀疑，左丘明是鲁太史的说法也自然受到一些学者的质疑。这主要是因为鲁太史之说见诸史籍始于东汉《汉书》，比之更早的《史记》只提到左丘明是"鲁君子"，未言及其为史官。不过，这一质疑目前看来还是拿不出确凿的证据。首先，司马迁与班固的说法并不冲突，"君子"是品行的美称，"太史"是职务的称谓，二者兼具，不悖情理。从文理上来看，《史记·十二诸侯年表》叙述左丘明创作《左传》的目的是防止后学"人人异端，各安其意，失其真"，所以《史记》突出反映的是左丘明的品行端正，正确依照孔子本意论述《春秋》史实，故称其为"鲁君子"。而《汉书·艺文志》作为官修史书，载录书目有一贯的体例，一般有官职的作者前均加具体官名，如《铎氏微》下注"楚太傅铎椒也"，《虞氏微传》下注"赵相虞卿"，皆与注《左传》体同。其次，鲁太史的说法应该有其渊源成说，不会是班固妄书，不然，以当时的经学风气，自然会有学人质疑，然而，包括今古文学者在内，均未对鲁太史提出疑义。可见，左丘明是太史的说法还是值得相信的。

传》的素养，同时也符合《左传》的内容特征。

首先，《左传》不仅内容丰富、史料庞杂，且编排合理、叙事精妙。[①]这表明作者不仅有机会有能力接触到大量的史料，而且对各类史料驾轻就熟，具有高超的编纂才能。显然，身为太史的左丘明不但能够接手前代史官的各类记录（这里面可能也包括史官的私家笔录），有机会查阅、搜集鲁国秘府所藏丰富的史料，[②]并且，其自身的职业修养自然使其能够驾驭各种史料。另外，作为当时社会上的知识分子，史官广博的学术修养积累到东周之时也完全能够支撑编纂一部包罗万象的《左传》。

其次，以往一些学者提出《左传》作者是子夏或吴起的一个很重要的原因是，《左传》非常擅长描写战争。而这两人正好均熟知兵事，尤其是作为军事家的吴起，有着非常丰富的作战经历。实际上，不应忽视，早期史官也精通军事，经常参与各类征战。[③]如史密簋铭文：

> 唯十又一月，王命师俗、史密曰："东征。"敆南夷、卢、虎、会杞夷、舟夷，观，不所，广伐东国。齐师族、徒、遂人乃执鄙、宽、亚。师俗率齐师遂人左□伐长必，史密右率族人、釐伯、僰屖，周伐长必，获百人，对扬天子休，用作朕文考乙伯尊簋，子子孙孙其永宝用。[④]

铭文中史密能够统兵一路，与师俗协同攻伐，足见他在此次战役中作用巨大。

---

① 如刘知几于《史通》写道："盖左氏为书，叙事之最。自晋已降，景慕者多。"（浦起龙释《史通通释》卷八，第 222 页）至清人刘熙载总结云："左氏叙事，纷者整之，孤者辅之，板者活之，直者婉之，俗者雅之，枯者腴之；剪裁运化之方，斯为大备。"（刘熙载：《艺概》卷一，上海：上海古籍出版社，1978 年，第 4 页）

② 在列国之中，鲁国对典籍的保存尤为完备，如《左传·昭公二年》记载韩宣子聘礼："二年春，晋侯使韩宣子来聘，且告为政而来见，礼也。观书于大史氏，见《易》《象》与鲁《春秋》，曰：'周礼尽在鲁矣！吾乃今知周公之德，与周之所以王也。'"（阮元校刻《十三经注疏·春秋左传正义》卷四二，第 2029 页）这段记载不仅说明鲁国是周礼的保存者和实施者，同时也证明在春秋时期，经过了世代的积累，鲁国保留了相当丰富的国史典籍及其他旧章文档。

③ 许兆昌：《先秦史官的制度与文化》，第 101—102 页。

④ 刘雨、卢岩：《近出殷周金文集录》（二），编号：489，北京：中华书局，2002 年，第 375—376 页。

又如员卣铭文：

> 员从史旗伐邻，员先入邑，员俘金，用作旅彝。①

这里的史旗率领部下，攻陷敌人的城邑，以此观之，他显然是位骁勇善战的将领，而且级别较高。可见，西周时期的史官已具备相当的军事才能，甚至到春秋末期，我们也仍可见史官被委以统军重任的例子，如《左传·哀公十七年》：

> 楚白公之乱，陈人恃其聚而侵楚。楚既宁，将取陈麦。楚子问帅于大师子毂与叶公诸梁，子毂曰："右领差车与左史老，皆相令尹、司马以伐陈，其可使也。"②

因此，史官丰富的军旅生活，使其具备大量的军事知识。可以料想，在东周列国争霸中，他们也更易关注到各国之间的军事活动，从而对其进行细致的描写。所以，善载军事的《左传》若是史官所书，也完全合乎情理。

再者，左丘明的史官身份也造就了《左传》严谨的记史特点。虽然春秋末期社会动荡，官学下移，不少历史传闻开始流传民间，被诸子引以为据，但民间流言多属口耳相传，不仅版本众多，而且大都不会有详细的记日。正如张政烺先生所说："战国时期，诸子百家多起于民间，与官府隔绝，没有机会读史书和档案，未经过史官的教育和熏陶，他们所有的一些历史知识多得之于传闻，不辨真假。"③ 与之相比，《左传》全书共记有386个历日干支，往往在叙事中提供了非常精确的日期信息，例如《左传·定公五年》记载阳虎发动的政变：

> 乙亥，阳虎囚季桓子及公父文伯，而逐仲梁怀。冬十月丁亥，杀公何藐。己丑，盟桓子于稷门之内。庚寅，大诅，逐公父歜及秦

---

① 《殷周金文集成》（修订增补本），编号：05387，第3359页。
② 阮元校刻《十三经注疏·春秋左传正义》卷六〇，第2179页。
③ 张政烺：《〈春秋后语辑考〉序》，《张政烺文史论集》，北京：中华书局，2004年，第763页。

逭，皆奔齐。①

从该段材料中，我们可以清楚地看到从乙亥到庚寅阳虎叛乱的具体步骤，这条时间脉络可以说是非常清晰严谨的。

又如《左传·僖公二十四年》叙述晋公子重耳入晋的过程：

> 二月甲午，晋师军于庐柳。秦伯使公子絷如晋师，师退，军于郇。辛丑，狐偃及秦、晋之大夫盟于郇。壬寅，公子入于晋师。丙午，入于曲沃。丁未，朝于武宫。戊申，使杀怀公于高梁。②

同样，通过《左传》提供的精确时间，我们可以全盘了解重耳入晋的整个经过。因此，以上这些内容叙事简洁，条理清楚，日期详尽，应该不是出自民间传闻，而很可能采自官方档案。类似明确的记日在《左传》中比比皆是，可以料想，若作者没有史官背景，是很难接触到这些官方史料，提供如此详细的日期的。从这一点上看，左丘明的史官身份恰好符合《左传》叙事严谨的特点。

此外，《左传》中所载天象历法异常丰富，是我们目前所见任何古书史著都无法比拟的。尽管有学者认为《左传》中不少岁星位置、日食等天象记录并非真实观测记录，而是后世窜入，与真实星象有偏差，但这些失真的记载并非由后世作者凭空想象，根据当时的天文知识推算加入的。比如岁星，是作者依据岁星12年行天1周推算出来；又比如《左传·昭公十七年》记载"夏六月甲戌朔，日有食之"是据周历而主观加上去的；等等。③ 这背后都说明《左传》作者具备当时非常专业的天文知识。比如张培瑜先生言及《左传》编入日食材料时说："食时日月所在位置和星宿不可见，这可证《左传》作者已掌握推算合朔时太阳月亮位置的方法。"④ 那么，能如此精通天文历法并通过推算将其编入史书表明《左传》作者不可能是当时普通的知识分子，最有可能是史官。观象

---

① 阮元校刻《十三经注疏·春秋左传正义》卷五五，第2139页。
② 阮元校刻《十三经注疏·春秋左传正义》卷一五，第1816页。
③ 张培瑜：《试论〈左传〉〈国语〉天象纪事的史料价值》，《史学月刊》2009年第1期。
④ 张培瑜：《试论〈左传〉〈国语〉天象纪事的史料价值》，《史学月刊》2009年第1期。

制历本是早期史官的职守之学,《礼记·月令》云:

> 乃命大史,守典奉法,司天日月星辰之行,宿离不贷,毋失经纪,以初为常。①

孙希旦《集解》云:

> 天与日月星辰各有行度,大史主审候之也。②

《周礼·冯相氏》:

> 掌十有二岁、十有二月、十有二辰、十日、二十有八星之位,辨其叙事,以会天位。冬夏致日,春秋致月,以辨四时之叙。③

以上说明《左传》作者所具备的丰富的天文学知识,是完全符合史官的知识背景的。

综上,西周以来的史料积累与流通,以及左丘明史官的身份及素养,使左丘明在其时代已具备创作《左传》的内外条件。因此,左丘明作《左传》的传统说法在现实层面上应是合乎情理的。

(二)《左传》语言符合左丘明时代的特点

在上节的评述中,本书曾论及从语言学角度探讨古籍的成书年代有一定的局限性。这主要有两个原因:一是以往的研究缺乏出土文献的对照;二是古书中的词句容易受到后世抄写习惯的影响,即一些词语可能会被抄写者改换成后世所习惯的用词,从而造成我们对古籍实际成书年代的误判。不过,自然抄写过程中的词语改换往往体现抄写者的主观喜好,具有一定随意性,不可能覆盖古书中的所有词语。因此,在判断古书成书年代时,若出现个别晚出的词语,实际上并不足以得出该书晚出

---

① 阮元校刻《十三经注疏·礼记正义》卷一四,第1356页。
② 孙希旦:《礼记集解》卷一五,沈啸寰、王星贤点校,北京:中华书局,1989年,第415页。
③ 孙诒让:《周礼正义》卷五一,第2103—2108页。

的结论；但反之，若普遍出现一些早期特有的用词现象，则或许更具有参考价值。在这一理解基础上，除了前文所提及的一些研究之外，我们还可以有选择地利用一些语言学成果，特别是那些加入出土资料的语言学成果。现试举几例如下。

1. 从同义词角度着眼

（1）"田""狩""猎"的使用比重

在先秦文献中，表示打猎的用词主要有"田""狩""猎"。黄成作过专门的统计，"田""狩""猎"的使用比例大体呈现一个此消彼长的历史变化。以下概括其主要观点。① 在甲骨文中，通常只用"田"或"狩"，尤其是"田"用的数量最多，例如：

> 戊戌卜，王贞，其令雀田于□。（《合集》10567）

> 戊午卜，殷贞，我狩𢾈，擒。之日狩，允擒。获虎一、鹿四十、狐（二）百六十四、麑百五十九。圄赤屮友二赤□四□。（《合集》10198）

由于资料所限，目前所见的西周金文未见"田""狩""猎"表"打猎"义的用例，故我们不作引用。而在传世文献中，西周早期至春秋末战国初，"猎"作"打猎"义的出现概率非常小，可见表2-3。

表2-3 "田""狩""猎"战国中期以前各书分布

单位：例

	《周易》本经	今文《尚书》	《诗经》	《左传》	《国语》
田（畋）	4	2	6	33	7
狩	0	0	7	3	2
猎	0	0	3	1	1

资料来源：黄成：《上古汉语三组常用词演变研究》，硕士学位论文，西南大学，2011年，第40页。

战国中期以后，"猎"字的使用比例明显上升，并且，受双音化的影响，"田猎"的用例也开始增多，可见表2-4。

---

① 黄成：《上古汉语三组常用词演变研究》，硕士学位论文，西南大学，2011年，第34—50页。

表 2-4 "田""狩""猎""田猎"战国中期以后各书分布

单位：例

	《墨子》	《庄子》	《孟子》	《韩非子》	《吕氏春秋》
田（畋）	4	5	6	3	10（2）
狩	0	0	0	0	0
猎	3	3	9	5	11
田猎	2	2	5	1	7

资料来源：黄成：《上古汉语三组常用词演变研究》，硕士学位论文，西南大学，2011 年，第 44 页。

从表 2-3、表 2-4 中可见，"猎"字表示"打猎"的用法随着时间的推移，所占的比重呈上升趋势，到战国中期以后，逐渐占据上风。然而，在《左传》中，"猎"字使用比例约占 3%，这似乎暗示《左传》与《孟子》《韩非子》《吕氏春秋》等战国中期以后的文献相比，成书年代要更早。

（2）"焚"与"烧"的使用比例

"焚"与"烧"是一组同义词，在文献中均表示"燃烧"之义。王彤伟认为，在战国中晚期以前，表示"焚烧"之义时，主要用"焚"而不用"烧"。[1] 对于各类先秦文献，他统计如表 2-5 所示。

表 2-5 "焚""烧"战国中晚期以前各书分布

单位：例

	《诗经》	《周礼》	《仪礼》	《左传》	《论语》	《孟子》
焚	1	6	0	40	1	2
烧	0	0	0	0	0	0

资料来源：王彤伟：《〈三国志〉同义词及其历时演变研究》，第 348—357 页。

表 2-5 中文献均用"焚"，未见"烧"字用例，而到战国中期以后，"烧"字逐渐流行（见表 2-6）。

表 2-6 "焚""烧"战国中晚期以后各书分布

单位：例

	《墨子》	《庄子》	《韩非子》	《吕氏春秋》
焚	6	6	9	10

---

[1] 王彤伟：《〈三国志〉同义词及其历时演变研究》，成都：巴蜀书社，2010 年，第 348—357 页。

	《墨子》	《庄子》	《韩非子》	《吕氏春秋》
烧	13	1	7	5

资料来源：王彤伟：《〈三国志〉同义词及其历时演变研究》，第348—357页。

　　从表2-5、表2-6来看，《左传》显然可与《论语》《仪礼》等春秋、战国早期典籍视为一组，推测成书时代也应与它们更为接近，所以，从"焚""烧"的使用比例来看，《左传》的主体成书最迟也应在战国早期。

　　（3）"民人"和"人民"的使用比例

　　"民人"和"人民"是一对同素逆序词，表示"百姓"的词义，在古书中常见。赵岩曾根据台湾"中央研究院"上古汉语标记语料库，对二者在各文献中的使用频次作了系统的统计，[①] 传世文献部分，可见表2-7。

表2-7　"民人""人民"各书分布

单位：例

	人民	民人
《诗经》	1	2
《左传》	0	12
《国语》	2	9
《周礼》	11	1
《商君》	1	1
《墨子》	20	3
《孟子》	1	1
《庄子》	1	2
《荀子》	2	1
《韩非子》	9	6
《吕氏春秋》	3	7
《战国策》	4	1
《管子》	6	7
《晏子》	2	2
《文子》	4	1

---

① 赵岩：《简帛文献词语历时演变专题研究》，北京：中国社会科学出版社，2013年，第131页。

续表

	人民	民人
《大戴礼记》	5	0
《新语》	2	1
《淮南子》	5	1
《史记》	41	17
《孔子家语》	1	1

资料来源：赵岩：《简帛文献词语历时演变专题研究》，第131页。

同时，在出土汉人抄写的战国中晚期文献中，"民人"和"人民"所用频率相当，例如：

1. 臣闻古之王者，鸡狗之声相闻，其人民至死不得相问见也。（银雀山《王法》911—912）

2. 则人民和睦，长有其国。（八角廊《文子》13）

3. 与民人同德，【□】利相死，同情相成，同恶相助，同好相趋。（银雀山《六韬》681）

4. ……□木，弩如羊角，民人无……（银雀山《尉缭子》479）

5. 肥六畜者益其食，肥民人者少其使，肥国家者饬其德。（银雀山《要言》820—821）

针对以上结果，赵岩说："我们看到在《诗经》《左传》《国语》等早期文献中'民人'的出现频率相对较高，尤其是《左传》中仅见到'民人'一词。在战国中期文献中二词的使用频率表明它们呈竞争态势，在多数文献中二者出现频次持平，唯在《吕氏春秋》中'民人'的出现频率较高，在《韩非子》《墨子》《文子》《大戴礼记》中'人民'的出现频率较高。在汉代，相对于'民人'，'人民'在各文献中的出现频次都更高一些，可见'人民'在语义范畴中到汉代已取得了绝对优势。《六韬》《尉缭子》《文子》等文献至晚是战国时期形成的，虽然是汉代抄本，但保留了战国语词，或用'人民'，或用'民人'。简帛文献的使用情况与传世文献相合。"① 因此，就《左传》而言，这一统计结果也暗

① 赵岩：《简帛文献词语历时演变专题研究》，第131页。

指它的成文当不会晚于战国中晚期。

（4）"舟"和"船"的使用比例

在古籍中，"舟"和"船"同义，可互训。不过，"舟""船"的使用比例随着时代的发展大体呈现此消彼长之势（见表2-8）。

表2-8 "舟""船"各书分布

单位：例

	舟	船
《左传》	34	0
《庄子》	23	4
《韩非子》	7	3
《史记》（除表以外）	29	89

资料来源：唐子恒：《论汉语词汇发展中的更替现象——以〈左传〉〈史记〉用词差异为例》，《山东大学学报》（哲学社会科学版）2012年第1期。

从表2-8可知，从战国末期开始，"船"的使用逐渐流行，使用比例不断上升，而《左传》中却并无"船"的使用，似乎表明《左传》保留着战国早中期的语言风格。

（5）"楹"和"柱"的使用比例

"楹"和"柱"在表达"柱子"时同义，尽管这组词在古籍中出现不多，但仍可以看出二词随时代消长趋势（见表2-9）。

表2-9 "楹""柱"各书分布

单位：例

	楹	柱
《诗经》	2	0
《左传》	5	1
《庄子》	1	3
《战国策》	0	23
《史记》（除表以外）	0	58

资料来源：唐子恒：《论汉语词汇发展中的更替现象——以〈左传〉〈史记〉用词差异为例》，《山东大学学报》（哲学社会科学版）2012年第1期。

由表2-9可见，至晚在战国至西汉，"柱"的常用程度已经大大超过了"楹"，而《左传》中"柱"的使用较少，也暗示其词语使用习惯符合战国早中期的特点。

（6）"肱"和"臂"

在古汉语中，"肱"和"臂"单用时均可表示"手臂"之意。它们之间曾发生历时替换，其在先秦各典籍出现频次如表 2-10 所示。

表 2-10 "肱"和"臂"各书分布

单位：例

	《尚书》a	《周易》a	《诗经》	《论语》	《左传》	《孟子》	《周易》b	《庄子》a	《荀子》	《韩非子》	《吕氏春秋》	《战国策》
肱	1	1	1	1	3	0	1	0	0	0	1	0
臂	0	0	0	0	2	3	0	5	2	1	12	14

资料来源：胡波：《先秦两汉常用词演变研究与语料考论》，博士学位论文，浙江大学，2014 年，第 35、71 页。胡波依据《周易》《尚书》《庄子》等文献中不同时代的内容将此类文献分为 a、b 等组，后不赘述。

在目前所见的战国秦汉简中，基本上只用"臂"（45 例），几乎不用"肱"（1 例），足见"'肱'通用于春秋以前，'臂'兴起于战国之后，后世则'臂'用得渐多，'肱'逐渐成为古语"。① 这也从侧面证明《左传》所用"肱""臂"的偏好符合战国早中期文献的特征。

（7）"屦"和"履"

"屦"和"履"均有"鞋"义，但两者使用频次随时代发展此消彼长，先秦各书出现"屦""履"频次见表 2-11。

表 2-11 "屦"和"履"各书分布

单位：例

	《逸周书》a	《左传》	《孟子》	《庄子》a	《荀子》	《韩非子》	《吕氏春秋》	《睡虎地秦简》	《张家山汉简》
屦	3	11	9	1	6	4	3	5	0
履	0	0	0	0	1	5	5	13	6

资料来源：胡波：《先秦两汉常用词演变研究与语料考论》，博士学位论文，浙江大学，2014 年，第 35、71 页。

此外，在战国早中期的楚简遣策中，只用"屦"不用"履"，而在西汉早期的汉墓遣策中，则仅见"履"不见"屦"。② 由此可见，"屦"

---

① 王凤阳：《古辞辨》（增订本），北京：中华书局，2011 年，第 137 页。
② 赵岩：《简帛文献词语历时演变专题研究》，第 54—55 页。

和"履"的使用情况有明显的时代特征,《左传》的用词特点符合战国早中期的用词特征。

(8)"谁"和"孰"

刘春萍研究指出,"战国初期,'谁'多'孰'少。如《左传》一书中,'谁'、'孰'比是 119∶23。战国中后期,'谁'少'孰'多。在诸子群书及其他同期古籍中,'孰'的出现次数均超过了'谁'。战国竹简与战国帛书的年代多为战国中后期,其中'孰'也多于'谁','谁'、'孰'比是 1∶13"。① 该结论似乎也表明《左传》符合战国初期的文辞特征。

2. 从词义角度着手

在汉语史上,随着历史的发展,很多词语会产生出新的含义。例如,"短长"(或"长短")一词,既可以表示距离、时间的长短,又可以表示"长处和短处"。赵岩认为,"长处和短处"词义出现得较晚,见于战国中晚期文献。他统计了各类文献中二者词义的出现频次,可见表 2-12。

表 2-12　"短长"(或"长短")两义各书频次

单位:次

	"长和短"义出现的频次	"长处和短处"义出现的频次
《左传》	2	0
《吕氏春秋》	4	0
《管子》	11	1
《韩非子》	5	0
《孙子》	1	0
《大戴礼记》	1	0
《孔子家语》	1	0
《礼记》	4	0
《孟子》	2	0
《墨子》	6	0
《庄子》	2	0
《荀子》	2	2
《老子》	1	0
《商君书》	1	0
《韩诗外传》	0	1

---

① 刘春萍:《战国出土与传世文献中的"谁"与"孰"》,《殷都学刊》2012 年第 1 期。

续表

	"长和短"义出现的频次	"长处和短处"义出现的频次
《文子》	1	0
《史记》	1	8
《春秋繁露》	2	2

资料来源：赵岩：《简帛文献词语历时演变专题研究》，第 134 页。

同时，参照出土文献中的"短长"（或者"长短"），其"长处和短处"之义也只出现于战国中晚期以后的文献，与传世文献情况相合。例如：

> 听有方，辨短长，因造之士久不阳。（睡虎地《为吏之道》一五伍）
>
> ……有技巧者为之，其余皆以所长短官职之。（银雀山《田法》九三五）

从这一规律上看，《左传》中的"短长"（或"长短"）并未出现"长处和短处"义，符合它作为战国中晚期以前作品的推测。

3. 从方言角度窥看

我们曾于上节提及，以往不少学者推测《左传》为楚国人所书，但这一说法并没有切实的依据。这里，我们还可以从方言的角度排除楚人创作的可能。因为如果《左传》确是一位楚人所书，那么《左传》中的词句自然应符合当时楚国的语言习惯，但从现有的方言研究成果来看，《左传》并非楚人所书。我们可举"与"和"及"在楚简与秦简中的用例试作分析。在先秦时期，"与"和"及"在作为连词使用时，表现出较强的地域性。据张玉金先生统计，在战国简牍中，连词"及"楚简出现 6 次，秦简出现 313 次，而"与"作为连词，在楚简出现 99 次，却只在秦简中出现 3 次。① 日本学者大西克也先生指出，"并列连词秦简用

---

① 张玉金：《出土战国文献虚词研究》，北京：人民出版社，2011 年，第 193—210 页。其他学者亦作过此类统计，结果与之略有出入，如李明晓等统计连词"及"在秦简中出现 328 次，在楚简中出现 8 次；连词"与"在秦简中出现 18 次，在楚简中出现 138 次。（李明晓等：《战国秦汉简牍虚词研究》，成都：四川大学出版社，2011 年，第 255—256 页；李明晓：《战国楚简语法研究》，武汉：武汉大学出版社，2010 年，第 101—102 页）但这并不影响连词"与"和"及"使用的地域趋向。

'及'楚简用'与',应是两地方言的反映,不可能是时间、文章体裁、个人嗜好等其他因素所导致的"。① 虽然这一论断有些绝对化（因为在大多数传世文献中,"及"作为连词大量存在,可见"及"字并非秦国独有),但对于楚国作品来说,其连词"与"占多数,基本上是可以得到确认的。例如《楚辞》是少有代表楚人语言特色的典籍,在屈原赋中,连词则只用"与",未见"及"字用例。基于以上认识,笔者统计,在《左传》中,"与"字共857个,作连词用191个;"及"字共813个,作连词用288个。作连词的"及"被大量使用,且使用率要明显高于"与"。这说明《左传》大概不会是由楚人所写。

以上简要列举一些语言学研究的例子,表明与其他战国中晚期文献相比,《左传》用词更为古朴,这暗示《左传》主体成书最迟不会晚于战国早期,且应当是北方中原人士所作。作为一种重要参考,语言学所揭示的结论是与《左传》成书的传统说法相吻合的。

（三）《左传》的叙事特征吻合鲁人创作

之前我们曾论及,《左传》以鲁国为中心的叙事立场,不足以证明《左传》出自鲁人的手笔。因为作者可能出于为《春秋》作传的缘故,依《春秋》之意,刻意模拟鲁人的口吻。然而,我们发现,《左传》中的一些叙事暗示了作者的出身,这些叙事是作者情感的不自觉流露,不会是故意模仿而来的。比如《左传》在记述中特别提到了各国一些习俗传统的由来,涉及晋、楚、鲁三国。其中提及晋国的有两处,一处见于《左传·僖公三十三年》:

> 子墨衰绖,梁弘御戎,莱驹为右。夏四月辛巳,败秦师于殽,获百里孟明视、西乞术、白乙丙以归,遂墨以葬文公。晋于是始墨。②

此处追述晋国开始改穿黑色丧服的由来。

---

① 大西克也:《并列连词"及""与"在出土文献中的分布及上古汉语方言语法》,郭锡良主编《古汉语语法论集》,北京:语文出版社,1998年,第135页。
② 阮元校刻《十三经注疏·春秋左传正义》卷一七,第1833页。

另一处见《左传·宣公二年》：

> 初，丽姬之乱，诅无畜群公子，自是晋无公族。及成公即位，乃宦卿之适子而为之田，以为公族，又宦其余子亦为余子，其庶子为公行。晋于是有公族、余子、公行。①

这里提及晋国有公族、余子、公行之职的缘由。

提及楚国的有一处，见《左传·宣公十二年》：

> 王见右广，将从之乘。屈荡尸之，曰："君以此始，亦必以终。"自是楚之乘广先左。②

这里记述了楚国乘广以左为尊的来历。

解释这些传统的由来对《左传》的叙事主线来说并非必需，即便将"晋于是有公族、余子、公行""自是楚之乘广先左"这类解释之语删去，对《左传》的解经叙事也不构成影响。我们相信，除晋、楚之外，春秋之时，其他各国定然也有不少传统发生了改变。那么，《左传》提及晋、楚这些传统的由来，很可能是因为晋、楚两国作为春秋时期列国争霸的主角，其传统容易受到世人关注，所以《左传》将其视为重要的历史知识予以说明。值得注意的是，除了晋、楚之外的其他诸国，《左传》唯独只关注到鲁国的风俗变化，可见以下两处。

一处载于《左传·宣公八年》：

> 冬，葬敬嬴。旱，无麻，始用葛茀。③

此处追述鲁国开始用葛代替麻做牵引棺材的绳索。

又如《左传·襄公四年》载：

---

① 阮元校刻《十三经注疏·春秋左传正义》卷二一，第 1867—1868 页。
② 阮元校刻《十三经注疏·春秋左传正义》卷二三，第 1882 页。
③ 阮元校刻《十三经注疏·春秋左传正义》卷二二，第 1874 页。

> 冬十月，邾人、莒人伐鄫。臧纥救鄫，侵邾，败于狐骀。国人
> 逆丧者皆髽。鲁于是乎始髽……①

此处论及鲁国流行以麻束发的丧葬习俗的产生。

为何《左传》作者只关注到鲁国这样一个小国的风俗传统，而对其
他同等国家只字未提？笔者认为，这实则是《左传》作者作为鲁人主体
意识的体现。在日渐增多的出土文献中，也可以找到类似的表述，例如
清华简《楚居》：

> 丽不从行，溃自胁出，妣厥宾于天，巫并该其胁以楚，抵今日
> 楚人……至熊绎与屈紃，使郚嚣卜徙于夷宅，为桢室，室既成，无以
> 内之，乃窃郚人之橿以祭。惧其主，夜而内尸，抵今日夕，夕
> 必夜。②

李学勤先生曾说："《楚居》的作者应该是一位楚国籍的史官。"③ 在
上引这段材料中，《楚居》以一种娓娓道来的叙事风格追溯了楚人名称
与"夕"祭风俗的由来，体现了楚人强烈的主体意识。与此类比，《左
传》对鲁国传统的追溯实则也代表了与之相同的情感。如果说，叙事立
场或者叙事口吻是可以被模仿出来的话，那么，对鲁国传统的特意关注
是模仿者很难意识到的，可以说是作者情感的自然流露。因此，对鲁国
传统的格外关注也折射出《左传》作者对鲁国浓厚的情感，符合《左
传》作者身为鲁人的书写心理。

值得注意的是，近来在人文计算迅速发展的背景下，利用文本挖掘
技术对《左传》进行聚类计算也给我们提供了一条新路径。尽管鲁国历
史在《左传》中并不占据最大篇幅，但这并不意味着《左传》对鲁国的
关注弱于其他诸侯国。有学者曾整理 158 个诸侯国的国名—地名词表，
对《左传》特征词语料中的每个主题段落进行国名和地名遍历，如果含
有诸侯国词表中的任意一个国名或地名，则判定该主题段落属于此国名

---

① 阮元校刻《十三经注疏·春秋左传正义》卷二九，第 1934 页。
② 李学勤主编《清华大学藏战国竹简》（一），上海：中西书局，2010 年，第 181 页。
③ 李学勤：《初识清华简》，《光明日报》2008 年 12 月 1 日。

或地名所属的诸侯国语料。通过对诸侯国语料的统计分析，可得到每个诸侯国所涉及的主题段落数，鲁国文本主题段落分布数量高达 811 个，居于首位。[①] 这也暗示，《左传》作者虽重于叙述大国间的重大史实，但对鲁国史料最为关注与了解，这点很难被模仿者仿作，也从侧面印证作者的鲁人身份。

（四）《左传》的思想符合《论语》对左丘明的描述

作为文献考证的辅助手段，文献中的思想倾向也同样值得关注。《论语·公冶长》中孔子有言："巧言、令色、足恭，左丘明耻之，丘亦耻之。匿怨而友其人，左丘明耻之，丘亦耻之。"[②] 这说明孔子对左丘明的品格非常欣赏，二人应具有诸多相同的思想倾向。如果《左传》是左丘明所书，那么书中的思想应存在与孔子思想大量相合的地方。

首先，我们注意到，《左传》记载有不少非当事者的评论[③]。对于这些与事件不相关的旁观者或局外人之言，《左传》之所以予以引述，显然是对其表示赞同，借此表明自身的立场。我们统计这些评论者的评论频次如表 2-13 所示。

表 2-13 《左传》非当事者评论频次

单位：次

人物	评论次数
君子曰（谓）	67
孔子	23
臧文仲	4
臧武仲	2

---

① 何琳等：《春秋时期社会发展的主题挖掘与演变分析——以〈左传〉为例》，《图书馆情报工作》2020 年第 7 期。
② 阮元校刻《十三经注疏·论语注疏》卷五，第 2475 页。
③ 所谓"非当事者的评论"，例如《左传·襄公四年》：

三月，陈成公卒。楚人将伐陈，闻丧乃止。陈人不听命。臧武仲闻之，曰："陈不服于楚，必亡。大国行礼焉而不服，在大犹有咎，而况小乎？"（阮元校刻《十三经注疏·春秋左传正义》卷二九，第 1931 页）

臧武仲并非陈、楚这一事件当事者，与之并无直接关系，但《左传》还是特意记载了臧武仲的评论，可见是对臧武仲之言的赞同。

人物	评论次数
叔向	2
周内史	1
大叔文子	1
子大叔	1

《左传》中的"君子曰（谓）"并不专指某一具体人物，一般认为可能是《左传》自身的评论。^①从表 2-13 可知，除"君子曰"外，《左传》所引孔子的评论量要远远多于其他有名有姓的人物，足见《左传》作者对孔子之言的推崇与肯定。此外，我们一般相信，《论语》中孔子的言行属于切实的记载。如果我们拿《左传》与《论语》比较，会发现它们在思想上有诸多相通之处，明显互通的可举以下六处。

1.《论语·八佾》："子曰：'居上不宽，为礼不敬，临丧不哀，吾何以观之哉！'"^②

据文意可知，孔子对"居上不宽，为礼不敬，临丧不哀"之人可谓深恶痛绝。《左传》也记载了不少这类人物。与孔子态度一致，《左传》对这些人极力批评，而且大都预言他们不得善终，可见《左传·僖公十一年》：

> 天王使召武公、内史过赐晋侯命。受玉惰。过归，告王曰："晋侯其无后乎。王赐之命而惰于受瑞，先自弃也已，其何继之有？礼，国之干也。敬，礼之舆也。不敬则礼不行，礼不行则上下昏，何以长世？"^③

按：此处记述晋侯对天子赐命态度怠慢，《左传》预言晋侯无后，正好可对应孔子所言"为礼不敬"。

---

① 刘知几言："《春秋左氏传》每有发论，假君子以称之。"（浦起龙释《史通通释》卷四，第 81 页）杨向奎先生云："'君子曰'云云，先秦书籍中多有之，如诸子及《国策》《国语》等书是。《左传》中亦有所谓'君子曰'，其性质与诸子、《国策》等书同，皆作者对于某事某人所下之论断也。"（杨向奎：《绎史斋学术文集》，上海：上海人民出版社，1983 年，第 193 页）
② 阮元校刻《十三经注疏·论语注疏》卷三，第 2469 页。
③ 阮元校刻《十三经注疏·春秋左传正义》卷一三，第 1802 页。

《左传·宣公十五年》：晋侯使赵同献狄俘于周，不敬。刘康公曰："不及十年，原叔必有大咎，天夺之魄矣。"①

按：此处《左传》言赵同献俘不敬，刘康公预言赵同不及十年必有灾祸，可对应孔子"为礼不敬"之言。

《左传·成公四年》：夏，公如晋，晋侯见公，不敬。季文子曰："晋侯必不免。《诗》曰：'敬之敬之！天惟显思，命不易哉！'夫晋侯之命在诸侯矣，可不敬乎？"②

按：此处记述晋侯见鲁公不敬，季文子预言晋侯必不免难，可对应孔子"为礼不敬"之言。

《左传·成公十三年》：十三年春，晋侯使郤锜来乞师，将事不敬。孟献子曰："郤氏其亡乎！礼，身之干也。敬，身之基也。郤子无基。且先君之嗣卿也，受命以求师，将社稷是卫，而惰，弃君命也。不亡何为？"③

按：此处记述郤锜对鲁"不敬"，孟献子预言郤氏其亡，可对应孔子"为礼不敬"之言。

《左传·成公十三年》：成子受脤于社，不敬。刘子曰："吾闻之，民受天地之中以生，所谓命也。是以有动作礼义威仪之则，以定命也。能者养以之福，不能者败以取祸。是故君子勤礼，小人尽力，勤礼莫如致敬，尽力莫如敦笃。敬在养神，笃在守业。国之大事，在祀与戎，祀有执膰，戎有受脤，神之大节也。今成子惰，弃

———————————

①　阮元校刻《十三经注疏·春秋左传正义》卷二四，第1888页。
②　阮元校刻《十三经注疏·春秋左传正义》卷二六，第1901页。
③　阮元校刻《十三经注疏·春秋左传正义》卷二七，第1911页。

其命矣，其不反乎？"①

按：此处批评成肃公在举行祭祀、分发社肉时懈怠不敬，抛弃天命，刘康公由此预言其不得返，与孔子"为礼不敬"之言可对应。

　　《左传·襄公二十八年》：蔡侯归自晋，入于郑。郑伯享之，不敬。子产曰："蔡侯其不免乎？日其过此也，君使子展廷劳于东门之外而傲。吾曰：'犹将更之。'今还，受享而惰，乃其心也。君小国事大国，而惰傲以为己心，将得死乎？若不免，必由其子。其为君也，淫而不父。侨闻之，如是者，恒有子祸。"②

按：此处记载蔡侯接受享礼不敬，子产预言其不免于难，与孔子"为礼不敬"之言对应。

　　《左传·襄公二十八年》：为宋之盟故，公及宋公、陈侯、郑伯、许男如楚。公过郑，郑伯不在。伯有廷劳于黄崖，不敬。穆叔曰："伯有无戾于郑，郑必有大咎。敬，民之主也，而弃之，何以承守？郑人不讨，必受其辜，济泽之阿，行潦之蘋藻，置诸宗室，季兰尸之，敬也。敬可弃乎？"③

按：此处记载伯有前往黄崖慰劳，表现得不恭敬，穆叔预言伯有将受诛戮，与孔子"为礼不敬"之言对应。

　　《左传·昭公十四年》：秋八月，莒著丘公卒，郊公不戚。国人弗顺，欲立著丘公之弟庚舆。蒲余侯恶公子意恢，而善于庚舆，郊公恶公子铎，而善于意恢。公子铎因蒲余侯而与之谋曰："尔杀意恢，我出君而纳庚舆。"许之。④

---

①　阮元校刻《十三经注疏·春秋左传正义》卷二七，第1911页。
②　阮元校刻《十三经注疏·春秋左传正义》卷三八，第1999页。
③　阮元校刻《十三经注疏·春秋左传正义》卷三八，第2001页。
④　阮元校刻《十三经注疏·春秋左传正义》卷四七，第2076页。

按：此处记述郊公灵丧不戚，导致国人弗顺，对应孔子"临丧不哀"之言。

2.《论语·颜渊》：仲弓问仁。子曰："出门如见大宾，使民如承大祭。己所不欲，勿施于人。在邦无怨，在家无怨。"①

《左传·僖公三十三年》：初，臼季使过冀，见冀缺耨，其妻馌之。敬，相待如宾。与之归，言诸文公曰："敬，德之聚也。能敬必有德，德以治民，君请用之。臣闻之，出门如宾，承事如祭，仁之则也。"②

按：郤缺因受其父牵连，被下放至田间，躬耕于冀野，但他在邦无怨，在家无怨，与妻子相敬如宾。《左传》通过臼季之言，说明这是"仁"的体现，其所述"出门如宾，承事如祭"甚至与孔子所言"出门如见大宾，使民如承大祭"语句无别，可见《左传》此处对"仁"的理解与孔子是一致的。

3.《论语·泰伯》：子曰："恭而无礼则劳，慎而无礼则葸，勇而无礼则乱，直而无礼则绞。君子笃于亲，则民兴于仁；故旧不遗，则民不偷。"③

《左传·文公二年》：战于殽也，晋梁弘御戎，莱驹为右。战之明日，晋襄公缚秦囚，使莱驹以戈斩之。囚呼，莱驹失戈，狼瞫取戈以斩囚，禽之以从公乘，遂以为右。箕之役，先轸黜之而立续简伯。狼瞫怒。其友曰："盍死之？"瞫曰："吾未获死所。"其友曰："吾与女为难。"瞫曰："《周志》有之，'勇则害上，不登于明堂。'死而不义，非勇也。共用之谓勇。吾以勇求右，无勇而黜，亦其所也。谓上不我知，黜而宜，乃知我矣。子姑待之。"及彭衙，既陈，以其属驰秦师，死焉。晋师从之，大败秦师。君子谓："狼瞫于是乎君子。诗曰：'君子如怒，乱庶遄沮。'又曰：'王赫斯怒，爰整其

---

① 阮元校刻《十三经注疏·论语注疏》卷一二，第 2502 页。
② 阮元校刻《十三经注疏·春秋左传正义》卷一七，第 1833 页。
③ 阮元校刻《十三经注疏·论语注疏》卷八，第 2486 页。

旅。'怒不作乱而以从师，可谓君子矣。"①

按：《左传》称赞"怒不作乱"的狼瞫是为"君子"，合于《论语·泰伯》对君子"勇而有礼"的理解。

4.《论语·为政》：子曰："君子周而不比，小人比而不周。"②

　　《左传·昭公六年》：宋寺人柳有宠，大子佐恶之。华合比曰："我杀之。"柳闻之，乃坎、用牲、埋书，而告公曰："合比将纳亡人之族，既盟于北郭矣。"公使视之，有焉，遂逐华合比，合比奔卫。于是华亥欲代右师，乃与寺人柳比，从为之征，曰："闻之久矣。"公使代之，见于左师，左师曰："女夫也。人亡！女丧而宗室，于人何有？人亦于女何有？《诗》曰：'宗子维城，毋俾城坏，毋独斯畏。'女其畏哉！"③

按：此处记述华亥与寺人柳阴谋勾结，遭到左师严厉批评，预言华亥日后必然会逃亡，与孔子批评"小人比而不周"一致。

　　《左传·昭公十四年》：楚令尹子旗有德于王，不知度。与养氏比，而求无厌。王患之。九月甲午，楚子杀斗成然，而灭养氏之族。使斗辛居郧，以无忘旧勋。④

按：此处记载楚令尹子旗与养氏狼狈为奸，贪得无厌，最后遭到楚平王的猜忌灭亡之事。此二人正如孔子所言"小人比而不周"。

5.《论语·子路》：子曰："君子和而不同，小人同而不和。"⑤

　　《左传·昭公二十年》：齐侯至自田，晏子侍于遄台，子犹驰而

①　阮元校刻《十三经注疏·春秋左传正义》卷一八，第 1838 页。
②　阮元校刻《十三经注疏·论语注疏》卷二，第 2462 页。
③　阮元校刻《十三经注疏·春秋左传正义》卷四三，第 2044 页。
④　阮元校刻《十三经注疏·春秋左传正义》卷四七，第 2076 页。
⑤　阮元校刻《十三经注疏·论语注疏》卷一三，第 2508 页。

造焉。公曰："唯据与我和夫！"晏子对曰："据亦同也，焉得为和？"公曰："和与同异乎？"对曰："异。和如羹焉，水、火、醯、醢、盐、梅以烹鱼肉，燀之以薪，宰夫和之，齐之以味，济其不及，以泄其过。君子食之，以平其心。君臣亦然。君所谓可而有否焉，臣献其否以成其可。君所谓否而有可焉，臣献其可以去其否。是以政平而不干，民无争心。故《诗》曰：'亦有和羹，既戒既平。鬷嘏无言，时靡有争。'先王之济五味，和五声也，以平其心，成其政也。声亦如味，一气，二体，三类，四物，五声，六律，七音，八风，九歌，以相成也。清浊，大小，短长，疾徐，哀乐，刚柔，迟速，高下，出入，周疏，以相济也。君子听之，以平其心。心平，德和。故《诗》曰：'德音不瑕。'今据不然。君所谓可，据亦曰可；君所谓否，据亦曰否。若以水济水，谁能食之？若琴瑟之专壹，谁能听之？同之不可也如是。"①

按：《左传》用烹饪比喻交友之道，认为齐景公和梁丘据之间只见"同"而未见"和"，正是孔子所言"君子和而不同，小人同而不和"的进一步阐发。

6.《论语·八佾》：孔子谓季氏："八佾舞于庭，是可忍也，孰不可忍也？"②

　　《左传·昭公二十五年》：臧昭伯之从弟会，为谗于臧氏，而逃于季氏，臧氏执旃。平子怒，拘臧氏老。将禘于襄公，万者二人，其众万于季氏。臧孙曰："此之谓不能庸先君之庙。"大夫遂怨平子。③

按：此处《左传》对季氏不顾先君禘祭、僭越礼制、众万于庭的做法强烈谴责，与孔子的思想倾向一致。

以上我们举六个明显的例子说明《左传》的思想与孔子的思想具有

---

① 阮元校刻《十三经注疏·春秋左传正义》卷四九，第 2093—2094 页。
② 阮元校刻《十三经注疏·论语注疏》卷三，第 2465 页。
③ 阮元校刻《十三经注疏·春秋左传正义》卷五一，第 2109 页。

相通性。实际上，不难看出，在整部《左传》中，还有大量内容与孔子的思想存在直接或间接的对应关系，① 这些材料不仅反映了《左传》作者的编史旨趣，也给孔子的思想提供了具体的史实依据。可见，若《左传》作者是左丘明，完全符合《论语》对左丘明与孔子关系的记载。

需要说明的是，还有不少学者注意到了《左传》与孔子思想的差异性。例如詹子庆先生说："《左传》思想不是正统的孔孟学派，而更多地倾向于荀子学派，兼容了法、兵家的某些思想成分。"② 赵光贤先生认为"《左传》记事有与孔子思想不合"的地方。③ 关于二者的差异性，我们并不反对这一点，并推测造成这一现象大概有三个原因：第一，我们须得承认，人的思想具有独立性、唯一性和不可复制性，即历史上不可能存在思想全然相同的两个人。正如彭刚先生在《西方思想史导论》中阐释古希腊哲学家高尔吉亚的思想时写道：

　　　　高尔吉亚的第三个命题又后退了一步，说的是："即使能认识事物，也不能传达给别人。"即使我达到了一个认识，能不能够把我的意思原封不动、毫厘不爽地传达给你？不能。……人的思维离不开语言，人类的相互交流也离不开语言。虽然人类还可以有别的交流手段，但是语言的交流是人类交流的一个最为核心、最为主要的手段。语言一方面使人们得到交流，另外一方面也会在人们之间造成隔膜。……所以不同的人、不同的时代、不同的国家，人们对于同一个词、同一个定义的理解，会非常之不一样。同一个概念在任何两个人心目当中，不可能完全具有同样的内涵的。所以从这个角度来说，我要把我的意思完全地、准确地传达给你，那是不可能的。④

所以，即便左丘明与孔子思想相近，也不能排除他们在对待某些事情上观点或侧重点不同。我们不能因为一句"左丘明耻之，丘亦耻之""左丘明好恶与圣人同"，就断章取义地认为存在另一个"孔子"，这是不可

① 可参见寺岛勇雄《〈左传〉与先秦儒家思想考论》，硕士学位论文，台湾大学，2004 年。
② 詹子庆：《论〈左传〉的政治思想倾向》，《史学史研究》1983 年第 4 期。
③ 赵光贤：《〈左传〉编纂考》（上），《古史考辨》，第 152 页。
④ 彭刚：《西方思想史导论》，北京：北京大学出版社，2014 年，第 170—171 页。

能的。第二，《左传》成文在孔子之后，必然受到孔子之后儒学发展的影响，所以书中带有某些后世儒学思想的烙印也是完全可以理解的。第三，《左传》在初步成书之后，受到左氏后人以及后世的进一步编纂，由此也渗入一些后世思想（关于《左传》的成书过程，详见本章第三节）。总之，《左传》虽不可避免地与孔子思想存在一些差异，但不能否认书中含有大量与孔子相近、相合的思想，因此不影响我们更倾向于传统旧说的结论。

二　传统说法的局限性

尽管左丘明作《左传》存在诸多合理性，但如果我们就此机械地认定《左传》完全由左丘明所作，同样会造成一系列问题。

首先，从左丘明创作《左传》的目的来看，左丘明在有生之年写出《左传》是有违左丘明的年寿的。司马迁《史记·十二诸侯年表》云：

> 鲁君子左丘明惧弟子人人异端，各安其意，失其真，故因孔子史记具论其语，成《左氏春秋》。[1]

这里谈到左丘明创作《左传》的动机是"惧弟子人人异端，各安其意"，这说明在当时，《春秋》学的口传已出现了"人人异端"的征兆。对于口传的缺陷，阮元早已有言："同为一言，转相告语，必有愆误。"[2] 口述信息在传递过程中很容易被人为地增减，且信息传递过程中环节越多，失真率就越高。这就好比我们所熟知的传话游戏，主持人把传话内容悄悄地口传给每一组的第一个成员，然后按顺序往下传。往往第一个成员的传话还算正确，但越到后面内容便越走样，到最后一位时，可能已和原来的内容大相径庭。以此推想，孔子在世时，《春秋》是由孔子亲授门下弟子，信息尚属于首次传递。各弟子对外传授、交流尚未出现严重的失真问题。然而在孔子去世后，诸弟子开始散于各地招收后学弟子。随着《春秋》学口传的兴起，最初的信息几经辗转，逐

---

[1]　司马迁：《史记》卷一四，第509—510页。
[2]　阮元：《文言说》，《揅经室集》三集卷二，邓经元点校，北京：中华书局，1993年，第605页。

渐产生"人人异端，各安其意，失其真"的趋势。那么，此时距孔子时代已日渐久远，左丘明纵然在世，必然年事已高。以当时之条件，要撰写一部近 18 万字，史实详尽的《左传》，绝非一时所能成。例如同样是体系庞大的《史记》，即便在西汉大一统相对便利的环境下，[①]也要历经司马氏父子两代人之力写成。因此，左丘明大概不可能在其耄耋之年，仅凭一己之力如此迅速地编纂出一部内容详赡、叙事连贯、结构宏大的《左传》。

其次，《左传》中的一些预言应成文于左丘明时代之后。虽然在上一节中，我们曾论述目前无法据预言判断《左传》准确的成书年代，但是从中还是可以看出一些预言的编纂确实可能在左丘明之后。

按照《左传》作者的创作思维，《左传》中的预言存在事后追记加工和事前合理预测两种可能。那么，考察《左传》预言编写年代就可以分为两种情况，一种情况是，预言的结论往往比较单一，因此我们无法知晓作者对预言的创作到底属于事后追记，还是事前合理预测。例如《左传·庄公二十二年》预言陈氏代齐：

> 初，懿氏卜妻敬仲，其妻占之，曰："吉，是谓'凤皇于飞，和鸣锵锵，有妫之后，将育于姜。五世其昌，并于正卿。八世之后，莫之与京！'"陈厉公，蔡出也。故蔡人杀五父而立之，生敬仲。其少也。周史有以《周易》见陈侯者，陈侯使筮之，遇《观》之《否》。曰："是谓'观国之光，利用宾于王。'此其代陈有国乎。……"[②]

如果我们赞同赵伯雄先生的意见，把这则预言的结论理解为战国时期的田氏代齐的话，那么，齐康公十九年（前 386 年），田和正式成为齐侯之时显然已在左丘明时代之后。这个预言有可能是作者已看到了这一幕，事后编纂插入《左传·庄公二十二年》的叙事中，也有可能是作者生活

---

① 西汉统治者对典籍的收集、保管较为重视，据《西汉会要》徐天麟所言："《通典》云：'汉凡图书所在，有石渠、石室、延阁、广内，贮之于外府；又有御史中丞居殿中，掌兰台秘书，及麒麟、天禄二阁，藏之于内禁。'"（徐天麟：《西汉会要》卷二六，清文渊阁四库全书本）以此观之，在西汉，搜阅史料、典籍的条件显然要比春秋战国乱世便利得多。

② 阮元校刻《十三经注疏·春秋左传正义》卷九，第 1775—1776 页。

在左丘明时代范围内,并未活到齐康公十九年,陈氏代齐全然出于他的合理预测。因为早在前481年,齐简公被杀后,田常立齐平公为傀儡,已完全把持了齐国的大权,在这样一种历史趋势下,是不难得出"田氏代齐"的推测的。总之,此类预言我们无法判断其编写时代。

另外一些预言则与上述不同,它们的结论有更多细节,例如《左传·昭公四年》预言国氏先亡,蔡及曹、滕其先亡,郑先卫亡:

> 郑子产作丘赋。国人谤之,曰:"其父死于路,己为蚕尾。以令于国,国将若之何?"子宽以告。子产曰:"何害?苟利社稷,死生以之。且吾闻为善者不改其度,故能有济也。民不可逞,度不可改。《诗》曰:'礼义不愆,何恤于人言。'吾不迁矣。"浑罕曰:"国氏其先亡乎!君子作法于凉,其敝犹贪。作法于贪,敝将若之何?姬在列者,蔡及曹、滕其先亡乎!逼而无礼。郑先卫亡,逼而无法。政不率法,而制于心。民各有心,何上之有?"[①]

蔡国于前447年为楚所并;曹国于前487年为宋所灭;滕于前414年被越王朱勾所灭;[②]郑国于前375年被韩国所亡;而卫国灭国最晚,前320年卫嗣君自贬为君,直到前209年,卫君角被秦二世废为庶人,卫国才彻底灭亡。从这个历史结果看,这则预言应是应验的。不难看出,该预言的结论可拆分成两层内容:一是蔡、曹、滕、郑要亡;二是蔡及曹、滕其先亡,郑先卫亡。对于第一层,通过《左传》的解释分析,可以合理预测这些国家因"逼而无礼""逼而无法"最终灭亡。然而对于第二层,可以说,各国灭亡的顺序具有历史客观的随机性,是无法通过理性预测获知的。如果作者不是事先看到这些国家的灭亡,是难以作出这么

---

① 阮元校刻《十三经注疏·春秋左传正义》卷四二,第2035—2036页。

② 滕国最早在前414年灭于越,此后复国,百多年又再次被灭。所以顾炎武称此则预言不验,然而,诸多学者认为,《左传》所云"滕先亡"应该就指前414年越灭滕之事。童书业先生说:"尚在五世纪末,此固可以谓'先亡'矣。"(童书业:《春秋左传研究》,第381页);黄觉弘先生说:"《汲冢竹书》乃战国时魏国的官方史书,其记事止于魏襄王二十年(前296),而偏偏独记前414年的滕灭于越,这就说明了滕灭于越是当时普遍流行、史官认可的观念。"(黄觉弘:《左传学早期流变研究》,第71页)可见此则预言应是应验的。

准确的预言的。在《左传》中，这种非理性预测，且应验结果超出左丘明时代范围的预言，见如下三条：

1. 闵公二年，季氏亡，则鲁不昌。
2. 襄公二十九年，郑先亡，齐未可量。
3. 昭公四年，国氏先亡，蔡及曹、滕其先亡，郑先卫亡。

此类预言出自作者事后追记加工的可能性很大，它们的编写年代和左丘明作《左传》的说法是相违背的。

以上这些线索表明，虽然左丘明作《左传》说有诸多合理性，但不可否认，左丘明和《左传》之间还不能画上绝对的等号。这就要求我们根据历史现实，在传统之说的基础上，寻求更合理的解释。

三　关于代有增益说

在历史上各类说法中，代有增益说是非常值得重视的。该说认为，《左传》不是一时一人之作，而是由历代经师附益增改所成。例如，啖助虽质疑左丘明作《左传》，但他仍承认左丘明对《左传》有初创之功，认为左丘明授学于先，后世门人编之于后：

左氏得此数国之史，以授门人，义则口传，未形竹帛。后代学者，乃演而通之，总而合之。编次年月，以为传记。①

此段论及左丘明最初以诸侯国史口授相传，后由门生总而合之，汇编成书。这大概是受到了《公羊传》《穀梁传》传授方式的启发。但是，"义则口传，未形竹帛"仅属啖助臆测，未有切实的依据。所以至明顾炎武则更为笼统地归纳为"《左氏》之书，成之者非一人，录之者非一世"。②顾氏之说影响很大，此后诸多学者继承这一思路作了进一步阐发。如姚鼐《左传补注序》云："《左氏》之书，非出一人所成。"③ 张心澂《伪

---

① 陆淳：《春秋集传纂例》卷一。
② 黄汝成集释《日知录集释》卷四，第182页。
③ 姚鼐：《惜抱轩全集·文集》卷三，第24页。

书通考·总论》称《左传》："古书世传，非成于一手。"① 刘正浩《左传导读》说："《左传》成于亲见孔子的左丘明，其中显非丘明所能言者，均系后人所加，应该是很允当的。"② 沈玉成、刘宁《春秋左传学史稿》云："清初顾炎武认为《左传》成非一时，作非一人已经大体道出了《左传》成书的实际情况，确实是超越前人的卓识。"③ 日本学者竹添光鸿《左氏会笺》及安井衡《左传辑释》认为，《左传》中不似定公、哀公时代的预言风格及其后历史事件，可能为后人所加。④

　　总的来说，代有增益说有很强的合理性。它不仅能够吸纳传统说法，还符合古书形成的客观规律。李学勤先生说："古书开始出现时，内容较少。传世既久，为世人爱读，学者加以增补，内容加多，与起初大有不同。"⑤ 李零先生也谈道："古书多经后人附益和增饰。"⑥ 这一观点现如今得到了越来越多出土文献的验证。例如清华简（一）中有一篇《金縢》，可与传世本今文《尚书·金縢》对应。廖名春先生指出："竹书本《金縢》与今本首尾一致，但中间行文却有详略之异。"⑦ 尽管目前还无法确认二者到底属于前后关系还是共时关系，但至少表明《金縢》的原始文本在流传过程中出现了修改增删。又如 1972 年，在山东临沂银雀山两座汉墓中出土了竹简本《晏子》。与传世本《晏子春秋》比对，二者内容基本相同，但互有详略。如简本 5 章、12 章、15 章字句简于今本，今本字句则较为繁多。而简本 13 章叙事比较烦琐，不如今本简略。李天虹先生认为"简本第 13、16 两章也可能是今本的滥觞，即今本在简本基础上为后人做过较多的润色和删减"，"简本前后重复的文句，今本时常不见，可能是被后人精简所致"。⑧ 以此观之，体系宏大，近 18 万字的《左传》在流

---

① 张心澂编著《民国丛书第三编·伪书通考·总论》，上海：上海书店，1992 年，第 17 页。

② 刘正浩：《左海钩沉·左传导读》，台北：东大图书股份有限公司，1997 年，第 6 页。

③ 沈玉成、刘宁：《春秋左传学史稿》，第 24—25 页。

④ 竹添光鸿：《左氏会笺》，成都：巴蜀书社，2008 年；安井衡：《左传辑释》，台北：广文书局，1967 年。

⑤ 李学勤：《简帛佚籍与学术史》，第 30 页。

⑥ 李零：《出土发现与古书年代的再认识》，《李零自选集》，桂林：广西师范大学出版社，1998 年，第 31 页。

⑦ 廖名春：《清华简与〈尚书〉研究》，《文史哲》2010 年第 6 期。

⑧ 李天虹：《简本〈晏子春秋〉与今本文本关系试探》，《中国史研究》2010 年第 3 期。

传中，定然也经历了一个逐渐增广、修改、重编的过程。因此，在一定程度上，代有增益说是正确的，它揭露了先秦古书所必然经历的过程。

　　然而，相较于明确单一作者的说法，代有增益说虽符合古籍成书流传的现实情况，但缺乏明晰的解释和系统的把握。《左传》书中究竟哪些内容是增益的，为其增益的又都是哪些人，往往是笼统模糊的。其实，这些都值得我们去深究。关于《左传》的增益成分，有学者作过一些研究，他们的工作在当时无疑都值得肯定。但是，由于此类研究在思路上，往往是先接受、吸收增益说的宏观观念，再对微观材料进行辨别，因而在论证中易产生心理暗示，形成结论预设，从而造成对《左传》一些材料的误判。

　　如《左传·文公十三年》：

　　　　士会辞曰："晋人，虎狼也，若背其言，臣死，妻子为戮，无益于君，不可悔也。"秦伯曰："若背其言，所不归尔帑者，有如河。"乃行。绕朝赠之以策，曰："子无谓秦无人，吾谋适不用也。"既济，魏人噪而还。秦人归其帑。其处者为刘氏。①

这段材料中的"其处者为刘氏"曾是东汉贾逵争立《左传》的一个重要理由。② 由于出现得太过巧合，所以自古不少学者怀疑该段与上下文不合，推断出于贾逵伪窜。如孔颖达《左传正义》疏云："讨文上下，其文不类。深疑此句或非本旨，盖插注此辞，将以媚于世。"③ 然而，这一推断也只是出于臆测，没有绝对的证据。相反，此处记载不仅在《左传》中屡有涉及，同时也符合《左传》一贯的文法，并不突兀，如杨伯峻先生曾举出六点证据，论断该文非后人所增：

　　　　然此句必是本有，非东汉人所加，孔疏之说不可信也。第一，襄二十四年传士匄之语、昭二十九年传蔡墨之对，皆谓范氏为尧后，刘累之裔，不必再借此语为佐证。第二，《汉书·眭弘传》载其说云

────────────

① 阮元校刻《十三经注疏·春秋左传正义》卷一九下，第1852页。
② 《后汉书·贾逵传》载贾逵上汉章帝奏云："五经家皆无以证图谶明刘氏为尧后者，而《左氏》独有明文。"范晔：《后汉书》卷三六，第1237页。
③ 阮元校刻《十三经注疏·春秋左传正义》卷一九下，第1852页。

"汉家尧后"，亦用《左传》说。弘为武帝、昭帝时人，则西汉《左传》固有此文。第三，《汉书·高帝纪赞》引刘向颂高祖云："汉帝本系，出自唐帝。降秦于周，在秦作刘。"其"在秦作刘"即用《左传》此语，是刘向所见《左传》已有此语。第四，《汉书·高帝纪赞》又谓："及高祖即位，置祠祀官，则有秦、晋、梁、荆之巫。"注引应劭云："先人所在之国，悉致祠巫祝，博求神灵之意也。"又引文颖云："范氏世仕于晋，故祠祀有晋巫，范会支庶留秦为刘氏，故有秦巫。"汉初即有晋、秦之巫以祀刘邦祖先，则此语尤非后人所增明矣。第五，《汉书·叙传》引班彪《王命论》云："是故刘氏承尧之祚，氏族之世，著乎《春秋》。"师古注云："谓士会归晋，其处者为刘氏。"班彪年辈早于贾逵，而用《左传》此语，亦可证此语之本有矣。故班固《高帝赞》亦云："鲁文公世奔秦，后归于晋，其处者为刘氏。"第六，定五年传云："夫概王归自立也，以与王战而败，奔楚，为堂溪氏。"堂溪氏之后不显，故无疑于此语。则"其处者刘氏"，亦犹"奔楚者为堂溪氏"也，何能疑其"讨寻上下，其文不类"哉？[①]

杨先生旁征博引，所论确实，当可信从。另外，从历史环境来看，时值李育、贾逵今古文两派激烈交锋，今文家的注意力肯定也都聚焦于《左传》内容，着力寻找古文家的漏洞。也就是说，除古文家之外，当时的今文家也是熟知《左传》的，贾逵根本没有机会窜入该文，否则定然遭到今文家的口诛笔伐。因此，我们还是相信"其处者为刘氏"可能为《左传》原有。

除记史材料之外，自古引人关注的《左传》解经材料，自刘逢禄《春秋左传考证》以来，也被不少学者认为非《左传》原文所有。[②] 例如

---

① 杨伯峻编著《春秋左传注》，第 596—597 页。

② 刘逢禄认为原存在《左氏春秋》一书，现今的《左传》由刘歆拿《左氏春秋》添加解经语而成。而后一些学者虽不全都认同解经语是刘歆所加，但也都赞同《左传》中的解经语属后人增益，例如顾颉刚先生说："今本《左传》系由《左氏》原书改造而成。"为此，他还总结出后人对《左传》的七种改造方式。（顾颉刚讲授《春秋三传及国语之综合研究》，第 59 页）赵光贤先生亦云："今本《春秋左氏传》，当作解释《春秋》的书，是经后人把记事之文与解经之文合并而成的。记事部分是《左传》的原本，解经部分包括评论在内，是在较后的时期加进去的。经过改编之后，这两部分常常紧密地结合在一起，不易分开。因此我们说，《左传》是由不同时期不同的人编成的……"［赵光贤：《〈左传〉编纂考》（上），《古史考辨》，第 140 页］

《左传·隐公元年》:

> 大叔完聚，缮甲兵，具卒乘，将袭郑，夫人将启之。公闻其期，曰:"可矣!"命子封帅车二百乘以伐京。京叛大叔段，段入于鄢，公伐诸鄢。五月辛丑，大叔出奔共。书曰:"郑伯克段于鄢。"段不弟，故不言弟;如二君，故曰克;称郑伯，讥失教也:谓之郑志。不言出奔，难之也。遂置姜氏于城颍，而誓之曰:"不及黄泉，无相见也。"①

有学者认为这段材料的解经语属后人插入。如赵光贤先生说:"按传原文上言'大叔出奔共'，写郑庄公与共叔段的关系告一段落，下即接言'遂置姜氏于城颍'继述庄公与姜氏的关系。中间用一个'遂'字，承前启后，全文上下，一气贯通。解经者为了解释经书'郑伯克段于鄢'，不得不于'大叔出奔共'之下，插入'书曰'至'难之也'一段话。这样一来，本来一气呵成的传文被打成两截，而那个'遂'字也显得不自然。显然这段解经的话是后人加入的，非原文所有。"② 赵先生从文气割裂的角度，断定该段解经语与记史内容出于不同人的手笔，是有一定道理的。但问题是，这段解经语并不一定就是后人插入，也有可能是《左传》最初的作者编入。我们知道，《左传》的史料来源是多元的，这段材料的记史部分可能另有原始出处，非《左传》初创。《左传》最初的作者可能将其摘录，并在中间插入解经的话语。③ 如果是这样的话，这段解经语便不是后人所增益的。

又如《左传·僖公二十四年》:

---

① 阮元校刻《十三经注疏·春秋左传正义》卷二，第 1716 页。
② 赵光贤:《〈左传〉编纂考》(上)，《古史考辨》，第 141 页。
③ 杨向奎先生此前已有相似观点:"前人有因《左传》书法有乖忤处，而疑其伪者，然乖忤与伪窜固不能混为一谈。又有因书法、凡例多有截断上下文之处，疑为后人伪加者，此者有相当之理由。然书法、凡例与《左传》记事，固非同一来源。盖《左传》之记事本与各国策书旧文，《左氏》作者取而编裁，再加入当时之礼俗禁忌等以成其所谓书法、凡例者。""《左传》之书法、凡例等，自《左传》撰述之初，即与各国策书之记事合编为《左氏春秋》，非出后人之窜加也。"杨向奎:《论〈左传〉之性质及其与〈国语〉之关系》，《绎史斋学术文集》，第 189 页。

郑子华之弟子臧出奔宋，好聚鹬冠。郑伯闻而恶之，使盗诱之。八月，盗杀之于陈、宋之间。君子曰："服之不衷，身之灾也。……"①

赵光贤先生认为这段材料的"君子曰"属于后人增加。他说：

按此节中的"好聚鹬冠"一句，注家多解为聚鹬鸟之羽为冠饰，却解错了。刘向以为近服妖者是对的，惜语焉不详。颜师古说："按鹬水鸟，天将雨即鸣。……古人以其知天时，乃为冠象此鸟之形，使掌天文者冠之。故逸《礼记》曰：'知天文者冠鹬。'此其证也……盖子臧是子华之弟，以兄见杀，怨而出奔，有白公之志。故与知天文者游聚，有所图议；是以郑伯恐其返国作乱，令人诱杀之。若直以鹬羽饰冠，自为不正之服，何须畏恶而遣人杀之？"这句话非常透辟。据颜说"鹬冠"当作"戴鹬冠之人"解，指当时通晓天文之士。古代天文与占象不分，故子臧在宋，好聚此辈人，企图在天象有利之时返国复仇，所以郑伯"闻而恶之"，并使人诱杀之。但是解经的人没有理解到此，误认为子臧好聚鹬冠为冠饰，所以说"服之不衷，身之灾也。"颜师古说："或者自'君子曰'以下非丘明本传，后人不晓鹬冠之义，妄增之。"这个说法，我认为是正确的。②

对于"鹬冠"解释，虽然颜师古之言不乏道理，但以此就认为子臧"有白公之志。故与知天文者游聚"则仅是他的推测，没有太多的证据，很可能受到了自身所处时代的影响。③ 而且这里面有两点疑问：一是《左传》为何着力突出"聚鹬冠"，而不直接简单明了地说子臧有作乱之

① 阮元校刻《十三经注疏·春秋左传正义》卷一五，第1818页。
② 赵光贤：《〈左传〉编纂考》（上），《古史考辨》，第142页。
③ 比如赵琪就说："两汉时期'知天文者'在各类政治事件中的频繁出现，与当时阴阳五行灾异学说的盛行密切相关，可以说具有典型的时代特征。姑不论颜师古的解读是否正确，值得深思的是，颜师古由'与知天文者游聚'推论到'白公之志'的逻辑本身，鲜明地向我们展示了在历史解读过程中史家自身知识背景及由此而形成的'先见（preoccupation）'的影响，如果我们将颜师古是《汉书》的注释者这一点牢记于心的话。"赵琪：《从"好聚鹬冠"看〈左传〉的历史叙事特点》，《北京师范大学学报》（社会科学版）2020年第5期。

志，说明"聚鹬冠"这一行为在《左传》看来需要特别指出批评。二是颜师古将"郑伯闻而恶之"理解成"郑伯恐其返国作乱"，即将"恶"作"恐""惧"义解，也是有问题的。"恶"在《左传》中常见，共 197例，未作"恐""惧"之义，在《左传》中，"某人+恶之"句式常作"厌恶"解。如：

> 《左传·隐公元年》：初，郑武公娶于申，曰武姜，生庄公及共叔段。庄公寤生，惊姜氏，故名曰"寤生"，遂恶之。①
>
> 《左传·僖公三十一年》：郑泄驾恶公子瑕，郑伯亦恶之，故公子瑕出奔楚。②
>
> 《左传·昭公六年》：宋寺人柳有宠，大子佐恶之。③

以上诸例"恶之"之"恶"用法与"郑伯闻而恶之"用法相同，均表示"讨厌"之义，另外，还有一例值得注意。

> 《左传·襄公二十六年》：大子痤美而很，合左师畏而恶之。④

此处"畏而恶之"，"畏"与"恶"并列，表示合左师既畏惧又痛恶，说明"畏"与"恶"在《左传》中本是两义无疑。所以，若子臧企图谋反，郑伯的反应应是畏惧，而不是厌恶。颜氏可能错解了"恶之"之义。

　　因此，笔者倒认为"君子曰"不一定理解错。在先秦，服饰作为等级、身份的象征有严格的规定，《周礼》规定："正其服，禁其奇邪。"⑤若是违背其形制，就要加以严惩。《礼记》载："作淫声、异服、奇技、奇器以疑众，杀。"⑥所以子臧因穿异服被杀，完全有礼法依据。

　　另外，鹬冠不仅为知天文者所戴，同时也是贤者所戴之冠，吴爱琴曾对鹬冠作了深入研究，她说：

---

① 阮元校刻《十三经注疏·春秋左传正义》卷二，第 1715 页。
② 阮元校刻《十三经注疏·春秋左传正义》卷一七，第 1832 页。
③ 阮元校刻《十三经注疏·春秋左传正义》卷四三，第 2044 页。
④ 阮元校刻《十三经注疏·春秋左传正义》卷三七，第 1990 页。
⑤ 孙诒让：《周礼正义》卷一三，第 515 页。
⑥ 阮元校刻《十三经注疏·礼记正义》卷一三，第 1344 页。

《庄子·天地》："皮弁、鹬冠、搢笏、绅，修以约其外。"鹬冠作为品德修养高尚的表征不能随意使用，如有违制要受到惩罚而招致祸端。《左传》僖公二十四年："郑子华之弟子臧出奔宋，好聚鹬冠。郑伯闻而恶之，使盗诱之。八月，盗杀之于陈、宋之间。君子曰：'服之不衷，身之灾也。'"鹬冠是习掌天文者所戴而不是子臧所能戴用的。湖北江陵张家山 M247 出土的《奏谳书》载："异时鲁法：盗一钱到廿，罚金一两……过二百到千，完为倡。……今佐丁盗粟一斗，直三钱，柳下季为鲁君治之，论完丁为倡。"鲁君问及判罚的理由，柳下季曰："吏初捕丁来，冠鹬冠，臣案其上功牒，署能治礼，儒服。夫儒者君子之节也，礼者君子学也，盗者小人之心也。今丁有小人心，盗君子节，有盗君子学，以上功再论其上，有白徒罪二，此以冠为倡。君曰：'当哉'。"而佐丁戴此冠去干行盗之事，故要重罚。[1]

所以子臧好穿"鹬冠"，不仅和他的身份不相称，而且与他的品行不符，这使郑伯深感厌恶，故遣盗杀之。如此便与后文"君子曰"相合，或许更符合文义。退一步讲，即便"君子曰"真的理解错了，也只能说明"君子曰"是后加的，这个后加的人到底是《左传》最初的作者，还是后人，是无法知晓的。由于《左传》材料来源广泛，这段材料发生于僖公二十四年，离《左传》成书年代相隔久远，最初的作者搜集到这段史料，因不明内情而错误理解，也是完全有可能的。[2]

实际上，我们并不反对《左传》在流传过程中有后人附益的成分的观点，只是在没有绝对的证据之前，我们需要持更加谨慎的态度。为此，对《左传》附益材料的甄别可分为两种情况。

一种是能够确定的附益材料，如我们在上节提到的一些预言材料等，都有明确的证据说明不可能成文于左丘明时代。

另一种是值得我们怀疑的材料。例如有学者注意到《左传》某些记

---

① 吴爱琴：《先秦服饰制度形成研究》，博士学位论文，河南大学，2013 年，第 216—217 页。

② 关于《左传》中"君子曰"，过去有观点认为是后人附益，甚至认为是汉代刘歆托古伪作。如南宋林栗云："《左传》凡言'君子曰'，是刘歆之辞。"清季以后，持此说者尤甚，但都未能举出确证，杨向奎先生《论〈左传〉"君子曰"》和郑良树先生《论〈左传〉"君子曰"非后人所附益》《再论〈左传〉"君子曰"非后人附益》皆有详证。

史年、月、日期与《春秋》有异的现象。例如《左传·隐公三年》：

> 《春秋》：三月庚戌，天王崩。
> 《左传》：春，王三月壬戌，平王崩。赴以庚戌，故书之。①

平王死日，《春秋》说是三月庚戌，《左传》说成三月壬戌。王和先生认为，《左传》解释《春秋》按讣告的日子书写是比较荒唐的。周天子的去世在当时无疑是一件头等重要且庄严的大事，日子不应随便改动。后来杜预的注释说是"欲诸侯之速至，故远日以赴"更是离奇。② 然而，刘文淇虽不赞成杜预之臆测，但言《左传》解经有其原因，是解释一种特殊情况，以惩其过：

> 杜注："实以壬戌崩，欲诸侯之速至，故远日以赴。"文淇按：杜氏亦意为之说。襄二十八年，经书十有二月甲寅，天王崩。传于十一月云："癸巳，天王崩，未来赴，亦未书，礼也。"于十二月王人来告丧，问崩日，以甲寅告，故书之，以惩过也。传发此例，明经之所书，皆据赴者告辞直书之，以惩其过。……③

刘氏的讲法并未质疑《左传》解经。平心而论，由于该段解经语简短，又没有其他材料参证，可能确实存在特殊原因，当然，也有可能是《左传》解释错了，但这个错也并不一定是后人犯的，也可能是《左传》最初的作者没能理解对。所以，对于这类材料，我们最好采取谨慎怀疑的态度。

要言之，我们固然承认《左传》存在一些扞格矛盾的材料，但这些材料有些确实是后人附加，有些则不一定是。若抛开传统经学的情感局限，这里面涉及一个现实情况，那就是即便《左传》最初的作者再见多识广，甚至真如刘歆所言"亲见夫子"，但他毕竟不是孔子本人，也不是《左传》历史史料的最初记录者。在编纂《左传》过程中，对原始材

---

① 阮元校刻《十三经注疏·春秋左传正义》卷三，第1722页。
② 王和：《〈左传〉中后人附益的各种成分》，《北京师范大学学报》（社会科学版）2011年第4期。
③ 刘文淇：《春秋左氏传旧注疏证》，北京：科学出版社，1959年，第18页。

料的理解、对《春秋》经文的解释必然会存在些许疏漏讹误。这一现象是不可避免的，也是我们在研究中不应回避的。从古至今，包括我们现在的研究著作在内，任何人文诠释都不可能保证百分之百符合客观事实，总是或多或少夹杂着主观的理解。因此，《左传》中的一些解经语是否正确与这些解经语是否为后人所附加是两码事，构不成因果联系，不应以前者否定后者。这是我们对《左传》附益材料的基本态度。

第三节　《左传》成书的三个阶段

综合前文的论证，可以得到一个初步的认识：作为最早的记载，传统的说法有其历史依据，不可摒弃，但我们亦不能忽视后人对《左传》的附益。这说明，《左传》成书是一个相当复杂的问题，需要细致地剖析《左传》成书的整个过程，寻求更为完善合理的解释。参照现有的线索，结合眼下学界对古书成书的理解，我们认为，《左传》成书很可能经历了三个历史阶段：（1）原始史料素材的写定。（2）史官家族编纂。（3）流传中的附益。

《左传》成书的第一个阶段是原始史料素材的写定。《左传》记史纪年历日不定，兼采多国历法，所以《左传》中的原始史料当来源不一。①

---

① 张培瑜先生说："幽厉之后，平王东迁，周室微弱，陪臣执政。正朔不行于诸侯，列国各自颁历，《左传》作者所收集的史料可能来自各诸侯国。……学者多认为，晋用夏正，《春秋经》所记晋事，往往与《左传》相差两月。但细查经传，有差两月者，有差一月者，也有经传相同的。如，僖公十五年，《春秋经》中言：十有一月壬戌，晋侯及秦伯战于韩，获晋侯。《左传》书：九月壬戌，战于韩原。秦获晋侯以归。经传说书'获晋侯'时间差两个月。斯年鲁历建丑，则晋历似应建卯。《春秋经》中成公十有八年春王正月，晋杀其大夫胥童。《左传》成公十七年曰：闰月乙卯晦，栾书、中行偃杀胥童。《左传》事在十有七年，似差一个月。但接下来，《春秋经》载，庚申，晋弑其君州蒲。而《左传》中十八年春，王正月庚申，晋栾书、中行偃使程滑弑厉公。又与《春秋经》月日相同。故，也可能是建正无异而鲁晋历朔不一，以致历日不同而已。除晋国外，学者认为齐、秦、楚与鲁建正也不相同。但《左传》各国的史实月日也都存在类似的情况。如《春秋经》襄公十九年，秋七月辛卯，齐侯环卒。《左传》作，夏五月壬辰晦，齐灵公卒。差两个月，又迟一天。《春秋经》文公十四年书，九月甲申，公孙敖卒于齐。齐公子商人弑其君舍。《左传》言，秋七月乙卯夜，齐商人弑舍而让元，差两个月。但七月无乙卯，《左传》日月有误。宣公十年，《春秋经》云，夏四月丙辰，日有食之。已巳，齐侯元卒。《左传》书，'夏，齐惠公卒'。又在同月。"张培瑜：《先秦秦汉历法和殷周年代》，第12页。

王和先生曾提出《左传》史料的两个来源：一是"春秋时期各国史官的私人笔记"，二是"流行于战国前期的、关于春秋史事的各种传闻传说"。① 在此基础上，过常宝先生进一步认为，《左传》史料来源有别于别国史官正式通告的"承告"，而是取自史官私下交流的"传闻"。② 此外，徐中舒先生推测，《左传》中还包括由瞽蒙传诵，流传于乐官之中的口头文献。③ 这些说法在一定程度上都是贴近历史实情的。④

可见，这些原始素材原本出于不同人之手。它们有些被《左传》基本照抄，如《左传·宣公四年》：

> 初，楚司马子良生子越椒，子文曰："必杀之。是子也，熊虎之状，而豺狼之声，弗杀，必灭若敖氏矣。谚曰：'狼子野心。'是乃狼也，其可畜乎？"子良不可。子文以为大戚，及将死，聚其族，曰："椒也知政，乃速行矣，无及于难。"且泣曰："鬼犹求食，若敖氏之鬼，不其馁而！"及令尹子文卒，斗般为令尹，子越为司马。蒍贾为工正，谮子扬而杀之，子越为令尹，己为司马。子越又恶之，乃以若敖氏之族圉伯赢于轑阳而杀之，遂处烝野，将攻王。王以三王之子为质焉，弗受。⑤

这段对楚国历史的记述极为细致详尽，犹如记史者从旁所书，应是出自楚国的史官记载或传闻。同时，对楚君直接称为"王"，在文法上似乎是对本国君主的称呼，⑥ 这显然不是中原诸国对楚君的称谓。《左传》没有改变称法，究其原因，可能是《左传》基本照抄了原始史料，未作大的改动。

---

① 王和：《〈左传〉材料来源考》，《中国史研究》1993 年第 2 期。笔者赞同王先生之说，只是这些传闻当然有些属于战国前期，但也有一部分属于春秋末期。《左传》的整个编纂过程横跨春秋、战国。

② 过常宝：《〈左传〉源于史官"传闻"制度考》，《北京师范大学学报》（社会科学版）2004 年第 4 期。

③ 徐中舒：《〈左传〉的作者及其成书年代》，《历史教学》1962 年第 11 期。

④ 笔者认为，除上述学者提到的来源之外，还不应忽视政府的官方档案，因为即便是史官的私家笔记，其中的一些内容也可能最初来自官方的记载。

⑤ 阮元校刻《十三经注疏·春秋左传正义》卷二一，第 1869 页。

⑥ 犹如《春秋》对鲁君简称"公"，西周金文中对周天子省称为"王"。

而另外一些原始素材则经过了《左传》的润色修改，例如《左传·僖公五年》：

> 会于首止，会王大子郑，谋宁周也。①

《左传》这段记载缺少主语，究竟有谁"会于首止""会王大子郑"，《左传》参考的原始史料不可能没有记载。如依照鲁史的《春秋》经文就载："公及齐侯、宋公、陈侯、卫侯、郑伯、许男、曹伯会王世子于首止。"可见，正因《春秋》已有详载，所以为了简省笔墨，《左传》对原始史料作了省略。

总之，这些原始史料虽经过了精心编排、修改，但正是有了前人丰富的史料记载，而后才有《左传》宏大的篇幅内容。刘知几云："寻《左氏》载诸大夫辞令，行人应答，其文典而美，其语博而奥。述远古则委曲如存，征近代则循环可覆，必料其功用厚薄，指意深浅，谅非经营草创，出自一时，琢磨润色，独成一手。斯盖当时国史已有成文，丘明但编而次之，配经称传而行也。"② 所以，从这个角度上讲，《左传》中的记史内容并非属于单独某一个人的成果，而是众人集体编著的结晶。

《左传》成书的第二个阶段是史官家族编纂。前文已论证，左丘明在有生之年，不太可能写完《左传》。然而，司马迁作为严谨的史家，不至于信口开河，其说必定有依据，而且，我们也论证过，左丘明已具备创作《左传》各方面的条件。那么，这中间必然有我们之前遗漏的环节，需要进一步填补空缺，作出最可能符合历史的解释。因此，结合这两方面，我们认为，左丘明是《左传》的最初作者，由他提出创作《左传》的设想，并着手最初的编纂工作，后因其年寿有限，交由后人或族人继续编写，这才完成《左传》的主体内容。其实，这一推论与左丘明作《左传》的传统说法并不矛盾，并且符合古书成书的一般规律和古人对古书的认知。如徐中舒先生说："古代学术，最重传授系统，谁是最初传授者，谁就是作书的人。这犹如《公羊》、《穀梁》写定于汉初，而此两书

---

① 阮元校刻《十三经注疏·春秋左传正义》卷一二，第1795页。
② 浦起龙释《史通通释》卷一四，第419—420页。

仍说是公羊高、穀梁赤所作……司马迁说，左丘明'成《左氏春秋》'；又说，'左丘失明，厥有《国语》'，他把此两书的作者都归之于左丘明，在传授的系统上，应该是有根据的。"① 徐先生正确地总结了古人对古书的认识。除《公羊传》《穀梁传》二传外，先秦古书大多如此。例如先秦子书《孟子》《墨子》《庄子》等，其内容很难说都出自书名作者之手，而应是其后学或其学派共同参与编写的成果，只是主体思想或主要内容最早出自原作者。所以，在唐以前，世人皆言左丘明作《左传》而未有怀疑，是符合当时人们的认知习惯的。从书籍流传的环境上讲，随着晚唐以后印刷业的发展，雕版印刷开始替代人工抄写。② 刊印书籍不像之前传抄典籍那样容易渗入后世的内容，书名作者逐渐与书中内容画上等号。巧合的是，自此之后，学者便开始产生对传统左丘明说的重新审视与质疑。我怀疑，这一历史背景与人们对《左传》作者认识的转变之间，存在着某种直接或间接的联系。有鉴于此，如果我们按照唐以前古人的思维习惯，不应以《左传》有掺杂后世的内容，甚至有后世参与编纂，就机械地否定司马迁之言。在没有确凿证据推翻传统说法之前，我们仍然应该相信，左丘明作《左传》的说法渊源有自，左丘明很可能就是《左传》的立意者和最初的编撰者。

了解了这一点，由此带来的问题是，左丘明之后，是谁继承了他的事业，继续从事编纂《左传》的工作？可以推测，这个人必然要熟知左丘明先前的工作，同时还要具备进一步网罗史料、继续编史的客观条件，更重要的是，还应具有编纂大型史书的才能素养。能符合上述这些条件的继任者，应该也是史官。

此外，从《左传》中对史官及史官工作的记述来看，《左传》后继的作者群体也极可能与史官有莫大的关系。首先，《左传》整体具有史

① 徐中舒：《〈左传〉的作者及其成书年代》，《历史教学》1962 年第 11 期。
② 妹尾达彦说："中国印刷业的开始时期，虽然各书不同，但一般而言，始于 7 世纪前半期，8 世纪、9 世纪中唐、晚唐普及。"［妹尾达彦：《唐代长安东市的民间印刷业》，中国古都学会编《中国古都研究（第十三辑）——中国古都学会第十三届年会论文集》，太原：山西人民出版社，1998 年，第 226 页］方晓阳、施继龙说："在唐代晚期，雕版印刷的应用范围更广，宗教经籍、医家著作、历日杂书等，几乎无所不包，印刷地点有西京、东都、剑南、两川、江东及淮南道等地，印刷数量更大，发行速度更快，流布更加广泛。"（方晓阳、施继龙：《唐代雕版印刷的相关文献研究》，《中国印刷与包装研究》2011 年第 1 期）

书特征，"具有鲜明的史官意识"。① 其次，《左传》对史官十分重视，记载了大量史官，如周任（迟任）、周内史、周史、内史过、祝应、宗区、史嚚、毕万、辛廖、华龙滑、礼孔、史佚（尹佚）史苏、周内史叔兴、辛有、内史叔服、史、大史里克（大史里革）、董狐、史颗、辛甲、左史、大史、祝史、南史、史狗、史鳝、史赵、史朝、苌弘、左史倚相、籍谈、祭史、祝、史墨、蔡墨、周大史、史龟、大史固、左史老、史黯等等，② 且在《左传》笔下，他们大都是学识渊博、注重礼德的正面形象。这在先秦典籍中是十分少见的。再有，《左传》甚至会指明史官的错漏，比如《左传·桓公十七年》载"冬十月朔，日有食之。不书日，官失之也"，③《左传·僖公十五年》载"夏五月，日有食之。不书朔与日，官失之也"④ 等。能在专业知识上解释史官的失误，说明作者本身很可能就是史官。综合上述线索，《左传》的后继作者们大概也是史官。

那么，按照早期史官的传统来看，可进一步推测，这些人很有可能是左氏族人。以往已有一些学者认识到了这一点，如明凌稚隆言："考戴宏《序》所载，公羊氏五世传《春秋》，因疑左氏当是世史。其末年传文亦疑是其子孙续而成之者，以故通谓之《左氏》，而不著其名，理或当然也。"⑤ 据此结论进一步分析其原因，有以下三点。

第一，先秦时期，官职往往是父死子继，世卿世禄，⑥ 尤其是史官群体，因其特殊的史职之学，更注重世代相守、家学传承。早在西周建立之时，一些殷商时期的史官家族在进入西周政权之后，凭借家族的文化传承，仍世代为史。例如西周时期的微氏家族。1976 年，在陕西扶风

---

① 傅刚：《论〈左传〉的性质》，《北京大学学报》（哲学社会科学版）2023 年第 2 期。
② 刘涛：《〈左传〉所见史官资料分析研究》，硕士学位论文，烟台大学，2009 年，第 21 页。
③ 阮元校刻《十三经注疏·春秋左传正义》卷七，第 1759 页。
④ 阮元校刻《十三经注疏·春秋左传正义》卷一四，第 1805 页。
⑤ 凌稚隆：《春秋左传注评测义》，《续修四库全书·经部》第 126 册，上海：上海古籍出版社，2002 年，第 611 页。
⑥ 到春秋战国时期，虽然世卿世禄在一定程度上被打破，但职官世袭的现象犹存。《国语·晋语》里载张老言："臣不如魏绛。夫绛之智能治大官，……其学不废其先人之职。"（徐元诰：《国语集解》卷一三，王树民、沈长云点校，北京：中华书局，2002 年，第 412—413 页）《荀子·荣辱》篇云："父子相传，以持王公，是故三代虽亡，治法犹存，是官人百吏之所以取禄秩也。"（王先谦：《荀子集解》卷二，沈啸寰、王星贤点校，北京：中华书局，1988 年，第 59 页）

庄白家村发现了一处青铜器窖藏，发掘出土了 103 件西周微氏家族的青铜器。其中一些青铜器记载了微氏家族世系。例如铸有 284 字的史墙盘，其铭文后段记述了微氏家族六代事迹：

> 静幽高祖，在微灵处，雩武王既弋殷，微史烈祖乃来见武王，武王则令周公舍宇，于周俾处。㫄惠乙祖，逑匹厥辟，远猷腹心，兹纳磷明，亚祖祖辛龚育子孙……胡迟文考乙公，遽爽，得纯无谏。……史墙夙夜不惰，……①

该器的做器者"墙"自称史墙，是一位史官。而史墙的烈祖称为微史，说明其烈祖亦任周之史官。此外，我们还可知，史墙盘中第四代的亚祖祖辛，便是旂觥铭文中的"旂"：

> 唯五月，王在斥，戊子，令作册旂贶望土于相侯，赐金，赐臣，扬王休。……②

"旂"在世时任"作册"，"作册"也是史官官名。另外，癲钟铭文载：

> 癲曰："丕显高祖、亚祖、文考，克明厥心，疋尹，叙厥威仪，用辟先王，癲不敢弗帅型祖考，秉明德，恪夙夕，佐尹氏。"③

癲担任"左尹氏"，其高祖、亚祖、文考的职司均是"疋尹"。"左尹氏""疋尹"皆是史官官名。由此可见，微氏一族在周王朝七代为史，历经成王、康王、昭王、穆王、恭王、懿王、夷王。这说明在西周时期，史官是在家族中相传，一脉相承的。

除微氏家族之外，在传世文献中，亦能见到史官的传承延续。例如辛氏、尹氏、程氏等，都是在西周世任史官的大族。至春秋之时，这些

---

① 《殷周金文集成》（修订增补本），编号：10175，第 5485 页。

② 陕西省考古研究所等编《陕西出土商周青铜器》第 2 册，编号：14，北京：文物出版社，1980 年，第 30 页。

③ 《殷周金文集成》（修订增补本），编号：247，第 293 页。

史官家族的后代有些留守于东周王庭，有些则迁徙于地方诸侯，他们大都仍继续担任史官之职。① 如由商入周便开始担任史官的辛甲一族，② 至春秋时，辛有③、辛伯④、辛廖⑤在王朝担任史官；另一支则前往晋国世代为史，成为后世称道的"董史"，⑥ 其后有董因、董狐、董叔、董伯、董安于从事史职。⑦ 又比如司马迁在《太史公自序》中说"司马氏世典周史"，⑧ 可见其家族有悠久的史职传承。这都表明史官职守跨越了朝代与地域，具有很强的家族传承性。

关于早期史官的家族传承，我们还可以举一个具体的例子，《左传·襄公二十五年》载齐大夫崔杼弑君后：

> 大史书曰："崔杼弑其君。"崔子杀之。其弟嗣书而死者，二人。其弟又书，乃舍之。南史氏闻大史尽死，执简以往。闻既书矣，乃还。⑨

太史因秉笔直书被崔杼杀后，其官职又被两个弟弟相继接替。从这样一个事例中，完全可以看出史官职守的血脉传承。

到了战国，史官家族传承这一传统仍然没有改变，尽管政府职官世卿世禄的现象在一定程度上被打破，然而，当时律法明文规定，史官之

---

① 可参见胡新生《异姓史官与周代文化》，《历史研究》1994 年第 3 期。
② 《左传·襄公四年》载魏绛云："昔周辛甲之为太史也……"阮元校刻《十三经注疏·春秋左传正义》卷二九，第 1933 页。
③ 辛有见于《左传·僖公二十二年》载："初，平王之东迁也，辛有适伊川，见被发而祭于野者，曰：'不及百年，此其戎乎！其礼先亡矣。'"阮元校刻《十三经注疏·春秋左传正义》卷一五，第 1813 页。
④ 辛伯见于《左传·桓公十八年》载："初，子仪有宠于桓王，桓王属诸周公。辛伯谏曰：'并后、匹嫡、两政、耦国，乱之本也。'"阮元校刻《十三经注疏·春秋左传正义》卷七，第 1759 页。
⑤ 辛廖见于《左传·闵公元年》载："初，毕万筮仕于晋，遇'屯'之'比'。辛廖占之，曰：'吉。"屯"固"比"入，吉孰大焉？其必蕃昌。震为土，车从马，足居之，兄长之，母覆之，众归之，六体不易，合而能固，安而能杀。公侯之卦也。公侯之子孙，必复其始。'"阮元校刻《十三经注疏·春秋左传正义》卷一一，第 1786 页。
⑥ 《左传·昭公十五年》载周景王云："及辛有之二子董之晋，于是乎有董史。"阮元校刻《十三经注疏·春秋左传正义》卷四七，第 2078 页。
⑦ 胡新生：《异姓史官与周代文化》，《历史研究》1994 年第 3 期。
⑧ 司马迁：《史记》卷一三〇，第 3285 页。
⑨ 阮元校刻《十三经注疏·春秋左传正义》卷三六，第 1984 页。

学只能是世代相传。如睡虎地秦简《内史杂》191 号简记：

> 令敖史勿从事官府。非史子也，毋敢学学室，犯令者有罪。①

该律明确规定，只有史官的后代才能入"学室"就学。关于"学室"，最初的整理者认为，"学室"是一种学校。② 根据语境，可以进一步推论，这里的"学室"更可能是培训史官的专门学校。张家山二四七号汉墓出土《二年律令·史律》474 号简载：

> 史、卜子年十七岁学。史、卜、祝学童学三岁，学佴将诣大史、大卜、大祝，郡史学童诣其守，皆会八月朔日试之。③

这段律令表明，史官后代入学，不是简简单单地接受普通的教育，而是要接受前辈史官的亲自教导，即接受一系列有针对性的学习训练。

我们将上述这些线索连起来，就可以发现，从商周到秦汉，史官的传承呈现两个特征：（1）始终保持以血缘为纽带的家族传承，具有排外性。（2）史官的培养教育具有制度化、规范化的特点。这两点使得史官的传承具有一定的封闭性，从而在一定程度上保障了史官群体的专业性和整体素质。

因此，以史官传承的背景为视角，左丘明最有可能将编纂《左传》的工作交由家族后人继续完成。首先，左氏后人平日里容易了解、接触到左丘明编纂《左传》的工作，待到接手之时很可能已具备相当的基础。其次，继任史官的左氏族人深受左氏史官家学的熏陶，受过史官严格的学习训练，能够胜任继续编纂《左传》的工作。再者，《左传》属于左氏的私家著作，并非官方史书，交由左氏族人来续写十分合适。所以，我们有理由推测，左丘明之后，最顺理成章的继任者很可能是他的族人。

---

① 陈伟主编《秦简牍合集》（一），武汉：武汉大学出版社，2014 年，第 148 页。
② 《睡虎地秦墓竹简》，第 63 页。
③ 张家山二四七号汉墓竹简整理小组编著《张家山汉墓竹简〔二四七号墓〕》（释文修订本），北京：文物出版社，2006 年，第 80 页。

第二，中国早期的文献大都来自官府藏书，往往只供王（公）室和史官阅读，寻常之人平时很难接触到。[①] 要编纂《左传》，除搜集民间传闻之外，还需要大量的官府档案，这些档案数量庞大，来源广泛，可能光靠左丘明在世时搜集不完，如果交由继承史官之职的左氏族人，他们自然完全有条件继续阅读、搜集官府藏书。

第三，虽然高本汉的语法研究在鉴定《左传》成书年代上有一定的局限，但是他指出了《左传》的行文有一律的文法，[②] 这是值得重视的。我们知道，一个人的行文风格是其语言习惯的自然体现。语言习惯受到诸多外界因素的影响，其中一个极为重要的因素，即家庭环境的影响。[③] 左氏族人受其家族史官文化的熏陶，在记史上很可能有一套固定的家族记史文法。倘若《左传》交由非左氏族人续编，是很难做到全书文法一致的。

---

① 难以阅读官方史籍、没有充足史料可能是造成后世对《春秋》理解"人人异端"的原因之一。

② Bernhard Karlgren：《左传真伪考及其他》，第 106 页。需要解释的是，20 世纪 80 年代，何乐士先生曾从六个方面论证《左传》前八公与后四公的语法差异。她发现《左传》前八公和后四公的语法呈现出明显的变化，前八公的语言大多较古老，而后四公语言大多较新。（何乐士：《〈左传〉前八公与后四公的语法差异》，《古汉语研究》1988 年第 1 期，后又收入何乐士《古汉语语法研究论文集》，北京：商务印书馆，2000 年；之后何先生对之前的观点又进行了总结补充。见何乐士《再论〈左传〉前八公与后四公的语法差异——〈左传〉内部语法、词汇特点的比较》，《古汉语语法研究论文集》）后来一些学者的研究也印证了这一说法。比如张文国从《左传》名词的使用情况、名词动用的情况、名词的搭配功能及用法等四个方面肯定了何乐士的观点。（张文国：《〈左传〉名词在前"八公"和后"四公"里的差异》，四川大学汉语史研究所编《汉语史研究集刊》第 1 辑，成都：巴蜀书社，1998 年）表面上，这似乎暗示《左传》全书文法不一致，与高本汉的结论相悖。不过，笔者认为，高本汉和何乐士的观点并不矛盾。首先，何氏于《左传》中选取的词语并没有全部覆盖高氏所选之词，所以《左传》的一些文法确实保持了前后的一致性。其次，何氏认为《左传》前八公和后四公文法不一，反而说明前八公和后四公各自内部文法具有一致性。若《左传》前后这一差异是因《左传》经过了彼此不相关的不同作者之手的话，那么按经手人各自的文风习惯，《左传》各部分内容都会出现差异，不会呈现前八公、后四公的分界。再者，何先生也说，造成《左传》前八公和后四公文法差异的原因有很多，其中可能是由于语言随着时代、社会的变化而逐渐变化，先秦时期这种变化在《左传》内部就已体现出来，或者是由于《左传》作者依据的材料是各国史官的记载，而这些记载本身就有时代先后，因而造成"前""后"的差异等。（何乐士：《〈左传〉前八公与后四公的语法差异》，《古汉语语法研究论文集》，第 65 页）总之，这些差异并不影响高本汉所得出《左传》诸多文法一致的结论。

③ 家庭对语言习惯影响的重要性是毋庸置疑的。即便于当今亦是如此，例如在教育学上，我们仍尤为重视家庭对儿童语言习惯的培养。

综上，《左传》的成书应经历过一个家族编纂阶段。纵观历史，也不乏家传修史的例子。例如《史记》，虽历来题名为司马迁所著，其实最早是由司马谈发凡起例，拟订编纂计划，撰写部分内容，因生前不及完稿，最终由其子司马迁编纂完成。① 又如《汉书》，题名为班固所修，实际上，班固所采史料多依其父班彪，其工作是班彪修史工作的继续。班固著《汉书》未完而卒，又由其妹班昭及门生马续续写而成。因此，整部《汉书》主要是班氏两代人的成果。所以，综合各方面来看，《左传》由左氏家族所作是符合历史实际的，同时也解释了传统之说与《左传》内容之间的矛盾。

《左传》成书的第三个阶段是流传中的后人附益。现学界一般都承认，先秦古书在流传抄写中往往会发生自觉或不自觉的增改。《左传》自然不例外，"《左传》的成书历程也是春秋史书写主体由史官群体经诸子百家转移到儒家学者的过程"。② 甚至，《春秋经传集解》在南北朝的传抄过程中，也可能有后世羼入的内容。③ 然而，从我们目前掌握的出土文献来看，各书的增改程度各有不同。一些古书在流传中改动甚微，例如《周易》，我们拿各种出土古本，如上博本、马王堆帛书本与今本《周易》比照，除了个别字用法不同外，内容、词句并未有太大的差异。而另外一些古书则在后世的流传中经历了较大的改动，例如传世本《尉缭子》与银雀山汉墓竹简《尉缭子》虽内容多可对应，但在文句上却存在较大差异。具体到《左传》，在左氏家族完成主体内容后，随着战国学官下移的学术趋势，《左传》的流传范围开始从史官群体扩展到民间。在广泛的流传抄写中，《左传》中有后人附益增改的成分是必然的。但是，就目前的线索来看，这些增益改动对《左传》全文的影响

---

① 可参见汪高鑫《司马谈与〈史记〉》，《安徽史学》2002 年第 2 期。

② 刘全志：《出土文献视域下的〈左传〉成书过程》，《北京师范大学学报》（社会科学版）2022 年第 4 期。

③ 如今本《左传·僖公十五年》载："穆姬闻晋侯将至，以大子荦、弘与女简璧，登台而履薪焉，使以免服衰绖逆，且告曰：'上天降灾，使我两君匪以玉帛相见，而以兴戎。若晋君朝以入，则婢子夕以死；夕以入，则朝以死。唯君裁之。'乃舍诸灵台。"杜预注："在京兆鄠县，周之故台。亦所以抗绝，令不得通外内。"（阮元校刻《十三经注疏·春秋左传正义》卷一四，第 1806 页）《左传》这段文字连同杜预注的真伪在初唐就引起学者们的质疑，认为是南北朝时人伪窜。近期亦有学者对此深入研究，论证唐人的怀疑不虚。见方韬《传本〈左传〉僖公十五年质疑》，《史学史研究》2016 年第 1 期。

是有限的。

首先，由于附益材料是在流传中逐渐累加的，故它们出于不同人之手。而《左传》存在一律的文法规则，且整体前后叙事连贯，这说明附益材料不多，并未影响《左传》的整体语言。

其次，以往学者认为属附益的材料多不确凿，而我们目前可以确认的附益包括某些预言材料、天文材料等在内，在《左传》中所占的篇幅很少。

因此，《左传》经左氏家族编纂后已基本定型，基本成形大抵不晚于战国中后期。① 如若此推论属实，那么史官家族编纂就是《左传》成文最重要的阶段，其中尤以左丘明对《左传》的立意与最初的编纂至为关键。故作为中国古典目录学集大成者的《四库全书总目》虽承认《左传》中存在后人附益的成分，但仍将左丘明定为作者：

> 《左传》载预断祸福，无不征验，盖不免从后傅合之。惟"哀公九年"称赵氏其世有乱，后竟不然，是未见后事之证也。经止获麟，而弟子续至孔子卒。传载智伯之亡，殆亦后人所续。《史记·司马相如传》中有扬雄之语，不能执是一事指司马迁为后汉人也。则载及智伯之说，不足疑也。今仍定为左丘明作，以祛众惑。②

由此，根据古书的成书规律与史官的传统，我们对《左传》成书过程的

---

① 此处可以提供一条《左传》成书年代的间接线索。我们知道，《左传》中不乏占筮史料，有些占筮明显带有预言性质，应是《左传》作者编造或从当时一些流行的预言文献中编入的。但已有学者注意到，《左传》中完全没有楚国筮例的记载，与《左传》中楚国的史料比重很不相称，更与战国竹简中所反映楚地筮占之风盛行的情况形成鲜明对比。不过，从目前发现出土的战国中后期楚地占筮类文献来看，与中原地区的占筮系统虽有差异，但不少亦颇有关联，比如贾连翔先生指出清华简《筮法》的解卦原则恰与《左传》中鲁国一则实占筮例相合。因此，存在着一种可能，由于春秋时期黄河流域与长江流域之间的联系尚不紧密，《易》等一些接受面较窄的技术类文献仅仅在北方一些特定区域内流传。于是，便出现《左传》中没有楚人引《易》记载的现象。（可参见贾连翔《新释〈左传〉一则筮例兼谈战国楚地占的来源》，《中国史研究》2016 年第 1 期；张伟《〈左传〉为何没有楚人引〈易〉的记载——兼论春秋时期文献流传之特点》，《周易研究》2017 年第 5 期）如果真是如此，那么《左传》主体成文可能在战国中后期以前。

② 永瑢等：《四库全书总目》卷二六，北京：中华书局，2008 年，第 210 页。

认识可总结如下：《左传》的早期成书离不开世代身为史官的左氏家族的共同努力。由于《左传》的创作动机及最初的编纂工作来源于左丘明，因此他被左氏后代托名为《左传》的作者。随着战国官学的下移，《左传》逐渐由史官家族体系传入民间（其中一支传予曾申一系，可参见本书第三章），后经历代的流传增改，遂成今日之《左传》。所以，在这样的理解下，左丘明作《左传》的传统说法是可以成立的。

第四节　再论《左传》与《国语》的成书关系

凡对《左传》文献的研究，必绕不开《国语》。这主要是因为传统上认为，《左传》与《国语》的作者均是左丘明，[①] 二者被合称为"《春秋》内外传"。[②] 然而，同《左传》的命运一样，《国语》一书历来亦多受质疑。其中的两个关键问题——《左传》与《国语》的作者是否为同一人？二者的成文孰先孰后？——至今仍是纷披杂陈，众口哓哓。这不仅关系到《国语》的成书问题，同样也影响到对《史记》记载《左传》可靠性的鉴定。因此，在前文明晰《左传》成书的同时，我们有必要在前人研究的基础上，重新梳理《左传》和《国语》的关系。[③]

---

① 司马迁共有四处提到《国语》。《五帝本纪赞》云："予观《春秋》《国语》，其发明五帝德、帝系姓章矣……"（司马迁：《史记》卷一，第46页）又《十二诸侯年表》载："于是谱十二诸侯，自共和讫孔子，表见《春秋》《国语》，学者所讥盛衰大指著于篇，为成学治古文者要删焉。"（司马迁：《史记》卷一四，第511页）《太史公自序》与《报任安书》云："左丘失明，厥有《国语》。"（班固：《汉书》卷六二，第2735页）

② 如王充《论衡·案书》云："《国语》，《左氏》之外传也。《左氏》传《经》，辞语尚略，故复选录《国语》之辞以实。"（黄晖：《论衡校释》卷二九，第1165页）韦昭《国语解叙》云："（左丘明）雅思未尽，故复采录前世穆王以来，下讫鲁悼智伯之诛，……以为《国语》。其文不主于经，故号'外传'。"（徐元诰：《国语集解·国语解叙》，第594页）刘知几《史通·六家》云："（左丘明）既为《春秋内传》，又稽其逸文，纂其别说，分周、鲁、齐、晋、郑、楚、吴、越八国事，起自周穆王，终于鲁悼公，别为《春秋》外传《国语》，合为二十一篇。"（浦起龙释《史通通释》卷一，第14页）在传统目录学著录中，也有称《国语》为外传者，如《隋书·经籍志》载："《春秋外传国语》二十卷，贾逵注。"（魏征等：《隋书》卷三二，北京：中华书局，1982年，第932页）

③ 关于《左传》《国语》原为一书，《左传》由刘歆割裂《国语》而来的说法在清末近代颇有影响，但后被诸多学者证实不可信，学界已达成共识，故本书不再讨论。

一　《左传》《国语》非一人所作的主要依据

以往学者推断《左传》《国语》非一人所作的依据主要有以下八个。

1. 内容不同

纵观《国语》全书内容，与《左传》并不完全一致，有的相同，有的则存在差异。自古不少学者认同一种观念，即同一作者的作品的内容应该保持一致。而《左传》和《国语》的这些差异，被他们认为恰恰是《左传》与《国语》非出自一人之手的明证。如晋傅玄云："《国语》非左丘明所作。凡有共说一事，而二文不同，必《国语》虚而《左传》实，其言相反，不可强合也。"[①] 隋刘炫"以为《国语》非丘明所作，为有此类（《国语》中的一些记史内容）往往与《左传》不同故也"。[②] 入近世以来，延续古人的怀疑之风，结合西方科学精神的传入，《左传》与《国语》的内容差异更被一些学者系统地统计、分析，由此得出《左传》《国语》是由不同作者所作的结论。[③]

2. 文体不同

人们一般惯性地认为，同一作者的行文风格及语言用词应该相同。因此，在针对《左传》与《国语》之关系的研究当中，文体亦是学者讨论的重点。[④] 在方法上，可分为两种角度。

一是比较《左传》与《国语》的文体差异，从而推断二书非一人所作。如唐赵匡以为："《左传》《国语》文体不伦，序事又多乖刺，定非一人所为也。"[⑤] 又如南宋陈振孙《直斋书录解题》认为《国语》与《左传》二书"事辞或多异同，文体也不类，意必非出一人之手也。司

---

① 见《左传·哀公十三年》孔疏。阮元校刻《十三经注疏·春秋左传正义》卷五九，第2171页。

② 见《左传·襄公二十六年》孔疏。阮元校刻《十三经注疏·春秋左传正义》卷三七，第1992页。

③ 如可参见冯沅君《论〈左传〉和〈国语〉的异点》，《新月》第7期，1928年；孙海波《〈国语〉真伪考》，《燕京学报》第16期，1934年。

④ 如姚际恒云："傅玄、刘炫、啖助、陆淳，皆以为与《左氏》文体不伦。"姚际恒：《古今伪书考》卷四，《姚际恒著作集》，台北："中央研究院"中国文哲研究所，1994年，第23页。

⑤ 陆淳：《春秋集传纂例》卷一。

马子长'左丘失明，厥有国语'，又似不知所谓"。①

二是发现《国语》诸篇文体的差异，推测《国语》本身非出自一人之手。由于《国语》各篇记事独立，互无联系，那么，在后世的流传中，插入篇章便变得十分容易，一些学者认为，能证明这一点最显见的证据便是各篇文体的差异。如钱穆先生云："余读《国语》诸篇，文体不相类，如《越语》之与鲁，《楚语》之与齐，《晋语》之与周，皆不同，其非出一手甚显。"② 故他推断《左传》《国语》同出左丘明殊不可信。此后，王树民先生亦有详细论证，甚至指明一些篇章的年代与来源："《国语》非一时一人所作，从各篇内容的不一致，也可以得到充分证明。如《周语》《楚语》《晋语》《郑语》等文多古朴，《鲁语》多记琐事而亦不同于后世之文。至《齐语》则全同于《管子·小匡》篇，殆出于战国时期稷下先生之流。《吴语》《越语》皆记夫差与勾践之事，而《越语》下则黄老家之言，此三《语》写成时代不会早于战国时期，由此可知《周语》等五部分原为各国的固有之书，流传中或遭删节，所存者基本上犹为原文；而《齐语》等三部分则出于后人补作，当日或亦有'语'之称，编书者遂并取之。"③ 这些论证带来的一个思维逻辑是，既然《国语》非出于一人之手，那么《左传》和《国语》自然不可能是同一作者所作。

3. 史料价值不同

相较于《左传》，《国语》长篇记言，务富文采，然而与之相伴的便是有些内容浮夸阔诞，并不完全纪实，甚至有虚构的故事情节存在。所以在一些人眼中，其史料价值要逊于《左传》。于是便有学者认为，《国语》荒诞矛盾与《左传》叙事严谨的反差，是出自不同作者之故，如柳宗元认为"《国语》诬淫，不概于圣"，并怀疑"越之下篇尤奇峻，而其事多杂，盖非出于左氏"。④ 又崔述云："余按《左传》之文，年月井井，事多实录，而《国语》荒唐诬妄，自相矛盾者甚多；《左传》纪事简洁，

---

① 陈振孙：《直斋书录解题》卷三，上海：上海古籍出版社，1987年，第54页。
② 钱穆：《先秦诸子系年》，北京：中华书局，1985年，第452—453页。
③ 王树民：《国语的作者和编者》，徐元诰：《国语集解·附录》，第602—603页。
④ 柳宗元：《柳宗元集》卷四五，北京：中华书局，1979年，第1328页。

措词也多体要，而《国语》文词支蔓，冗弱无骨。断不出于一人之手明甚。"①

4. 避讳

南宋黄震根据《国语》文字避汉讳，怀疑《国语》并非出自左丘明之手，其《黄氏日钞》云："今《国语》避汉讳，谓鲁庄严公，又果左丘明之作否耶？"②

5. "左丘明"之姓名

上节我们曾论及学界对"左丘明"姓氏的争论。面对《太史公自序》《报任安书》"左丘"与《十二诸侯年表》"左丘明"称法不同的疑问，学界有一种说法，即将司马迁所谓的"左丘明"一分为二，认为"左丘失明，厥有《国语》"中的"左丘"与《十二诸侯年表》中的"左丘明"并非一人。这样一来，《国语》和《左传》的作者便成了两人。不过，诸家在总体结论上虽大致相同，但在一些具体看法上则有小异。

一种观点认为，《左传》出于左氏，《国语》出自左邱氏。如叶梦得云："古有左氏、左邱氏。太史公称'左邱失明，厥有国语。'今《春秋传》作左氏，而《国语》出左邱氏，则不得为一家。"③ 近代以来，持此观点的学者亦不在少数，如梁启超《中国历史研究法（外二种）》云："左丘或称左丘明，今本《左传》，共称为彼所撰。然《史记》所称述，则彼固名丘不名丘明，仅撰《国语》而未撰《左传》。"④

另一种观点认为《国语》出自左丘氏，而《左传》作者则另有其人，"左丘明"属司马迁误记。如卫聚贤道："《史记》所说系太史公所误……以年限考察左丘明既在孔子死后五十四年纂《国语》，绝不能见到孔子而成那《左氏春秋》。太史公对此忽略过去，他在《年表》和《自序》上的记载是矛盾的。是以说《年表》所载'左丘明……成《左氏春秋》'，是太史公的所误。"⑤ "据《史记》的'左丘失明'一语看

① 崔述：《崔东壁遗书》，第395页。
② 黄震：《黄氏日钞》卷五二，元后至元刻本。
③ 朱彝尊：《经义考》卷一六九，第876页。
④ 梁启超：《中国历史研究法（外二种）》，石家庄：河北教育出版社，2000年，第21页。
⑤ 卫聚贤：《左传的研究》，《古史研究》第1集，第105页。

来，左丘系复姓而单名明。《元和姓纂》：'齐国临淄县有左丘'，是复姓左丘有其族了。左丘明既是姓左丘，其书应名《左丘春秋》，与那复姓的'公羊《春秋》'、'穀梁《春秋》'同例。而何能与那单姓的《吕氏春秋》同例，名叫《左氏春秋》哩！是左丘明与《左氏春秋》名实不符的。……是知《国语》与《左传》绝非一个人的作品。"①

6. 内容详略

内容详略也是以往学者关注的重点。

《左传》与《国语》两书相较，同记一事，常有内容详略的不同。清高崶认为，二书"时代先后不同，而篇章长短各异，似非出一人之手"。②

又有学者比对《国语》诸国史实详略，认为鲁国的内容过少，不太可能是熟知鲁史的鲁君子左丘明所作。如沈长云先生说："至于《国语》作者所属国籍，从其包含的八国之'语'的份量及具体内容分析，可以肯定它不会出于'鲁君子'之手。《国语》共二十一卷，其中《周语》三卷，《鲁语》二卷，《齐语》一卷，《晋语》九卷，《郑语》一卷，《楚语》二卷，《吴语》一卷，《越语》二卷，《晋语》的卷数几乎占全书的一半。……看来，只有晋国的后代——韩赵魏三晋之人编辑《国语》的可能性最大。"③

7. 《国语》中反映的历史事件与典章制度

和论证《左传》成书年代的思路一样，也有学者找出《国语》中被认为不符合春秋时代的典章制度，从而证明《国语》不可能为左丘明所作，于是《左传》和《国语》的作者便不可能同为左丘明。如沈长云先生说："从《国语》叙述的历史事件看，有许多确实是与孔子同时的左丘明无法看到的，一些典章制度也不是左丘明那个时代所具备的。如《晋语》谈到智伯之亡（在前 453 年，上距孔子卒已 26 年）、谈到赵襄子的谥号（襄子卒在前 425 年，上距孔子卒已 54 年），就不应是左丘明所能了解的。《国语》中也有一些预言或占卜之类，如《晋语四》中的姜氏之语：'商之享国三十一王，瞽史之纪曰唐叔之世，将如商数，今未半也。'表明《国语》之作必在晋亡之后，晋亡于韩赵魏三家分晋之年

①　卫聚贤：《左传的研究》，《古史研究》第 1 集，第 109—110 页。
②　高崶：《高梅亭读书丛抄·〈国语抄〉序》，清乾隆五十三年广郡永邑培元堂杨氏刊本。
③　沈长云：《国语编纂考》，《上古史探研》，北京：中华书局，2002 年，第 331—332 页。

（前376年），当然不可能为左丘明所及。在典章制度方面，如《周语中》提到的畿服及五等爵制，《鲁语下》提到的'三公九卿'，《晋语四》提到的'三公九卿'，《晋语四》提到的'将军'，《晋语二》提到的郡县之制，《齐语》里提到的轨、里、连、乡之制，《晋语四》提到的岁星纪年，等等，诸如此类制度，都不应存在于春秋时代。还有我们就《齐语》都鄙规划计算出来的齐国人口数，也不应是春秋时期齐国的实际情形。因此，把《国语》归于左丘明所著，对于《国语》本身就是无法说通的。"①

8. 从古籍成文规律推测

随着历代人们对古书认识不断加深，不少学者从先秦古籍成书规律的角度推测《国语》《左传》出于众人之手。这样，二者的作者就比较复杂，不可能是同一人。

如唐代啖助就从古书的命名角度，作出《国语》作者系后人假托的推测："丘明者，盖夫子以前贤人，如史佚、迟任之流，见称于当时耳，焚书之后，莫得详知，学者各信胸臆，见《传》及《国语》俱题'左氏'，遂引丘明为其人。"②

王树民先生则从先秦"语"体的流传脉络，证明《国语》非出自一人之手，不可能为左丘明所作："在春秋时期，各国的《语》还是由各国的统治者直接控制，到了战国时期，逐渐流入民间，因而有了不同的传本。把当时流传的各国的《语》集合起来，编成一书，便为《国语》，即列国之语的意思。《晋语六》记鄢陵之战共有四条，内容无大出入，惟有详略之异，是其本出同源，因传录者取舍不同而有异。可知《国语》为集合故有之资料而成书，决非出于一人之手笔。"③

还有学者从《左传》成书的角度，证明《左传》《国语》二者作者不同。如姚鼐云："太史公曰：'左邱失明，厥有《国语》'，吾谓不然。今《左氏传》非尽邱明所录，吾固论之矣。若《国语》所载，也多为《左传》采录，而采之非必邱明也。"④

---

① 沈长云：《国语编纂考》，《上古史探研》，第329—330页。
② 陆淳：《春秋集传纂例》卷一。
③ 王树民：《国语的作者和编者》，徐元诰：《国语集解·附录》，第602页。
④ 姚鼐：《惜抱轩全集·文集》卷五，第55页。

二 《左传》《国语》可能均为左氏家族所作

以上梳理了前人推断《左传》与《国语》非一人所作的主要依据。在今天看来，有些并不一定成立。

关于二书记史内容不同。事实上，根据这点推断《左传》《国语》作者不同并不可靠。因为《左传》和《国语》内容上的差异可能是史家存异的做法，如《四库全书总目》就已指出："（《国语》）中有与《左传》未符者，犹《新序》《说苑》，同出刘向，而时复抵牾。盖古人著书，各据所见之旧文，疑以存疑，不似后人轻改也。"①

另外说到《国语》各篇内容存在不同，可举《史记》的例子。我们知道，今本《史记》除少量续补篇章外，基本上可认定为司马迁所作。但是，《史记》全书也存在一些前后矛盾的地方。例如关于商末纣王残暴，箕子佯狂为奴的事件，《史记·殷本纪》认为箕子佯狂在比干死后：

> 纣愈淫乱不止。微子数谏不听，乃与大师、少师谋，遂去。比干曰："为人臣者，不得不以死争。"乃强谏纣。纣怒曰："吾闻圣人心有七窍。"剖比干，观其心。箕子惧，乃详狂为奴，纣又囚之。②

而《史记·宋微子世家》则记载箕子佯狂之后，比干才被杀：

> 箕子者，纣亲戚也。纣始为象箸，箕子叹曰……乃被发详狂而为奴。遂隐而鼓琴以自悲，故传之曰箕子操。
>
> 王子比干者，亦纣之亲戚也。见箕子谏不听而为奴，则曰："君有过而不以死争，则百姓何辜！"乃直言谏纣。纣怒曰："吾闻圣人之心有七窍，信有诸乎？"乃遂杀王子比干，剖视其心。③

《史记》中这样前后不一的例子还有很多。一般认为，这主要是司马迁依据的史料不同造成的。因此，如同不能因为《史记》内容上的矛

---

① 永瑢等：《四库全书总目》卷五一，第460页。
② 司马迁：《史记》卷三，第108页。
③ 司马迁：《史记》卷三八，第1609—1610页。

盾就否定《史记》为司马迁所作一样，我们也不能因为《国语》各篇章存在一些内容差异，就断言《国语》与《左传》为不同作者所作。

同时，我们知道，《史记》对《左传》《国语》皆有采纳。司马迁作为一名优秀的史学家，不可能没看出《国语》《左传》内容上的不同。以史家审慎的态度，他若据此产生对二书作者的怀疑，必然会说明辨别。因此在司马迁看来，《国语》与《左传》的内容差异，与二书为同一作者所作之间不存在矛盾。

关于《左传》与《国语》文体不同。实际上，同一人著写风格不同的作品并不奇怪。例如宋朝词人李清照前期词作语言清新自然，欢快美满；而其后期作品则情感沉重，苍凉悲苦。这说明作者在不同时期的文风是可以改变的。同时，文体风格也受创作主旨的影响，南宋陈造云："盖传在先秦，古书六经之亚也，纪史以释经，文婉而丽。《国语》要是传体，而其文壮，其辞奇。"① 因此，《左传》和《国语》文风的不同并不足以证明二者非出自同一作者之手。当然，还有一种可能，司马迁《太史公自序》及《报任安书》说"左丘失明，厥有《国语》"，如果左丘明是失明作《国语》，那么《国语》就应是由左丘明口述，他人代录而成。这一编著方式显然含有更多口语化的词句，故文体与更重书面化措辞的《左传》差异明显，同时也容易混入听写者自己习惯的用词，所以张以仁先生就说："因为口述人录的与亲手写成的多少有些不同，但我们却不能说不是同一人所作。"② 关于《国语》诸篇文风的不同。《国语》作为国别体语书，采用的史料素材可能来自各国的语类材料，③ 对这些原始语料素材编写、加工的程度不同，使得各篇不同程度上保留一些原始的文风，这也不足为怪。④

关于史料价值不同。其实，人们对史料价值的认识具有一定主观性，受到时代与具体情境的影响。关注的焦点不同，得出的结论也可能完全相反，比如同样也有人质疑《左传》史料的真实性，如东汉王充云："言多

① 陈造：《江湖长翁集》卷三一，明万历刻本。
② 张以仁：《论〈国语〉与〈左传〉的关系》，《张以仁先秦史论集》，第16页。
③ 可参见傅刚《略说先秦的语体与语书》，《中山大学学报》（社会科学版）2013年第5期。
④ 当然，我们并不反对《国语》中有后人窜入的篇章，但在没有明确证据之前，《国语》中有多少篇章属于后人添入仍需存疑。

怪，颇与孔子'不语怪力'相违返也。"①　又东晋范宁曰："《左氏》艳而富，其失也巫。"②　唐韩愈亦在《进学解》中称："《春秋》谨严，《左氏》浮夸。"③　甚至到了清代依然有学者批评《左传》记史的真实性，如蒋炎在为高士奇《左传纪事本末》作序中谈及《左传》："好语神怪，易致失实。"④　故从这一点上，晁公武反而认为《左传》《国语》出于同一人之手无疑："范宁曰：'左氏富而艳'，韩愈云：'左氏浮夸'，今观此书（《国语》），信乎其富艳且浮夸矣，非左氏而谁？"⑤　然而，纵然《国语》中有不少浮夸失实的地方，仍有学者肯定其价值。例如司马迁修《史记》就把《国语》作为重要的参考资料。时至今日，《国语》的史料价值也越来越受到学界的重视，⑥　愈来愈多的学者利用《国语》中的史料进行史学研究。这说明史料价值的判断具有一定的灵活性，没有绝对的标准。所以，我们不能因为《国语》过去被边缘化，就习惯性地认为《国语》的史料价值就比《左传》低。这样根据史料价值断定《左传》和《国语》关系的做法实则没有多少依据。

关于避讳。不可否认，文献中的避讳现象是判断文献成书年代的一个重要参考。然而，需要注意的是，我们现在看到避当时名讳的作品可能不一定创作于当时，也就是说，避汉讳的作品并不一定是汉人所作。例如上博简《孔子诗论》提出了"邦风"的概念。现一般认为，《诗经》"邦风"变为"国风"是汉人避刘邦名讳，将"邦"改为"国"。这说明先秦典籍中的一些避讳现象并非原有，存在流传过程中后人改换的可能。

关于"左丘明"之姓名。前文论及《左传》作者问题时已有论述，此处不复赘言。

关于内容详略。《左传》与《国语》此详则彼略，此略则彼详，只

---

①　黄晖：《论衡校释》卷二九，第 1164 页。

②　阮元校刻《十三经注疏·春秋穀梁传注疏·春秋穀梁传集解序》，第 2361 页。

③　马其昶校注《韩昌黎文集校注》卷一，第 46 页。

④　高士奇：《左传纪事本末·序》，第 2 页。

⑤　马端临：《文献通考》卷一八三，上海师范大学古籍研究所、华东师范大学古籍研究所点校，北京：中华书局，2011 年，第 5412 页。

⑥　参见卞辑《国语的史料价值》，《古籍整理研究学刊》1999 年第 5 期；陈其泰《〈国语〉的史学价值和历史地位》，《中国史研究》2015 年第 2 期。

能说明二者本是独立的著作，不足以证明二书不为同一作者所作。按三国吴韦昭《国语解叙》的说法："（左丘明）雅思未尽，故复采录前世穆王以来，下讫鲁悼智伯之诛，以为《国语》。"假如真是如此，《国语》是作为《左传》的补充而作，反而更能解释《左传》《国语》各有详略的现象。而《国语》中鲁史简略也不能说明作者不是鲁人，正如我们之前论及《左传》记载晋楚之事较多，不能证明《左传》作者不是鲁人一样。典型的反例就是，《春秋》为孔子所修，但"其事则齐桓、晋文"，并不以鲁国为详。所以，《国语》对各国史实的偏重应出于编写者的通盘考虑，包括作品的主旨、作者的喜好、各国史料的搜集等，不能简单用《国语》各篇的详略来推测作者出身于何地。

然而，前人有些理据则有一定的道理。例如赵襄子的谥号、预言事件、岁星纪年等都极可能是后世窜入的。此外，从古籍成文规律推测的方法也是值得重视的。就现今出土文献的情况来看，目前我们还没有发现一部传世的先秦古籍能在流传中保持它的原貌。尤其是像《国语》这样篇章独立的文献，可以想象，后世增修添改更加容易。因此，《国语》非一人所成从一定范围上讲是正确的。但《国语》中究竟有多少篇章属于后世作品？这是有疑问的。目前可以举出确实的例证屈指可数，那么，用仅有的几处例证来鉴别《国语》整体的成书作者未必是合理的。

实际上，我们在反思司马迁说法的同时，还应仔细思考这一说法的内在合理性。《左传》和《国语》的作者关系问题有以下七点十分值得注意。

1. 两书整体文法相似。尽管《左传》《国语》体裁、文风各不相同，但不可否认，其文法具有高度的相似性。高本汉《左传真伪考及其他》说《左传》和《国语》文法相近，像是一人所作。[1] 洪业先生更是发现《国语》有几乎与《左传》相同的文辞，他说："（《左传》）全书之布局陈辞，拈字缀句，时复酷类《国语》。"[2] 另外，陈长书曾对《国语》词汇进行了系统的研究，认为其符合战国中早期的特点，[3] 这与《左传》

---

[1] Bernhard Karlgren：《左传真伪考及其他》，第 95 页。

[2] 洪业：《春秋经传引得序》，《洪业论学集》，第 273 页。

[3] 陈长书：《〈国语〉词汇研究》，北京：中国社会科学出版社，2014 年。在前文对《左传》与其他先秦古籍的用词统计分析中，也可以发现《左传》和《国语》在用词频率上最为接近。

的词汇时代颇为相近。最近，周广干先生对《左传》和《国语》的时间副词、否定副词、连词等词语进行比较，发现两书语言习惯存在较强的一致性，在语法功能和句法分布方面的特点基本也是一致的，由此推测《左传》《国语》应出于同一学派作者之手。①

2. 两书相关内容相似。白寿彝先生作过统计，《国语》跟《左传》对看，同于《左传》者共计 92 条。② 在内容比重上，张以仁先生统计，《国语》与《左传》重出的部分在《国语》中的分量要占到 2/3。③ 近来，宁登国先生以《国语》"语"体范式为参照标准，共统计出《左传》也存在类似记言单元共 590 则，篇幅占《左传》的 2/3 强。④ 1978 年，上海师范大学古籍整理组整理校勘《国语》韦注本，以每事拟定一个小标题。以此参照，《国语》与《左传》相关题材共计 82 题。这些都指明二书内容上的相关性。总体来看，这 82 题中的差异大都是细节差异，史实的主旨没有本质差别。⑤ 而在相同点方面，《左传》和《国语》有些叙事语句非常相似，例如《左传·庄公二十三年》记载曹刿批评庄公如齐观社：

> 二十三年夏，公如齐观社，非礼也。曹刿谏曰："不可。夫礼，所以整民也。故会以训上下之则，制财用之节；朝以正班爵之义，帅长幼之序；征伐以讨其不然。诸侯有王，王有巡守，以大习之。非是，君不举矣。君举必书，书而不法，后嗣何观？"⑥

---

① 周广干：《〈左传〉、〈国语〉否定副词比较研究》，《山西大同大学学报》（社会科学版）2011 年第 1 期；《〈左传〉〈国语〉连词"若"的比较》，《广西民族师范学院学报》2012 年第 4 期；《〈左传〉、〈国语〉时间副词比较研究》，《西南交通大学学报》（社会科学版）2015 年第 4 期。

② 白寿彝：《〈国语〉散论》，《人民日报》1962 年 10 月 16 日。

③ 张以仁：《论〈国语〉与〈左传〉的关系》，《张以仁先秦史论集》，第 49 页。

④ 宁登国：《"〈左传〉原本"发覆》，《南昌大学学报》（人文社会科学版）2012 年第 3 期。

⑤ 刘知几言《左传》和《国语》"或重出而小异"（浦起龙释《史通通释》，第 14 页）。对于二者差异的细致研究，可参见张以仁《论〈国语〉与〈左传〉的关系》第二部分"同述一事而史实有差异"，《张以仁先秦史论集》，第 21 页；张居三《〈国语〉研究》第四章第二节第二部分"《国语》《左传》同记一事而有差异"，博士学位论文，东北师范大学，2008 年，第 125 页。

⑥ 阮元校刻《十三经注疏·春秋左传正义》卷一〇，第 1778—1779 页。

与之相对应可见《国语·鲁语上》：

> 庄公如齐观社。曹刿谏曰："不可。夫礼，所以正民也。是故先王制诸侯，使五年四王、一相朝。终则讲于会，以正班爵之义，帅长幼之序，训上下之则，制财用之节，其间无由荒怠。夫齐弃大公之法而观民于社，君为是举，而往之，非故业也，何以训民？土发而社，助时也。收捃而蒸，纳要也。今齐社而旅往观，非先王之训也。天子祀上帝，诸侯会之受命焉。诸侯祀先王先公，卿大夫佐之受事焉。臣不闻诸侯相会祀也，祀又不法。君举必书，书而不法，后嗣何观？"公不听，遂如齐。[①]

两相比较，《国语》与《左传》该段叙事几乎相同，诸多词句如出一辙，只是《左传》更为简洁明了。这类相似性实际上暗示，《左传》和《国语》之间，一书对另一书有过参考，或有相同的史料来源。

3. 《左传》《国语》所采史料皆迄于鲁悼公时代，俱言智伯之亡。这一巧合似乎暗指二书内容基本成形年代相近。

4. 《国语》和《左传》的窜入成分证明二书具有极大的相关性。例如《左传》和《国语》都提到了赵襄子的谥号，两书均含有诸多相似的预言材料等。此外，两书中岁星材料的相似性，也暗指它们之间存在莫大的关联。此前，我们曾论及一些学者认为《左传》中的岁星材料不是天象的真实记录，而是根据战国某一时期逆推得来。如果承认这种说法，那么拿《左传》与《国语》中的岁星记载参照，可以发现两者逆推的时间相差无几，张培瑜先生说：

> 《国语》所书岁星位置，在公元前 640 年（639.5 年）前后与天相差约 3.27 次，由 $639.5 - 3.27 \times 86.1069 = 358.23$ 可知，《国语》所书的岁星位置，大约是公元前 358 年左右的作者，根据岁星 12 年行天 1 周计算加进去的。
>
> 《左传》所书岁星位置，在公元前 538 年前后与天相差约 2.1

---

① 徐元诰：《国语集解》卷四，第 144—146 页。

次，由 538－2.1×86.1069＝357.18 可以看出，《左传》所书的岁星位置，大约是公元前 357 年左右的作者，根据岁星 12 年行天 1 周计算加进去的。①

张先生由此总结道："《国语》岁星纪事与《左传》纪事时间上可以互补。它们都与实际天象不符，皆非观测实录。有趣的是，两书与天的差失符合同一规律。"② 若该说可信，这一巧合表明《左传》和《国语》中的岁星材料似一人所为，那么至少可以推测，它们的成文很可能经过同一个人之手。

5. 《左传》《国语》中的筮例有某些共性。《左传》《国语》共记载了 24 条筮例。近年来也出土了不少楚地占筮材料，包括包山简、望山简、葛陵简、天星观简以及清华简《筮法》等。这些材料说明占筮之风在楚国颇为盛行。然而，包含丰富楚国史料的《左传》《国语》均未记载楚国的筮例，这种惊人的一致性是十分耐人寻味的。同时，通过比对发现，《左传》《国语》与这些出土的筮例材料具有不少共同的差异。③这不仅表明当时社会上存在着诸多占筮系统，而且暗示《左传》《国语》中的筮例具有某些共通性。

6. 新近公布的清华简（七）中有一篇《越公其事》的语类文献，其"首尾与《国语·吴语》《越语》所载几乎全同，所残缺的内容大都可据以补出，说明它们有共同的史料来源"。④ 不过在部分记载上，《越公其事》与《左传》明显不同，比如，《越公其事》记载大夫种行成时提到越国有"带甲八千"，而《左传》《国语》记载越国有"带甲五千"，此处《国语》与《左传》记载相合亦暗示《左传》与《国语》在文献来源上具有密切的关系。

7. 我们还可以从其他史料线索获知，《左传》《国语》作者同属左丘

---

① 张培瑜：《先秦秦汉历法和殷周年代》，第 45 页。

② 张培瑜：《先秦秦汉历法和殷周年代》，第 49 页。

③ 可参见王华平《〈左传〉和〈国语〉之筮例与战国楚简数字卦画的比较》，《考古》2011 年第 10 期；廖名春《清华简〈筮法〉篇与〈说卦传〉》，《文物》2013 年第 8期；刘震《清华简〈筮法〉与〈左传〉〈国语〉筮例比较研究》，《周易研究》2015年第 3 期。

④ 李学勤主编《清华大学藏战国竹简》（七），上海：中西书局，2017 年，第 112 页。

明的说法由来已久，不是司马迁首创。贾谊《新书》曾大篇幅征引《国语》，同时，贾谊亦作为《左传》学传承的重要人物。有学者已经注意到这一点，推测至少在西汉早期，已存在《左传》《国语》皆出自左丘明的说法。如清代董增龄道："《儒林传》载贾生治《春秋左氏传》，今又兼述《国语》，则贾生亦以《内传》《外传》之同出左氏也。"① 近来，李佳的《〈国语〉研究》也从贾谊传习二书的角度，认为左丘明纂《国语》的说法可信：

> 贾谊对《春秋》《左传》颇有研究，其治《春秋左氏传》而兼及《国语》，其弟子后人一直研习二书不辍。而从无一人对司马迁、班固等人关于《国语》为左丘明所纂的观点有所讨论，由此不难推知贾谊亦当认为《国语》为左丘明所作，贾氏一门家学以及弟子的传承为《国语》纂者的传统说法的可靠性提供了旁证。②

综合以上线索，尽管不能直接证明《左传》《国语》均出自左丘明之手，但同时满足以上七点，我们有理由相信，这不应是巧合，而是代表了相同作者说的合理性。可以说，《左传》和《国语》除左丘明之外，即便有不同作者参与，这些作者之间也可能存在某种密切的联系。

那么，在没有绝对证据推翻传统说法的情况下，如何解决现有研究与传统说法之间的矛盾？或许，结合前文对《左传》成书的认识，我们可作一个推论：《左传》和《国语》的作者存在紧密的联系，他们最有可能同是左氏族人。原因与此前论述《左传》作者相类，现简述如下。

1. 先秦古书不可避免地会有后世窜入的成分，尤其是像《国语》这样内容各自独立成篇的语体书，存在这一情况的概率和比重可能会更高一点。这一点前人在研究中已找到诸多证据，说明《国语》不太可能只是左丘明的独立作品。

2. 从史官的传承角度来看，《国语》最初编纂可能确实出于左丘明，后传其继承史官的后人进一步完善扩编成书，托名为左丘明所作。史书

---

① 董增龄：《国语正义》，成都：巴蜀书社，1985 年，第 3 页。
② 李佳：《〈国语〉研究》，北京：中国社会科学出版社，2015 年，第 53 页。

成书类似的情况历史上多见。而且，这也符合古人对古书认知的思维习惯，与传统说法并不矛盾。

3. 如果《国语》和《左传》一样，也是左氏家族集体的成果，那么，正好解释了为何《左传》《国语》整体文法相似，同时又存在些许内容差异。先秦史官的世袭传统，意味着左氏族人曾受到左氏史官家族的学术培养。这使得他们经历了数代，在编史时仍能保持家族特有的文词习惯，由此造成了《左传》《国语》二书的文法具有诸多相似性。不过，《左传》和《国语》虽同出自左氏一族，但毕竟经过不同人之手，行文文法虽容易取得一致，然而采集史料的来源、选择史料的倾向甚至学识水平难免有所不同，故二书又难以达到绝对的统一，造成不少史料重复，甚至一事异记的现象。①

4. 《左传》《国语》若皆由左氏族人所作，那么，二书在编撰中能够相互参阅自然不是难事。《国语》和《左传》内容有大量雷同的情况就可以得到很好的解释。

因此，我们认为，《国语》和《左传》一样，最初由左丘明发起编纂，后经过左氏后人扩充续编，再经抄写流传附益增改最终成书。这种推测既能解释传统说法的由来，又能释通过去人们对二书关系的怀疑，相比以往诸说，可能更符合历史背景与古书成书的规律。

三　《左传》与《国语》成书的先后

关于《左传》《国语》成书的先后，司马迁没有作明确的说明，但传统认为，左丘明是先成《左传》，后成《国语》。如东汉班彪言：

> 定哀之间，鲁君子左丘明论集其文，作《左氏传》三十篇，又撰异同，号曰《国语》，二十一篇。②

---

① 尽管《国语》内容存在不统一的现象，但可以看出，其写作是有明确的指导思想的，因而具有清晰的内在系统性。（可详见李佳《〈国语〉编纂析论》，《史林》2014 年第 2 期，后收入著作《〈国语〉研究》）这点恰好可体现左氏一族对《国语》编纂思想的传承性和一贯性。

② 范晔：《后汉书》卷三〇上，第 1325 页。

班固在《汉书》中亦言：

> 孔子因鲁史记而作《春秋》，而左丘明论辑其本事以为之传，又纂异同为《国语》。①

王充于《论衡》中云：

> 《国语》，《左氏》之外传也。《左氏》传经，辞语尚略，故复选录《国语》之辞以实。②

孙吴韦昭《国语解叙》说：

> （左丘明）雅思未尽，故复采录前世穆王以来，下讫鲁悼智伯之诛，……以为《国语》。③

东晋孔晁言：

> 左邱明集其典雅令辞与经相发明者为《春秋传》，其高论善言别为《国语》。④

唐刘知几《史通·六家》道：

> （左丘明）既为《春秋内传》，又稽其逸文，纂其别说，分周、鲁、齐、晋、郑、楚、吴、越八国事，起自周穆王，终于鲁悼公，别为《春秋外传国语》，合为二十一篇。⑤

---

① 班固：《汉书》卷六二，第 2737 页。
② 黄晖：《论衡校释》卷二九，第 1165 页。
③ 徐元诰：《国语集解·国语解叙》，第 594 页。
④ 朱彝尊：《经义考》卷二〇九，第 1071 页。
⑤ 浦起龙释《史通通释》卷一，第 14 页。

宋邢昺《尔雅》疏云：

> 左丘明既作传以解《春秋》，又采简牍以作《国语》……①

以上仅罗列一些具有代表性的论述。当然，作为历代的正统观念，历史上持相同说法者不胜枚举，他们大都认为，左丘明是先作《左传》，后将剩下的史料（或另寻史料）汇编成《国语》，以作为《左传》的史料补充。虽然古代这些学者没有深入解释二书成书先后的缘由，然而，结合历史背景，不难想象，原因可能有以下三点。

1. 与继承正统说法有关。据所见材料，汉代学者最早提出左丘明先作《左传》，后成《国语》的说法。该说长久以来一直被视为正统说法，往后学者大多只是习惯性地继承前说，对为何《左传》先于《国语》成书这一问题未加注意与深究。

2. 与司马迁的叙述有关。虽然司马迁没有明确记载《左传》《国语》成书的先后，但他提及"左丘失明，厥有《国语》"，而在叙述左丘明作《左传》时，未提及其失明，那么《左传》成书很可能在左丘明失明之前。如章太炎说：

> 《国语》之成，更在耄期，故韦昭言，"雅思未尽"，复为《国语》。太史公于左氏成《春秋》不言失明，于其成《国语》则谓在失明后，是作书次弟之可知者。②

3. 与《左传》《国语》的经学地位有关。在古代，《左传》和《国语》的学术地位自然不可等同，《国语》一直以来被视为《春秋》外传，所以，在思维惯性上，内传成文自然要早于外传。

总之，在宋以前，《左传》早于《国语》的说法根深蒂固，并无太多疑义。即便那些不赞成《左传》《国语》同出于左丘明的学者，也有认为《国语》成书晚于《左传》的。如赵匡认为，《国语》是在《左

①　阮元校刻《十三经注疏·尔雅注疏》卷六，北京：中华书局，1980年，第2607页。

②　章太炎：《春秋左氏疑义问答》，《章太炎全集》（六），上海：上海人民出版社，1986年，第252页。

传》成书之后，由左丘明的弟子门人编纂而成：

> 盖左氏广集诸国之史以释《春秋》，传成之后，盖其家弟子门人，见嘉谋事迹，多不入传十三经，或有虽入传而复不同，故各随国编之，而成此书，以广异闻尔。①

然而，北宋司马光与其父开始从史料加工的角度重新审视二书，认为《国语》的史料更为原始，是左丘明编写《左传》后的史料剩余。司马光引其父之论：

> 先儒多怪左邱明既传《春秋》，又作《国语》，为之说者多矣，皆未甚通也。先君以为邱明将传《春秋》，乃先采集列国之史，因别分之，取其精英者为《春秋传》。而先所采集之稿，因为时人所传，命曰《国语》，非邱明之本志也……②

司马光作为一位优秀的史学家，他从编史的经验出发，知道编写一部具有一定规模的史书，不可能立马挥笔成章，一蹴而就。在正式写作之前，必然要经历一个材料准备、汇总的过程。比如司马光编纂《资治通鉴》，先是网罗史料，编丛目，修长编，有了这些基础之后，才得以正式撰写《资治通鉴》正文。南宋李焘说："臣窃闻司马光之作《资治通鉴》也，先使其寮采摭异闻，以年月日为丛目；丛目既成，乃修长编。唐三百年，范祖禹实掌之，光谓祖禹：长编宁失于繁，勿失于略。今唐纪取祖禹之六百卷，删为八十卷是也。"③ 按李焘的说法，作为编纂《资治通鉴》蓝本的《资治通鉴长编》内容要比《资治通鉴》繁杂许多。以此类推，内容翔实、体系宏大的《左传》在正式编纂之前，必然有一个搜集、编排原始史料的过程。作者极可能也会事先分类编写一些史料汇编以供筛选之用。比较来看，《国语》内容与《左传》大量相关，语言却又比之繁芜，正好符合这一特点。司马光由此推测《国语》在《左传》之前已然

---

① 陆淳：《春秋集传纂例》卷一。
② 朱彝尊：《经义考》卷二〇九，第1071页。
③ 马端临：《文献通考》卷一九三，第5611页。

成文，曾是《左传》的参考文献。由于这一观点符合编史修史的一般步骤，此后得到了不少学者的支持，如李焘说："先儒或谓《春秋传》先成，《国语》继作，误矣。惟本朝司马温公父子能识之。"① 叶适也认为："《左氏》采《国语》，凡数百言者约以数十字而已。"② 清赵翼据此提出："今以其书（《国语》）考之，乃是左氏采以作传之底本耳。"③ 近人张须也说："吾检《国语》叙事与《左传》同者，大都《国语》繁芜而《左传》精实，知前者为后者之原料。"④ 近来，陈桐生先生继承前人的这一思路，以《国语》的文体和史料为出发点，从四个方面说明《国语》各篇大都成文在《左传》之前，以下摘录其主要观点：

    1.《国语》之"语"是西周春秋时期一种记载君臣治国之语的文体。各国之《语》最初可能单篇流传，战国初年某国史官把他手头上所掌握的各国之《语》按国别编为一书，遂成今本《国语》。

    2.《国语》是"编"不是"著"，是"选"不是"作"。这一点与《春秋》、《左传》等书"作"的性质有着根本区别。《国语》文章是不同时代的各国史官早就写好了的，编者只是起到选篇、编辑的作用。

    3.《国语》是"史料汇编"而不是"史"。《国语》还不够史的规格。

    4.《国语》保留了史料的原貌，编者没有对全书语言和文风做统稿、改写、加工、提炼的工作，所以它与《春秋》、《左传》字斟句酌刻意求工有所不同。⑤

根据《国语》的这些性质，陈先生认为"《国语》中只有写于战国初年的十一篇文章与《左传》有可比性，其他二百四十篇文章的写作年代都早于《左传》，由于《国语》最初是以单篇形式流行，所以它是地地道

---

① 马端临：《文献通考》卷一八三，第 5413 页。
② 叶适：《习学记言》卷一二，清文渊阁四库全书本。
③ 赵翼：《陔余丛考》卷二，栾保群、吕宗力校点，石家庄：河北人民出版社，1990 年，第 40 页。
④ 张须：《先秦两汉文论》，《国文月刊》第 51 期，1947 年。
⑤ 以上四点摘录自陈桐生《〈国语〉的性质和文学价值》，《文学遗产》2007 年第 4 期。

道的《左传》先驱之作"。①

我们认为，以上这些怀疑之说未必都能够成立，但至少为日后的研究提供了三点重要启示。

1. 传统认为，周代史料实录便有记言、记事之分，即所谓"左史记言，右史记事"。② 虽然在当今的研究中，对于周代"左史、右史"的建制尚有争议，但至少可以看出，记言体起源很早，是先秦史籍中最初的两大基本体式之一。③ 作为初步的记载，语类史料又往往是进一步编纂史书的重要原始材料。《左传》中包含丰富的人物对话与议论，这些内容极可能采集自当时流行的一些语类文献。

2. 目前出土的语类文献大都是单篇流传。以《国语》的体裁与内容特点，其各篇最初应是有不同的来源，很可能一些章节曾单独流传过，后被《国语》作者选编入书，那么这里面部分篇章的最初创作年代就有可能要先于《左传》。同时，如果按照传统的说法，左丘明是将编纂《左传》剩余的史料选编成《国语》的话，那么，左丘明为《左传》备好史料之时，也已将《国语》的史料搜集完毕。《国语》在史料搜集的时间上至少是和《左传》一致的，并不会晚于《左传》。

3. 《国语》是"选"不是"作"的观点是有道理的。《国语》在选取语类素材后，虽可能进行了编修，但是仍保持史料的原始框架，书内各篇章独立，互无关联。而《左传》则是打破各类史料的原有体裁，以时间为序，按事态发展编织在一起，因而各部分史料紧密相连，因果相承，呈现首尾贯通的历史事件。从这个角度上讲，《左传》是"作"不是"编"，而《国语》是"编"不是"作"。因此，在编史构架上，《国语》更为原始。

实质上，以上三点牵涉出一个问题：从概念上该如何界定《左传》和《国语》的成书先后？是将《国语》视为"史料汇编"，分割成独立的篇章与《左传》比较，还是将《国语》作为一部整体的史籍与《左传》对比？

如果界定为前者，那么对《国语》部分内容先于《左传》的怀疑确

① 陈桐生：《〈国语〉的性质和文学价值》，《文学遗产》2007 年第 4 期。
② 班固：《汉书》卷三〇，第 1715 页。
③ 宁登国：《"左史记言，右史记事"考辨》，《古籍整理研究学刊》2011 年第 5 期。

实不无道理。我们可以推想，《左传》和《国语》曾面对一批相同的原始语类史料。《左传》将其加工、打破原始材料的构架，穿插到自己的叙事中。而《国语》则直接将原始史料加工、选编成册。如果这一推测不虚，那么确实可以看出《国语》体裁的原始性。所以很多学者认为《国语》早于《左传》确实是合理的。然而，虽然《国语》是"编"不是"作"，但将《国语》简单地认定为史料汇编，也是有一定问题的。语类文献在流传中往往会衍生出多个版本。比如新出清华简（七）中有一篇《越公其事》的语类文献。我们发现，《越公其事》简文内容与《国语》中的《吴语》和《越语》关系密切，三者首尾词句几乎全同。但是，整理者指出，《越公其事》与《国语》有两点明显的差异："第一是对勾践求成与夫差许成分作两章来详细描写，获胜的夫差谦卑至极，被描写得像个失败者，与其他文献所载很不相同"；"第二是具体陈述了勾践励精图治过程中的'五政'"，这"五政"在《国语·吴语》中也有所涉及，但内容与简文多有不同。① 这个例子说明，尽管一些语类文献采用相同的史料，但它们不是原原本本地照搬原始材料，而是依照作者的思想倾向，经过了一些改编和润色。

另外，我们曾谈及《国语》有统一的文法，有一贯的编纂思想，有一致的叙述逻辑，这更可以说明，《国语》绝大部分篇章不是单纯的史料汇编，并不是对史料"原汁原味"地照搬，至少经过了一定的加工。

如果认定为后者，将《国语》作为整体编著的做法可能更值得肯定。不论《国语》那些独立的篇章是否采自当时现成的语类文献，作者将其加工、选编到一起，其整体无疑已构成了一部新文献。

然而，当我们知道先秦古书大都"录之者非一世"之后，比较《国语》《左传》成书年代就会变得不那么简单。倘若我们之前推测不错，《左传》和《国语》均是由左丘明发起，经左氏家族累世所作，那么，它们的成书过程很可能有重叠。且二书在基本成形后，于后世传抄中可能又有一些新内容，甚至新篇章添入，故我们很难知晓二书最终成形的精确时间，因而对其成书年代的比较缺乏行之有效的方法与实际意义。

---

① 　李学勤主编《清华大学藏战国竹简》（七），上海：中西书局，2017 年，第 112—113 页。

因此，要论证《左传》与《国语》成书的先后，首先需要确定一个既符合古书成书规律，又能够相互比较的标准。对此，以二书发起立意、开始编纂的时间为标准可能要比以二书最终成书时间为标准更合理一些。也就是说，我们在此要考虑的是左丘明编纂《左传》《国语》的先后。如果以此着眼，我们认为，传统说法是可以成立的。

第一，《国语》对原始史料加工的痕迹更为明显。在以往的研究中，我们通常只注意到文体原始性与史书成书早晚的关系，却忽视了史料加工的程度与史书成书早晚的联系。对于前者，其相关性是值得怀疑的。虽然语体较为原始，但作者完全可以对记言原始史料作进一步加工润色后再整编成书。所以，语书不一定就保留了史料的原貌，因而也并不一定比其他体裁的史书成书要早。换言之，语类史料可能为原始史料，但语书不一定是原始史料的堆积。因此，不能因为《国语》属于语书，就认为它的史料一定比《左传》更为原始，由此得出《国语》成书早于《左传》的结论。

而从史料加工程度的角度来看史书的成文先后，似乎比文体的比较更为科学。从原始史料到史书，大致会经过以下的流程（见图2-3）。

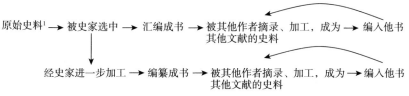

图2-3　原始史料加工成为史书的流程

从图2-3可知，对同一原始史料，史书对史料加工的程度越高，其编纂时代就可能越晚。[①]具体到某一位史家，其较晚的作品可能会比较早的作品加工明显。据此，我们比较《左传》《国语》对于相同事件的记载，发现《国语》对原始记言史料的加工程度明显要高于《左传》。例如《左传·僖公二十四年》记载富辰劝谏周襄王勿娶狄女

---

① 古史辨派的"层累"学说认为时代愈后，记载愈详细，人物愈放大。虽然后来在该说的影响下，史学界兴起了全面的疑古思潮，开始走向极端，但不可否认，这一说法有其科学性和合理性。如果从史料加工的角度去看这一理论，那么时代越晚，对同一史料的加工程度可能就会越高。

为后：

> 王德狄人，将以其女为后。富辰谏曰："不可。臣闻之曰：'报者倦矣，施者未厌。'狄固贪惏，王又启之，女德无极，妇怨无终，狄必为患。"王又弗听。①

此事亦见于《国语·周语中》：

> 王德狄人，将以其女为后。富辰谏曰："不可。夫婚姻，祸福之阶也。利内则福由之，利外则取祸。今王外利矣，其无乃祸阶乎？昔挚、畴之国也由大任，杞、缯由大姒，齐、许、申、吕由大姜，陈由大姬，是皆能内利亲亲者也。昔鄢之亡也由仲任，密须由伯姞，鄫由叔妘，聃由郑姬，息由陈妫，邓由楚曼，罗由季姬，卢由荆妫，是皆外利离亲者也。"王曰："利何如而内，何如而外？"对曰："尊贵、明贤、庸勋、长老、爱亲、礼新、亲旧。然则民莫不审固其心力以役上令，官不易方，而财不匮竭，求无不至，动无不济。百姓兆民，夫人奉利而归诸上，是利之内也，若七德离判，民乃携贰，各以利退，上求不暨，是其外利也。夫狄无列于王室，郑，伯南也，王而卑之，是不尊贵也。狄，豺狼之德也，郑未失周典，王而蔑之，是不明贤也。平、桓、庄、惠皆受郑劳，王而弃之，是不庸勋也。郑伯捷之齿长矣，王而弱之，是不长老也。狄，隗姓也，郑出自宣王，王而虐之，是不爱亲也。夫礼，新不间旧，王以狄女间姜、任，非礼，且弃旧也。王一举而弃七德，臣故曰利外矣。《书》有之曰：'必有忍也，若能有济也。'王不忍小忿而弃郑，又登叔隗以阶狄。狄，封豕豺狼也，不可厌也。"王不听。②

对比这两段材料，二书的叙述模式（王德狄人＋将以其女为后＋富辰之言＋王不听）惊人相同，不同的是对富辰之言的记载。粗略来看，《国

---

① 阮元校刻《十三经注疏·春秋左传正义》卷一五，第 1818 页。
② 徐元诰：《国语集解》卷二，第 46—49 页。

语》翔实，而《左传》简略。是《左传》提炼自《国语》，还是《国语》扩充《左传》？① 笔者认为，《左传》这段材料要比《国语》更为原始。《国语》中的富辰展现了非凡的学识，历数挚、畴、杞、缯、齐、许、申、吕、陈、鄢、密须、邬、聃、息、邓、罗、卢婚姻之事。此外，他的陈述文辞高妙，深闳杰异，段落齐整，完全不像日常的口头对话。富辰作这番逻辑连贯、精彩纷呈的言论，起码要有腹稿的时间，不可能立马作答。如果是真实临场作答的话，恐怕不可能做到如此准确清晰，言辞华丽。所以，《国语》极可能是为了增强说理的效果，作了内容上的补充和词句上的修整。② 而相对来说，《左传》记述就显得凝练平实许多，更符合真实对话情境，而《国语》对原始史料加工的痕迹甚为明显，更像是在《左传》基础上的扩充。

又如祁奚举贤，《左传》此事见于襄公三年：

> 祁奚请老，晋侯问嗣焉。称解狐，其仇也，将立之而卒。又问焉，对曰："午也可。"于是羊舌职死矣，晋侯曰："孰可以代之？"对曰："赤也可。"于是使祁午为中军尉，羊舌赤佐之。③

《国语·晋语七》亦载有祁奚举子之事：

> 祁奚辞于军尉，公问焉，曰："孰可？"对曰："臣之子午可。人有言曰：'择臣莫若君，择子莫若父。'午之少也，婉以从令，游有乡，处有所，好学而不戏。其壮也，强志而用命，守业而不淫。

---

① 刘节先生认为这段《左传》与《国语》相比，"总是《左传》文章特好。大有拿《国语》的文字修整过一番的痕迹"。刘节先生拿《左传》《国语》这两处作比对可谓目光敏锐，但是他对文辞好坏的判断仅凭主观感受，没有深入分析。见刘节《古史考存》，北京：人民出版社，1958年，第321页。

② 从目前出土资料来看，在古书成书与流传中，后人非常喜欢通过改易或增损文字、调整文句次序等手段将古书中的文句整齐化，包括文句内部的整齐化和文句间的整齐化。比如拿《老子》的郭店简本、马王堆帛书本、传世本进行比对，可发现《老子》文本在演变中，词句逐渐变得整齐划一。（参见冯胜君《二十世纪古文献新证研究》，第166—168页）我们拿《左传》与《国语》相似内容比对，明显可以发现《国语》中的人物言辞比《左传》更加整齐华丽。

③ 阮元校刻《十三经注疏·春秋左传正义》卷二九，第1930页。

其冠也，和安而好敬，柔惠小物，而镇定大事，有质直而无流心，非义不变，非止不举。若临大事，其可以贤于臣也。臣请荐所能择，而君比义焉。"公使祁午为军尉，殁平公，军无秕政。①

两相比较，《国语》对祁午的品德描述得十分详尽，而《左传》则只字未提。如果《左传》参考过《国语》，以《左传》的书写特点，对于这类反映人物品质、烘托品德教化的词句，本该重点关注，② 不可能全盘忽略，一字不书。那么，这可能有三个原因：（1）本来没有这段原始史料，《国语》为了突出德教，添加了这部分内容。（2）本来这部分原始材料十分简单，没有太多篇幅，所以被《左传》省略，后来创作《国语》时则加以扩充，用以突出祁午的品行。（3）原本作者在编辑《左传》时未搜集到这段材料，后在编纂《国语》时得以发现，将其加工润色编入《国语》。总之，不论何种情况，可以肯定，这部分内容经过《国语》作者的深度创作加工，从而能够说明《国语》确可能成文在《左传》之后。

第二，《国语》对《左传》思想的进一步补充。如《左传·僖公十一年》记载内史过预言晋惠公无后：

天王使召武公、内史过赐晋侯命。受玉惰。过归，告王曰："晋侯其无后乎。王赐之命，而惰于受瑞，先自弃也已，其何继之有？礼，国之干也。敬，礼之舆也。不敬则礼不行，礼不行则上下昏，何以长世？"③

内史过的理据在于晋惠公受命时不敬无礼，故预言其不能长世。

此事亦见于《国语·周语上》：

襄王使邵公过及内史过赐晋惠公命。吕甥、郤芮相晋侯不敬，

---

① 徐元诰：《国语集解》卷一三，第410—411页。

② 《左传》全书包含大量对人物德行的评论，这些评论是《左传》阐发自身思想的方式之一。

③ 阮元校刻《十三经注疏·春秋左传正义》卷一三，第1802页。

晋侯执玉卑，拜不稽首。内史过归，以告王曰："晋不亡，其君必无后。且吕、郤将不免。"王曰："何故？"对曰："《夏书》有之曰：'众非元后，何戴？后非众，无与守邦。'在《汤誓》曰：'余一人有罪，无以万夫；万夫有罪，在余一人。'在盘庚曰：'国之臧，则惟女众。国之不臧，则惟余一人，是有逸罚。'如是则长众使民，不可不慎也。民之所急在大事，先王知大事之必以众济也，是故被除其心，以和惠民。考中度衷以莅之，昭明物则以训之，制义庶孚以行之。被除其心，精也；考中度衷，忠也；昭明物则，礼也；制义庶孚，信也。然则长众使民之道，非精不和，非忠不立，非礼不顺，非信不行。今晋侯即位而背外内之略，虐其处者，弃其信也；不敬王命，弃其礼也；施其所恶，弃其忠也，以恶实心，弃其精也。四者皆弃，则远不至而近不和矣，将何以守国？"①

《国语》中的内史之言要详尽许多，除了"敬""礼"之外，还涉及"精""忠""信"等德行。值得注意的是，虽然《左传》重"礼"，但"忠"和"信"本在《左传》中就十分普遍，随处可见，如：

《左传·桓公六年》：季梁止之曰："……忠于民而信于神也。上思利民，忠也；祝史正辞，信也。"②

《左传·闵公二年》：羊舌大夫曰："不可。违命不孝，弃事不忠。虽知其寒，恶不可取，子其死之。"③

《左传·僖公五年》：士苪稽首而对曰："……守官废命不敬，固仇之保不忠，失忠与敬，何以事君？"④

《左传·僖公七年》：管仲曰："君以礼与信属诸侯，而以奸终之，无乃不可乎？子父不奸之谓礼，守命共时之谓信。违此二者，奸莫大焉。"⑤

---

① 徐元诰：《国语集解》卷一，第31—33页。
② 阮元校刻《十三经注疏·春秋左传正义》卷六，第1749页。
③ 阮元校刻《十三经注疏·春秋左传正义》卷一一，第1789页。
④ 阮元校刻《十三经注疏·春秋左传正义》卷一二，第1794页。
⑤ 阮元校刻《十三经注疏·春秋左传正义》卷一三，第1799页。

《左传·僖公十四年》：庆郑曰：“弃信背邻，患孰恤之？无信患作，失援必毙，是则然矣。”①

也就是说，《左传》本身对“忠”和“信”之类的品质也十分关注，如果《国语》作于《左传》之前，是《左传》的参考文本，那么，《左传》没理由删去“忠”“信”，只留下“礼”于文中。这样看来，《国语》是在《左传》思想的基础上进行了补充阐发，而不是《左传》根据《国语》进行浓缩删减，故《国语》成文理应在《左传》之后。

又比如《国语·鲁语下》：

季武子为三军，叔孙穆子曰：“不可。天子作师，公帅之，以征不德。元侯作师，卿帅之，以承天子。诸侯有卿无军，帅教卫以赞元侯。自伯、子、男有大夫无卿，帅赋以从诸侯。是以上能征下，下无奸慝。今我小侯也，处大国之间，缮贡赋以共从者，犹惧有讨。若为元侯之所，以怒大国，无乃不可乎？”弗从。遂作中军。自是齐、楚代讨于鲁，襄、昭皆如楚。②

上引《国语》记载叔孙穆子劝季武子勿要僭越作三军，其寓德于理，阐论精妙，且言语也不冗长。如果《左传》在《国语》之后，以《左传》反对僭越的思想取向，至少会采纳此处一些说法。但是在《左传》中，叔孙穆子的劝谏并未涉及这一方面：

十一年春，季武子将作三军，告叔孙穆子曰：“请为三军，各征其军。”穆子曰：“政将及子，子必不能。”武子固请之，穆子曰：“然则盟诸？”乃盟诸僖闳，诅诸五父之衢。③

因此，如果《国语》作在先，那么《左传》便是故意忽视《国语》这段说教，这恐怕也是令人费解的。故猜测可能在创作《左传》时还未搜集

① 阮元校刻《十三经注疏·春秋左传正义》卷一三，第 1803 页。
② 徐元诰：《国语集解》卷五，第 181—182 页。
③ 阮元校刻《十三经注疏·春秋左传正义》卷三一，第 1949—1950 页。

到《国语》这段史料。

第三，《国语》一些内容不能脱离《左传》存在。例如《国语·楚语上》有记载蔡声子论楚材晋用之事：

> 椒举娶于申公子牟，子牟有罪而亡，康王以为椒举遣之，椒举奔郑，将遂奔晋。蔡声子将如晋，遇之于郑，飨之以璧侑，曰："子尚良食，二先子其皆相子，尚能事晋君以为诸侯主。"辞曰："非所愿也。若得归骨于楚，死且不朽。"声子曰："子尚良食，吾归子。"椒举降三拜，纳其乘马，声子受之……①

椒举因子牟祸起牵连，流亡于郑。声子遇之，安慰他"二先子其皆相子"。二先子都指谁？为何会"皆相子"？《国语》皆未作说明。《国语》韦注"二先子"云："谓椒举之父伍参，声子之父子朝也。传曰：'楚伍参与蔡大师子朝友，其子伍举与声子相善也。'"②这里韦昭所称的"传"即为《左传》，见于襄公二十六年传文：

> 初，楚伍参与蔡太师子朝友，其子伍举与声子相善也。③

原来伍举与声子父辈交好，故声子有此言。如果没有《左传》参照，我们便无法知晓《国语》"二先子"的确切含义。这暗示《国语》作者参阅过《左传》，心中已有《左传》在先，故省去说明。同时也说明，《国语》作为《左传》"雅思未尽"的补充，阅读不能脱离《左传》。

综上，我们认为，传统的说法当是有根据的。《国语》最初是由左丘明借用了一些早先撰写《左传》所搜集的原始史料，同时又网罗了一些新史料，将其作了进一步的整理加工而成。当然，在左丘明之后，又有后人的进一步补充。虽然《国语》可能更多地保留了原始史料的体裁特征，但其创作动机与起始编纂时间要晚于《左传》。

---

① 徐元诰：《国语集解》卷一七，第488—489页。
② 徐元诰：《国语集解》卷一七，第489页。
③ 阮元校刻《十三经注疏·春秋左传正义》卷三七，第1991页。

第三章 《左传》史料来源与文本传授新证

第一节 《左传》与《系年》的文献关系

《清华大学藏战国竹简》（二）（《系年》）是一部经系统编撰的战国史著，分章记载了周初至战国初的重大史实，内容多见于《左传》。[①] 自公布以来，时贤多以二者互证来辨明史实，取得了颇丰的成果。然而，尚未有学者从文献编撰角度系统分析《系年》与《左传》的文献关系。本节将借二者的史料比对，试图窥看《左传》的史料编纂及流传。

一 《系年》非《铎氏微》

初读《系年》，从内容上很容易让人联想到它与《铎氏微》有联系。[②] 其根据来源于汉人对《铎氏微》的介绍：

> 《汉书·艺文志·春秋》记云："铎氏微，三篇。"班固自注云："楚太傅铎椒也。"[③]
>
> 《〈春秋经传集解〉序》孔疏引刘向《别录》云："左丘明授曾申，申授吴起，起授其子期，期授楚人铎椒，铎椒作《抄撮》八卷，授虞卿，虞卿作《抄撮》九卷，授荀卿。"[④]
>
> 《史记·十二诸侯年表》："铎椒为楚威王傅，为王不能尽观

---

① 见李学勤主编《清华大学藏战国竹简》（二）。
② 最早推测《系年》可能是《铎氏微》的是陈伟先生，见陈伟《不禁想起〈铎氏微〉：读清华简〈系年〉随想》，简帛网，http://www.bsm.org.cn/？chujian/5783.html，2011年12月19日。后其观点又见于《清华大学藏竹书〈系年〉的文献学考查》，《史林》2013年第1期。
③ 班固：《汉书》卷三〇，第1713页。
④ 阮元校刻《十三经注疏·春秋左传正义》卷一，第1703页。

《春秋》，采取成败，卒四十章，为《铎氏微》。"①

从汉人的著录来看，这一推测并非无据。第一，铎椒为楚太傅，《系年》为楚地简。第二，整体来看，《系年》的性质颇似教学或资政用的教材，② 这与《铎氏微》的性质和铎椒的身份相合。第三，《系年》分章简述各国历史，内容多见于《左传》，篇幅又比之简略。所以笔者初看《系年》亦觉其可能属于《铎氏微》。然而，后经细查，这一观点恐难成立。由于《铎氏微》是"抄撮"于《左传》而来，那么可以推测，其基本史事至少应与《左传》大体相同。③ 然而，细究《系年》，虽内容多见于《左传》，但与其不存在"抄撮"关系。其一，《系年》中有部分史事未见于《左传》；其二，《系年》一些历史记述与《左传》明显相异；其三，《系年》一些史事纪年与《左传》不同。为便于清晰表述，兹举例列表 3-1、表 3-2、表 3-3 如下。

表 3-1 《左传》未载史实统计

《系年》章节	《左传》未载史实
第一章	1. 《左传》未载周室"弃帝籍田" 2. 《左传》未载共伯和
第二章	《左传》未载西周灭亡经过
第三章	《左传》未载秦国先祖之记述
第四章	《左传》未载卫康叔首封地
第五章	《左传》未载楚文王北出方城威慑陈国之事
第十一章	《左传》载"宋及楚平"时只云"华元为质"，未书"以女子与兵车百乘"
第十二章	《左传》未载楚庄王会诸侯于厉之事
第十五章	《左传》未提伍之鸡
第十八章	1. 《系年》"许人乱，许公佗出奔晋，晋人罗（羅），城汝阳，居许公佗于容城"之事《左传》未载 2. 《系年》"晋与吴会为一，以伐楚，阅方城"之事《左传》未提及 3. 《系年》"晋师大疫且饥，食人"之事《左传》未载
第二十章	《左传》未载晋越会盟伐齐

① 司马迁：《史记》卷一四，第 510 页。
② 李守奎：《楚简文献中的教育与清华简〈系年〉性质初探》，复旦大学出土文献与古文字研究中心编《出土文献与古文字研究（第六辑）——复旦大学出土文献与古文字研究中心成立十周年纪念文集》，上海：上海古籍出版社，2015 年，第 301 页。
③ 笔者据此猜测，内容与《左传》雷同可能是《铎氏微》《师春》这类文献在后世失传的一个重要原因。

续表

《系年》章节	《左传》未载史实
第二十一章	
第二十二章	此三章时代在《左传》记史时代下限 27 年之后，故《左传》无载
第二十三章	

表 3-2　《左传》《系年》史实相异统计 *

《系年》章节	与《左传》相异之处
第二章	《系年》记载"（郑）庄公即世，昭公即位"，《左传》则记郑庄公之后，厉公曾一度继位
第三章	《系年》记述商邑杀三监立子庚，《左传》则记周公杀管叔而放蔡叔
第四章	《系年》与《左传》对诸侯城楚丘封卫经过的记载有异
第五章	《系年》载楚文王见息妫不忘而灭息，《左传》记楚文王听蔡哀侯一面之词而灭息
第六章	晋文公重耳流亡过程中途经的国家及先后顺序《左传》与《系年》记载有别
第七章	《系年》载楚王舍围归，居方城；《左传》载楚子入居于申
第十一章	《左传》载宋公为右盂，郑伯为左盂。《系年》与此相反（此处也有可能是传抄讹误）
第十四章	《系年》和《左传》记载郤克之言不同
第十五章	1. 《系年》说征舒是夏姬的丈夫，《左传》说他是夏姬的儿子 2. 《系年》说楚庄王取其室以予申公，连尹襄老与之争，后连尹死后司马子反又与申公争夏姬；而《左传》则言楚庄王、子反开始都想要夏姬，均被申公以利害劝止，夏姬才嫁于连尹，似乎他们之间未发生争执

　　* 《左传》与《系年》的记史内容差异也曾引起一些学者关注。可参见魏慈德《清华简〈系年〉与〈左传〉中的楚史异同》，《东华汉学》第 17 期，2013 年；朱晓海《清华简所谓〈系年〉的书籍性质》，《中正汉学研究》第 2 期，2012 年；刘全志《论清华简〈系年〉的性质》，《中原文物》2013 年第 6 期。

表 3-3　《左传》《系年》纪年差异统计

《系年》		《左传》	
章节	纪年	内容	纪年	内容
第十一章	楚穆王八年	楚穆王立八年，王会诸侯于厥貉，将以伐宋	文公十年（楚穆王九年）	陈侯、郑伯会楚子于息。冬，遂及蔡侯次于厥貉。将以伐宋
第十六章	楚共王立七年	令尹子重伐郑，为沫之师	成公六年（楚共王六年）	楚子重伐郑，郑从晋故也

续表

《系年》			《左传》	
章节	纪年	内容	纪年	内容
第十七章	（晋）平公立五年	晋乱，栾盈出奔齐	襄公二十一年（晋平公六年）、襄公二十二年（晋平公七年）	襄公二十一年：秋，栾盈出奔楚 襄公二十二年：秋，栾盈自楚适齐
第十九章	献惠王立十又一年	蔡昭侯申惧，自归于吴，吴泄庸以师逆蔡昭侯，居于州来，是下蔡	哀公二年（楚昭王二十三年）	吴泄庸如蔡纳聘，而稍纳师。师毕入，众知之。蔡侯告大夫，杀公子驷以说。哭而迁墓。冬，蔡迁于州来

　　由表 3-1—表 3-3 可知，《系年》在内容上与《左传》存在诸多差异，绝非单纯抄自《左传》，因而不大可能为《铎氏微》之类的著作。除列表所举之外，还有两点颇值得注意。第一，比之《左传》，《系年》虽然整体叙事简短，但是在某些地方，《系年》则记述了更多的细节。例如《左传·宣公十七年》记载郤克聘齐之事：

　　　　十七年春，晋侯使郤克征会于齐。齐顷公帷妇人使观之。郤子登，妇人笑于房。献子怒，出而誓曰："所不此报，无能涉河！"献子先归。[①]

与之相对应的《系年》第十四章记载此事：

　　　　晋景公立八年，随会率师，会诸侯于断道，公命驹之克先聘于齐，且召高之固曰：【简66】"今春其会诸侯，子其与临之。"齐顷公使其女子自房中观驹之克，驹之克将受齐侯【简67】币，女子笑于房中，驹之克降堂而誓曰："所不复仇于齐，毋能涉白水。"[②]

---

① 阮元校刻《十三经注疏·春秋左传正义》卷二四，第1889页。
② 李松儒：《清华简〈系年〉集释》（修订本），上海：中西书局，2022年，第200页。

从上引材料比对中我们可以发现，二者记述基本相同，语句也极为相似。不过《系年》比《左传》多了晋景公召高之固"今春其会诸侯，子其与临之"的话，使我们明白齐侯后来派高之固参加盟会的原因。因此，《系年》记述此事细节上反而比《左传》更为丰富，这是摘抄所不能做到的。

　　第二，倘若《系年》就是摘录自《左传》的《铎氏微》，奇怪的是它却很少记录鲁国之事。我们知道，《左传》以鲁国为中心叙事，虽然晋楚争霸占了绝大篇幅，但鲁国的史料也绝不在少数。然而，《系年》中甚至详细记载了郑、卫、宋之事，却没有关注《左传》中的鲁国史事。① 以《左传》为蓝本、"采取成败"的《铎氏微》会弃史料丰富的鲁国史实于不顾让人不得不怀疑。因此我们认为，《系年》和《左传》应是属不同系统的史著。②

二　《系年》与《左传》的史料关联

　　以上我们只是说明《系年》不是《铎氏微》。事实上，《系年》与《左传》绝非毫无关联，相反，在某些历史叙述上表现出惊人的相似性。首先是用词相似，例如《系年》首章载周厉王：

　　……至于厉王，厉王大虐于周，卿士、诸正、万民弗忍于厥心，【简2】乃归厉王于彘。③

　　而对应《左传》昭公二十六年记载王子朝使告于诸侯：

---

① 《系年》只在第十四章、第二十二章、第二十三章提到鲁国，其中第十四章只是简单提及"齐顷公围鲁，鲁臧孙许跖适晋求援"，而叙事的重点在于郤之克受辱复仇，而第二十二章和第二十三章已超出《左传》记史时代下限，所以，可以说《系年》对《左传》中的鲁史涉及甚少。

② 沈建华先生亦认为《系年》与《左传》属于两个系统，但她认为《系年》与《左传》属于"异本共存"的关系，虽然史料资源上有共用的地方，但史料来源属于不同系统。而笔者则认为《左传》与《系年》记史固然属于两个系统，但不能否认，它们之间有一部分史料来源是相同的。见沈建华《试说清华〈系年〉楚简与〈春秋左传〉成书》，陈致主编《简帛·经典·古史》，上海：上海古籍出版社，2013年，第165—171页。

③ 李松儒：《清华简〈系年〉集释》（修订本），第17页。

　　……至于厉王，王心戾虐，万民弗忍，居王于彘……①

　　《左传》在描述厉王时"王心戾虐，万民弗忍，居王于彘"与《系年》极为相似，甚至该段在叙述周王室时的语句结构也几近相同。

　　其次是段落结构相类，例如《系年》第五章记载楚文王灭息缘由：

　　蔡哀侯取妻于陈，息侯亦取妻于陈，是息妫。息妫将归于息，过蔡，蔡哀侯命止之，【简23】曰："以同姓之故，必入。"息妫乃入于蔡，蔡哀侯妻之。息侯弗顺，乃使人于楚文王【简24】曰："君来伐我，我将求救于蔡，君焉败之。"文王起师伐息，息侯求救于蔡，蔡哀侯率师以救息，文王败之于莘，获哀侯以归。②

　　《左传·庄公十年》载有同一件事：

　　蔡哀侯娶于陈，息侯亦娶焉。息妫将归，过蔡。蔡侯曰："吾姨也。"止而见之，弗宾。息侯闻之，怒，使谓楚文王曰："伐我，吾求救于蔡而伐之。"楚子从之。秋九月，楚败蔡师于莘，以蔡侯献舞归。③

　　对上述两处材料进行比较，我们可以发现，《系年》从"蔡哀侯取妻于陈，息侯亦取妻于陈"到"文王起师伐息"，除了个别词外，④ 陈述之文句和叙事脉络与《左传》几乎一致。

　　又如《系年》第九章记晋灵公之立：

----

① 阮元校刻《十三经注疏·春秋左传正义》卷五二，第2114页。
② 李松儒：《清华简〈系年〉集释》（修订本），第108页。
③ 阮元校刻《十三经注疏·春秋左传正义》卷八，第1767页。
④ 即便有用词差异，这些词在句子中也属于同义替换或是有补充关系，如息妫过蔡，《系年》中蔡侯说"以同姓之故"，《左传》云"吾姨也"；息妫入蔡后，《系年》说蔡侯"妻之"，《左传》用"弗宾"。从古书的流传情况来看，《左传》或许存在不同的流传版本，且在流传过程中也会存在某些词句的改变，也许先前某个版本的《左传》会与《系年》用词一致。但是即使拿现存世的《左传》与《系年》此段稍加比对，也能看出整体文句的相似性。

晋襄公卒，灵公高幼，大夫聚谋曰："君幼，未可奉承也，毋乃不能邦？犹求强君。"乃命【简50】左行蔑与随会召襄公之弟雍也于秦。襄夫人闻之，乃抱灵公以号于廷曰："死人何罪？【简51】生人何辜？舍其君之子弗立，而召人于外，而焉将置此子也？"大夫悯，乃皆背之曰："我莫命招【简52】之。"乃立灵公，焉葬襄公。【简53】①

与之相对应的《左传》：

《左传·文公六年》：八月乙亥，晋襄公卒。灵公少，晋人以难故，欲立长君……

《左传·文公七年》：穆嬴日抱大子以啼于朝，曰："先君何罪？其嗣亦何罪？舍适嗣不立，而外求君，将焉置此？"出朝，则抱以适赵氏，顿首于宣子，曰："先君奉此子也，而属诸子曰：'此子也才，吾受子之赐；不才，吾唯子之怨。'今君虽终，言犹在耳，而弃之，若何？"宣子与诸大夫皆患穆嬴，且畏逼，乃背先蔑而立灵公，以御秦师。②

《左传》叙述此事的背景、穆嬴的行为言语都与《系年》极其相似。其一，二者均记载了穆嬴抱灵公号于廷。其二，其质问大臣之言，虽个别用词有别，但词义并无二致，且句意相同，句式结构惊人相似，皆是连用三个反问句，如果《左传》《系年》这段材料不是出自同一源头，很难解释这一记述手法的相似性。

以上所举这些词句、段落结构的相似性暗示《系年》和《左传》在这些地方很可能有相似的史料来源。因为不同的人即便记述相同的事，也不可能做到连词句、段落结构都雷同。

除此之外，《系年》与《左传》在周人东迁纪年上也可能暗合。先来看《左传·僖公二十二年》的一则预言：

① 李松儒：《清华简〈系年〉集释》（修订本），第160页。
② 阮元校刻《十三经注疏·春秋左传正义》卷一九上，第1844、1845页。

初，平王之东迁也，辛有适伊川，见被发而祭于野者，曰："不及百年，此其戎乎！其礼先亡矣。"①

历代学者依《史记》纪年对辛有所述"不及百年"颇有怀疑，如杜注曰："计此去辛有过百年，而云不及百年者，传举其事验，不必其年信。"杨伯峻《春秋左传注》云："平王元年距此一百三十三年，而此言不及百年者，或辛有之言说于中叶。"② 竹添光鸿《左氏会笺》则从伊川之地聚戎已久加以调和："自平王元年至今百三十三年矣。伊川之为戎聚已久，今又迁陆浑之戎，而遂为被发之薮泽，故以是验之也。不及百年一句，伊川之有戎，了然可知，传既书伊洛之戎同伐京师于十一年，彼此相照而益明了。"③ 但这样的解释似过于迂曲，不符合《左传》编排预言的习惯。《左传》中的预言往往与前后史料有直接关联，④ 也就是说，辛有所述"不及百年，此其戎乎"指的就是"秦、晋迁陆浑之戎于伊川"之事。那么造成超33年的原因应是采用了不同的纪年。这或许可以通过《系年》第二章寻得答案：

周幽王取妻于西申，生平王，王又取褒人之女，是褒姒，生伯盘。褒姒嬖于王，王【简5】与伯盘逐平王，平王走西申。幽王起师，围平王于西申，申人弗畀，缯人乃降西戎，以【简6】攻幽王，幽王及伯盘乃灭，周乃亡。邦君诸正乃立幽王之弟余臣于虢，是携惠王。【简7】立二十又一年，晋文侯仇乃杀惠王于虢。周亡王九年，邦君诸侯焉始不朝于周，【简8】晋文侯乃逆平王于少鄂，立之

---

① 阮元校刻《十三经注疏·春秋左传正义》卷一五，第1813页。
② 杨伯峻编著《春秋左传注》，第394页。
③ 竹添光鸿：《左氏会笺》，第517页。
④ 即便是带有"初"倒叙预言，也与前后文所述史实直接相关，例如《左传·庄公二十二年》载："初，懿氏卜妻敬仲，其妻占之，曰：'吉，是谓"凤皇于飞，和鸣锵锵。有妫之后，将育于姜。五世其昌，并于正卿。八世之后，莫之与京！"'"即与前文"二十二年春，陈人杀其大子御寇，陈公子完与颛孙奔齐。颛孙自齐来奔"直接相关。因此，如若作为"此其戎乎"的证明，那么辛有的预言不应编于僖公二十二年处，猜测"秦、晋迁陆浑之戎于伊川"之前，伊川虽已有戎人杂居其间，但尚未遍及，直到僖公二十二年后，陆浑之戎入居，才使该地真正"此其戎乎"。（阮元校刻《十三经注疏·春秋左传正义》卷九，第1775—1776页）

于京师。……①

学者对上述材料的理解多存不同意见。② 其中值得重视的是，刘国忠先生指出，如果《系年》该段可以理解为周平王是在携王二十一年被杀，周无王九年之后被拥戴为王，正好可以应验辛有的预言。③ 虽然这一纪年与许多传世文献存在抵牾，其历史准确性仍待考，但这一暗合似乎可说明《系年》此章与《左传·僖公二十二年》的预言所采的纪年相同。

综上，《系年》虽然不是《铎氏微》，但其与《左传》存在诸多的相似性，④ 这或是因为它们借鉴过相同一批史料，或是一者对另一者有过参考，故而在编纂与流传上存在诸多紧密的联系。⑤

三　由《系年》看《左传》的编纂痕迹

《左传》与《系年》多借鉴有相似之史料，尽管仍有部分存在差异，但进一步比对这些史料，我们可以看出《左传》的一些编纂痕迹。如《系年》第五章与《左传》的比对：

> 《系年》第五章：蔡哀侯取妻于陈，息侯亦取妻于陈，是息妫。息妫将归于息，过蔡，蔡哀侯命止之，【简23】曰："以同姓之故，必入。"息妫乃入于蔡，蔡哀侯妻之。息侯弗顺，乃使人于楚文王【简24】曰："君来伐我，我将求救于蔡，君焉败之。"文王起师伐息，息侯求救于蔡，蔡哀侯率师以救息，文王败之于莘，获哀侯

---

① 李松儒：《清华简〈系年〉集释》（修订本），第36页。
② 苏建洲、吴雯雯、赖怡璇：《清华简二〈系年〉集解》，台北：万卷楼图书有限公司，2013年，第37—139页。
③ 刘国忠：《从清华简〈系年〉看周平王东迁的相关史实》，陈致主编《简帛·经典·古史》，第178页。
④ 这一与《左传》内容相似性在目前所见的出土文献中也只有《春秋事语》与之相比。对于《春秋事语》，亦有学者认为其与《左传》相关，如一些学者认为帛书《春秋事语》内容是由《左传》简化而来。具体可参见本书第四章。
⑤ 杨博先生也从《左传》与《系年》的文句对比中得出相同的结论。参见杨博《战国楚竹书史学价值探研》，上海：上海古籍出版社，2019年，第157—160页。

以归。①

《左传·庄公十年》：蔡哀侯娶于陈，息侯亦娶焉。息妫将归，过蔡。蔡侯曰："吾姨也。"止而见之，弗宾。息侯闻之，怒，使谓楚文王曰："伐我，吾求救于蔡而伐之。"楚子从之。秋九月，楚败蔡师于莘，以蔡侯献舞归。②

《左传·庄公十四年》：蔡哀侯为莘故，绳息妫以语楚子。楚子如息，以食入享，遂灭息。以息妫归，生堵敖及成王焉，未言。楚子问之，对曰："吾一妇人而事二夫，纵弗能死，其又奚言？"楚子以蔡侯灭息，遂伐蔡。秋七月，楚入蔡。③

前文我们已经提到，《系年》该章与《左传·庄公十年》开头部分文句几乎相同，应取自相同之史料。但仍需注意的是，而后《左传·庄公十四年》记述便与《系年》有异，④且在前面史料相似的部分《左传》称楚国国君为楚王，与《系年》一致，但在记述息侯谓文王"伐我，吾求救于蔡而伐之"之后则称楚子，这种不统一的体例，恰可以说明《左传》对此史实的记述至少采自两处史料，前段保持了与《系年》取材一致的原始面貌，尚未合《春秋》之义作修改，而后面的或是《左传》作者依经之意亲笔记述，或是采自他处史料。

除此之外，《左传》在某些史实记述上虽与《系年》有出入，但在《左传》其他地方却可寻得与《系年》相合的迹象，例如《系年》第十五章：

陈公子微舒取妻于郑穆公，是少孔。庄王立十又五年，【简74】陈公子微舒杀其君灵公，庄王率师围陈。王命申公屈巫适秦求师，得师以【简75】来。王入陈，杀微舒，取其室以予申公。连尹襄老与之争，夺之少孔。连尹止于河【简76】滩，其子黑要也又室少孔。庄王即世，共王即位。黑要也死，司马子反与申【简77】公争少

①　李松儒：《清华简〈系年〉集释》（修订本），第108页。
②　阮元校刻《十三经注疏·春秋左传正义》卷八，第1767页。
③　阮元校刻《十三经注疏·春秋左传正义》卷九，第1771页。
④　见表3-2。

盈，申公曰："是余受妻也。"取以为妻。①

此事见于《左传·成公二年》：

> 楚之讨陈夏氏也，庄王欲纳夏姬。申公巫臣曰："不可。君召诸侯，以讨罪也；今纳夏姬，贪其色也。贪色为淫。淫为大罚。《周书》曰，'明德慎罚'，文王所以造周也。明德，务崇之之谓也；慎罚，务去之之谓也。若兴诸侯，以取大罚，非慎之也。君其图之！"王乃止。子反欲取之，巫臣曰："是不祥人也。是天子蛮，杀御叔，弑灵侯，戮夏南，出孔仪，丧陈国，何不祥如是？人生实难，其有不获死乎！天下多美妇人，何必是？"子反乃止。王以予连尹襄老。襄老死于邲，不获其尸。其子黑要烝焉。②

从《系年》中可知，庄王原本将夏姬予申公，但连尹襄老与之争，夺得了夏姬。在连尹及其子黑要死后，子反又与申公争夏姬。然而，在《左传》中却是记申公先后劝服庄王、子反勿娶夏姬，最后夏姬才归于连尹，他们之间并未发生争端。不过，在《左传·襄公二十六年》所记声子劝子木让伍举回国之言中，曾提及申公争夏姬之事：

> 子反与子灵争夏姬，而雍害其事，子灵奔晋。③

这段记载明确提到子反与子灵争夺夏姬，这与成公二年的记载似有所出入，但却与《系年》相应合。从中我们可以明确两点：一是《左传》所记声子之言确实有所依据，应是取自与《系年》相同或相似之史料；二是《左传》对一些事件的记述确实是采自不同的史料。

　　总之，通过上述《系年》与《左传》的对比，我们可以更清晰地看到《左传》中一些史料的加工迹象和前后非一致的编纂痕迹。根据《系年》这些线索，我们推断，《左传》中有些异文可能虽非历史真

---

①　李松儒：《清华简〈系年〉集释》（修订本），第212页。
②　阮元校刻《十三经注疏·春秋左传正义》卷二五，第1896页。
③　阮元校刻《十三经注疏·春秋左传正义》卷三七，第1991页。

相，但也绝非凭空杜撰，而可能是取自不同史料，于文献上应是信而有征的。

四 《系年》与《左传》作史的思想差异

《左传》与《系年》中的诸多史料虽颇有关联，但即便曾面对一批相同之史料，在叙事中也体现出不同的思想倾向。

第一，《系年》主体作为以楚文字书写的史书，虽也可能采自多处史料，[①] 但经过了作者统一编纂，记史通常站于楚人的立场。这首先体现在词句上，例如《系年》通篇称楚国国君为楚王，即便是《左传》中所记的郏敖，在《系年》第十八章中也被称为孺子王。[②] 而《左传》则如上文已有所提，对楚国国君有时依《春秋》称楚子，有时称楚王，似乎还保留着不同史料的原貌。此外，陈伟先生已指出，《系年》在楚国国君交替方面，通常写作某王"即世"，某王"即位"，对晋国国君去世则多称"卒"，这应是作者持楚国立场自觉或不自觉的表露。而可以发现，在《左传》中，一些国君去世也用"即世"：

> 《左传·成公十三年》：夏四月戊午，晋侯使吕相绝秦，曰："昔逮我献公，及穆公相好，戮力同心……献公即世，穆公不忘旧德……文公即世，穆为不吊，蔑死我君，寡我襄公……穆、襄即世，康、灵即位……言誓未就，景公即世，我寡君是以有令狐之会。"

---

① 《系年》不止用楚国纪年，共有六章采用晋国纪年。即第七章、第八章、第十四章、第十七章、第十八章、第二十章。此外，对楚国国君之前也带"楚"，而以鲁国为立场的《左传》对鲁君的称谓省去国名，称鲁国时称"我"，如《左传》开篇隐公元年即有："仲子生而有文在其手，曰为鲁夫人，故仲子归于我。"这些迹象暗示《系年》部分史料非楚人创作，而可能是采自不同史料汇编而来。

② 在周人观念里，楚君往往被称为楚子，如周原甲骨 H11·83：曰今秋楚子来告父后□。（曹玮：《周原甲骨文》，北京：世界图书出版公司，2002 年，第 63 页）周初也有楚人自称楚子的现象，如 2011 年于随州叶家山出土的荆子鼎。（见湖北省文物考古研究所、随州市博物馆：《湖北随州叶家山西周墓地发掘简报》，《文物》2011 年第 11 期）这可能是楚人还处于文明未发展的阶段，也可能是楚人受赏后为取悦周人所作。但自西周晚期，可能为昭王南征之后，楚国国君便不再自称子，或称公，如楚公逆镈、楚公象钟、楚公象戈等，而自文王后，楚君便僭越称王，如楚王领钟，楚王酓章钟等，均称楚王，另外楚简中也都称国君为王，如望山简中的"柬（简）大王""圣（声）王"，包山简中的"荆王""武王"，皆如此。从这些出土文献的印证来看，楚人在春秋战国时确实不会自称国君为楚子。

《左传·襄公二十九年》：裨谌谓曰："……子西即世，将焉辟之？天祸郑久矣，其必使子产息之，乃犹可以庶。不然，将亡矣。"

《左传·昭公十九年》：子产不待而对客曰："……平丘之会，君寻旧盟曰：'无或失职。'若寡君之二三臣，其即世者，晋大夫而专制其位，是晋之县鄙也，何国之为？"

《左传·昭公二十六年》：王子朝使告于诸侯曰："……昔先王之命曰：'王后无适，则择立长。年钧以德，德钧以卜。'王不立爱，公卿无私，古之制也。穆后及大子寿早夭即世，单、刘赞私立少，以间先王，亦唯伯仲叔季图之！"①

从《左传》的人物用词来看，"即世"似是一个褒义词。然而《左传》却没有一处用于楚王，相反，对楚王逝世则往往用"卒"：

《左传·宣公十八年》：楚庄王卒。楚师不出，既而用晋师，楚于是乎有蜀之役。

《左传·成公二年》：宣公使求好于楚。庄王卒，宣公薨，不克作好。

《左传·襄公十三年》：秋，楚共王卒。

《左传·襄公二十八年》：及汉，楚康王卒。

《左传·昭公二十六年》：九月，楚平王卒。②

由上可见，《左传》在此事立场上是与《系年》不同的。这种立场的不同不仅反映在词汇上，有时也体现在史实的叙述上。如《系年》第十六章：

楚共王立七年，令尹子重伐郑，为泝之师。晋景公会诸侯以救郑，郑人止郧公仪，献【简85】诸景公，景公以归。一年，景公欲

---

① 阮元校刻《十三经注疏·春秋左传正义》卷二七、三九、四八、五二，第1911—1912、2009、2087—2088、2114—2115页。
② 阮元校刻《十三经注疏·春秋左传正义》卷二四、二五、三二、三八、五二，第1890、1897、1954、2001、2113页。

与楚人为好，乃脱郧公，使归求成，共王使郧公聘于【简86】晋，且许成。景公使籴之茷聘于楚，且修成，未还，景公卒，厉公即位。共王使王【简87】子辰聘于晋，又修成，王又使宋右师华孙元行晋楚之成。明岁，楚王子罢会晋文【简88】子燮及诸侯之大夫，盟于宋，曰："弭天下之甲兵。"明岁，厉公先起兵，率师会诸侯以伐【简89】秦，至于泾。共王亦率师围郑，厉公救郑，败楚师于鄢。厉公亦见祸以死，亡后。【简90】①

此章主要记载晋楚弭兵之会，从《系年》的叙述来看，从楚共王先使郧公许成，再使王子辰又修成，最后使宋右师华孙元行晋楚之成。这些史实都着重刻画楚国对召开弭兵之会的不竭努力，其后又记述："明岁，厉公先起兵，率师会诸侯以伐秦，至于泾。共王亦率师围郑，厉公救郑，败楚师于鄢。厉公亦见祸以死，亡后。"这给人的感觉是，作者把弭兵之会的毁盟归罪于晋，且晋君最后也尝到了恶果。但在《左传》记述中却无此倾向，成公十一年陈述晋楚之合则是为突出宋国华元的贡献：

> 宋华元善于令尹子重，又善于栾武子。闻楚人既许晋籴之茷成，而使归复命矣。冬，华元如楚，遂如晋，合晋、楚之成。②

而且，《左传》把晋国先起师的责任归咎于秦，见同年传：

> 秦、晋为成，将会于令狐。晋侯先至焉。秦伯不肯涉河，次于王城，使史颗盟晋侯于河东。晋郤犨盟秦伯于河西。范文子曰："是盟也何益？齐盟，所以质信也。会所，信之始也。始之不从，其何质乎？"秦伯归而背晋成。③

随后，《左传·成公十三年》记载了众所周知的吕相绝秦之言，这更是

---

① 李松儒：《清华简〈系年〉集释》（修订本），第230页。
② 阮元校刻《十三经注疏·春秋左传正义》卷二七，第1910页。
③ 阮元校刻《十三经注疏·春秋左传正义》卷二七，第1910页。

站在晋国的立场历数秦之罪责。从该事的记述可见，《系年》与《左传》的立场迥然有别。

第二，除晋楚史事之外，《左传》与《系年》两周之交的史事记述也存在思想差异。如对携王的态度，《系年》主要为史实的条陈，并未对携王有直接褒贬：

> 周幽王取妻于西申，生平王，王又取褒人之女，是褒姒，生伯盘。褒姒嬖于王，王【简5】与伯盘逐平王，平王走西申。幽王起师，围平王于西申，申人弗畀，缯人乃降西戎，以【简6】攻幽王，幽王及伯盘乃灭，周乃亡。邦君诸正乃立幽王之弟余臣于虢，是携惠王。【简7】立二十又一年，晋文侯仇乃杀惠王于虢。周亡王九年，邦君诸侯焉始不朝于周，【简8】晋文侯乃逆平王于少鄂，立之于京师。……①

不过，从《系年》字里行间透露的信息来看，邦君、诸正所立的携王也并非得位不正。然而，在《左传·昭公二十六年》里，借王子朝之言，对携王的描述不仅隐去了邦君、诸正拥立的信息，而且还带有贬义色彩：

> 王子朝使告于诸侯曰：“昔武王克殷……携王奸命，诸侯替之，而建王嗣，用迁郏鄏……”②

从上述比对可见，与《系年》不同，《左传》对携王的贬低更多的是宣扬平王为正统的观念。

第三，《左传》与《系年》的思想差异还体现在人物形象的刻画上，即《左传》比《系年》有更多褒贬评论。如前文所引，《左传》对申公的描绘非常具有传奇色彩。庄王伐陈获夏姬，申公巫臣先以德行说服庄王，再以利害劝服子反，这都着重刻画其睿智的形象，但这之中却只言不提申公与他人的争斗。而《系年》则不然，直言巫臣先与连尹襄老

---

① 李松儒：《清华简〈系年〉集释》（修订本），第36页。
② 阮元校刻《十三经注疏·春秋左传正义》卷五二，第2114页。

争，之后又与子反争。若从现实人性层面而言，《系年》所记史实似更具可信性。而《左传》则刻意塑造了申公独特的形象，显然这与《系年》语境是有相当差别的。

此外，我们注意到，《系年》与《左传》均载有一些与女子相关的祸乱史实，不过，从《系年》的叙述来看，这些祸乱的发生完全是由当权者引起的，《系年》并未责怪于这些女子，然而《左传》的叙事倾向则明显与之相反，对这些女子多加贬低，颇有红颜祸水之意。如《左传·成公二年》借巫臣之言描述夏姬：

> 是不祥人也。是夭子蛮，杀御叔，弑灵侯，戮夏南，出孔仪，丧陈国，何不祥如是？①

又如郤克伐齐之事，有关事情的起因，如前文所述，《系年》与《左传》几乎完全相同，但在结论上，《系年》中的郤克之言只是单纯夸耀自己的功绩：

> 明岁，齐顷公朝于晋景公，驹之克走援齐侯之带，献之景公，曰："齐侯之来也，【简72】老夫之力也。"【简73】②

而《左传》则强调是妇人挑起事端：

> 齐侯朝于晋，将授玉。郤克趋进曰："此行也，君为妇人之笑辱也，寡君未之敢任。"晋侯享齐侯。齐侯视韩厥，韩厥曰："君知厥也乎？"齐侯曰："服改矣。"韩厥登，举爵曰："臣之不敢爱死，为两君之在此堂也。"③

以上可见，《左传》通过郤克之口把齐侯朝晋的结局直接归咎于先前妇人之辱。

---

① 阮元校刻《十三经注疏·春秋左传正义》卷二五，第1896页。
② 李松儒：《清华简〈系年〉集释》（修订本），第200页。
③ 阮元校刻《十三经注疏·春秋左传正义》卷二六，第1901页。

　　综上所述，虽然《左传》与《系年》有相当一部分内容取材于相同史料，但叙事笔法的不同使它们形成了不同的思想体系。同时，《左传》对史事细节的记述及对人物褒贬比《系年》更加丰满，这不仅使《左传》成为一部成熟之史著，而且使之具有同时期史著没有的经学内涵（详见第四章）。

五　从《系年》看《左传》史料与楚国之关系

　　以上简要分析了《左传》与《系年》在史料采撷与编纂上存在的关联与异同。而这一比对视角更加深了我们对《左传》成书及流传方面的认识。

　　关于《左传》的成书作者，传统观点认为为左丘明所作。但自唐代赵匡开始，不断有学者怀疑《左传》非鲁人左丘明所作。其中，有一种观点颇值得关注，即有不少学者认为《左传》为楚人所作。如郑樵《六经奥论》认为《左传》作者是战国时的楚国人，朱熹认为是楚左史倚相之后。这些说法虽不能说言之凿凿，但都道出了《左传》与楚国之密切联系。

　　其实，《左传》与楚国的关系，若我们仔细分析刘向《别录》的记载便可见端倪：

> 　　《〈春秋经传集解〉序》孔疏引刘向《别录》云："左丘明授曾申，申授吴起，起授其子期，期授楚人铎椒，铎椒作《抄撮》八卷，授虞卿，虞卿作《抄撮》九卷，授荀卿。"①

上述流传世系有一点颇值得寻味，从左丘明、吴起、子期、铎椒到荀子，这五个人至少有三个人有明文记载与楚国密切相关。② 当然，对于这个世系，一些学者是有异议的。不过，首先需肯定，唐时刘向《别录》尚在流行，所以孔疏所引的《别录》应是不假。否则，以当时《五经正义》官方推广的普及程度，不可能没有学者提出异议。那么，对于这个

---

① 阮元校刻《十三经注疏·春秋左传正义》卷一，第 1703 页。
② 铎椒是楚太傅自不必说。吴起自魏奔楚，为楚悼王变法强兵；荀子晚年居兰陵讲学，于楚政治学术均有巨大影响。

世系的源头就有两种可能，或是刘向确有根据所书，或是出于本人的推测，但即便出自后一种情况，可能也是有所理据的。因为刘向校中秘书，亲眼见过《铎氏微》，看到二者的繁简抄撮关系，即便以此妄测铎椒传《左传》并将其编入谱系，但至少可以说明，在铎椒时代，《左传》或《左传》中的原始素材于楚地已颇为流行。

如今，清华简《系年》的公布使得这一推论更加确实。其很多内容与《左传》几乎完全相同，甚至词句段落也极为相似，这些内容应与《左传》有共同的史料来源。不少学者根据《系年》取材年代的下限、国君谥号的缺载、字体书写的特征，推断《系年》最可能成文于楚肃王时期。[①] 从这一共识来看，《系年》的创作时间大约在吴起之后，此时《左传》当已完成家族编纂阶段，流传至民间。另外，有学者指出，《系年》包含不少晋系文字，[②] 其部分史料很可能承自三晋之地，但同时，我们又注意到，《系年》很多地方以楚国立场叙事，这意味着《系年》很可能是于楚地创作的。根据这些线索，《系年》的创作很可能与《左传》或《左传》史料流传至楚有关（详参本章第四节）。

不过，我们也应注意到，《系年》与《左传》的关系，并非《左传》与《铎氏微》这样的抄撮关系。从对比中，可以发现，《左传》即便记载一件事，可能也会有多种史料来源，这便进一步加深了我们对《左传》成书过程的认识。

另外，《左传》与《系年》在一些相同史料的编纂处理上，也存在思想倾向的不同，这使得二者记史旨趣不尽相同。《系年》注重宏观局势、国际关系，而现今所见的《左传》则更注重人事德行，包含深厚的儒家思想。从宏观上来看，二者之异同，一方面体现出一些春秋史料素

---

① 李学勤：《〈系年〉出版的重要意义》，《邯郸学院学报》2011 年第 4 期；李学勤：《从〈系年〉看〈纪年〉》，《光明日报》2012 年 2 月 27 日；李学勤：《清华简〈系年〉解答封卫疑谜》，《文史知识》2012 年第 3 期；浅野裕一：《史书としての清华简〈系年〉の性格》，《出土文献から见た古史と儒家经典》，东京：汲古书院，2012 年；陈伟：《清华大学藏竹书〈系年〉的文献学考察》，《史林》2013 年第 1 期；郭永秉：《清华简〈系年〉抄写时代之估测——兼从文字形体角度看战国楚文字区域性特征形成的复杂过程》，《文史》2016 年第 3 期；黄儒宣：《清华简〈系年〉成书背景及相关问题考察》，《史学月刊》2016 年第 8 期。

② 李守奎、肖攀：《清华简〈系年〉文字考释与构形研究》，上海：中西书局，2015 年，第 294—299 页。

材在楚国上层已广为流行，另一方面则凸显出《左传》为阐述《春秋》经义特殊之编撰手法。

综上，《左传》《系年》属于两个体系的史著，但于楚地书写的《系年》与《左传》在编纂上有着紧密联系。厘清它们之间的编纂关系，对我们了解《左传》成书过程及流传有着重大意义，而这无疑值得我们进一步探究。

第二节　马王堆帛书《春秋事语》与先秦汉初《左传》学的发展

1973 年，湖南长沙马王堆汉墓出土了大量帛书，整理出一部记载春秋史事的文献。此书抄在幅广约 23 厘米的帛上，现存字 97 行，每行字数多在 30 个到 35 个之间。根据每章提行另起的抄写格式，全书可分为十六章。该书原无标题，因所记之事皆春秋时代史事，每事均含人物评论，故整理者将其定名为《春秋事语》（简称《事语》）。释文最初发表于《文物》1977 年第 1 期。裘锡圭先生组织团队对其进行了重新整理，收录在中华书局 2014 年出版的《长沙马王堆汉墓简帛集成》中，该书又于 2024 年作了全面修订。自 1977 年公布以来，学界对《事语》的文本性质，尤其是对其与《左传》的关系，展开了激烈的讨论，提出了各自不同的见解，故而这一问题时至今日仍大有可商榷之处。本书尝试在以往研究的基础上，对《事语》与《左传》的关系作一系统分析，继而透过这二者的关联窥探《左传》学在先秦汉初的发展。

一　《事语》的性质及其与《左传》的关系

关于《事语》的文献性质，学界主要有四种观点。

一是认为帛书《事语》成书晚于《左传》，属于《左传》系统。例如李学勤、吴荣曾先生均撰文认为《事语》是由《左传》简化而来的，为早期《左传》学的正宗作品；① 张政烺、裘锡圭先生则推断，

---

① 　李学勤：《帛书〈春秋事语〉与〈左传〉的传流》，《古籍整理研究学刊》1989 年第 4 期；吴荣曾：《读帛书本〈春秋事语〉》，《文物》1998 年第 2 期。

这部帛书可能是《汉书·艺文志》所载《铎氏微》一类的著作或其摘抄本。①

二是认为《事语》成书早于《左传》。如徐仁甫先生认为叙事详尽的材料要晚于叙事简略的材料，因而主张在年代上，《事语》在先，《左传》在后，《事语》是刘歆伪作《左传》的重要来源。② 另外，王莉、李建军等学者则以《事语》记事较《左传》原始，论证《左传》晚出于《事语》。③

以上两类观点均着眼于《事语》与《左传》的相似性，承认二者的密切关系，不过却在成书孰先孰后上产生了分歧。

三是注意到了《事语》与《左传》的相异之处，认为《事语》属于独立的古书。如唐兰先生指出，《事语》不属于《左传》系统而为另一本古书，他怀疑《事语》即《汉书·艺文志》中的《公孙固》。④

四是看到了《事语》与《国语》的文体相似点，据此推测《事语》属于《国语》的选本。如刘伟认为"帛书《春秋事语》与《国语》编撰主旨和撰构手法不惟形似，亦具有神似之处。帛书本《春秋事语》极有可能是古本《国语》的一种选本"。⑤

可以发现，以上四种观点的论证思路实质上是一致的，皆是将《事语》与另外一种相关文献（主要是《左传》和《国语》）进行比对。然而，学者关注的焦点不同，使之最终得出迥异的结论。那么，诸家观点孰是孰非？我们认为，倘若要深入剖析这一问题，需要首先确立界定文献之间相关性的标准。在以往的宏观研究中，刘娇博士曾将西汉以前古籍中相同或类似内容重复出现的现象总结为四种情况。其中，她认为重复篇章、相似段落语句这两种情况可认定为文献之间具有同一来源，或

---

① 张政烺：《〈春秋事语〉解题》，《文物》1977 年第 1 期；裘锡圭：《帛书〈春秋事语〉校读》，《湖南省博物馆馆刊》2004 年第 1 期。

② 徐仁甫：《马王堆汉墓帛书〈春秋事语〉和〈左传〉的事、语对比研究——谈〈左传〉的成书时代和作者》，《社会科学战线》1978 年第 4 期。

③ 见王莉《〈春秋事语〉研究二题》，《古籍整理研究学刊》2003 年第 5 期；李建军《帛书〈春秋事语〉考论》，《图书馆理论与实践》2006 年第 5 期。

④ 《座谈长沙马王堆汉墓帛书》，《文物》1974 年第 9 期。

⑤ 刘伟：《马王堆帛书〈春秋事语〉性质论略》，《古代文明》2010 年第 2 期。

具有承袭关系。① 借此思路，具体到对《事语》的分析，应至少包括两个层面的比对：②（1）《事语》与先秦其他相似文献内容相合度的比对。这包括记载事件的时间、地点、人物、评论等要素，即记载同一事件要素相同，意味着它们很可能最初来源相同；相反，若这些要素存在差异，表明它们之间可能有不同来源，非抄本关系。（2）《事语》与先秦其他相似文献段落词句的比对。应该说，两种文献事件要素相同并不代表它们之间有直接的摘抄关系，而叙事的遣词造句往往带有作者独有的特征，两种文献记载同一事，若段落词句相似或雷同，可说明二者很可能存在袭用的关系。以上两点过去学者也都或多或少有所涉及，但往往只侧重于其中一个方面，现今我们对这两个方面作了更为全面的统计分析。首先，事件要素的异同，可见表 3-4。

表 3-4　《事语》与各书内容要素比对

《事语》章节	对应先秦文献	内容差异
一、杀里克章	《左传·僖公十年》《国语·晋语三》	《事语》多人物议论
二、燕大夫章		未见传世古书记载
三、韩魏章	《战国策·赵策一》《左传·哀公二十七年》《国语·晋语九》《韩非子·十过》	传世记载中未有□赫
四、鲁文公卒章	《左传·文公十八年》	
五、晋献公欲得随会章	《左传·文公十三年》《韩非子·说难》	1.《事语》误将晋灵公记成晋献公 2.《事语》评论者之言为他书所无
六、伯有章	《左传·襄公二十九年》《左传·襄公三十年》	《事语》多闵子辛之论

---

① 刘娇：《西汉以前古籍中相同或类似内容重复出现现象的研究——以出土简帛古籍为中心》，博士学位论文，复旦大学，2009 年。

② 之前有学者曾把文体的相似性也视作文献间彼此承袭的证据，例如他们认为，《事语》和《国语》均属于语体，彼此叙事结构极其相似，故《事语》与《国语》应存在直接的关系。实际上，这种思路并不可取。因为文体相似的文献之间也可能没有特殊的关系，比如清华简《系年》的整理者指出，其体裁近于《竹书纪年》，但显然，它们彼此属于独立的体系；而文体不相似的文献，也可能存在抄袭的关系，例如我们知道，高士奇的《左传纪事本末》是抄袭、改编自《左传》，但它已属于纪事本末体，与《左传》的编年体已然不同。

《事语》章节	对应先秦文献	内容差异
七、齐桓公与蔡夫人乘舟章	《左传·僖公三年》《左传僖公四年》《韩非子·外储说左上》	《事语》多士说的议论
八、晋献公欲袭虢章	《左传·僖公二年》《公羊传·僖公二年》《穀梁传·僖公二年》	
九、卫献公出亡章	《左传·襄公二十六年》《左传·襄公二十七年》	
十、吴人会诸侯章	《左传·哀公十二年》	
十一、鲁桓公少章	《左传·隐公元年》《左传·隐公十一年》《公羊传·隐公四年》	《事语》多闵子辛之言
十二、长万章	《左传·庄公十一年》《左传·庄公十二年》《公羊传·庄公十二年》	《事语》多某人评论
十三、宋荆战泓水之上章	《左传·僖公二十二年》《公羊传·僖公二十二年》《穀梁传·僖公二十二年》《韩非子·外储说左上》	《事语》多士匽评论
十四、吴伐越章	《左传·襄公二十九年》	
十五、鲁庄公有疾章	《左传·庄公三十二年》《左传·闵公二年》	《事语》多闵子辛评论
十六、鲁桓公与文姜会齐侯于乐章	《左传·桓公十八年》《管子·大匡》	

从表3-4统计中可见，《事语》记载之事虽大都见于传世文献，但也包含一些我们之前从未闻见的内容，例如第二章，不见任何传世古书记载，因此总体上，《事语》并非单纯是这些传世文献的摘抄本。具体到《事语》与《左传》的比对，可以看到，《事语》不少内容要比《左传》丰富，可分为三种情况：（1）《事语》记载之事为《左传》所无，例如第二章；（2）《事语》记载之人物为《左传》所无，如第三章；（3）《事语》所载当时之评论为《左传》所无，如第十三章。由于《铎氏微》《左氏微》《张氏微》这些属于《左传》系统的文献本是摘抄《左传》而来，虽有可能比《左传》多一些抄撮者的阐释，但可以确定，史料内容应简化于《左传》。故从这一点上看，《事语》的内容特点与此类文献并不相同。

其次，《汉书·艺文志》中《左氏微》《铎氏微》等文献书名中"微"的含义，颜师古注曰"微为释其微指"。① 对此，张舜徽先生言《铎氏微》道：

> 《左传》文繁事富，楚王不能尽观，故铎椒先为节删之本，后又为释其微旨以授之，此本两事也。钞撮者必取之原书，不能多割弃；解说者但申明己意，取辞达而止。②

张先生的说法是很有道理的。也就是说，《铎氏微》的内容，不仅有抄撮自《左传》的史料，很可能也包含一些铎椒"申明己意"的解说。那么，若《事语》即《铎氏微》，奇怪的是，其间出现了大量的人物评论，却没有铎椒自己的言论，这显然与《铎氏微》的特征是相矛盾的。因此，综合这两点，《事语》不太可能是《铎氏微》，同理当然也不大会是《左氏微》《张氏微》《虞氏微传》这类文献。

另外，在段落词句上，《事语》与相关传世文献多有雷同，尤其是很多地方与《左传》极为相似，现列表 3-5（相似语句部分用粗体标示）说明。

表 3-5　《事语》与各书相似段落比对

《事语》章节	相似段落摘录	对应先秦传世文献	相似段落摘录
四、鲁文公卒章	其宰公襄目人曰："入必死。"【惠伯】曰："入死，死诸君命也。"……□□☑入，东门襄仲杀而狸（埋）□路□□中	《左传·文公十八年》	仲以君命召惠伯。其宰公冉务人止之，曰："入必死。"叔仲曰："死君命可也。"公冉务人曰："若君命可死，非君命何听？"弗听，乃入，杀而埋之马矢之中

---

① 班固：《汉书》卷三〇，第 1715 页。李零先生认为"微"类文献不一定指微言大义，他怀疑此类"抄撮"之作是以杂抄的故事来阐发隐微。（李零：《兰台万卷：读〈汉书·艺文志〉》，北京：三联书店，2011 年，第 45 页）那么，既然是阐发义理，便很可能带有一些作"微"者自己的阐释。

② 张舜徽：《广校雠略 汉书艺文志通释》，武汉：华中师范大学出版社，2004 年，第 225 页。

续表

《事语》章节	相似段落摘录	对应先秦传世文献	相似段落摘录
五、晋献公欲得随会章	晓朝赠之以□□□□:"吾赠子,子毋以秦□□人,吾谋实不用□"	《左传·文公十三年》	秦伯曰:"若背其言,所不归尔帑者,有如河。"乃行。绕朝赠之以策,曰:"子无谓秦无人,吾谋适不用也。"既济,魏人噪而还
六、伯有章	郑伯有☑是杀我也	《左传·襄公二十九年》	郑伯有使公孙黑如楚,辞曰:"楚、郑方恶,而使余往,是杀余也"
七、齐桓公与蔡夫人乘舟章	齐桓公与蔡夫人乘舟。夫人荡舟,禁之,不可,怒而归之,未之绝,蔡人嫁之	《左传·僖公三年》	齐侯与蔡姬乘舟于囿,荡公。公惧,变色。禁之,不可。公怒,归之,未绝之也。蔡人嫁之
		《韩非子·外储说左上》	蔡女为桓公妻,桓公与之乘舟,夫人荡舟,桓公大惧,禁之不止,怒而出之
八、晋献公欲袭虢章	晋献【公】欲袭虢,荀叔【曰】:"君胡不【以】屈产之乘与垂棘璧假道于虞?"公曰:"是吾宝【也】,且宫之柯在焉,何益。"对曰:"☑宫之柯为☑且长于君前,其势又卑。夫位下而心懦□□□□也。不敢尽而☑其达不见荐言,是不见亡之在一邦之后而眷在耳目之前,夫☑果以假道焉。"宫之柯□曰:"不可。夫晋之使者币重而辞卑,□☑□□□□有兼□□□。"【弗】听,遂受其□而假之道	《左传·僖公二年》	晋荀息请以屈产之乘与垂棘之璧,假道于虞以伐虢。公曰:"是吾宝也"
		《穀梁传·僖公二年》	晋献公欲伐虢,荀息曰:"君何不以屈产之乘、垂棘之璧而借道乎虞也?"公曰:"此晋国之宝也,如受吾币而不借吾道,则如之何?"……荀息曰:"宫之奇之为人也,达心而懦,又少长于君,达心则其言略,懦则不能强谏,少长于君则君轻之。且夫玩好在耳目之前,而患在一国之后,此中知以上乃能虑之,臣料虞君中知以下也。"公遂借道而伐虢。宫之奇谏曰:"晋国之使者,其辞卑而币重,必不便于虞。"虞公弗听,遂受其币而借之道

续表

《事语》章节	相似段落摘录	对应先秦传世文献	相似段落摘录
九、卫献公出亡章	献公使公子鱄谓宁悼子，曰："苟入我□必【宁】氏之，门出，祭则我也"	《左传·襄公二十六年》	子鲜不获命于敬姒，以公命与宁喜言，曰："苟反，政由宁氏，祭则寡人"
十、吴人会诸侯章	子赣曰："卫君【之来】，必谋其大夫，或欲，或不欲，是以后。欲其来者子之党也，不欲其来者子之仇也。今止【卫】君，是堕党而崇仇，以惧诸侯，难以霸矣。"吴人乃□之	《左传·哀公十二年》	子贡曰："卫君之来，必谋于其众。其众或欲或否，是以缓来。其欲来者，子之党也。其不欲来者，子之仇也。若执卫君，是堕党而崇仇也。夫堕子者得其志矣！且合诸侯而执卫君，谁敢不惧？堕党崇仇，而惧诸侯，或者难以霸乎！"大宰嚭说，乃舍卫侯
十二、长万章	及鲁宋战，长万生止焉。君使人请之，来而戏之："始吾敬子，今子鲁之囚也，吾不敬子矣。"长万病之	《左传·庄公十一年》	乘丘之役，公以金仆姑射南宫长万，公右遄孙生搏之。宋人请之，宋公靳之，曰："始吾敬子，今子，鲁囚也。吾弗敬子矣。"病之
十五、鲁庄公有疾章	鲁庄公有疾，讯公子牙曰："吾将以谁为子？"对曰："庆父材。"讯公子侑，对曰："臣以死奉烦也。"……处二年，共仲使卜奇贼闵公于武讳	《左传·庄公三十二年》	疾，问后于叔牙。对曰："庆父材。"问于季友，对曰："臣以死奉般。"公曰："乡者牙曰庆父材。"成季使以君命命僖叔待于鍼巫氏，使鍼季酖之，曰："饮此则有后于鲁国，不然，死且无后。"饮之，归及逵泉而卒，立叔孙氏
		《左传·闵公二年》	初，公傅夺卜齮田，公不禁。秋八月辛丑，共仲使卜齮贼公于武闱
十六、鲁桓公与文姜会齐侯于乐章	鲁桓公与文姜会齐侯于乐。文姜通于齐侯，桓公以訾文姜，文姜以告齐侯，齐侯使公子彭生载公，公薨于车。医宁曰："吾闻之，贤者死忠以振尤而百姓寓焉。智者循理	《左传·桓公十八年》	公会齐侯于泺，遂及文姜如齐。齐侯通焉。公谪之，以告。夏四月丙子，享公。使公子彭生乘公，公薨于车。鲁人告于齐曰："寡君畏君之威，不敢宁居，来修旧好，礼成而不反，无所归咎，恶于诸侯。请以彭生除之。"齐人杀彭生

续表

《事语》章节	相似段落摘录	对应先秦传世文献	相似段落摘录
十六、鲁桓公与文姜会齐侯于乐章	长【虑】而身得庇焉。今彭生近君，□无尽言，容行阿君，使吾失亲戚之，又力成吾君之过，以□二邦之恶，彭生其不免【乎】，祸理属焉。君以怒遂过，不畏恶也，亲间容昏生无匿也。岂【及】彭生而能贞之乎？鲁若有诛，彭生必为说。"鲁人请曰："寡君来勤【旧】好，礼成而不返，恶诸侯，无所归怨"	《管子·大匡》	竖曼曰："贤者死忠以振疑，百姓寓焉。智者究理而长虑，身得免焉。今彭生二于君，无尽言而谀行，以戏我君，使我君失亲戚之礼命。又力成吾君之祸，以构二国之怨，彭生其得免乎？祸理属焉。夫君以怒遂祸，不畏恶亲闻容昏生无丑也，岂及彭生而能止之哉？鲁若有诛，必以彭生为说。"二月，鲁人告齐曰："寡君畏君之威，不敢宁居，来修旧好，礼成而不反，无所归死，请以彭生除之。"齐人为杀彭生，以谢于鲁

资料来源：本书所引《春秋事语》释文无特殊说明，皆取自裘锡圭主编《长沙马王堆汉墓简帛集成》（三），北京：中华书局，2014 年。本表所引《左传》出自阮元校刻《十三经注疏·春秋左传正义》；所引《管子》出自黎翔凤《管子校注》，北京：中华书局，2004 年。

在表 3-5 中，《事语》总共有十章于词句上可与《左传》《穀梁传》《管子》《韩非子》对照。这说明《事语》与这些文献之间存在一定的承袭关系。此外，结合表 3-4、表 3-5 可以推理出，《事语》成文应不仅晚于《穀梁传》《管子》《韩非子》，更当晚于《左传》，即在创作过程中参考、摘抄过《左传》，而不是相反。这里面有两个原因。

其一，《事语》与这些文献的相似语句的重合特征显示《事语》晚出。根据表 3-5，我们可以发现，《事语》在某一章文句与《韩非子》《管子》《穀梁传》相近时，也会有与《左传》相似的词句。然而，在这些章节段落中，《韩非子》《管子》《穀梁传》几乎不见与《左传》有词句雷同的地方。这说明《事语》在编写中至少参考过《左传》《韩非子》《管子》《穀梁传》等文献，而不是相反。否则，若《左传》较《事语》晚起，面对《韩非子》、《管子》、《穀梁传》及《事语》这些参考资料，为何《左传》只采《事语》独有的文句，却特意避开《事语》中所采的《韩非子》《管子》《穀梁传》之言？这显然是难以理解的。然而，反过来，若《事语》是分别摘抄这些文献的段落，并在此基础上拼凑编写而成就会显得合情许多。

其二，对历史事件的记载，往往是《左传》详尽，而《事语》简略。正如李学勤先生所说："假如《左传》是袭用《春秋事语》，那么多出的那些事迹过程又从那里来的呢？"① 而且多出的部分有些是时间信息，比如《左传》在记载彭生杀鲁桓公时明确写明是夏四月丙子，而《事语》则没有明确的日期，《左传》如果由《事语》简化而来，即便别的部分好"添油加醋"，但时间是很难杜撰的。由此可知，帛书大部分的历史内容是从《左传》简化而来。

以上是根据内容和段落词句来判断《事语》与《左传》的成书先后。另外，我们还可以从思想上对二者进行分析。一些学者敏锐地关注到，《事语》在某些地方与《左传》存在些许的思想差异，认为《事语》体现出的价值观念与早期的儒家思想产生了一些偏差，因而具有战国晚期的政治思想特点。例如《事语》"鲁桓公少章"（第十一章），此章记载鲁隐公摄政时，公子翚挑唆隐公杀桓公以自代，隐公没有听从，也没有怪罪，反而最后被公子翚所杀。该事可见于《左传·隐公十一年》，不同的是，《左传》在叙事上体现出对隐公的同情，与《春秋》对鲁隐公的情感是相合的。② 而《事语》中的闵子辛则批评隐公没有防微杜渐，以致祸乱自身，因而主张君主应当时刻预防和驾驭臣下，这一看法已略具法家的倾向。③ 这样看来，《左传》在儒学思想上要比《事语》更为纯粹，故从春秋战国儒家思想发展的轨迹来看，《左传》成文也很可能早于《事语》。

此外，值得一提的是，有些学者认为《事语》因记事相较于《左传》更为原始，故而早出。据《事语》的书写特征来看，《事语》确实

① 李学勤：《帛书〈春秋事语〉与〈左传〉的传流》，《古籍整理研究学刊》1989 年第 4 期。

② 《左传·隐公十一年》记载公子翚怂恿隐公杀桓公，隐公回答曰："为其少故也，吾将授之矣。使营菟裘，吾将老焉。"（阮元校刻《十三经注疏·春秋左传正义》卷四，第 1737 页）这段回答显然不仅是《左传》的历史记载，同时也是借叙事道出了对隐公的同情，此与"《春秋》善之，鲁隐公、郑祭仲是也"（苏舆：《春秋繁露义证》卷二，北京：中华书局，1992 年，第 61 页）的儒家思想是相合的，而《事语》则把隐公这段回答略去，只言"隐公弗听，亦弗罪"，一笔带过，显然有意避开对隐公的正面描述。

③ 此例亦可参见罗新慧《马王堆汉墓帛书〈春秋事语〉与〈左传〉——兼论战国时期的史学观念》，《史学史研究》2009 年第 4 期。

摘抄拼凑痕迹明显，抄写粗劣，① 无怪乎有学者认为"它的编者大约是个头脑冬烘的教书先生"。② 然而，这样粗糙的摘抄本，内容来源繁杂，文法不一也实属正常。而且《事语》体例属于语体，与《左传》体例本身有别，其事件本末记述不够完整，缺乏连贯性，这也是完全可以理解的。此外，我们还应认识到，史书的质量不仅受时代的影响，自然亦受作者才识的影响。就后者而言，晚出的史书并不一定质量优于早出的史书。所以从这一点上，《事语》虽然体现出一定的原始性和粗糙性，但以此评判《事语》和《左传》的时代先后没有切实的依据。

再来看《事语》是否可能是《国语》选本的问题。从表面上，《事语》的叙事结构确实和《国语》很像，均具备导论、人物评论及结语，这是一些学者认为《事语》是古本《国语》选本的核心论据。但这种推测有三点有疑义：第一，如果古本《国语》是今本《国语》的前身，那么二者在内容及语言上应该有大量重叠的部分。然而，从以上表3-4、表3-5中可知，《事语》中只有两章内容可见于今本《国语》，甚至《事语》没有与《国语》相似的段落语句。第二，在论证逻辑上，已有学者指出，即便存在与《国语》互见的材料也不能证明《事语》是《国语》的选本。③ 第三，《事语》中的评论人物与《国语》其实是有所不同的，《国语》除了"君子曰"是后人评论外，几乎所有称名的评论者不是事件的当事者，便是与事件所处同时代的人物。而《事语》则不然，比如曾引起学者广泛关注的闵子辛，这个人在《事语》中共出现三次：

第六章"伯有章"："闵子辛闻之曰……"（事在公元前544—前543年）

第十一章"鲁桓公少章"："闵子辛闻之曰……"（事在公元前713年）

---

① 例如《事语》第五章将"晋灵公"误抄成了"晋献公"；第十二章的末尾又误重抄了第十一章。
② 张政烺：《〈春秋事语〉解题》，《文物》1977年第1期。
③ 赵争：《马王堆帛书〈春秋事语〉性质再议——兼与刘伟先生商榷》，《古代文明》2011年第1期。

第十五章"鲁庄公有疾章"："闵子辛闻之曰……"（事在公元前 662—前 660 年）

这三章文例相同，都是"闵子辛＋闻之曰"的格式。从前 712 年到前 543 年，总共 169 年，对闵子辛来说，这三章事件至少有属于与他年寿不相及的前代传闻。而在《国语》中，也有不少"某人物＋闻之曰"的格式，共计 26 例，可统计如表 3-6 所示。

表 3-6　《国语》"某人物＋闻之曰"统计

《国语》篇章*	人物评论
1.《周语中·阳人不服晋侯》	晋侯闻之曰："是君子之言也"
2.《周语下·刘文公与苌弘欲城周》	卫彪傒适周，闻之，见单穆公曰
3.《鲁语上·文公欲弛孟文子与郈敬子之宅》	臧文仲闻之曰："孟孙善守矣，其可以盖穆伯而守其后于鲁乎"
4.《鲁语上·里革断宣公罟而弃之》	公闻之曰："吾过而里革匡我，不亦善乎！是良罟也，为我得法。使有司藏之，使吾无忘谂"
5.《鲁语上·里革论君之过》	文子闻之曰："过而能改者，民之上也"
6.《鲁语下·公父文伯之母对季康子问》	子夏闻之曰："善哉！商闻之曰：'古之嫁者，不及舅姑，谓之不幸。'夫妇，学于舅姑者也"
7.《鲁语下·公父文伯饮南宫敬叔酒》	文伯之母闻之，怒曰："吾闻之先子曰：'祭养尸，飨养上宾。'鳖于何有？而使夫人怒也"
8.《鲁语下·公父文伯之母别于男女之礼》	仲尼闻之，以为别于男女之礼矣
9.《鲁语下·公父文伯之母欲室文伯》	师亥闻之曰："善哉"
10.《鲁语下·公父文伯卒其母戒其妾》	仲尼闻之曰："女知莫如妇，男知莫如夫"
11.《鲁语下·孔丘谓公父文伯之母知礼》	仲尼闻之曰："季氏之妇可谓知礼矣。爱而无私，上下有章"
12.《齐语·桓公霸诸侯》	桓公闻之，使高子存之
13.《晋语一·献公作二军以伐霍》	大子闻之曰："子舆之为我谋，忠矣"
14.《晋语一·优施教骊姬谮申生》	仆人赞闻之曰："太子殆哉"
15.《晋语三·惠公悔杀里克》	郭偃闻之曰："不谋而谏者，冀芮也"
16.《晋语七·悼公使韩穆子掌公族大夫》	悼公闻之曰："难虽不能死君而能让，不可不赏也"
17.《晋语八·叔向母谓羊舌氏必灭》	叔向之母闻之，往，及堂，闻其号也，乃还，曰："其声，豺狼之声，终灭羊舌氏之宗者，必是子也"

续表

《国语》篇章*	人物评论
18.《晋语八·范宣子与和大夫争田》	叔向闻之，见宣子曰："闻子与和未宁"
19.《晋语八·叔向与子朱不心竞而力争》	平公闻之曰："晋其庶乎！吾臣之所争者大"
20.《晋语八·叔向论忠信而本固》	文子闻之，谓叔向曰："若之何"
21.《晋语八·赵文子为室张老谓应从礼》	文子闻之，驾而往，曰："吾不善，子亦告我，何其速也"
22.《晋语八·医和视平公疾》	赵文子闻之曰："武从二三子以佐君为诸侯盟主"
23.《晋语九·智伯国谏智襄子》	智伯国闻之，谏曰："主不备，难必至矣"
24.《楚语下·叶公子高论白公胜必乱楚国》	沈诸梁闻之，见子西曰："闻子召王孙胜，信乎"
25.《楚语下·叶公子高论白公胜必乱楚国》	叶公闻之曰："吾怨其弃吾言，而德其治楚国"
26.《吴语·勾践灭吴夫差自杀》	吴师闻之，大骇，曰："越人分为二师，将以夹攻我师"

　　*《国语》各卷原无细目，为参阅方便，本表所列目录采用1978年上海师范大学（现华东师范大学）古籍整理组与上海市五七干校六连历史组共同整理点校《国语》韦注本添加的小标题。

　　资料来源：《国语》，上海师范大学古籍整理组校点，上海：上海古籍出版社，1978年。

　　据表3-6，《国语》中"闻之曰"的人物都是故事的当事人或与之同时代之人，没有像《事语》中"闵子辛闻之曰"这样后世评论的现象。这说明《事语》虽表面上与《国语》文体形式相似，但实质上具有与其不同的书写特点，即《事语》中的一些评论不是直接的实录，似乎是后世评论者听闻前代历史故事后所作的阐发。因此，尽管我们可以说，《事语》和《国语》均属于语类文献，[①]文体结构相似，但不能断言二者存在选本的关系。

　　综上可知，《事语》既不是《左传》的抄撮本，亦不是与《左传》有密切关联的《国语》的选本。然而，我们仍认为《事语》是颇受《左传》影响的春秋学著作[②]或是《左传》学的衍生著作。主要依据以下三个方面。

---

① 俞志慧：《语：一种古老的文类——以言类之语为例》，《文史哲》2007年第1期。

② 需要说明的是，关于春秋学著作，历史上没有明确的定义，但一般可认为有狭义、广义之分。狭义的春秋学著作即指阐发《春秋》经义的传书，而广义的春秋学著作是指《汉书·艺文志·六艺略》中的春秋类史籍。在本书中，我们认定的春秋学著作界于狭义、广义之间，是指受《春秋》或《春秋》传书影响，有目的地参考、借鉴、利用《春秋》或《春秋》传书的著作。

（1）在内容上，十六章的《事语》共计有十五章可与《春秋》三传对应；在词句摘抄比例上，《事语》对《春秋》传书的摘抄比例最高，尤其是《左传》的比例最高，其中有十处明显与《左传》相似。

（2）《事语》的评论虽然比《左传》丰富，但从这一点反而可以推测《事语》很可能参照过《左传》。《事语》与《左传》的内容差异共计十处，除第二章全然不见《左传》外，其余九处均主要比《左传》多评论者之言。实际上，这是一个非常值得注意的地方。我们知道，《左传》虽为依照《春秋》体例所书的编年史，但谁都无法否认，它内容丰富，文采斐然，其间亦不乏精彩的史论，例如昭公十一年申无宇对楚灵王使弃疾为蔡公之事的评论①，昭公十三年叔向对子干是否能继楚君的预测②，哀公六年孔子对楚昭王的评价③等，也都是大段的精辟议论。而《事语》选择评论的史料，往往都是《左传》评论相对简略的地方，这种巧合恰可从另一个方面说明《事语》的创作很可能曾受到《左传》的影响，是有目的地对《左传》进行补充。

（3）《事语》与《左传》取材年代范围一致。《左传》记事，始于隐公元年，终于哀公二十七年（包括最后简单提及赵魏韩三家反智氏之事）。《事语》虽然篇幅较短，但所记之事在年代跨度上（最早为"鲁桓公少章"，最晚为"韩魏章"）与《左传》惊人一致，这似乎也暗示《事语》在取材上借鉴过《左传》。④

综合以上分析，《事语》成文应晚于《左传》，参考过以《左传》为主体的相关文献，在行文上颇受《左传》之影响。

二　从《事语》看先秦《左传》学流行之特点

以上我们知道，《事语》虽未完全照搬《左传》，但参考《左传》之处甚多，受《左传》很大影响，故一些学者认为《事语》属于《左传》学体系的说法是不无道理的。因此，我们从《事语》窥看先秦汉初《左

---

① 阮元校刻《十三经注疏·春秋左传正义》卷四五，第 2061 页。
② 阮元校刻《十三经注疏·春秋左传正义》卷四六，第 2070—2071 页。
③ 阮元校刻《十三经注疏·春秋左传正义》卷五八，第 2162 页。
④ 同时，我们前章曾论及《左传》"悼之四年"这段疑后人窜入，从《事语》与《左传》的关系分析来看，似乎表明至少在《事语》创作年代，《左传》这一段已经添入。

传》学流行之特点便具有一定的典型性。

第一，如果我们把新出的清华简《系年》和《事语》这两种均受《左传》影响的文献相比较，可以发现，战国、秦汉之际，世人对《左传》的研习、利用已呈现两种趋向：第一种是对《左传》主要从史料的攫取征引。如上章已分析，《系年》很多史料采自《左传》，但《系年》重在叙事，只讲往事的兴衰成败，并不作议论性的阐发，且叙事的立场角度也与《左传》迥然有别。另外，此种做法在传世文献中亦不乏其例，如《韩非子》一书也有不少叙事材料采自《左传》，曾征引《左传》"郑伯将以高渠弥为卿"一事，但对《左传》"君子曰"的论点则持相反的观点。① 可见，这类文献只吸收《左传》的史料，并不采纳《左传》的思想。这也成为后世一些学者将《左传》视作单纯史著，认为其重在史事、与义理无关的一个重要思想来源。第二种是对《左传》历史观的扩充和阐发。例如《事语》虽采纳不少《左传》史料，但重点显然不是叙事，而在于对《左传》义理的推衍和发散。东汉贾逵在争立《左传》时曾说《左传》之义理"崇君父，卑臣子，强干弱枝，劝善戒恶，至明至切，至直至顺"。② 反观《事语》，在很多地方与《左传》的思想倾向颇为相近，是沿着《左传》的这一思想脉络进一步发扬。如《事语》第六章的闵子辛对郑国伯有的议论：

> 闵子【辛闻之】曰："【伯】有必及矣。吾闻之，□□事君无罪，礼下无怨，推贤让能，同位之人弗与□，□德守也。其次明备以候敌。□□□有怨而使公子往，是以同位之人解邦恶也。□赠

---

① 《左传·桓公十七年》："初，郑伯将以高渠弥为卿，昭公恶之，固谏，不听，昭公立，惧其杀己也。辛卯，弑昭公，而立公子亹。君子谓昭公知所恶矣。公子达曰：'高伯其为戮乎？复恶已甚矣。'"（阮元校刻《十三经注疏·春秋左传正义》卷七，第1759页）《韩非子·难四》："郑伯将以高渠弥为卿，昭公恶之，固谏不听。及昭公即位，惧其杀己也，辛卯，弑昭公而立子亹。君子曰：'昭公知所恶。'公子围曰：'高伯其为戮乎，报恶已甚矣。'或曰：公子围之言也，不亦反乎！昭公之及于难者，报恶晚也。然则高伯之晚于死者，报恶甚也。明君不悬怒，悬怒则臣罪，轻举以行计，则人主危。……"（王先慎：《韩非子集解》卷一六，第384页）对史实的引述，包括"君子曰"在内，《韩非子》几乎是照抄《左传》。然而，《左传》君子曰是称赞昭公知人，所恶有据，而韩非子则是论责昭公没有防微杜渐，不对罪臣及时予以处罚，与《左传》思想明显有别。

② 范晔：《后汉书》卷三六，第1237页。

□□□□也。令有不行而□□，咎君☑□□□□□闭室悬钟而长饮酒，是怒其心而藉之间，非□也。三者皆失而弗知畏，☑【伯】有，而使子产相。"①

该段议论主要是批评伯有不仅未能做到"事君无罪，礼下无怨，推贤让能……明备以候敌"，反而骄奢淫逸，饮酒作乐。虽然《左传·襄公三十年》对伯有"使子晳如楚，归而饮酒"的事件记载并无闵子辛的议论，但《左传》在历史记载之末则借用子皮之言同样表达了对伯有骄横奢侈的批评：

> 郑伯有耆酒，为窟室，而夜饮酒击钟焉，朝至未已。朝者曰："公焉在？"其人曰："吾公在壑谷。"皆自朝布路而罢。既而朝，则又将使子晳如楚，归而饮酒。庚子，子晳以驷氏之甲伐而焚之。伯有奔雍梁，醒而后知之，遂奔许。大夫聚谋，子皮曰："《仲虺之志》云：'乱者取之，亡者侮之。推亡固存，国之利也。'罕、驷、丰同生。伯有汰侈，故不免。"②

除此之外，在《左传》其他对伯有的相关记载中，也有论及伯有品行之言，这些评价也正好可与《事语》中闵子辛的评论相对应：

> 《左传·襄公二十七年》：郑伯享赵孟于垂陇，子展、伯有、子西、子产、子大叔、二子石从……卒享。文子告叔向曰："伯有将为戮矣！诗以言志，志诬其上，而公怨之，以为宾荣，其能久乎？幸而后亡。"叔向曰："然。已侈！所谓不及五稔者，夫子之谓矣。"③

此处《左传》说伯有"志诬其上，而公怨之"，认为伯有污蔑国君，对应闵子辛所言"事君无罪"。

---

① 裘锡圭主编《长沙马王堆汉墓简帛集成》（三），第 180 页。
② 阮元校刻《十三经注疏·春秋左传正义》卷四〇，第 2012 页。
③ 阮元校刻《十三经注疏·春秋左传正义》卷三八，第 1997 页。

又如：

> 《左传·襄公二十八年》：为宋之盟故，公及宋公、陈侯、郑伯、许男如楚。公过郑，郑伯不在。伯有廷劳于黄崖，不敬。穆叔曰："伯有无戾于郑，郑必有大咎。敬，民之主也，而弃之，何以承守？郑人不讨，必受其辜，济泽之阿，行潦之蘋藻，置诸宗室，季兰尸之，敬也。敬可弃乎？"①

此处《左传》言伯有对鲁君一行"不敬"，认为伯有无礼于人，对应闵子辛所言"礼下无怨"。

再如：

> 《左传·襄公三十年》：子产相郑伯以如晋，叔向问郑国之政焉。对曰："吾得见与否，在此岁也。驷、良方争，未知所成。若有所成，吾得见，乃可知也。"叔向曰："不既和矣乎？"对曰："伯有侈而愎，子皙好在人上，莫能相下也。虽其和也，犹相积恶也，恶至无日矣。"②

此处《左传》云伯有"侈而愎"，与同僚子皙"相积恶"，认为伯有无谦让之德，对应闵子辛所言"推贤让能，同位之人弗与□"。

可见，闵子辛的议论和《左传》这些评价的取向是相同的，只是《事语》对其进行了进一步的提炼和总结。李学勤先生曾言及，《左传》的义理主要源自论者的思想观点。③ 也就是说，《左传》中重要的思想精髓，正是托人物之口论述出来的。④ 作为战国《左传》学流传的一支，

---

① 阮元校刻《十三经注疏·春秋左传正义》卷三八，第 2001 页。
② 阮元校刻《十三经注疏·春秋左传正义》卷四〇，第 2011 页。
③ 李学勤：《帛书〈春秋事语〉与〈左传〉的传流》，《古籍整理研究学刊》1989 年第 4 期。
④ 刘知几在《史通·申左》中就赞扬过《左传》中人物论辞的精辟："《左氏》述臧哀伯谏桓纳鼎，周内史美其谠言；王子朝告于诸侯，闵马父嘉其辨说。凡如此类，其数实多。斯盖当时发言，形于翰墨；立名不朽，播于他邦。"（浦起龙释《史通通释》卷一四，第 419 页）实际上，刘知几对《左传》议论的称赞，说明这些言论在《左传》叙事成就中颇为显著，而《左传》对这些人物言论的采纳编订，很大程度上也反映了其思想倾向。

《事语》也是采用相同的方式，撷取《左传》的文本史料及主旨思想，并在其论述基础上作了进一步的加工、阐发。有学者认为《系年》和《事语》均可能属于历史教材。① 按此假设，《系年》条陈历史大事，勾勒兴衰成败，应属知识教学的范畴；《事语》则更具评论分析，夹带更多的义理，偏向道德教化，更接近《左传》所追求的褒贬惩劝的最终目的。

第二，从《事语》引用的《春秋》传书来看，《事语》虽引用《左传》最多，但对其他传书亦不排斥，而是兼收并蓄，皆有涉及。② 可以料想，《春秋》各类传书在战国之时并未引起像汉代今古文之争那样的门庭对立。由此我们得到一个认识，在战国时期，各类《春秋》传书的流行脉络可能并不像独立的平行线那样不相往来，泾渭分明。所以，《左传》学的传播流行显然也不是孤立的，而是与其他传书的流传存在交叉和影响。这其实是从出土文献的角度印证了刘师培所述"周季汉初之儒，凡治《春秋》，均三传并治"的事实。③

鉴于上述认识，最后我们来审视《事语》这样的《左传》学文本形成的原因。

第一，春秋学于战国、秦汉之交的盛行是《事语》得以成书的学术背景。我们据《事语》所参考的文献推断，作者必定熟悉各类《春秋》学传书。不过，《事语》存在错抄、误抄的现象，表明抄写者当时的知识水平不太高。那么，这样一位当时学识并不精湛的知识分子能够轻易地抄写或写作《事语》，也在一定程度说明当时春秋学著作、《左传》学著作的流行。总之，这是形成《事语》乃至其他《春秋》学文献的一个重要的历史背景。

第二，《事语》的创作也受到诸子说教的影响。葛志毅先生指出，

---

① 李守奎：《楚简文献中的教育与清华简〈系年〉性质初探》，《出土文献与古文字研究（第六辑）——复旦大学出土文献与古文字研究中心成立十周年纪念文集》，第 301 页；张政烺：《〈春秋事语〉解题》，《文物》1977 年第 1 期。

② 除了春秋三传，《汉书·艺文志》还记有《邹氏传》《夹氏传》，但该二传亡佚，没有流传下来，导致现今我们只能用三传比对《事语》。那么早在先秦，应还存在其他失传的传，因此不排除《事语》还参考或征引过这些传书的可能。

③ 刘师培：《左盦集》卷二，《刘申叔遗书》，南京：凤凰出版社，1997 年，第 1215 页。

《春秋》出现的一个重要意义，是它引致战国诸子之学的发达。[①] 正如《史记·十二诸侯年表序》谓诸子"各往往捃摭《春秋》之文以著书"。[②] 反之，诸子之学的繁盛同样也影响到了《春秋》学著作的创作。关于这一点，《事语》弱化叙事、突出议论说理的特征，在一定程度上也是受到了诸子撰书言理氛围的熏陶。值得注意的是，由于《荀子》一书对春秋三传多有涉及，不少学者推测荀子曾传授《春秋》三传。李学勤先生认为"《事语》本于《左传》，而兼及《穀梁》，荀子久居楚地，与帛书出土于长沙相合，其为荀子一系作者所作是不无可能的"。[③] 由于荀子是战国晚期儒家的代表，而《事语》中的思想以儒学为主体，又具有战国晚期的思想特征，与荀子学派特征颇有相合之处，因而《事语》也很可能是受到荀子，或其他相关诸子言史议论的影响。另外，我们已知道，《事语》中的闵子辛不是与事件同时代之人，而是后世之人。除他之外，《事语》中还有不少评论者，不见于任何史书典籍，这个现象是很值得推敲深思的。为何其他史籍有大量与《事语》相同的事件记载，却从未见这些人物？一个可能的解释就是，他们也和闵子辛一样，属于后世评论者。由此，我们可以把先秦的语类文献分为两种类型，一类是汇编当事人或当时人的言语记录，另一类是后世之人的评论记述。显然，后者说理的主观目的性更为明确。所以《事语》有别于《国语》那样的史书记言，其评论特点及据史议论的思路与诸子述史明理的做法更为近似。

第三，对《左传》义理的进一步的继承和发扬是《事语》的创作目的。赵伯雄说："孔子拿《春秋》作教本，绝不是用来教近代史、现代史，干巴巴的大事记条目是并不宜于作历史教材的，孔子着眼于其中的义。"[④] 而据上文分析，以说教为目的的《事语》没有光采纳《左传》的史料，而是大量吸收《左传》的思想，并有针对性地对《左传》评论省略之处加以阐发和补充。对比我们目前所能见到的三传，《事语》在思

---

① 葛志毅：《战国诸子史学思想发凡》，《大连大学学报》2008 年第 5 期。

② 司马迁：《史记》卷一四，第 510 页。

③ 李学勤：《帛书〈春秋事语〉与〈左传〉的传流》，《古籍整理研究学刊》1989 年第 4 期。

④ 赵伯雄：《春秋学史》，第 11 页。

想上更倾向于《左传》，例如《事语》第十三章：

> 【●】宋荆之战泓水之上，宋人□□阵矣，荆人未济。宋司马请曰："宋人寡而荆人众，及未济，击之，可破也。"宋君曰："吾闻【之】，君子不击不成之行，不重伤，不擒二毛。"士匄为鲁君亡犒师，曰："宋必败。吾闻之，兵□三用，不当名则不克。邦治敌乱，兵之所迹也。小邦□大邦邪以攘之，兵之所□也。诸侯失礼，天子诛之，兵□□□也。故□∅于百姓，上下无却，然后可以济。伐，深入多杀者为上，所以除害也。今宋用兵而不□，见间而弗从，非德伐回，陈何为。且宋君不耻不全宋人之腹颈，而耻不全荆阵之义，逆矣。以逆使民，其何以济之。"战而宋人果大败。①

这段材料讲述宋楚泓之战，宋襄公"不击不成之行，不重伤，不擒二毛"的历史自古为人所熟知。参看三传僖公二十二年的传文，明显分为两种迥然不同的态度。《左传》《穀梁传》明确批评宋襄公这种愚蠢的行为。《左传》借子鱼之口批评宋公迂腐的"仁义"之为：

> 子鱼曰："君未知战。勍敌之人，隘而不列，天赞我也。阻而鼓之，不亦可乎？犹有惧焉。且今之勍者，皆吾敌也。虽及胡耇，获则取之，何有于二毛？明耻教战，求杀敌也，伤未及死，如何勿重？若爱重伤，则如勿伤；爱其二毛，则如服焉。三军以利用也，金鼓以声气也。利而用之，阻隘可也；声盛致志，鼓儳可也。"②

《穀梁传》也批评宋襄公的荒谬做法，认为道义应切合时宜，它的实行要根据形势来定：

> 倍则攻，敌则战，少则守。人之所以为人者，言也。人而不能言，何以为人？言之所以为言也，信也。言而不信，何以为言？信之

---

① 裘锡圭主编《长沙马王堆汉墓简帛集成》（三），第192页。
② 阮元校刻《十三经注疏·春秋左传正义》卷一五，第1814页。

所以为信者，道也。信而不道，何以为道？道之贵者时，其行势也。①

然而，《公羊传》则对宋襄公大加褒奖，肯定他的仁义之举，甚至将泓之战与"文王之战"相提并论：

> 故君子大其不鼓不成列，临大事而不忘大礼。有君而无臣，以为虽文王之战，亦不过此也。②

可见，在该事的评价上，《事语》明显采用了《左传》《穀梁传》的思想倾向。除上例之外，还可发现，《事语》义理的阐发很多也是基于《左传》的立论点，而不是基于其他二传，比如《事语》首章：

> ☐☐☐缪公☐杀里克，☐☐曰："君☐☐☐☐☐晋将无至☐☐☐者☐☐也。今杀里克，☐内外☐☐☐☐☐无解舍，☐☐☐岂其后首之乎？是塞☐☐福忧☐☐☐☐者死，忠者☐☐☐疾之，岂或☐☐☐于☐☐路（略）弗予，☐☐庆郑，庆郑☐☐☐【梁由】靡、韩简午秦公，而今君将先☐。"③

虽然该章缺字较多，但议论的大意基本可读。从字里行间来看，《事语》批评晋惠公杀里克十分不明智。然而在《公羊传·僖公十年》传文里，大概是为了替尊者讳，没有对晋惠公作具体的评论，只是说明惠公杀里克事出有因：

> 晋杀其大夫里克。里克弑二君，则曷为不以讨贼之辞言之？惠公之大夫也。然则孰立惠公？里克也。里克弑奚齐、卓子，逆惠公而入。里克立惠公，则惠公曷为杀之？惠公曰："尔既杀夫二孺子矣，又将图寡人，为尔君者，不亦病乎？"于是杀之。④

---

① 阮元校刻《十三经注疏·春秋穀梁传注疏》卷九，第2400页。
② 阮元校刻《十三经注疏·春秋公羊传注疏》卷一二，第2259页。
③ 裘锡圭主编《长沙马王堆汉墓简帛集成》（三），第169页。
④ 阮元校刻《十三经注疏·春秋公羊传注疏》卷一一，第2253页。

《穀梁传》与上类似，也未对晋君作评价，仅重点分析里克被杀的原因：

> 晋杀其大夫里克。称国以杀，罪累上也。里克弑二君与一大夫，其以累上之辞言之何也？其杀之不以其罪也。其杀之不以其罪奈何？里克所为杀者，为重耳也。夷吾曰："是又将杀我乎？"故杀之，不以其罪也。①

《左传》虽然史实记载与《公羊传》《穀梁传》二传大同小异，但比之多了里克死前的反驳，借以谴责晋君的忘恩负义：

> 夏四月，周公忌父、王子党会齐隰朋立晋侯。晋侯杀里克以说。将杀里克，公使谓之曰："微子则不及此。虽然，子弑二君与一大夫，为子君者不亦难乎？"对曰："不有废也，君何以兴？欲加之罪，其无辞乎？臣闻命矣。"伏剑而死。于是丕郑聘于秦，且谢缓赂，故不及。②

里克"不有废也，君何以兴？欲加之罪，其无辞乎"之言，实际上表明了《左传》的思想态度，即批评惠公归国后薄情寡义，无所赦免。足见《事语》没有像《公羊传》《穀梁传》那样规避对惠公的评论，只重点分析事件原因，而显然是沿着《左传》的立论思路继续申发。

从上可知，《事语》思想倾向大多与《左传》相类。关于如何鉴定《左传》系统，孙飞燕认为"在《春秋》三传中，《左传》虽然主要是从历史事件的角度对《春秋》做出解释，因而侧重史事，但其本质是为了传《春秋》经，《春秋》的主旨在于'义'，所以《左传》的关键和精神也在于'义'，也就是在义理方面继承《春秋》的精神和思想，对其中的'义'进行阐发。而《左传》的流传关键也在于'义'"。③ 这

---

① 阮元校刻《十三经注疏·春秋穀梁传注疏》卷八，第2396页。
② 阮元校刻《十三经注疏·春秋左传正义》卷一三，第1801页。
③ 孙飞燕：《清华简〈系年〉初探》，上海：中西书局，2015年，第148页。

个意见是十分正确的。上文分析无疑表明《事语》确实应属于《春秋》学中的《左传》系统。因此，文辞兼采三传、思想立足《左传》是《事语》创作的一个重要宗旨与目的。

综上所述，本书认为，《事语》属于《春秋》学系统之作，在创作抄写时曾参考借鉴各类《春秋》传书，尤其受《左传》影响最大，是《左传》学在周秦汉初流传的典型代表。

第三节　从出土文献看《左传》的史料来源与价值

以往由于先秦典籍的匮乏，我们对先秦文献的流行状况知之甚少。这导致了在《左传》的创作来源上，过去只能据《左传》自身的材料去推测，缺乏将其纳入先秦古籍的整体视角，从而限制了我们对《左传》编纂的进一步了解。但可喜的是，现今出土资料层出不穷，除能与《左传》内容直接比对的清华简《系年》和马王堆帛书《事语》外，还有更多的出土史类文献，它们共同反映了当时社会上的史料构成，同时也是《左传》创作的史料背景。从这些材料中，我们可以发现《左传》的史料语料来源、人物形象来源皆有脉络可循。

一　史料语料的来源

《左传》的史料来源十分复杂，要探寻源流极为困难。然而，在与日益增多的出土史类文献的比对中，我们可以发现一些线索。

《上海博物馆藏战国楚竹书》（六）中有一篇名为《竞公疟》的史事类文献，记载了晏子劝谏齐景勿杀史、祝之事。此事亦见于《左传·昭公二十年》，另外还可见于《晏子春秋·内篇·景公病久不愈欲诛祝史以谢晏子谏第十二》和《晏子春秋·外篇·景公有疾梁丘据裔款请诛祝史晏子谏第七》。现将它们逐一引用如表3-7所示。

表 3-7　三书所记晏子劝谏齐景勿杀史、祝事

《左传·昭公二十年》*	《竞公疟》**	《晏子春秋·内篇》***	《晏子春秋·外篇》****
齐侯疥，遂痁，期而不瘳，诸侯之宾问疾者多在。梁丘据与裔	齐景疥且疟，逾岁不已。割瘳与梁丘据言于公曰："吾币帛甚美	景公疥且虐，期年不已，召会谴、梁丘据、晏子而问焉，曰："寡	景公疥，遂痁，期而不瘳。诸侯之宾，问疾者多在。梁丘据、裔

续表

《左传·昭公二十年》*	《竞公疟》**	《晏子春秋·内篇》***	《晏子春秋·外篇》****
款言于公曰:"吾事鬼神,丰于先君有加矣。今君疾病,为诸侯忧,是祝史之罪也。诸侯不知,其谓我不敬。君盍诛于祝固、史嚚以辞宾?"公说,告晏子。晏子曰:"日宋之盟,屈建问范会之德于赵武。赵武曰:'夫子之家事治,言于晋国,竭情无私。其祝史祭祀,陈信不愧。其家事无猜,其祝史不祈。'建以语康王,康王曰:'神人无怨,宜夫子之光辅五君,以为诸侯主也。'"公曰:"据与款谓寡人能事鬼神,故欲诛于祝史。子称是语,何故?"对曰:"若有德之君,外内不废,上下无怨,动无违事,其祝史荐信,无愧心矣。是以鬼神用飨,国受其福,祝史与焉。其所以蕃祉老寿者,为信君使也,其言忠信于鬼神。其适遇淫君,外内颇邪,上下怨疾,动作辟违,从欲厌私。高台深池,撞钟舞女,斩刈民力,输掠其聚,以成其违,不恤后人。暴虐淫从,肆行非度,无所还忌,不思谤讟,不惮鬼神,神怒民痛,无悛于心。其祝史荐信,是言罪也。其盖失数美,是矫诬也。进退无辞,则虚以求媚。	于吾先君之量矣,吾珪璧大于吾先君之……【简1】公疥且疟,逾岁不已,是吾无良祝、史也。吾欲诛诸祝、史。"公举首答之:"倘然,是吾所望于汝也,盍诛之。"二子急将……【简2】是言也。高子、国子答曰:"身为薪,又何爱焉?是信吾无良祝、史,公盍诛之。"安(晏)子夕,二大夫退。公入晏子而告之,若其告高子……【简3】"……木为成于宋,王命屈木问范武子之行焉。文子答曰:'夫子使其私吏听狱于晋邦,薄情而不逾,使其私祝、史进……'【简4】□蕴圣,外内不废,可因于民者,其祝、史之为其君祝敚也,正〔言〕……【简5】{其祝、史之为其}君祝敚,毋〈如〉专情忍罪乎,则言不听,情不获。如顺言异恶乎,则恐后诛于史者。故其祝、史制篾簿折祝之,多埠言……【简7】明德观行,物而崇者也,非为美玉肴牲也。今内宠有割瘳,外亦有梁丘据营讻。公纳武夫,恶圣人,播盈藏笃,使……【简9】亡矣,而汤清与得万福焉。今君之贪苛愿,辟违……【简	人之病病矣,使史固与祝佗巡山川宗庙牺牲珪璧,莫不备具,数其常多先君桓公,桓公一则寡人再。病不已,滋甚,予欲杀二子者以说于上帝,其可乎?"会遣、梁丘据曰:"可。"晏子不对,公曰:"晏子何如?"晏子曰:"君以祝为有益乎?"公曰:"然。""若以为有益,则诅亦有损也。君疏辅而远拂,忠臣拥塞,谏言不出。臣闻之,近臣嘿,远臣暗,众口铄金。今自聊、摄以东,姑、尤以西者,此其人民众矣,百姓之咎怨诽谤,诅君于上帝者多矣。一国诅,两人祝,虽善祝者不能胜也。且夫祝直言情,则谤吾君也;隐匿过,则欺上帝也。上帝神,则不可欺;上帝不神,祝亦无益。愿君察之也。不然,刑无罪,夏商所以灭也。"公曰:"善解余惑,加冠!"命会遣毋治齐国之政,梁丘据毋治宾客之事,兼属之乎晏子。晏子辞,不得命,受相退,把政改月而君病悛。公曰:"昔吾先君桓公,以管子为有力,邑狐与榖,以共宗庙之鲜,赐其忠臣,则是多忠臣者。子今忠臣也,寡	款言于公曰:"吾事鬼神,丰于先君有加矣。今君疾病,为诸侯忧,是祝史之罪也。诸侯不知,其谓我不敬,君盍诛于祝固史嚚以辞宾。"公说,告晏子。晏子对曰:"日宋之盟,屈建问范会之德于赵武,赵武曰:'夫子家事治,言于晋国,竭情无私,其祝史祭祀,陈言不愧;其家事无猜,其祝史不祈。'建以语康王,康王曰:'神人无怨,宜天子之光辅五君,以为诸侯主也。'公曰:"据与款谓寡人能事鬼神,故欲诛于祝史,子称是语何故?"对曰:"若有德之君,外内不废,上下无怨,动无违事,其祝史荐信,无愧心矣。是以鬼神用飨,国受其福,祝史与焉。其所以蕃祉老寿者,为信君使也,其言忠信于鬼神。其适遇淫君,外内颇邪,上下怨疾,动作辟违,从欲厌私,高台深池,撞钟舞女,斩刈民力,输掠其聚,以成其违,不恤后人,暴虐淫纵,肆行非度,无所还忌,不思谤讟,不惮鬼神,神怒民痛,无悛于心。其祝史荐信,是言罪也;其盖失数美,是矫诬也;进退无辞,则

续表

《左传·昭公二十年》*	《竞公疟》**	《晏子春秋·内篇》***	《晏子春秋·外篇》****
是以鬼神不飨其国以祸之，祝史与焉。所以夭昏孤疾者，为暴君使也。其言僭嫚于鬼神。"公曰："然则若之何？"对曰："不可为也：山林之木，衡鹿守之；泽之萑蒲，舟鲛守之；薮之薪蒸，虞候守之；海之盐蜃，祈望守之。县鄙之人，入从其政。逼介之关，暴征其私。承嗣大夫，强易其贿。布常无艺，征敛无度；宫室日更，淫乐不违。内宠之妾，肆夺于市；外宠之臣，僭令于鄙。私欲养求，不给则应。民人苦病，夫妇皆诅。祝有益也，诅亦有损。聊、摄以东，姑、尤以西，其为人也多矣。虽其善祝，岂能胜亿兆人之诅？君若欲诛于祝史，修德而后可。"公说，使有司宽政，毁关去禁，薄敛，已责	6】诅为无伤，祝亦无益。今薪蒸使虞守之；泽梁使敏守之；山林使衡守之。举邦为禁，约挟诸关，缚缨诸市。众……【简8】其左右相颂自善曰：'盖必死，愈（偷）为乐乎。故死期将至，何仁【简11｜而愈黩民｝！'故内宠之妾，迫夺于国，外宠之臣，出矫于鄙。自姑、尤以西，聊、摄以东，其人数多已，是皆贫苦约〈灼〉疾，夫妇皆诅，一丈夫执寻之币、三布之玉，虽是夫……【简10】二夫何不受皇璎则未得与闻。"公强起，违席曰："善哉吾子！"晏子："是襄桓之言也！""祭、正不获祟，以至于此。神见吾迳〈淫〉暴……【简12】请祭与正。"安（晏）子辞。公或谓之，安（晏）子许诺。命割迳不敢监祭，梁丘据不敢监正。旬又五，公乃出见折【简13】	人请赐子州款。"辞曰："管子有一美，婴不如也；有一恶，婴不忍为也，其宗庙之养鲜也。"终辞而不受	虚以成媚，是以鬼神不飨，其国以祸之，祝史与焉。所以夭昏孤疾者，为暴君使也，其言僭嫚于鬼神。"公曰："然则若之何？"对曰："不可为也。山林之木，衡鹿守之；泽之萑蒲，舟鲛守之；薮之薪蒸，虞候守之；海之盐蜃，祈望守之。县鄙之人，入从其政；逼介之关，暴征其私。承嗣大夫，强易其贿。布常无艺，征敛无度；宫室日更，淫乐不违；内宠之妾肆夺于市，外宠之臣僭令于鄙；私欲养求，不给则应。民人苦病，夫妇皆诅。祝有益也，诅亦有损，聊摄以东，姑尤以西，其为人也多矣！虽其善祝，岂能胜亿兆人之诅！君若欲诛于祝史，修德而后可。"公说，使有司宽政，毁关去禁，薄敛已责，公疾愈

资料来源：*阮元校刻《十三经注疏·春秋左传正义》卷四九，第2092—2093页。

　　**编连及释文主要依据梁静《〈上博六·景公疟〉重编新释与版本对比》，《中国历史文物》2010年第1期。

　　***吴则虞：《晏子春秋集释》卷一，北京：中华书局，1982年，第42—48页。

　　****吴则虞：《晏子春秋集释》卷一，第446—450页。

　　从表3-7可知，以上四者记载同一事，整体的叙事脉络是相似的，皆可分为四个部分：景公有疾→梁丘据等人劝景公杀史、祝→晏子劝谏→

景公改过。可见，它们的流传最初可追溯到一个相同的母本。尤其是《左传》和《晏子春秋·外篇》，除个别用字之外，语言几乎完全一致，故它们之间极可能存在密切的关系。然而，《左传》《竞公疟》《晏子春秋·内篇》在语言表述上则大不相同。例如《左传》"期而不瘳"，《竞公疟》作"逾岁不已"，《晏子春秋·内篇》作"期年不已"；又比如董珊先生指出，"'其左右相颂自善曰：盖必死，愈为乐乎？故死期将至，何仁'不见于传世三本'景公疟'的故事"。① 类似的文句差异还有很多，② 所以这三者的直接来源可能各不相同，应可视为同一故事流传的不同版本。

　　由此，可以得到关于《左传》史料来源的两个认识。

　　一是《左传》部分内容来自社会上流行的传闻。春秋战国之时，学术下移，很多史料素材流传于民间，成为公共资源。以往已有学者注意到了《左传》中的一些史料取材于这类公共传闻。如王和先生指出《左传》中的史料部分来自"流行于战国前期的、关于春秋史事的各种传闻传说"，③ 过常宝先生认为《左传》中的一些史料取自史官私下交流的"传闻"。④ 而上博简《竞公疟》的发布正好应和了这一说法。《左传》与《竞公疟》、《晏子春秋》内外篇叙事脉络相同，提供的信息大同小异。可见，这个故事在春秋战国颇为流行。但是，它在诸家引用流传中演变为不同的版本。甚至在《晏子春秋》中，就可见两个版本。《左传》与《竞公疟》虽出自同一公共资源，但它们属于不同的版本。而《左传》记载此事与《晏子春秋·外篇》既重言又重意，高度雷同，故其史料来源可能与《晏子春秋·外篇》相同，或两者彼此有过借鉴。

　　二是《左传》取材于一些纪事本末的独立故事。纪事本末体史书一般认为是南宋袁枢所创。但纪事本末的记事方法起源很早，至少春秋战

---

① 董珊：《读〈上博六〉杂记》（续二），简帛网，http://www.bsm.org.cn/？chujian/4821. html，2007 年 7 月 11 日。

② 可参见刘娇《西汉以前古籍中相同或类似内容重复出现现象的研究——以出土简帛古籍为中心》，博士学位论文，复旦大学，2009 年，第 159—167 页。

③ 王和：《〈左传〉材料来源考》，《中国史研究》1993 年第 2 期。

④ 过常宝：《〈左传〉源于史官"传闻"制度考》，《北京师范大学学报》（社会科学版）2004 年第 4 期。

国就已出现，在近几年的出土文献中我们可以看到这一叙事手法。① 同样，也有不少学者关注到《左传》纪事本末的叙事手法，② 甚至赵光贤先生认为《左传》的成书分为两个阶段，其最初是一部纪事本末体史书，成书最迟在前 430 年不久，后来改编为编年体的记事兼解经的书。③虽然我们不赞成赵先生对于《左传》最初是一部纪事本末体史书的论断，但是他认为《左传》含有纪事本末体的结构非常具有先见之明。可以说，此中原因应和《左传》的取材有很大关系。从《竞公疟》单篇成章的特点来看，其内容完整连贯，最初很可能就以单篇独立流行。余嘉锡先生指出古书"多单篇别行，不自编次"。④ 由此观之，《左传》中一些史料很有可能源自这些单篇的故事，作者将它们改编插入编年体系中，从而造成《左传》叙事带有纪事本末手法的迹象。

除上例外，我们还可以从出土文献中看到《左传》对于预言的编纂脉络。大家都知道《左传》记载了很多预言，这些预言大都神乎其神，自然不是历史真相。然而，如今透过上博简《庄王既成》这篇文献，可以发现，这些预言并非《左传》凭空编造出来的，很可能亦有其文献来源。《庄王既成》记载了楚庄王与沈尹子桱的对话，现将释文征引如下：

> 庄王既成无射，以问沈尹子桱，曰："吾既果成无射，以供春秋之尝，以【简1】待四邻之宾客，后之人几何保之？"沈尹固辞。王固问之。沈尹子桱答【简2】曰："四与五之间，载之塿车以上乎，

---

① 例如有不少学者认为清华简《系年》是一部成熟的纪事本末体史书。可参见廖名春《清华简〈系年〉管窥》，《深圳大学学报》（人文社会科学版）2012 年第 3 期；许兆昌、齐丹丹《试论清华简〈系年〉的编纂特点》，《古代文明》2012 年第 2 期；侯文学、李明丽《清华简〈系年〉的叙事体例、核心与理念》，张富贵主编《华夏论坛》第 8 辑，长春：吉林文史出版社，2012 年。

② 可参见易平《〈左传〉叙事体例分析——"每事自为一章"》，《南昌大学学报》（人文社会科学版）1983 年第 4 期；李兴宁《〈左传〉中的纪事本末体》，《中国文化研究》2006 年第 1 期；张素卿《〈左传〉研究：叙事与纪事本末》，台北：台湾"行政院国家科学委员会"专题研究计划成果报告，1999 年；黄丽娜《试论〈左传〉中纪事本末手法的运用》，硕士学位论文，吉林大学，2014 年。

③ 赵光贤：《〈左传〉编纂考》（上），《古史考辨》，第 187 页。

④ 余嘉锡：《古书通例》，上海：上海古籍出版社，1985 年，第 103 页。

抑四航以【简3】逾乎？"沈尹子桱曰："四航以逾∟。"【简4】①

这实际上是一则预言故事。志得意满的楚庄王新铸无射钟，问几代享有，沈尹子桱回答不过"四与五之间"。学者一致认为，"四与五之间"就是指楚昭王。② 楚昭王十年，伍子胥率领吴师入郢，俘获楚国重器，正好验证了这则预言。③ 此事虽不见于《左传》记载，但对于《左传》预言的成文有着非常重要的参考意义。这是我们第一次发现记载预言的地下文献，它使我们了解到在当时的社会上，存在以预言形式的历史故事。参看《左传》中的一些预言，完全可以独立成为一个历史故事。例如《左传·闵公元年》：

> 初，毕万筮仕于晋，遇"屯"之"比"。辛廖占之，曰："吉。'屯'固'比'入，吉孰大焉？其必蕃昌。震为土，车从马，足居之，兄长之，母覆之，众归之，六体不易，合而能固，安而能杀。公侯之卦也。公侯之子孙，必复其始。"④

这则预言本身是一个完整的叙事，从开头"初"这样的倒叙手法来看，甚至可以脱离《左传》存在，似乎是《左传》在编纂中插入另外一处史料。结合当时的文献背景，暗示《左传》中的一些预言故事并非《左传》的发明，很可能就是取自当时社会上流行的预言故事，《左传》将其加工改编后插入文中。此则说明，《左传》中的一些预言记载即便没有历史可靠性，却也可能有真实的文献来源。

　　除了完整的叙事史料之外，《左传》中有一些特殊的用词用语，在

---

① 释文主要参考曹方向《上博简所见楚国故事类文献校释与研究》，博士学位论文，武汉大学，2013年，第145页。

② 可参见凡国栋《读〈上博楚竹书六〉记》，简帛网，http://www.bsm.org.cn/？chujian/4812.html，2007年7月9日；陈伟《读〈上博六〉条记》，简帛网，http://www.bsm.org.cn/？chujian/4810.html，2007年7月9日。

③ 《淮南子·泰族训》云："阖闾伐楚，五战入郢，烧高府之粟，破九龙之钟，鞭荆平王之墓，舍昭王之宫。"（何宁：《淮南子集释》卷二〇，第1416页）《淮南子》所言"九龙之钟"或许便是楚庄王所铸"无射"。

④ 阮元校刻《十三经注疏·春秋左传正义》卷一一，第1786页。

出土文献中也可以找到类似的语言文辞。笔者搜寻 10 处，可胪列如表3-8 所示（相似部分用粗体标示）。

表3-8 《左传》与出土文献相似词句

《左传》	内容	出土文献	内容	相似处说明
昭公七年	在我先王之左右，以**佐事**上帝	清华简（三）《周公之琴舞》	八启曰：**佐事**王聪明	在传世文献中，"佐事"一词最早见于《左传》，且先秦古书只此一见，在《周公之琴舞》中亦有相同之词
定公元年	**天之所坏，不可支**也	清华简（三）《芮良夫毖》	**天之所支**，亦**不可坏**	此二句句式相同，内容紧密相关
哀公元年	昔阖闾**食不二味**，居不重席，室不崇坛，**器不彤镂**，宫室不观，舟车不饰，衣服财用，择不取费	清华简（五）《汤处于汤丘》	**食时不嗜**饕，五味皆飪，不有所藏；不服过文，**器不雕镂**	此处《左传》与《汤处于汤丘》《曹沫之陈》句式相近，内容相似，很可能取自当时的习语
		上博简（四）《曹沫之陈》	君寝，不饮酒，不听乐。居不设席，**食不二味**	
成公八年	信不可知，义无所立，四方诸侯，其谁不**解体**	清华简（五）《汤在啻门》	政祸乱以无常，民咸**解体**自恤	《左传》"解体"作人心散乱之义，用法特殊，和《汤在啻门》中"解体"用法正好相同
昭公二十九年	夫晋国将守唐叔之所受法度，以**经纬**其民，卿大夫以序守之	清华简（五）《高宗问于三寿》	强并纠出，**经纬**顺齐	"经纬"表示治理，最早见于《左传》，《高宗问于三寿》用法与《左传》相同
昭公六年	是故**闲之以义，纠之以政，行之以礼**，守之以信，奉之以仁，制为禄位以劝其从，严断刑罚以威其淫	上博简（二）《从政》	……夫是则守之以信，教之**以义，行之以礼**也	这两处句式相同，内容相似
庄公六年	**还年**，楚子伐邓。十六年，楚复伐邓，灭之	上博简（四）《曹沫之陈》	**还年**而问于曹沫曰	"还年"一词，上博简整理者就已指出"这个词，古书比较少见。"*《左传》与《曹沫之陈》均有此词

《左传》	内容	出土文献	内容	相似处说明
僖公五年	谚所谓"辅车相依，**唇亡齿寒**"者，其虞、虢之谓也	上博简（六）《用曰》	用曰：**唇亡齿寒**	"唇亡齿寒"大家耳熟能详，最早出自《左传》，从《用曰》亦言此词，可见《左传》所引当时谚语不虚
襄公九年	季武子对曰："会于沙随之岁"**	鄂君启节	大司马昭阳败晋师于襄陵之岁	近些年来，我们在楚地也发现了大量"某某之岁"的纪年用语***
文公六年	分之**采物**，著之话言	清华简（七）	群**采物**之不对	"采物"一词，传世文献中仅见于《左传》，孔颖达疏云："谓采章物色、旌旗衣服，尊卑不同，名位高下，各有品制"

资料来源：* 马承源主编《上海博物馆藏战国楚竹书》（四），上海：上海古籍出版社，2004 年，第 251 页。

** "某某之岁"在《左传》中还可见 6 处。《左传·襄公二十五年》"会于夷仪之岁"；《左传·襄公二十六年》"齐人城郏之岁"；《左传·襄公三十年》"鲁叔仲惠伯会郤成子于承匡之岁也"；《左传·昭公七年》"铸刑书之岁二月"；《左传·昭公七年》"晋韩宣子为政聘于诸侯之岁"；《左传·昭公十一年》"蔡侯般弑其君之岁也"。阮元校刻《十三经注疏·春秋左传正义》卷三六、三七、四〇、四四、四四、四五，第 1986、1992、2011、2049、2051、2059 页。

*** 除鄂君启节外，出土文献中还可见以下"某某之岁"的记载。荆门包山楚简：齐客陈豫贺王之岁。江陵望山楚简：郙客困刍问王于栽郢之岁。江陵天星观一号墓楚简：秦客公孙鞅问王于栽郢之岁。常德夕阳坡楚简：越涌君嬴将其众以归楚之岁。

由表 3-8 可知，《左传》不少语句与已发现的出土文献有神似之处，这证明《左传》中的一些用语出自当时的习语。同时，还可表明，《左传》中的一些用词也有依据，符合先秦时期的使用习惯。

综合以上三个例子，可以依稀看出《左传》的编纂脉络。这一点也验证了《左传》中的史料大都有所来源，具有极高的文献可信度。

二　人物形象的来源

《左传》记载人物众多，"初步估计，《左传》中所提到的人名多达 3400 多个，相应的人物则有 2400 多人"。① 而《左传》对这些人物

---

① 方朝晖编著《春秋左传人物谱·编纂缘由》，济南：齐鲁书社，2001 年，第 1 页。

形象的描写自古为人所称道。如清人冯李骅言："读其文，连性情心术，声音笑貌，千载如生。"① 这是从文学角度肯定《左传》对人物的描写。此外，如果我们从文献学的角度看，《左传》对人物形象的塑造亦有其文献的依据。例如对楚灵王形象的塑造。我们知道，在传统的人物评价中，楚灵王是一个奢靡无度、刚愎残忍的暴君。例如《韩非子·二柄篇》言"楚灵王好细腰，而国中多饿人"；② 东汉边让作《章华赋》就批评楚灵王"作章华之台，筑乾溪之室，穷木土之技，单珍府之实"，③《左传》也用了大量笔墨描写楚灵王的荒淫无道，如《左传·昭公元年》：

> 事毕，赵孟谓叔向曰："令尹自以为王矣，何如？"对曰："王弱，令尹强，其可哉！虽可不终。"赵孟曰："何故？"对曰："强以克弱而安之，强不义也。不义而强，其毙必速。《诗》曰：'赫赫宗周，褒姒灭之。'强不义也。令尹为王，必求诸侯。晋少懦矣，诸侯将往。若获诸侯，其虐滋甚。民弗堪也，将何以终？夫以强取，不义而克，必以为道。道以淫虐，弗可久已矣！"④

此处《左传》通过赵孟之言，批评楚灵王"不义而强""道以淫虐"。

又如《左传·昭公四年》：

> 楚子示诸侯侈，椒举曰："夫六王二公之事，皆所以示诸侯礼也，诸侯所由用命也。夏桀为仍之会，有缗叛之。商纣为黎之蒐，东夷叛之。周幽为大室之盟，戎狄叛之。皆所以示诸侯汰也，诸侯所由弃命也。今君以汰，无乃不济乎？"王弗听。⑤

此处《左传》通过椒举的议论，批评灵王蛮横骄纵，难以成功。再如

---

① 冯李骅、陆浩：《春秋左绣》，新北：文海出版社，1967年，第60页。
② 王先慎：《韩非子集解》卷二，第42页。
③ 范晔：《后汉书》卷八〇下，第2640页。
④ 阮元校刻《十三经注疏·春秋左传正义》卷四一，第2021页。
⑤ 阮元校刻《十三经注疏·春秋左传正义》卷四二，第2035页。

《左传》同年传文：

> 子产见左师曰："吾不患楚矣，汰而愎谏，不过十年。"左师
> 曰："然。不十年侈，其恶不远，远恶而后弃。善亦如之，德远而
> 后兴。"①

这里《左传》通过子产与左师的对话，批评楚灵王骄纵愎谏。

以上这些事例给我们展现了一个残暴无道的楚灵王。但是，《左传》对楚灵王的塑造并不都是负面的，也有正面的描写。如《左传·昭公八年》记载：

> （楚灵王）使穿封戌为陈公，曰："城麇之役，不谄。"侍饮酒
> 于王，王曰："城麇之役，女知寡人之及此，女其辟寡人乎？"对
> 曰："若知君之及此，臣必致死礼，以息楚。"②

楚灵王为令尹时，为了争功曾与穿封戌有过节，甚至当时穿封戌还抽戈来追赶楚灵王。灵王即位后，不仅不记前仇，反而认为穿封戌不谄媚，派他做陈县公，这种胸怀气量无疑是值得称道的。

又如《左传·昭公十三年》：

> 王沿夏，将欲入鄢。芋尹无宇之子申亥曰："吾父再奸王命，王
> 弗诛，惠孰大焉？君不可忍，惠不可弃，吾其从王。"乃求王，遇诸
> 棘围以归。夏五月癸亥，王缢于芋尹申亥氏。申亥以其二女殉而
> 葬之。③

申亥说自己的父亲两次违犯王命，却没有被诛杀，受灵王莫大恩惠，故对灵王感恩戴德。这也间接说明了楚灵王对自己属下颇有情义，并非一直残忍无道。再如《左传·昭公五年》：

---

① 阮元校刻《十三经注疏·春秋左传正义》卷四二，第 2035 页。
② 阮元校刻《十三经注疏·春秋左传正义》卷四四，第 2053 页。
③ 阮元校刻《十三经注疏·春秋左传正义》卷四六，第 2070 页。

蓬启强曰："可。苟有其备，何故不可？耻匹夫不可以无备……君将以亲易怨，实无礼以速寇，而未有其备，使群臣往遗之禽，以逞君心，何不可之有？"王曰："不穀之过也，大夫无辱。"厚为韩子礼。①

对于蓬启强谏言，楚灵王不仅虚心承认过失，而且立马采纳改正。可见，楚灵王也有虚怀纳谏的一面。

综上可以看出，楚灵王具有复杂的人性，虽然有荒淫残暴的一面，但也有虚怀容人的一面。按何新文、周昌梅先生的话来总结，《左传》中的楚灵王是"汰侈无厌而不乏人性和真诚，刚愎自用却时有容人之量，强暴骄横又终存悔过自责之心"。②

那么，《左传》对楚灵王的正面描写是否有历史依据呢？正好上博简（六）《申公臣灵王》的公布，给我们解答了这一问题。《申公臣灵王》记载了王子围与陈公争俘虏，后王子围即位为楚王，陈公愿为"君王臣"之事。现结合诸家考释，征引释文如下：

　　戡③（御）于杫述，縺（陈）④公子皇酱（止）⑤皇子。【简4】王子围夺之，陈公争之。王子围立为王。陈公子皇见王，王曰："陈公【简5】，忘夫杫述之下乎？"陈公曰："臣不知君王【简6】之将为君，如臣知君王之为君，臣将有致焉。"王曰："不穀以笑陈公，是言弃之。今日【简7】陈公事不穀，必以是心。"陈公危（跪）⑥拜，起答："臣为君王臣，君王免之【简8】死，不以晨

①　阮元校刻《十三经注疏·春秋左传正义》卷四三，第2041—2042页。
②　何新文、周昌梅：《论楚灵王》，《湖北大学学报》（哲学社会科学版）1998年第4期，第3页。
③　"戡"字读为"御"，从陈伟先生说，见陈伟《读〈上博六〉条记》，简帛网，http://www.bsm.org.cn/?chujian/4810.html，2007年7月9日。
④　"縺"字读法从陈伟先生读为"陈"，见陈伟《读〈上博六〉条记》，简帛网，http://www.bsm.org.cn/?chujian/4810.html，2007年7月9日。
⑤　"酱"字的解释，见李学勤《读上博简〈庄王既成〉两章笔记》，Confucius 2000网，http://www.confucius2000.com/admin/list.asp?id=3212，2007年7月16日。
⑥　"危"从陈伟先生读，见陈伟《读〈上博六〉条记》，简帛网，http://www.bsm.org.cn/?chujian/4810.html，2007年7月9日。

（伏）鈌（斧）壴（锧）①，何敢心之有？"【简9】

简文经学者的释读、整理，现基本承认"申公"即"陈公"，"皇子"即
"皇颉"，如此正可对应《左传·昭公八年》的记载。两相比对，两处记
载大同小异，简文同样记载楚灵王即位后尽弃前嫌宽恕陈公穿封戍，穿
封戍随即表示愿为灵王效忠。这说明《左传》对楚灵王的正面描写不独
出自《左传》自身的情感倾向，而是有文献依据的。

　　除楚灵王之外，《左传》对孔甲的记载也一直是学者争议的地方。
过去孔甲被认为淫乱德衰之君，比如《史记·夏本纪》云："帝孔甲立，
好方鬼神，事淫乱，夏后氏德衰，诸侯畔之。"②《国语》中有言："昔孔
甲乱夏，四世而陨。"③ 皆是批评孔甲无道，然而《左传》中孔甲的形象
则颇为正面：

> 及有夏孔甲，扰于有帝，帝赐之乘龙，……④

按文中记载，由于孔甲顺服天帝，所以天帝赐给他驾车的龙，足见天帝
对孔甲莫大的肯定和褒奖。以往我们无法知晓这一形象是出于《左传》
有意塑造，还是有文献依据。现今，我们发现新出的清华简《厚父》正
好有言及"孔甲"，赵平安先生就已指出，《厚父》正好可以佐证《左
传》之言，⑤《厚父》文中云：

> 之愿王迺竭【简5】失其命，弗用先哲王孔甲之典刑，……⑥

简文中，被称为"先哲王"的孔甲被视为前代明君、后王效法的对象。

---

① "伏斧锧"，从周凤五先生之说，见周凤五《上博六〈庄王既成〉〈申公臣灵王〉〈平
　王问郑寿〉〈平王与王子木〉新探》，《第二届传统中国研究国际学术讨论会论文集》
　（一），2007年。
② 司马迁：《史记》卷二，第86页。
③ 徐元诰：《国语集解》卷三，第130页。
④ 阮元校刻《十三经注疏·春秋左传正义》卷五三，第2123页。
⑤ 赵平安：《〈厚父〉的性质及其蕴含的夏代历史文化》，《文物》2014年第12期。
⑥ 李学勤主编《清华大学藏战国竹简》（五），上海：中西书局，2015年，第110页。

孔甲时期的故法也被称为"典刑",为后世效仿的准则。足见《厚父》对孔甲推崇备至。这说明春秋战国时期人们对孔甲的评价是多元的,有负面的也有正面的。由此可知,《左传》对孔甲的正面评价是有历史渊源的。

以上,我们列举了一些出土文献的例子用以说明《左传》的编纂有凭有据,有脉络可循,由此证明了《左传》具有极高的史料价值。相信随着日后出土资料的进一步丰富,将会有更多的材料验证《左传》史料的可靠性。

第四节 《左传》先秦传授世系再议

《左传》的先秦传授世系问题一直疑团重重。自唐末以来,不断有人对《别录》所记的《左传》流传世系产生怀疑。有鉴于此,本书寄希望总结前人之说,并结合近年来相关出土文献提供的背景线索,对这一学术史问题作一重新梳理与辩证,以期得到一个较为公正的说法。

一 唐初所引《别录》的真伪

《左传》在先秦的传授世系,分见于孔颖达《左传正义》所引《别录》和陆德明《经典释文序录》:

> 《左传正义》引《别录》:左丘明授曾申,申授吴起,起授其子期,期授楚人铎椒。铎椒作《抄撮》八卷,授虞卿;虞卿作《抄撮》九卷,授荀卿;荀卿授张苍。[1]
>
> 《经典释文序录》:左丘明作传以授曾申,申传卫人吴起,起传其子期,期传楚人铎椒,椒传赵人虞卿,卿传同郡荀卿名况,况传武威张苍,苍传洛阳贾谊……[2]

原本史有所载,古有成说,不应有疑义。然而,由于原始出处《别录》亡佚,而此《左传》先秦传授世系仅见于唐人注疏,不免引起一些

---

① 阮元校刻《十三经注疏·春秋左传正义》卷一,第1703页。
② 吴承仕疏证《经典释文序录疏证》,张力伟点校,北京:中华书局,2008年,第108页。

学者的质疑。尤其近代以来，疑古思潮兴起，该世系不断遭受疑古派学者的抨击，归纳起来，有两种观点：一是考证孔颖达所引《别录》属于伪窜，二是推断该世系记载不实。

我们先来看第一条，若第一条属实，那么第二条不证自明。实际上，对《别录》伪窜的怀疑自中唐就已有之，如赵匡就说：

> 近代之儒又妄为记录云："丘明以授鲁曾申，申传吴起，起传其子期，期传楚铎椒，椒传虞卿，卿传荀况，况传张苍，苍传贾谊。"此乃近世之儒，欲尊崇左氏，妄为此记。向若传授分明如此，《汉书》、《张苍》、《贾谊》及《儒林传》何故不书？则其伪可知也。①

至宋代，《别录》明确已亡，故叶梦得于《春秋考》中也颇为质疑：

> 至陆德明为《经典释文序》，遂授刘向《别录》，以为左丘明授曾申，申授吴起，起授其子期，期授铎椒，椒授虞卿，卿授荀卿，卿授张苍，刘向《别录》世不复见，不知其有无。②

清代刘歆作伪说兴起，《别录》中的世系是该说一大障碍，而历代对《别录》伪窜的怀疑，正可借以发挥。刘逢禄就以《别录》窜伪，对其所记世系作了系统的批判：

> 《经典释文》云：左丘明作传以授曾申，申传卫人吴起……证曰：此兼采伪《别录》及《汉儒林传》而为之。然《左氏》传授不见《太史公书》，班固别传亦无征……③

此后，崔适、梁启超、钱玄同、顾颉刚、张西堂等持刘歆作伪论者自然皆步其后尘，承认《别录》窜伪。然而，我们认为，这一论断证据不足，不能成立，陆、孔所引《别录》应是有所根据的。

---

① 陆淳：《春秋集传纂例》卷一。
② 叶梦得：《春秋考》卷三。
③ 刘逢禄：《左氏春秋考证》卷下，上海：朴社，1933年，第68—69页。

　　首先，唐初刘向《别录》尚在流行，《隋书·经籍志》尚载有《七略别录》存本。同时，除陆德明、孔颖达外，众多唐人注疏引《别录》，如司马贞注《史记》，颜师古注《汉书》，李贤注《后汉书》，李善注《文选》；此外，徐坚《初学记》、欧阳询《艺文类聚》等对《别录》也多有征引。可见《别录》在唐初颇为流行，所以孔颖达于此征引不应出自杜撰。否则，以当时《五经正义》官方推广普及力度，当时不可能没有学者提出异议。而赵匡所处时代距唐初已150余年，中唐之后《别录》似已极为罕见。①

　　其次，陆德明《经典释文》没有明言征引《别录》，从文句上看，自是采自《别录》并略加修改，而孔颖达则是直接称引《别录》。时代上，陆德明的《经典释文》成文要早于孔颖达《五经正义》。② 所以，

①　传统认为《别录》亡于唐末或两宋之时，如姚振宗《七略别录佚文叙》云："《别录》自《唐艺文》著录以后，后史无传焉。虽亦见于《通志·艺文略》、焦氏《经籍志》，皆虚列其目，非实有其书。盖亡于唐末五代之乱，宋初人已不见矣。"（姚振宗：《快阁师石山房丛书》，上海：开明书店，1936年，第1页）章学诚《校雠通义·自序》云："《七略》《别录》之书，久已失传，《唐志》尚存，《宋志》已逸，嗣是不得复见矣。"（王重民通解《校雠通义通解》，上海：上海古籍出版社，2009年，第1页）章太炎《征七略》云："南宋至今，奏录既不可睹（《七略别录》）。"［本社编《章太炎全集》（三），上海：上海人民出版社，1984年，第322页］顾实《汉书艺文志讲疏》云："南宋而后，二书（《七略》《别录》）尽亡。"（顾实讲疏《汉书艺文志讲疏》，上海：上海古籍出版社，1987年，第11页）张舜徽《广校雠略 汉书艺文志通释》写道："南宋以后二书并亡。稽之《通志》，尚著录《七略》七卷，而《通考》不载，其明征也。"（张舜徽：《广校雠略 汉书艺文志通释》，第175页）然而这些论说，只提供了一个大致时间，缺乏精确的考量。于是，此后学者便竞为补充、考证，如钟肇鹏先生《七略别录考》一文对《七略》《别录》的亡佚时间加以详考，将二书追溯到唐开元九年（721）编纂而成的开元书录，由此把《别录》《七略》的亡佚时间提前到安史之乱前后，倘若其说属实，那么很可能赵匡时《别录》已较难得阅。（钟肇鹏：《七略别录考》，《文献》1985年第3期）

②　《五经正义》初次修成不会早于贞观七年（633），且不会晚于贞观十二年，此后又经三次修订，最终于永徽四年（653）定稿。见《唐会要》："贞观十二年，国子监察酒孔颖达撰《五经义疏》一百七十卷，名曰义赞，有诏改为五经正义。"（王溥：《唐会要》卷七十，北京：中华书局，1955年，第1405页）又《旧唐书·太宗本纪》："（贞观七年）十一月丁丑，颁新定《五经》。"（刘昫：《旧唐书》卷三，第43页）对于《经典释文》，从前一些学者，如宋李涛、清桂馥、近人吴承仕根据书中陆德明"唐国子博士"头衔及《序》中"粤以癸卯之岁，承乏上庠"之语，认为该书为贞观十七年所作。由于头衔可以是唐本流传时所加，此条不能作为定论。清钱大昕、丁杰、许宗彦，近人吴承仕、黄焯以多方史料结合陆氏生平认为"癸卯"实为陈后主"至德元年"。在此基础上，今人孙玉文成《〈经典释文〉成书年代新考》一文，从该书内证着手推断该书成于隋以后唐以前，论述充分，可备一说。（孙玉文：《〈经典释文〉成书年代新考》，《中国语文》1998年第4期）故今观诸说，《经典释文》成于唐以前的可能性犹大。

《经典释文》所采的《别录》不太可能是采自《左传正义》。那么，二人分别所引，又所本相同，可见《别录》的这条世系在唐初并不罕见。

再者，关于《史记》和《汉书》没有记载该世系问题，我们知道，史书记载并不能涵盖所有历史，《史记》记武帝以前之事，《汉书》主要记西汉之史，《左传》在当时未立于官学。虽西汉末有刘歆争立，但随王莽新朝的覆灭，犹如昙花一现，与《公羊传》《穀梁传》二传相比，毕竟官方影响力有限，史书未录《左传》传授世系也属正常。且《公羊传》《穀梁传》二传的先秦世系也未系统见于《史记》和《汉书》。① 总之，我们虽然可以正史无载增加疑虑，但却不能以此就断定汉代无该世系。

所以，清末以来大多数学者欲辨唐人《别录》窜伪，无非是想更直接地证明《左传》为伪书。然而，至少就目前我们掌握的材料还不足以全然推翻唐人所引《别录》的真实性。

二　《别录》所记世系的真伪

再来看第二条。以上我们论证唐人所引《别录》并非伪窜，但这不等同于《别录》所载的世系一定真实可靠。其实，《左传》的传授来路，早在东汉初就有学者质疑。光武帝建武四年（28）正月，尚书令韩歆上疏，请求为《费氏易》《左氏春秋》设立博士，范升在云台议论中表示强烈反对，他认为：

> 《左氏》不祖孔子，而出于丘明，师徒相传，又无其人，且非先帝所存，无因得立。②

---

① 即便《公羊传》《穀梁传》最早被立于官学，它们在先秦时期的传授世系也仍含混不清，不见正史。《公羊传》完整的先秦世系最早见于东汉戴宏《序》："子夏传与公羊高，高传与其子平，平传与其子地，地传与其子敢，敢传与其子寿。至汉景帝时，寿乃共其弟子齐人胡毋子都著于竹帛，与董仲舒皆见于图谶。"（阮元校刻《十三经注疏·春秋公羊传注疏·春秋公羊传解诂序》，第 2190 页）《穀梁传》先秦之传授世系见于杨士勋《春秋穀梁传序疏》："穀梁子，名淑，字元始。鲁人。一名赤。受经于子夏，为经作传，故曰《穀梁传》。传孙卿，卿传鲁人申公，申公传博士江翁。其后鲁人荣广大善《穀梁》，又传蔡千秋。汉宣帝好《穀梁》，擢千秋为郎，由是穀梁之传大行于世。"（阮元校刻《十三经注疏·春秋穀梁传注疏·春秋穀梁传集解序》，第 2358 页）

② 范晔：《后汉书》卷三六，第 1228 页。

这条史料频频被后代那些批判《左传》传授世系的学者征引，其中很关键的一条——"出于丘明，师徒相传，又无其人"被认为是《左传》无传授的明证。不过，值得怀疑的是，一部典籍，若没有授习，又何以能够流传于世？先秦诸子屡屡称引《左传》，可见其传习甚广。同时，一些汉代文献也明确记载汉时《左传》的传授情况。如桓谭《新论·识通篇》载："刘子政、子骏、子骏兄子伯玉三人俱是通人，尤珍重《左传》，教授子孙，下至妇女，无不读诵者。"① 所以范升的说法可能很大程度上是带有今文经派的政治立场的。结合这段话的语境，或可以推测，他所指的"师徒相传，又无其人"是说《左传》不像《公羊传》《穀梁传》那样采用师徒一问一答的口授方式。由于《左传》属古文经，记事明晰详瞻，其传授可能更多地以文献传阅作为主要方式，不像《公羊传》《穀梁传》那样形成严守师说的师徒门户关系。②

再看这条世系的人物年代问题，钱穆先生曾对此进行了系统的考证：

　　……考之诸人年世，似不足信。何者？齐襄王六年时，重兴稷下，荀卿为老师祭酒，其年已逾六十，学成名尊矣。而虞卿弃赵相与魏齐逃之魏，事尚在后十许年。时虞卿初出有声，其年事当不出四十，是荀卿为前辈硕学，而虞卿乃后进游士，何从有虞卿著书以授荀卿哉？又铎椒楚威王时太傅，其书应在威王早岁。今姑自威王

---

① 严可均校辑《全上古三代秦汉三国六朝文》，北京：中华书局，1958 年，第 546 页。
② 刘歆就批评今文经学固守师说，因循守旧："……信口说而背传记，是末师而非往古……犹欲保残守缺，挟恐见破之私意，而无从善服义之公心，或怀妒嫉，不考情实，雷同相从，随声是非……"（班固：《汉书》卷三六，第 1970 页）陈元也批评《公羊传》《穀梁传》二传的师徒门户之弊："今论者沉溺所习，玩守旧闻，固执虚言传受之辞，以非亲见实事之道。"（范晔：《后汉书》卷三六，第 1230 页）而对于《左传》，我们知道，传授《左传》的铎椒和虞卿曾抄撮《左传》而成《铎氏微》《虞氏春秋》，这种对《左传》文本的改编与加工，侧面反映出《左传》的传授并不囿于口授师说，而是以史实与文本作为传授的主要方式。此外，以先秦竹简书写的情况来看，《左传》浩繁之卷帙也决定它只能以文献相授，据宋人郑畊老所言，《左传》与《春秋》经文凡 196845 字（黄侃校点《黄侃手批白文十三经》，上海：上海古籍出版社，1983 年，第 6 页），以每简 40 字计算，全部写满简书也要用简 4921 支。《左传》师承授受，历历可考，于六经传记之中最称明晰，恐怕也是卷帙庞大，无从口授记诵，只能以简册相承的缘故。

卒年计之，下至赵孝成王元年，凡六十三年。铎椒死，虞卿尚未生，岂得谓铎椒以授虞卿哉？至张苍之卒，在孝景前五年。即谓其年百余岁，则生年当在秦昭王晚节。今姑谓魏信陵破秦邯郸之岁苍生，下至春申君死，苍年二十，而荀卿已及百龄。荀卿年寿今既不可详考，要之以铎椒授虞卿，虞卿授荀卿之例观之，谓荀卿授《左传》于张苍，恐亦未见其必信也。[1]

现代学者对该世系的质疑基本继承了钱穆先生的考证。钱穆认为这条世系的主要问题出在铎椒传虞卿、虞卿传荀子、荀子传张苍这三个方面。问题最大的主要是前两个方面，因铎椒、虞卿年不相及，虞卿为荀子晚辈，所以这条世系不太可能成立。那么关键就在于铎椒、虞卿、荀子的生卒年寿。可惜，有关铎椒、虞卿事迹的史料太少，所以钱先生估算，虞卿游说赵孝成王，被封为上卿，"初出有声，其年事当不出四十"。但以成名来估算易受到惯性思维的影响，并不可靠。古来四十岁后成名的人也不少见，光以此断言虞卿岁数恐怕是没有根据的。而钱穆先生之后的推算，都是建立在虞卿年龄不足四十的基础之上。实事求是地讲，我们只能说，虞卿的事迹基本见于赵孝成王之时，孝成王之后便不见史书记述，卒年难考。

有关铎椒，可以参考的年世依据只有《史记》记其为楚威王太傅一事。钱穆《先秦诸子系年·附诸子生卒世约数》估作威王元年（前339）约四十岁，该估计相对来说是可取的。因为要能为王太傅，自然资历不浅，年纪不会太轻。不过，对于铎椒的卒年，史亦无载。

那么，综合有限的线索，从楚威王元年到赵孝成王元年（前265）间距七十四年。铎椒有没有可能与虞卿年世相及呢？这里提供一个假设，倘若赵孝成王元年，虞卿为六十岁，那前305年虞卿为二十岁，他与铎椒相差五十余岁，铎椒为七十余岁，铎椒此时在世，传虞卿《左传》是完全可能的。例如孔子门生中，公孙龙和叔仲会就比孔子小五十余岁。即便在当今，七十余岁老师教授二十余岁的弟子也常见，不足为奇。而且，赵孝成王在位二十一年，虞卿即便在孝成王之后辞世，也尚未超过

---

① 钱穆：《先秦诸子系年》，第450页。

百岁，在合理范围内。这固然仅是一种假设，但要推翻一种历史成说，就需要考虑它的所有可能，若不能推倒所有假设，便不足以推翻旧说。显然，上述假设是存在合理性的。

接着来分析虞卿传荀子的可能。倘若赵孝成王元年虞卿为六十岁，则齐襄王六年（前278）近五十岁，与荀子年龄相差不大，① 那么虞卿尚不为荀子的晚辈，只不过是荀子成名更早。即便是虞卿年龄比荀子小，儒家自孔子开始就有"不耻下问""三人行必有我师焉"的传统，荀子就《左传》一书向比他年轻的虞卿求教也不是没有可能。并且，我们上文曾提到，由于《左传》是古文经，在战国时就有写本流传。《左传》的传授很可能以文献相授作为主要方式，而非必须为师徒口耳教授。这样看来，荀卿所学《左传》的文献传自虞卿也是有可能的。那么，二人的相授时间就可能如钱穆先生所云，当在虞卿为赵卿，荀子为稷下祭酒之后。荀子精通《左传》是毫无疑问的，《荀子》一书，据刘师培统计，与《左传》文义词句相通者可得18条。② 《荀子》立说本于《左传》的篇章包括《劝学》《正论》《王制》《王霸》《致士》《礼论》《大略》《修身》《儒效》《富国》《君子》《议兵》《天论》，基本都是荀子入齐后作品，③ 符合荀子于稷下之后获得《左传》的推测。因此，不应排除荀子所习《左传》文献源自虞卿的可能。

最后看荀子传张苍这一环，《史记》载张苍卒于孝景前五年（前152），年百余岁而卒。那么，张苍当出生于前252年之前，前262年之后，时荀子已七十有余。而当张苍二十岁时，荀子年逾九十。虽然荀子的卒年不可考，但我们可以找到荀子年寿高达百岁的证据。前238年，

① 廖名春先生考证，荀子参加稷下学宫的重建工作时五十七岁。见廖名春《荀子新探》，北京：中国人民大学出版社，2014年，第19页。

② 刘师培：《群经大义相通论·〈左传〉〈荀子〉相通考》，《中国现代学术经典（黄侃、刘师培卷）》，第584—592页。

③ 廖名春先生曾对《荀子》各篇章的成书年代进行了细致的考证，将《荀子》内的篇章分为三个时期，游学于齐前的作品有《不苟》篇；稷下时期的作品有《王霸》《王制》《正论》《天论》《劝学》《修身》《解蔽》《荣辱》《正名》《性恶》《礼论》《乐论》；迁居兰陵时期作品有《非相》《臣道》《君道》《非十二子》《成相》《赋》《富国》《致士》《君子》；《议兵》《强国》《儒效》三篇为兰陵前之事，《大略》内容可涵盖各个时期，《仲尼》前半篇反映荀子在稷下思想，而后半篇反映兰陵时期思想。见廖名春《荀子新探》，第62页。

李园伏死士击杀春申君。《史记·孟荀列传》载："春申君死而荀卿废，因家兰陵。"① 时年荀子九十八岁。廖名春先生于《荀子新探》中说：

> 司马迁、刘向都说荀子废居兰陵后，"著书万言而卒"，即荀子在死前还过了一段写作生活，这是可以肯定的。我们不能说荀子的所有著作都写于此时，但他确在此时写下了一部分著作，例如《成相》篇中有"春申道缀基毕输"一语，说春申君的政策被废止了，基业完全被毁坏了，这显然当写自春申君被杀以后，很可能就是荀子废居兰陵时的最后之作。我们假设荀子在春申君死后又活了两年，即至公元前236年才辞世，那么在这两年里，他既见到李斯相秦，也在兰陵写下《成相》等著作。其年寿高达一百岁。②

以此观之，荀子在有生之年是完全有可能传张苍《左传》的。

除此之外，与其他文献参照，这条世系也是有根有据的，不似纯粹出自杜撰。《史记·十二诸侯年表序》云：

> 鲁君子左丘明惧弟子人人异端，各安其意，失其真，故因孔子史记具论其语，成《左氏春秋》。铎椒为楚威王傅，为王不能尽观《春秋》，采取成败，卒四十章，为《铎氏微》。赵孝成王时，其相虞卿上采《春秋》，下观近势，亦著八篇，为《虞氏春秋》。吕不韦者，秦庄襄王相，亦上观尚古，删拾《春秋》，集六国时事，以为八览、六论、十二纪，为《吕氏春秋》。及如荀卿、孟子、公孙固、韩非之徒，各往往捃摭《春秋》之文以著书，不可胜纪。汉相张苍历谱五德，上大夫董仲舒推《春秋》义，颇著文焉。③

这里边出现了世系中的五个人物：左丘明、铎椒、虞卿、荀子、张苍。可见，《左传》传授世系虽记于《别录》，但在史迁之时已有渊源，且除左丘明外，其余四人是可由其他证据确认的。

---

① 司马迁：《史记》卷七四，第2348页。
② 廖名春：《荀子新探》，第29页。
③ 司马迁：《史记》卷一四，第509—510页。

《铎氏微》一书刘向校秘中书时曾亲眼所见，发现其与《左传》的抄撮关系，所以铎椒与《左传》的渊源应无疑义。虞卿熟悉《左传》大概也没有问题，虽《虞氏春秋》早亡，但虞卿对《左传》的引用还可见于《战国策·楚策四》：

> 虞卿谓春申君曰："臣闻之《春秋》：于安思危，危则虑安。"①

虞卿所引《春秋》之言在《春秋》经文及《公羊传》《穀梁传》二传中皆无，而独见《左传》，对应的是《左传·襄公十一年》魏绛对晋侯曰：

> 《书》曰："'居安思危。'思则有备，有备无患，敢以此规。"②

可见虞卿所谓的《春秋》很可能指的就是《左传》。

而荀子自不必说，《荀子》一书多处征引《左传》，足证荀子确实研习过《左传》。

张苍治《左传》更是史有明言，《汉书·儒林传》载："汉兴，北平侯张苍及梁太傅贾谊、京兆尹张敞、太中大夫刘公子皆修《春秋左氏传》。"③ 许慎《说文解字·序》载："北平侯张苍献《春秋左氏传》。"④ 荀悦《汉纪》："汉兴，张苍、贾谊皆为《左氏》训。"⑤

因而，在传世文献方面，目前掌握的资料是无法推翻《别录》中记载的《左传》先秦传授世系的。

三 从清华简《系年》看《左传》的传授世系

值得重视的是，清华简《系年》也给我们提供了另外一条线索。清华简《系年》是一部经系统编撰的战国史著，分章记载了周初至战国初的重大史实，内容多见于《左传》。在前文中，我们曾论及，不少学者

---

① 刘向集录《战国策》卷一七，第582页。
② 阮元校刻《十三经注疏·春秋左传正义》卷三一，第1951页。
③ 班固：《汉书》卷八八，第3620页。
④ 许慎：《说文解字》，北京：中华书局，2014年，第317页。
⑤ 荀悦、袁宏：《两汉纪》，北京：中华书局，2002年，第436页。

探讨《系年》与《左传》的关系，甚至有些学者推测《系年》可能是摘抄自《左传》的《铎氏微》。我们认为，虽然《系年》并不一定就是《铎氏微》，但它与《左传》在文献上的密切关系无疑是值得肯定的。

从本书第五章论及的证据来看，《系年》与《左传》存在诸多关联，这或是因为《系年》在创作时参考过《左传》，或是与《左传》借鉴过相同的史料，故而二者在行文上存在许多相似性。以此推测，在《系年》于楚国抄写之时，《左传》中的史料，甚至《左传》极可能已在楚国流传。李学勤先生曾推断清华简年代在战国中晚期之际，即前 300 年前后。这批竹简又经 AMS 碳 14 年代测定与树轮校正结果为前（305±30）年。[①] 对于清华简《系年》，大多学者认为极可能为楚肃王时期所抄作。[②]这个年代，在吴起之后，大致相当于子期或铎椒活动的时间段，而此二人身份正与楚国密切相关。鉴于《左传》于楚国当时的流行情况，子期和铎椒完全有条件研读、传授《左传》。

同时，《系年》的文字与语言特点，表明它或者它的史料可能是从晋地传来。文字方面，虽然《系年》整体由楚文字书写，但是李守奎先生进行了细致的分析，指出《系年》中存在不少三晋文字，而造成楚文字系统中出现晋系文字的原因，主要有以下三种可能。

第一，作者是三晋侨楚，楚文字运用还不够纯熟。

第二，文本来自三晋，楚人抄写受底本影响。

第三，史料来自三晋，依据三晋史书留存材料中的写法。[③]

以上这些推测都指向《系年》的源头很可能来自晋地或出自与晋地有密切关系的人之手。

另外，在语言方面，陈民镇认为，《系年》的用词风格不同于一般的楚地文献。据他统计，楚简罕见的连词"及"在《系年》中出现 11 次，而在《出土战国文献虚词研究》中全部楚简资料只出现了 6 次。[④]

再者，李学勤先生指出，《系年》与后来魏国史书《纪年》在"二

---

① 李学勤：《论清华简〈保训〉的几个问题》，《文物》2009 年第 6 期。

② 参见本章第一节。

③ 李守奎、肖攀：《清华简〈系年〉文字考释与构形研究》，第 294—299 页。

④ 陈民镇：《〈系年〉"故志"说——清华简〈系年〉性质及撰作背景刍议》，《邯郸学院学报》2012 年第 2 期。

王并立"事件记载上史实轮廓基本一致，甚至有些语句都很相似。①

实际上，以上这些暗示了传授世系中，吴起传《左传》确有可能。

首先，我们知道，吴起是卫国人，曾仕魏，后又仕楚。其生活经历与《系年》（或《系年》的史料）传播的路径吻合。此外，吴起出生的卫国和所仕的魏国，两国文字皆属晋系文字，② 也符合《系年》中存在晋系文字的特性。

其次，《系年》文字中残留一些晋文字，表明该文本的书写还未完全楚化。借此推测，《系年》创作之后，被楚人抄写的次数不是很多，流传的时间不会太长。郭永秉先生根据《系年》文字的字形特征，指出"清华简本《系年》最可能抄成于楚肃王时代到楚宣王前期之间（从字形特征看，以肃王时代的可能性更大），是《系年》定型之后的一个早期誊录本"。③ 而比《系年》抄写年代稍早的时间段刚好是吴起活动时期。

再次，前文我们已论述，《系年》与《左传》存在密切的文献关系，它们有不少共同的史料来源。如果《系年》（或《系年》的史料）传入楚国与吴起有关，那么，恰可以证明吴起和《左传》的关系。

因此，《系年》于楚国的流行缘起于吴起具有较大的可能性。要之，这样一个历史背景也暗示这条传授世系是有根据的。

然而，需要注意的是，随着近年来出土典籍的增多，以我们现今对古书成书、流传的认识，愈加明确古书的流传绝非仅限一条路径。以此观之，《左传》这条世系也存在一定的问题。因为这条世系从流传情况上讲，过于单一。例如，马王堆帛书《春秋事语》，正如前文所述，已有不少学者注意到它与《左传》的密切关系。如李学勤先生认为《春秋事语》一书实为早期《左传》学的正宗作品；此外，他还指出，"《春秋事语》书法由篆变隶，不避秦始皇、汉高祖之讳，可见作为楚汉交争时期的写本，是最合理的"。④ 这证明《左传》在秦汉之际已广为流传。

另外，在传世文献方面，除《别录》世系的人物外，《左传》中的

---

① 李学勤：《从〈系年〉看〈纪年〉》，《光明日报》2012年2月27日。
② 汤志彪编著《三晋文字编》，北京：作家出版社，2013年。
③ 郭永秉：《清华简〈系年〉抄写时代之估测——兼从文字形体角度看战国楚文字区域性特征形成的复杂过程》，《文史》2016年第3期，第5页。
④ 李学勤：《帛书〈春秋事语〉与〈左传〉的传流》，《古籍整理研究学刊》1989年第4期。

文句还被《韩非子》《吕氏春秋》等诸子之书广为引用。① 那么，《左传》这条世系也应把韩非子和编纂《吕氏春秋》的儒生算在内。

因此，我们认为，《左传》在先秦的传授线路实际上是多线性的，绝非仅有简单的一条传授路线。《别录》的这条世系虽然历历可考，但也只是反映《左传》于先秦流传的一个方面。

综上所论，本书认为，仅就目前的材料看，还不能轻易否定《左传》的流传世系。而且可以确定，不论是传世文献，还是出土文献，很多材料能够证明《左传》这条世系确是渊源有自，绝非凭空杜撰。

---

① 　见刘师培《周季诸子述左传考》，《刘师培史学论著选集》；刘正浩《周秦诸子述左传考》。

第四章 《春秋》《左传》经学性质新探

《左传》经学性质的前提是《春秋》的经学属性，倘若《春秋》儒家经典的地位被推翻，那么《左传》的经学性质不辩自明。因而要深入研究《左传》的经学性质，探讨《左传》是否为《春秋》之传，不能仅仅落脚于《左传》本身，还要重新审视《春秋》的文献性质。

第一节 再论《春秋》名义

一 《春秋》的命名

《春秋》一书为何叫"春秋"，自古以来议论纷纷，久讼不决。至少可分为五类，列述如下。

第一类："春秋"表示时间间隔

1. "春作秋成"

《公羊传》引《春秋说》："哀公十四年春，西狩获麟，作《春秋》，九月书成。以其书春作秋成，故云《春秋》。"①

2. "春始秋终"

《论衡·正说篇》引当时俗儒之言："春者岁之始，秋者其终也。《春秋》之经，可以奉始养终，故号为《春秋》。"②

第二类："春秋"代表阴阳

1. "阴阳初始"

贺道养："春贵阳之始，秋取阴之初。"③

2. "阴阳中和"

贾逵："取法阴阳之中。春为阳中，万物以生。秋为阴中，万物以

---

① 阮元校刻《十三经注疏·春秋公羊传注疏》卷一，第2195页。
② 黄晖：《论衡校释》卷二八，第1139页。
③ 阮元校刻《十三经注疏·春秋左传正义》卷一，第1704页。

成。欲使人君动作不失中也。"①

刘熙:"春秋温凉中,象政和也,故举以为名。"②

第三类:"春秋"为古之赏罚两季

毛奇龄:"旧谓春以善善,秋以恶恶,《春秋》者,善善恶恶之书。"③

郑樵:"或谓《春秋》之名,取赏以春夏,刑以秋冬。或谓一褒一贬若春若秋。"④

第四类:"春秋"为四季的省称

刘熙:"《春秋》言春秋冬夏终而成岁,举春秋而冬、夏可知也。《春秋》书人事,卒岁而究备。"⑤

杜预:"故史之所记,必表年以首事,年有四时,故错举以为所记之名也。"⑥

第五类:"春秋"取自上古两季

商承祚:"卜辞之用,决非如后世将一岁分为四季,每季三月也。……春、夏、秋、冬,金文中亦无此称,则是一岁四分制,难定其推行时期,……"⑦

于省吾:"初民只有周而复始的岁度节候观念或某些节候观念,后来因为生产和生活上的需要,才有春、秋二时的划分。……卜辞与诗书中的早期作品,既然没有冬夏而只有春秋,则西周前期仍然沿用着二时制是可以肯定的。……古人也称年为春秋,所以纪年之史就名为'春秋'。"⑧

陈梦家:"四时之称,始于东周。"⑨

以上说法有些虽合乎情理,但缺乏证据,有些则纯粹是逞臆,而以

---

① 阮元校刻《十三经注疏·春秋左传正义》卷一,第 1704 页。

② 王先谦:《释名疏证补》,许慎等:《汉小学四种》,成都:巴蜀书社,2001 年,第 1535 页。

③ 毛奇龄:《春秋毛氏传·总论》,清文渊阁四库全书本。

④ 郑樵:《六经奥略》卷四,清文渊阁四库全书本。

⑤ 王先谦:《释名疏证补》,许慎等:《汉小学四种》,第 1535 页。

⑥ 阮元校刻《十三经注疏·春秋左传正义》卷一,第 1703 页。

⑦ 商承祚:《殷商无四时考》,《清华周刊》第 37 卷第 9—10 期合刊,1932 年,转载于商志醰《商承祚文集》,广州:中山大学出版社,2004 年,第 58 页。

⑧ 于省吾:《岁、时起源初考》,《历史研究》1961 年第 4 期。

⑨ 陈梦家:《战国楚帛书考》,《考古学报》1984 年第 2 期。

第四类与第五类最具说服力。

先看第四类说，该说认为"春秋"是"春夏秋冬"的截取，由于"春"是一年记事的开始，必须有，所以错杂地取"春""秋"两字。词汇省称的现象在汉语中非常普遍，比如古人在表达"东南西北"四方位时可以简省为"东西"或"南北"。① 即便在今天这一现象也常见，比如我们称"北京大学"会简称为"北大"；在用"风霜雨雪"一词时可以简略为"风雨"。所以错举之说得到诸多学者的支持，例如清人皮锡瑞说："或谓《春秋》之名取赏以春夏，刑以秋冬，或谓一褒一贬，若春若秋，或谓春获麟秋成书，谓之《春秋》，皆非也，惟杜预所谓年有四时，故错举以为所记之名，此说得之。"② 杨伯峻先生也说："无怪乎杜预《春秋左传集解序》说：'故史之所记必表年以首事，年有四时，则错举以为所记之名也'，意思是史书之名为'春秋'，即是截取'春夏秋冬'四字中'春秋'二字。"③《春秋左传正义》孔颖达疏云："言春足以兼夏，言秋足以见冬。"④ 因此，"春夏秋冬"简称为"春秋"也可能是一种历史语言习惯。

再看第五类，这一说法也有一定道理。从目前商代甲骨卜辞来看，还未有用作夏季之"夏"和冬季之"冬"的辞例。⑤ 用"春秋"来指代史书，可能是商代习惯，后世继续沿用，成为约定俗成的称谓。⑥

实际上，要探明"春秋"命名的真相，判断何种说法正确，则要考察以下两个方面。

1. "春秋"作为某一类史书概念的产生时间。

2. "春秋"这一名词的产生时间。

从目前掌握的资料来看，与"春秋"相类的编年体史书确实极可能在商代就已出现，《尚书·多士》说："惟殷先人，有册有典。"⑦ 可见商

---

① 例如，唐代杜甫《无家别》诗，"我里百余家，世乱各东西"；宋代晁补之《鱼沟怀家》诗，"生涯身事任东西，药笥书囊偶自赍"。就以"东西"概括"东南西北"四方位。

② 皮锡瑞：《经学通论》，北京：中华书局，1954年，第31—32页。

③ 杨伯峻编著《春秋左传注》，第4页。

④ 阮元校刻《十三经注疏·春秋左传正义》卷一，第1703页。

⑤ 商代卜辞虽然"冬"字常见，但都是当作"终"字来用。

⑥ 可参见吴天明《〈春秋〉书名语源考》，《中南民族大学学报》（人文社会科学版）2008年第5期；朱彦民《〈春秋〉何以名"春秋"》，《管子学刊》2017年第2期。

⑦ 阮元校刻《十三经注疏·尚书正义》，第220页。

代已具备完善书写制度，并且已有学者指出殷商甲骨文记事笔法与《春秋》有不少相似处：

> 《春秋》僖公二十六年及文公十五年皆书"齐人侵我西鄙"、文公七年书"狄侵我西鄙"、襄公十四年书"莒人侵我东鄙"。其中"某侵我某鄙"的记述方式，早已见于殷墟甲骨文，如罗振玉旧藏一版大骨（即《殷虚书契菁华》第一片，《合集》6057，现藏国家博物馆），其上契刻宾组大字卜辞，有"沚戛告曰：土方征于我东鄙，戋二邑，方亦侵我西鄙田"的记载。上述诸例中的我均指我方，在《春秋》中指鲁，在殷墟卜辞中指沚戛的属地；鄙是边地，鄙中有邑，小邑规模略同于村落。《春秋》虽未见殷墟甲骨中"某征我"的辞例，但与之相近的"某伐我""某伐我某鄙"之类记载史不绝书，如庄公十九年"齐人、宋人、陈人伐我西鄙"、僖公二十六年"齐人伐我北鄙"、文公十四年"邾人伐我南鄙"、襄公八年"莒侯伐我东鄙"等，此类文字与殷墟卜辞相比，笔法也基本一致。……《春秋》记载天象、物候的文字也延续了殷代史官的笔法。如庄公三十一年"冬，不雨"、僖公二年"冬，十月，不雨"、僖公三年"六月，雨"等例中"雨""不雨"的简单记录，在殷墟卜辞中也很普遍，两相比较，完全一致。《春秋》记载日食30余次，皆用"日有食之"，殷墟卜辞记载日食、月食，亦用"日有食""月有食""日月有食"，基本一致。桓公元年、襄公二十四年记载洪水用"大水"，殷墟卜辞亦有同例，如"今秋禾不遘大水"（《合集》33351），《左传》桓公元年传例说"凡平原出水为大水"，用来训诂卜辞亦较恰当。宣公十六年记载农业丰收用"大有年"，所谓"有年"的说法，也是继承自殷代史官，殷墟卜辞常见"受有年"，其例甚多，此不烦举。①

尽管今本《春秋》并非史书《春秋》原貌，但一般认为今本《春秋》是以鲁《春秋》为底本笔削而来，保留了史书《春秋》古老的写作

---

① 刘源：《〈春秋〉与殷墟甲骨文》，《光明日报》2013 年 8 月 12 日第 15 版。

痕迹。并且，《墨子·明鬼下》记有"宋之《春秋》"，由于宋承殷制，因而很可能在商代已存在类似"春秋"这样的史书，到宋国得以延续。

然而，这类史书在商代是否就叫作"春秋"则存在疑问，虽然甲骨卜辞中没有"夏""冬"，只有"春""秋"，[①] 但是也没有"春秋"合称的辞例，当然，甲骨卜辞反映的内容有限，无法涵盖当时所有词语，"春秋"这一称法究竟始于何时难以确定。如果商代已有"春秋"这一名称，"上古一年两时说"显然更符合历史真相；如若反之，则杜预之说更具可能性，但就我们现今掌握的资料，最早只在东周典籍中见到"春秋"合称，所以实事求是地讲，以上两种说法目前还都无法确证。

相对而言，笔者更倾向于传统杜预的说法，推测"春秋"这一称法可能出现较晚。

首先，"春秋"之名应是源自《春秋》严整的季节记录体例，而这种"以日系月，以月系时，以时系年"的时间体例可能到西周末东周初才出现。不论商代究竟实行两季还是四季，可以肯定的是"春秋"的本义是表示季节。那么，让我们回到最初的问题，古人为何会用"春秋"

---

① 殷商有无四季，仍有待进一步研究。虽然目前所见的甲骨文和金文未见完整四季，但甲骨文的书写主题有限，难以完整呈现商人全部生活。因而也有不少学者从其他角度论证商代已有四季，如董作宾先生通过商人已了解夏、冬二季，认为商代已有四季观念（董作宾：《殷历谱》，台北：艺文印书馆，1977 年，第 521—522 页）从目前考古资料来看，至少可以明确的是商代已有"两分两至"的四时概念。例如 2005 年，中国社会科学院考古研究所山西队与山西省考古研究所和临汾市文物局合作，对山西襄汾陶寺遗址ⅡFJT1 观象台遗址（大约建于前 2100 年）进行考古发掘与研究。自 2003 年开始，山西队通过一年半的实体模拟观测，验证了该建筑天文观测功能的推测，认为该建筑是古人用来观测以确定季节的观象台，通过该建筑观测可以准确测定"两分（春分、秋分）两至（夏至、冬至）"，而两分两至为推测四季的根据点。近年来，学术界倾向于将陶寺遗址与"尧都平阳"相联系，将此观象台作为《尚书·尧典》所载"日中星鸟，以殷仲春。……日永星火，以正仲夏。……宵中星虚，以殷仲秋。……日短星昴，以正仲冬"的力证。（参见江晓原等《山西襄汾陶寺城址天文观测遗迹功能讨论》，《考古》2006 年第 11 期）这似乎表明，四季起源甚早。又如李学勤先生结合殷商卜辞的四方风名，认为商代已知四季（李学勤：《陶寺特殊建筑基址与〈尧典〉的空间观念》，《文物中的古文明》，北京：商务印书馆，2008 年，第 56—57 页）但也有学者认为，《尧典》中的"仲春""仲夏""仲秋""仲冬"可能由后人所附会，四时的本义并不是四季，而是应特指两分两至，四时与四季分别来源于两个不同的系统，四季在殷商还未出现。（冯时：《中国天文考古学》，北京：中国社会科学出版社，2010 年，第 220 页）殷商时代历法的真实情况究竟如何，可能还有赖更多资料的发掘。

来表示编年体史书，而不是用其他词语？以往一些观点认为，季节更替可引申为"年"，《春秋》为编年体史书，按年记事，所以以"春秋"为名。实际上，这一需要联想、引申的命名方式似乎不太符合当时史书类别的命名习惯，其他史书类别诸如《故志》《典训》《语》等名称，[①] 都是直接反映内容与体裁，浅易直白，无须引申。因此，笔者认为，"春秋"之名，并不是"年"或"时间"的换意表达，而是直接取自书中所载的季节。这不仅符合古书摘字成名的习惯，同时其本身就是《春秋》记史的突出特点。《春秋》记录时间对季节尤为看重，"当没有什么事情可记的时候，《春秋》依然要记下'春正月''夏四月''秋七月'和'冬十月'，显然是有意构建四时完整的框架"。[②] 这种月与季节大多数严格相配的时间体例是非常特殊的，在东周之前的史料中鲜见。尽管殷商甲骨卜辞中有同时出现月和季的辞例，但并非同记一事，比如：

戊寅卜，争贞：今春众有工。十一月。（《甲骨文合集》编号 18）

这里的"春"是贞问之事的发生时间，而后面的"十一月"是此次占卜的时间。西周铜器铭文记时方式主要为两类：一是王年（或无）+月+日干支+叙事式，二是王年+月+月相+干支（或无）+叙事式。[③] 鲜见月+季节式时间记录，甚至季节记时的方式也不多见。[④] 不过，在东周以后的铭文中，则发现不少季节与月搭配的例子，例如《越王钟》："唯正月季春吉日丁亥。"[⑤]《商鞅量》："冬十二月乙酉。"[⑥]

我们目前所见材料如果能反映殷周记时全貌的话，那么问题是为何商代和西周时期没有流行月份与季节挂钩的记时方式，而东周却出现这一形式？前者的原因不难推测，如果王朝历法统一，不管是当时实行两

---

① 从目前发现的出土资料来看，先秦史书大都没有书名，而是以类为名。

② 董芬芬：《试论〈春秋〉的宗教特质——从作者群体、表述方式及时间体例谈起》，《暨南学报》（哲学社会科学版）2016 年第 10 期。

③ 叶正渤：《略论西周铭文的记时方式》，《徐州师范大学学报》（哲学社会科学版）2000年第 3 期。

④ 可参见邓飞《商代甲金文时间范畴研究》，北京：人民出版社，2013 年。

⑤ 曹锦炎：《越王钟补释》，魏桥主编《国际百越文化研究》，北京：中国社会科学出版社，1994 年，第 256 页。

⑥ 《殷周金文集成》（修订增补本），编号：10372，第 5590 页。

季还是四季，月份与季节是对应的，月份本身就代表了所在季节，记了月份，自然知道是哪个季节，也就没必要再记录季节。

而后者的原因同样可以沿着这一思路进行推测。我们认为，这可能和东周时期各国历法各异，时月搭配不统一有关。自古以来，不少学者已发现《春秋》对四季的记载不符合物候规律，例如原本秋季发生的螽灾却在鲁哀公十二年和十三年连续两年都在"冬十有二月"发生，[①] 原本秋季发生的霜冻，却在冬季发生，[②] 此类现象在《春秋》中并不少见。不少学者认为这主要是《春秋》月、时不统一所致。比如提出《春秋》"以夏时冠周月"的观点，尽管这一说法历代争议颇多，但却指出了《春秋》季节有违天时，季节与月份不匹配的问题。[③] 除鲁国之外，在其他诸侯国的资料中也可以找到相关线索，如越王者旨於赐钟铭文记载：

唯正月仲春，吉日丁亥。[④]

另，栾书缶盖铭和器铭皆有"正月季春"：

正月季春，元日己丑。[⑤]

马承源先生对栾书缶铭文中"正月季春"解释说："正月为季春，则上年十一月为孟春。正月为季春是四季之序按周历。周历建子，以三月为季春，周三月为晋正月，证明晋用夏正。"[⑥] 当然，铭文所反映的究竟是晋历还是楚历，尚存在争议。[⑦] 但可以肯定的是，正月与季春搭配，

---

① 《春秋·哀公十二年》载："冬十有二月，螽。"《春秋·哀公十三年》载："十有二月，螽。"阮元校刻《十三经注疏·春秋左传正义》卷五九，第 2170、2171 页。

② 《春秋·定公元年》载："冬十月，陨霜杀菽。"阮元校刻《十三经注疏·春秋左传正义》卷五四，第 2131 页。

③ 可参见赵伯雄《"夏时冠周月"解》，《古籍整理研究学刊》2002 年第 4 期。

④ 《殷周金文集成》（修订增补本），编号：144，第 152 页。

⑤ 《殷周金文集成》（修订增补本），编号：10008，第 5266 页。

⑥ 马承源主编《商周青铜器铭文选》（四），北京：文物出版社，1990 年，第 587 页。

⑦ 王冠英、王恩田两先生则认为此器为春秋晚期晋人栾盈在楚流亡时所铸。王冠英：《栾书缶应称名为栾盈缶》，《文物》1990 年第 12 期；王恩田：《重论栾盈缶——兼说栾盈本名与栾盈奔楚》，《中国国家博物馆馆刊》2015 年第 5 期。

说明它们不可能属于同一历法系统，腾兴建解释说：

> 缶铭显示行夏正的国家记四时之序用周正，而《春秋》中鲁国岁首虽未固定，有建子、建丑之别，但记四时之序一律使用周正。这说明春秋时期虽然各国所用历法不同，但记四时之序却都是按周正来的，即不论是采用夏正、殷正还是周正，都是以周正的一、二、三月为春季，四、五、六月为夏季，七、八、九月为秋季，十、十一、十二月为冬季，只不过采用夏正和殷正的国家在记四时之序时，要先将本国月份换算成周正所对应的月份，比如行夏正的国家在记四时之序时，要先将本国的正月换算成周正的三月，则其四时之序为季春，这就是栾书缶和越王者旨於赐钟铭"正月季春"的由来。
>
> ……春秋前期鲁国用丑正，与夏正相差一个月，其四时勉强还能反映天时，到了春秋后期，鲁国多行子正，与夏正差了两月，其四时已不能反映天时。早期四时制出现于周代，它从诞生之日起就与周历紧密联系在一起，到了春秋后期，它所起的作用仅仅在于把周历里的十二个月份平均划分为四段，而不再反映天时。此外，因为周代各诸侯国历法互异，为了保证全国各地处于同一个季节，使用其他历法的国家也按照周历来划分四季。①

这一观点实际上也很好地解释了为何到东周才会使用月、季搭配的记时方式。东周时期，天子权势衰落，各诸侯国割据一方，各行其是，出现多轨制历法，导致列国建正也各不相同，这势必造成记时的混乱，也极可能造成各国之间文献阅读的障碍，于是为了使各种历法有标准可循，能够互通，当时记史采用了搭配统一的周历季节以弥补这一缺陷。因此，东周史书开始出现大量月、季搭配的记史方式，正如顾炎武所说："自《春秋》以下，纪载之文必以日系月，以月系时，以时系年，此史家之常法也。"②

结合以上线索，如果《春秋》月、季相配的时间书写体例确实是在

①　腾兴建：《从孔子的"行夏之时"主张看中国古代四季的划分》，《孔子研究》2018年第6期，第88—89页。
②　黄汝成集释《日知录集释》卷二〇，第1134页。

东周形成的话，那么"春秋"之名源自当时所兴起的这一体例，即《春秋》以书中出现的季节"词语"为名便完全有可能了。

另外，从孟子论《春秋》的语气里，似乎也可以看出"春秋"一词并非古已有之。孟子在谈到孔子与《春秋》关系时说：

> 王者之迹熄而诗亡，诗亡然后《春秋》作。晋之《乘》、楚之《梼杌》、鲁之《春秋》，一也。其事则齐桓、晋文，其文则史，孔子曰："其义则丘窃取之矣。"①

当然，如何理解孟子论述孔子修《春秋》这段话，学界多有争论，本书下面还将详细论述。此处需要注意的是"晋之《乘》、楚之《梼杌》、鲁之《春秋》，一也"这句话，如果把它去掉，似乎也不妨碍语意表达，那么孟子为何要加入这段话？这段话的中心是讲《春秋》，拿"晋之《乘》""楚之《梼杌》"和"鲁之《春秋》"对举，是为了说明鲁《春秋》的特征，让读者了解它们性质一致，从语气上看似乎暗示当时不少人对于《春秋》这一名词并不十分熟悉，所以才有此解释。如果是这样，那么，"春秋"这一名称可能形成不久，也可能最初只是周王朝及小部分国家采用，尚未达到后世家喻户晓的程度。孔子修《春秋》后，"春秋"一词被世人所熟知，大家也就习惯把各国史书都称为"春秋"。例如，《国语·晋语七》云"羊舌肸习于《春秋》"，② 这里的"春秋"显然是指晋国"春秋"，但晋国的"春秋"正式名称叫"乘"；同样，《国语·楚语上》云申叔言"教之《春秋》"，③ 这里的"春秋"应该是指楚国的"梼杌"。④ 又比如《隋书·李德林传》曾引述墨子语，曰："吾见百国《春秋》。"⑤ 既然晋和楚之"春秋"都有自己的名称，

---

① 阮元校刻《十三经注疏·孟子注疏》卷八，第2727—2728页。

② 徐元诰：《国语集解》卷一三，第415页。

③ 徐元诰：《国语集解》卷一七，第485页。

④ 也有学者认为，诸侯国是先有"春秋"通名，后有各国的别名。清人周广义说："鲁、晋、楚之史，论周法本皆名《春秋》，晋、楚自异其名，惟鲁仍旧。"（周广义：《孟子四考》卷二，清乾隆六十年省吾庐刻本）但如果是这样，那么"春秋"之名应该众人皆知，孟子似乎没必要另作解释。

⑤ 魏征等：《隋书》卷四二，第1197页。

那么墨子所谓的"百国"中定然有一些诸侯国也是如此，所称的"百国《春秋》"应该是通称。

因此我们怀疑，虽然商代已有《春秋》之类的编年体史书，但"春秋"这个书名词语可能只是在周之后才出现，最初可能只是周王朝及鲁国等个别诸侯国国史的称谓，在孔子之后盛行，逐渐作为此类编年体史书的通称。倘若真相如此，鉴于周代已有"四时"观念，"错举四时"将这类编年体史书简称为《春秋》就更合乎情理。当然，这在目前仍是推测，还需要日后更多证据支撑。

二　作为书名《春秋》的四层含义

"春秋"作为书名，含义更为复杂。过去我们习惯认为，在孔子之前，"春秋"泛指史书；孔子之后，其成为现存《春秋》专有名词。比如，《公羊传·庄公七年》何休注云："不修《春秋》谓史记也。古者谓史记为《春秋》。"这种惯性思维其实并不严谨，从史书类别的"春秋"到孔子所修《春秋》，再到诸子《春秋》、儒学《春秋》，经历了一个历史演变过程，"春秋"也因此包含了四层含义。

"春秋"作为书名最初可能指某种类型的编年体史书。先秦时期已有多种史书类型，

《国语·楚语上》记载楚国申叔时论述如何教育太子时说：

> 教之《春秋》，而为之耸善而抑恶焉，以戒劝其心；教之《世》，而为之昭明德而废幽昏焉，以休惧其动；教之《诗》，而为之导广显德，以耀明其志；教之礼，使之上下之则；教之乐，以疏其秽而镇其浮；教之《令》，使访物官；教之《语》，使明其德，而知先王之务，用明德于民也；教之《故志》，使知废兴而戒惧焉；教之《训典》，使知族类，行比义焉。①

申叔所言《春秋》《世》《语》《故志》等都是当时史书的类型。可见，《春秋》可能并非所有史书的通称，甚至并非所有编年体史书的通

---

① 徐元诰：《国语集解》卷一七，第485页。

称。尽管我们目前掌握的先秦编年体史著屈指可数，但仍然可见当时书写四季并非编年体史书惯例，比如《竹书纪年》及睡虎地秦简《编年纪》大都只记年月，不记四季，只有《春秋》在记录时间时有完整的"春、夏、秋、冬"。因此，"春秋"最初应是指某一类型的编年体史书，它的时间书写体例应该包含完整的四季。

尽管《春秋》一书是否经过孔子之笔削仍存在争议，但"春秋"成为专门的书名，显然与孔子有关。按传统说法，《春秋》是孔子以鲁国的国史为底本（后世称之为鲁《春秋》），经过笔削所成。由于后来儒学的兴起，孔子这部《春秋》对后世影响巨大，"春秋"遂成为专名。所以"春秋"的第二层含义即指儒家五经中的《春秋》经。

孔子所修《春秋》不同于以往的史书《春秋》，其目的并不是单纯地记录历史，而是通过历史阐发自己的政治理念。因此，"春秋"在孔子这里被赋予思想内涵。受此影响，后来战国秦汉时人也把战国诸子借史说理的著作称为《春秋》。如果我们翻看《晏子春秋》《吕氏春秋》之类的著作，会发现其实它们并非编年体史书，但这些著作之所以被称作"春秋"，也正是因为它们通过历史评论表达自己的政治思想。所以，在孔子作《春秋》之后，"春秋"的词义发生了变化，"春秋"不再单纯指记录历史事实的史书，而是秉持孔子《春秋》精神的史著。① 这是第三层含义。

"春秋"的第四层含义是特指《春秋》传书。人们经常把《春秋》传书也简称为"春秋"。

比如《史记·梁孝王世家》云：

> 故《春秋》所以非宋宣公。宋宣公死，不立子而与弟。……故《春秋》曰："故君子大居正，宋之祸宣公为之。"②

这里所谓的"《春秋》曰"，在《春秋》经文中不见，出现在《公羊

---

① 尽管这些自称"某某春秋"的著作不一定都归入儒家，但它们的创作都秉持《春秋》"借史言理"的理念。

② 司马迁：《史记》卷五八，第 2091 页。

传·隐公三年》："故君子大居正，宋之祸宣公为之也。"① 可见这里的
"春秋"即指《公羊传》。

又比如《史记·淮南衡山列传》：

> 胶西王臣端议曰："淮南王安废法行邪，怀诈伪心，以乱天
> 下，荧惑百姓，倍畔宗庙，妄作妖言。《春秋》曰：'臣无将，将
> 而诛。'"②

其中所引《春秋》之言，即指《公羊传·庄公三十二年》"君亲无
将，将而诛焉"。③

除此之外，"春秋"当然也可以指《左传》，比如《战国策·楚策四》：

> 虞卿谓春申君曰："臣闻之《春秋》：于安思危，危则虑安。"④

虞卿所引《春秋》之言在《春秋》经文中不见，而独见于《左传》，对
应的是《左传·襄公十一年》魏绛对晋侯曰：

> 《书》曰："'居安思危。'思则有备，有备无患，敢以此规。"⑤

可见，虞卿所谓的《春秋》很可能指的就是《左传》。

又比如《史记·十二诸侯年表》关于《左氏春秋》记载的完整
表述：

> 孔子明王道，干七十余君，莫能用。故西观周室，论史记旧闻，
> 兴于鲁而次《春秋》，上记隐，下至哀之获麟，约其辞文，去其烦
> 重，以制义法，王道备，人事浃。七十子之徒口受其传指，……鲁

---

① 阮元校刻《十三经注疏·春秋公羊传注疏》卷三，第2204页。
② 司马迁：《史记》卷一一八，第3094页。
③ 阮元校刻《十三经注疏·春秋公羊传注疏》卷九，第2242页。
④ 刘向集录《战国策》卷一七，第582页。
⑤ 阮元校刻《十三经注疏·春秋左传正义》卷三一，第1951页。

君子左丘明惧弟子人人异端，各安其意，失其真，故因孔子史记具论其语，成《左氏春秋》。铎椒为楚威王傅，为王不能尽观《春秋》，采取成败，卒四十章，为《铎氏微》。赵孝成王时，其相虞卿上采《春秋》，下观近势，亦著八篇，为《虞氏春秋》。吕不韦者，秦庄襄王相，亦上观尚古，删拾《春秋》，集六国时事，以为八览、六论、十二纪，为《吕氏春秋》，及如荀卿、孟子、公孙固、韩非之徒，各往往捃摭《春秋》之文以著书，不可胜纪。汉相张苍历谱五德，上大夫董仲舒推《春秋》义，颇著文焉。①

文中"铎椒为楚威王傅，为王不能尽观《春秋》……及如荀卿、孟子、公孙固、韩非之徒，各往往捃摭《春秋》之文"所谓的"春秋"，也很可能指的是《左传》。因为《春秋》经文 1.6 万余字，《公羊传》和《穀梁传》也才 4 万余字，阅读量不大，似乎用不着删拾捃摭，甚至快速翻阅一遍也并不难。只有《左传》卷帙浩繁，体系庞大，近 18 万字，符合"不能尽观"的特征。

第二节　结合出土文献看《春秋》笔法

众所周知，历史上对《春秋》笔法的讨论由来已久，对于《春秋》有无特殊之笔法，形成了肯定、折中、否定三种观点。②

即便前两者观点之中，各家所陈之辞、所立之论、所著之书亦汗牛充栋，更是形成纷繁复杂的《春秋》义法义例之学。正如《涪陵崔氏春秋本例序》云：

> 以例说《春秋》，自汉儒始。曰《牒例》，郑众、刘实也；曰《谥例》，何休也；曰《释例》，颍容、杜预也；曰《条例》，荀爽、

---

① 司马迁：《史记》卷一四，第 509—510 页。
② 刘金文、单承彬：《建国以来"春秋笔法"研究述评》，《古籍整理研究学刊》2017 年第 5 期。当然，肯定与折中观点其实不矛盾。因为我们认为，《春秋》即使有笔法也并非字字有褒贬，句句有深意，过去一些经学家千方百计地为《春秋》经文寻求解释，其实多为牵强附会。例如汉代谶纬之学将《春秋》记载的灾异与人事、政治联系起来，对《春秋》经文进行过度发挥。

刘陶、崔灵恩也；曰《经例》，方范也；曰《传例》，范宁也；曰
《诡例》，吴略也；曰《略例》，刘献之也；曰《通例》，韩滉、陆希
声、胡安国、毕良史也；曰《统例》，啖助、丁副、朱临也；曰
《纂例》，陆淳、李应龙、戚崇僧也；曰《总例》，韦表微、元成、
孙明复、周希孟、叶梦得、吴澄也；曰《凡例》，李瑾、曾元生也；
曰《说例》，刘敞也；曰《忘例》，冯正符也；曰《演例》，刘熙也；
曰《义例》，赵瞻、陈知柔也；曰《刊例》，张思伯也；曰《明例》，
王皙、王日休、敬铉也；曰《新例》，陈德宁也；曰《门例》，王
镃、王炫也；曰《地例》，余嘉也；曰《会例》，胡箕也；曰《断
例》，范氏也；曰《异同例》，李氏也；曰《显微例》，程迥也；曰
《类例》，石公孺、周敬孙也；曰《序例》，家铉翁也；曰《括例》，
林尧叟也；曰《义例》，吴迁也；而梁简文帝、齐晋安王子懋皆有
《例苑》，孙立节有《例论》，张大亨有《例宗》，刘渊有《例义》，
刁氏有《例序》。绳之以例，而义益纷纶矣。……①

　　以上所言已达58家，当然这也只是沧海之一粟，但时至今日仍然没
有一家得到确证。根据三传所言，《春秋》笔法有些显然是承袭旧有史
官笔法，如晋太史书"赵盾弑其君"等；有些则是经过了加工，如庄公
七年经文"星霣如雨"等，按《公羊传》解释原本鲁《春秋》为"雨
星不及地尺而复"。正如徐复观所言："（《春秋》笔法）应分为三部分，
一部分是鲁史之旧的书法；另一部分是孔子的书法；再一部分是作传的
人由揣测而来的书法。三部分混合在一起，难于辨认。"② 不过大体上我
们可以认为《春秋》笔法可以分为三类。第一类是字词修改，诸如《春
秋》中每个诸侯的爵位都有固定的称谓等；第二类是史实改定，诸如
"赵盾弑其君""天王狩于河阳"等对原有史实的改写；第三类是篇幅增
删，即对原有鲁史的内容进行截取，通过"书"或"不书"的手段来展
现春秋大义。
　　探明《春秋》是否确有独特之笔法，以及每条《春秋》经文究竟用

①　朱彝尊：《曝书亭集》卷三四，四部丛刊景清康熙本。
②　徐复观：《两汉思想史》第3卷，上海：华东师范大学出版社，2001年，第156页。

了什么笔法，理论上最好的方式是拿《春秋》的母本鲁《春秋》对比，一比较便能知晓。但众所周知，鲁《春秋》早已不存。另一个方法是，用《春秋》与当时史书进行比较考察《春秋》特殊之笔法。不过，由于先秦史籍已十不存一，长久以来难以有参照比较，因而这个问题很长时间都是诸家自圆其说，难有重大突破。

不过，比过去幸运的是，我们可以根据出土文献在此方面作出一些新尝试，不仅可以探寻春秋笔法的渊源，[①] 还能够通过比对研究，发现《春秋》叙事的特殊之处，证明春秋笔法确实存在。尤其是目前我们从出土史类文献中可以找到几部具有编年体特征的记史文献，其中相对完整的是清华简《系年》与睡虎地秦简《编年纪》，当然，广义上，我们还可以加上辑佚而来的《古本竹书纪年》。[②]

我们先来看第一类字词修改。这类在《春秋》经文中最为常见，与出土材料可资比对的例子也很多，如《春秋·隐公元年》所载"郑伯克段于鄢"。按三传解释，"郑伯""克""段"皆有深意。如果我们拿《古本竹书纪年》相同记事比较，便可知传文所言不虚：

郑庄公杀公子圣。[③]

可见《竹书纪年》与《春秋》用词也完全不同。鉴于《竹书纪年》不少内容可能出自魏国史官之手，源自政府档案或各国间的官方通告，所以《春秋》确极可能对原始记录作过字词修改。

又如《春秋》中臣子杀害国君一律称"弑"，以示为臣"大逆不

---

① 刘源：《〈春秋〉与殷墟甲骨文》，《光明日报》2013 年 8 月 12 日第 15 版。

② 杜预《春秋经传集解·后序》曾举数例，对比《春秋》与《竹书纪年》用词："其著书文意，大似《春秋》经，推此足见古者国史策书之常也。文称鲁隐公及邾庄公盟于姑蔑，即《春秋》所书'邾仪父未王命，故不书爵。曰仪父，贵之也'。又称晋献公会虞师伐虢，灭下阳，即《春秋》所书'虞师晋师灭下阳。先书，虞贿故也'。又称'周襄王会诸侯于河阳'，即《春秋》所书'天王狩于河阳。以臣召君，不可以训也'。诸若此辈甚多，略举数条，以明国史皆承告据实而书时事。仲尼修《春秋》，以义而制异文也。"（李学勤主编《春秋左传正义》，北京：北京大学出版社，1999 年，第 1721 页）以上杜预试图说明《左传》解经之语确有根据，但同时也证明了"仲尼修《春秋》，以义而制异文也"并非后人猜测。

③ 方诗铭、王修龄：《古本竹书纪年辑证》，上海：上海古籍出版社，1981 年，第 68 页。

道"。比如《春秋·僖公十年》：

> 晋里克弑其君卓子及其大夫荀息。①

而清华简《系年》第六章所记相同之事则用"杀"：

> 其大夫里之克乃杀奚齐，【简 32】而立其弟悼子，里之克又杀
> 悼子。……②

同样，《春秋·宣公十年》载：

> 癸巳，陈夏征舒弑其君平国。③

然而，《系年》第十五章载：

> 陈公子徵舒杀其君灵公。④

除此两例之外，《系年》其他内容也如此，"《系年》在记载国君被
该国臣子所杀的时候，几乎都用'杀'字，这与《春秋》采用'弑'字
表明褒贬明显不同"。⑤ 又如《春秋》称天子去世用"崩"，本国国君去
世用"薨"，别国国君去世用"卒"。但拿出土史类文献来看，则未有如
《春秋》这般严格用法。比如睡虎地秦简《编年纪》为秦人所书，但其
对本国国君去世也简单地用"死"，如：

> 五十六年，后九月，昭死。正月，速产。
> 孝文王元年，立即死。……

① 阮元校刻《十三经注疏·春秋左传正义》卷一三，第 1801 页。
② 李松儒：《清华简〈系年〉集释》（修订本），第 122 页。
③ 阮元校刻《十三经注疏·春秋左传正义》卷二二，第 1874 页。
④ 李松儒：《清华简〈系年〉集释》（修订本），第 212 页。
⑤ 肖锋：《再看〈春秋〉笔法——以清华简〈系年〉与〈春秋〉经传对国君死亡事件的
记录为视角》，《西南交通大学学报》（社会科学版）2014 年第 6 期。

　　庄王三年，庄王死。①

　　再比如《春秋》书中，对各国国君按"公、侯、伯、子、男"五等爵，有严格的称谓。但我们从一些出土记事资料来看，和《春秋》这一严格称谓是有差异的。

　　比如一些青铜器记事铭文对称谓就常有"僭越"，如乖伯簋铭文：

　　归夆敢对扬天子丕鲁休，用作朕皇考武乖几王尊簋……②

这里乖伯称先父为"乖几王"，显然与《春秋》称谓书例不符。又例如清华简《系年》第十二章：

　　楚庄王立十又四年，王会诸侯于厉，郑成公自厉逃归，……③

这里对楚国国君称"王"，郑国国君称"公"，显然与《春秋》称"楚子""郑伯"体例不同。

　　再来看第二类史实改定。如《春秋·僖公二十八年》载："天王狩于河阳。"④ 根据《左传》记载史实，明明是晋文公召天子，对此《左传》的解释是：

　　是会也，晋侯召王，以诸侯见，且使王狩。仲尼曰："以臣召君，不可以训。"故书曰："天王狩于河阳。"言非其地也，且明德也。⑤

也就是说，孔子从尊王避讳的角度对这段史实进行了改动。从目前同时代记载相同之事的材料来看，未见到"天王狩于河阳"这样的表述。如

---

① 《睡虎地秦墓竹简》，第 6 页。
② 《殷周金文集成》（修订增补本），编号：04331，第 2719 页。
③ 李松儒：《清华简〈系年〉集释》（修订本），第 188 页。
④ 阮元校刻《十三经注疏·春秋左传正义》卷一六，第 1824 页。
⑤ 阮元校刻《十三经注疏·春秋左传正义》卷一六，第 1827 页。

《古本竹书纪年》：

> 周襄王会诸侯于河阳。①

"王狩河阳"与"会诸侯于河阳"有很大不同。傅刚先生曾云："'会诸侯'，说明此会与常例之诸侯之会并无不同，此无疑是将天子降为诸侯了。至于用'狩'，则是说天子狩猎，地位与诸侯不同。"②

最后看第三类篇幅增删。传统观点上，《春秋》有所谓"书"与"不书"，同样是《春秋》笔法的重要手段。通过与出土文献相关资料相较，我们也可以证明"书"与"不书"确实存在。先来看"书"的方面，比如《春秋·僖公十年》载：

> 晋里克弑其君卓子及其大夫荀息。③

《公羊传》释云：

> ……有则此何以书？贤也。何贤乎荀息？荀息可谓不食其言矣。其不食其言奈何？……荀息立卓子，里克弑卓子，荀息死之。荀息可谓不食其言矣！④

原本大夫荀息是可以"不书"的，《春秋》书之，增加人物"荀息"，是为了褒奖荀息言而有信、不食其言。《系年》第六章亦记录此事，可资比较：

> 其大夫里之克乃杀奚齐，【简32】而立其弟悼子，里之克又杀悼子。⑤

---

① 方诗铭、王修龄：《古本竹书纪年辑证》，第76页。
② 傅刚：《孔子修〈春秋〉与〈春秋〉义例论》，《文学遗产》2019年第2期。
③ 阮元校刻《十三经注疏·春秋公羊传注疏》卷一一，第2253页。
④ 阮元校刻《十三经注疏·春秋公羊传注疏》卷一一，第2253页。
⑤ 李松儒：《清华简〈系年〉集释》（修订本），第122页。

《系年》只道里之克杀悼子，却未提荀息。可见，《春秋》可能确实如《公羊传》所言，增加"荀息"以褒奖其"不食其言"，以死尽忠。

再来看"不书"。过去，我们借助三传了解《春秋》存在不少故意"不书"之例，但是否真如三传所言，这些"不书"是《春秋》笔法故意而为之亦争论已久。如今，我们在与相关出土材料的对比中，可以找到《春秋》"不书"的一些线索。比如《春秋·僖公二年》载：

二年，春，王正月，城楚丘。①

《左传》释云：

二年，春，诸侯城楚丘而封卫焉。不书所会，后也。②

《公羊传》释云：

孰城？城卫也。曷为不言城卫？灭也。孰灭之？盖狄灭之。曷为不言狄灭之？为桓公讳也。曷为为桓公讳？上无天子，下无方伯，天下诸侯有相灭亡者，桓公不能救，则桓公耻之也。然则孰城之？桓公城之。曷为不言桓公城之？不与诸侯专封也。曷为不与？实与而文不与。文曷为不与？诸侯之义，不得专封。诸侯之义不得专封，则其曰实与之何？上无天子，下无方伯，天下诸侯有相灭亡者，力能救之，则救之可也。③

尽管《左传》和《公羊传》释义有所不同，但都认为《春秋》此处省去了"城楚丘"的主语和历史经过。而《系年》第四章则记录了详情：

周惠王立十【简18】又七年，赤翟王峁唐起师伐卫，大败卫师

---

① 阮元校刻《十三经注疏·春秋左传正义》卷一二，第1791页。
② 阮元校刻《十三经注疏·春秋左传正义》卷一二，第1791页。
③ 阮元校刻《十三经注疏·春秋公羊传注疏》卷一〇，第2247页。

> 于瞏，幽侯灭焉。翟遂居卫，卫人乃东涉【简19】河，迁于曹，立戴公申，公子启方奔齐。戴公卒，齐桓公会诸侯以城楚丘，……①

由上述可知，以《系年》为代表的当时史书对这段历史并不陌生。然而，《春秋》不记诸侯会盟很可能确有深意，二传虽各有解释，但皆云《春秋》有所不书，可见此处《春秋》"不书"之说并非毫无根据。

又比如《春秋》对晋文公流亡以及后来如何入晋着墨甚少，《左传》道出了其中存在不少"不书"之例，如《左传·僖公二十四年》：

> 二十四年春，王正月，秦伯纳之，不书，不告入也。……壬寅，公子入于晋师。丙午，入于曲沃。丁未，朝于武宫。戊申，使杀怀公于高梁。不书，亦不告也。②

《系年》和古本《竹书纪年》也都对此事有记述。

《竹书纪年》记载：

> 1. 晋惠公十五年，秦穆公率师送公子重耳，涉自河曲。
> 2. 晋惠公十有五年，秦穆公率师送公子重耳，国令狐、桑泉、白衰，皆降于秦师。③

《系年》记载：

> 秦人起师以内文公于晋。晋人杀【简38】怀公而立文公，秦晋焉始合好，戮力同心。④

以上足见重耳入晋、怀公被杀是春秋的重大事件，一般史书都会予以记录。我们姑且不论《左传》此处解释"不书"是否正确，但就《春秋》

---

① 李松儒：《清华简〈系年〉集释》（修订本），第94页。
② 阮元校刻《十三经注疏·春秋左传正义》卷一五，第1816页。
③ 方诗铭、王修龄：《古本竹书纪年辑证》，第75—76页。
④ 李松儒：《清华简〈系年〉集释》（修订本），第122页。

只字不提，仅用"晋侯夷吾卒"一笔带过来看，很难说《春秋》此处不是有意"不书"。

再比如《春秋》记史为何始于隐公，而不从隐公之前某公始，该问题自古也是疑云重重。归纳历史上各类说法，大体有以下三种。

第一种是听闻所限说。如《公羊传·哀公十四年》就说："《春秋》何以始乎隐？祖之所逮闻也。"① 简言之，隐公以上之事并非故意不书，而是无法书，是因为鲁隐公时代的历史是孔子的祖父辈所能了解到的历史上限。

第二种是隐公时代变革说。此说认为，隐公所处时代为周平王东迁后不久，自隐公之后，春秋争霸，社会发生巨大的变化。如清代顾炎武云："自隐公以下，世道衰微，史失其官，于是孔子惧而修之。"② 但这又牵扯出一个问题，我们知道，平王东迁是东西周分界的一个重要标志。东周相对于西周，并不仅仅是地理上的差别，更意味着一个变革时代的开始。而平王东迁之时正值鲁惠公时期，为何《春秋》不从鲁惠公开始，却要从鲁惠公之后的鲁隐公开始？为了解答该疑问，自古学者作了不少猜测，唐啖助言："始于隐公者，以为幽厉虽衰，雅未为风，平王之初，人习余化苟有过恶，当以王法正之。及代变风移，陵迟久矣，若格以太平之政，则比屋可诛，无复善恶。故断自平王之末，而以隐公为始，所以拯薄俗，勉善行，救周之弊，革礼之失也。"③ 按啖氏之见，社会政治的变化有一个过程。东周建立之初，世风还未发生本质的变化，直到平王末期，随着王室权威的衰落，礼崩乐坏、诸侯争霸的趋势才开始显现。而平王末期正好处于鲁隐公时期，所以《春秋》便从隐公开始。显然，这样解释有些过于牵强。

第三种说法是隐公让国之说。该说认为，鲁隐公是让国的贤君，为孔子所推崇，所以《春秋》以隐公为始。如杜预在《春秋经传集解序》中就说："隐公，让国之贤君也。考乎其时则相接，言乎其位则列国，本乎其始则周公之祚胤也。若平王能祈天永命，绍开中兴，隐公能弘宣祖业，光启王室，则西周之美可寻，文武之迹不坠。是故因其历数，附其

---

① 阮元校刻《十三经注疏·春秋公羊传注疏》卷二八，第2353页。
② 黄汝成集释《日知录集释》卷四，第179页。
③ 陆淳：《春秋集传纂例》卷一。

行事，采周之旧，以会成王义，垂法将来。"① 尽管这一说法不一定就言之凿凿，但对后世的史书创作产生了深远的影响。比如司马迁就效法《春秋》，把吴太伯世家置于《史记》世家之首。

除了以上三种传统说法之外，新近发现的出土资料正好给我们提供了新的可能。比如清华简《系年》第二章记载了两周之交，平王东迁的史事：

> 周幽王取妻于西申，生平王，王又取褒人之女，是褒姒，生伯盘。褒姒嬖于王，王【简5】与伯盘逐平王，平王走西申。幽王起师，围平王于西申，申人弗畀，缯人乃降西戎，以【简6】攻幽王，幽王及伯盘乃灭，周乃亡。邦君诸正乃立幽王之弟余臣于虢，是携惠王。【简7】立二十又一年，晋文侯仇乃杀惠王于虢。周亡王九年，邦君诸侯焉始不朝于周，【简8】晋文侯乃逆平王于少鄂，立之于京师。三年，乃东徙，止于成周，晋人焉始启【简9】于京师。②

以往我们据《史记》等传世文献的记载，只是知道幽王被犬戎所杀后，诸侯立太子宜臼为平王，为避戎寇，东迁雒邑，由此开启东周时代。③ 而清华简《系年》则揭露，在西东周之交，曾有过"平王""携惠王"两王并立的时期。直到晋文侯杀携王于虢，迎立平王，才结束两王并立的局面。如果细看《系年》对"携惠王"的记述，可知"携惠王"曾获得"邦君诸正"的拥立，在位长达二十一年。如此看来，"携惠王"并非得位不正。当然，历史总是胜者为王，败者为寇。携惠王和平王叔侄相残争位，最后以平王集团获胜而收场。因此，后来我们见到先秦史书，大都以平王为正统，少有言及"携惠王"之事，因为这对周王朝来说，并不十分光彩。因此，平王东迁的过程并非我们

----

① 阮元校刻《十三经注疏·春秋左传正义》卷一，第1708页。
② 李松儒：《清华简〈系年〉集释》（修订本），第36页。
③ 《史记·周本纪》："幽王举烽火征兵，兵莫至。遂杀幽王骊山下，虏褒姒，尽取周赂而去。于是诸侯乃即申侯而共立故幽王太子宜臼，是为平王，以奉周祀。平王立，东迁于雒邑，辟戎寇。平王之时，周室衰微，诸侯强并弱，齐、楚、秦、晋始大，政由方伯。"司马迁：《史记》卷四，第149页。

过去想象的那么简单。那么,《春秋》若从鲁惠公开始,必然要涉及这段历史。按照传统的观点,孔子作《春秋》秉持"崇周尊鲁"的思想,在文中有很多地方特意顾全周王朝的颜面,僖公二十八年记载"天王狩于河阳"即为典型。所以,《春秋》跳过"鲁惠公",直接从"鲁隐公"开始,也可能是孔子有意回避这段周王朝"叔侄相残"不光彩的历史。①

除以上所举用例之外,类似例子比比皆是,可以说,与当时一般史书相比,《春秋》确实经历了所谓的"笔削"。那么,造成这一特殊性的有两种可能。

第一种可能是《春秋》是据鲁史所修,这些用词可能为鲁史原有。《左传·昭公二年》记载韩宣子聘问鲁国,在鲁太史家看到《易象》和鲁《春秋》后,说:"周礼尽在鲁矣! 吾乃今知周公之德与周之所以王也。"②从这句话可以得知,鲁国史书本身就有不少不同于别国史书的地方,因此,《春秋》认同鲁《春秋》的做法,用词用字很可能源自鲁《春秋》。

第二种可能是孔子根据原始史料作了统一调整。春秋诸侯争霸,社会动乱,"邪说暴行"流行,孔子希望通过更改历史书写方式,展现《春秋》的"微言大义"。

不论是哪种可能,实质上都反映了《春秋》对历史的理解及宣扬大义的原则。因此,通过与出土史类文献比对,我们认为《春秋》与当时一般史书不同,极可能确实有特殊之笔法。

第三节 孟子"诗亡然后《春秋》作"再议

凡研习《春秋》者,必熟知《孟子·离娄下》中有这样一段话:

> 王者之迹熄而诗亡,诗亡然后《春秋》作。晋之《乘》,楚之

---

① 白国红和刘国忠先生也注意到《系年》这段材料与《春秋》始于隐公的联系,提出另一种观点:"孔子裁定《春秋》始于隐公,是因为此时鲁公室与周王室的关系日趋缓和,已接受平王为王室正统。《春秋》自隐公始,既保存了鲁史秉笔直书的真实性,又与孔子'复礼''正名'的政治追求相契合。"参见白国红、刘国忠《〈春秋〉始于隐公新解——以清华简〈系年〉为切入点》,《中国史研究》2019年第4期。

② 阮元校刻《十三经注疏·春秋左传正义》卷四二,第2029页。

《梼杌》，鲁之《春秋》，一也。其事则齐桓、晋文，其文则史，孔子曰："其义则丘窃取之矣。"①

此段文字虽寥寥数语，却包含重要信息，交代了"孔子成《春秋》"的社会成因与学术背景。由此可知，"诗亡"是"《春秋》作"的前提，而"《春秋》作"又是"诗亡"的延续。但从中引出一个问题：明明东周诗学盛行，大量诗文仍流传至今，那么"诗亡"该如何解释？这让历代学者争论不休，成为《春秋》学史上的一大疑案。以往学者大都把注意力放在"诗亡"之"诗"字上，把"诗"解释为雅、颂、诗教、采诗之制等，然置诸孟子语境与诗学环境，均未达圆通。从孟子之言可知，"诗亡"作为一个历史现象和诗学状况，直接推动了《春秋》创作，那么其解释更当偏重在"亡"字上。但长久以来，学界大都把"亡"作"丧失"或"消亡"之意，并未作太多讨论。本书尝试把关注点放到"诗亡"之"亡"字上，认为此处"亡"当读为"妄"，意为"乱"，并以此进一步深入探讨《春秋》能接替诗的原因。

一 历代解释"诗亡"的局限与思考

按孟子之言，"诗亡"与《春秋》的出现一先一后，那么"诗亡"含义就是理解《春秋》之作的关键。如果按传统解释，把"亡"理解为"丧失"，那么"诗"就不能简单理解为诗文或诗的创作。因为若是指诗文佚失，诗三百今日便无从得见，若是指诗不再创作，则目前所见《诗》中亦有成文于春秋之时，与孔子作《春秋》时代有重叠，这便和"诗亡而《春秋》作"所反映的历时承递关系不符。② 故而历代学者大都认为"诗亡"之"诗"应该是有所特指，但所指为何，又聚讼纷纭。归纳而言，主要有以下三种观点。

1. "颂"或"雅"亡。如赵岐云："太平道衰，王迹止熄，颂声不

---

① 阮元校刻《十三经注疏·孟子注疏》卷八，第2727—2728页。
② 顾颉刚先生说："他（孟子）只看见《诗经》与《春秋》是代表前后两种时代的，不看见《诗经》与《春秋》有一部分是在同时代的。"顾颉刚编著《古史辨》第5册，第360页。

作，故诗亡。"① 程颐云："王者之诗亡，雅亡，政教号令不及于天下。"②
这之中，郑玄最早提出"雅亡"的具体形式——降"雅"为"风"。比
如他对《王风·黍离》的解释："幽王之乱而宗周灭，平王东迁，政遂
微弱，下列于诸侯，其诗不能复雅，而同于国风焉。"③

2. 陈诗、采诗之制亡。如魏源说："王者驭世之权，莫大于乎巡守
述职、天子采风、诸侯贡俗、太师陈之，以观政治得失，而庆让黜陟行
焉，故诸侯不敢放恣，而民生赖以托命，是陈诗为王朝莫大之典，黜陟
为天子莫大之权。周自宣王以前举行不废，至东迁之末，天子不省方，
诸侯不朝觐，陈诗之典废，而庆让不复出于王朝，迹熄诗亡，诸侯放恣，
是谓天下无王……"④

3. 诗教亡。如王夫之云："幽王灭，平王迁，桓王射，宗亲无洛汭
之歌，故老无西山之唱，仅此一大夫而众且惊之也。王迹熄，人道圮，
《春秋》恶容不作耶！"⑤

历史上各种说法大都可以归为以上三类。当然，这三类观点并非全
然矛盾，往往相互包含，⑥ 并且都把"亡"理解成"废止"或"丧失"。
不可否认这些观点对后世多有启示，不过仍有难以圆通之处。

比如，把"诗亡"理解成"颂亡"或"雅亡"，这是令人费解的。
首先，如果孟子所言的"诗"是特指"颂"或"雅"，那为何不指明，
而是用统称"诗"？从上博简《孔子诗论》论及"风""雅""颂"来
看，东周之时，人们已形成此三者概念，孟子完全可以说"颂亡然后
《春秋》作"或"雅亡然后《春秋》作"。清人顾镇《虞东学诗》就说：
"论者，风雅颂之总名，无容举彼遗此。"⑦ 其次，"风"不论是否存在后
世所谓的变风，它能被孔子认可，纳入儒家的诗学系统中，足见其在诗学

---

① 阮元校刻《十三经注疏·孟子注疏》卷八，第 2727—2728 页。
② 朱杰人等主编《新订朱子全书（附外编）》第 7 册，上海：上海古籍出版社，2022
年，第 737 页。
③ 阮元校刻《十三经注疏·毛诗正义》卷四，第 330 页。
④ 魏源全集编委会编《魏源全集·诗古微·王风义例篇下》，长沙：岳麓书社，1989 年，
第 259—260 页。
⑤ 王夫之：《船山全书》第 3 册，长沙：岳麓书社，1996 年，第 340 页。
⑥ 比如可以形成"世道衰微→王权衰落→采诗消亡→诗教不兴"的逻辑链条。
⑦ 焦循：《孟子正义》卷一八，第 574 页。

中同样具有重要分量，上博简《孔子诗论》言邦风"其纳物也博，观人俗焉，大敛材焉。其言文，其声善"，① 传世文献《荀子·儒效》云"'风'之所以为不逐者，取是以节之也"，② 皆对"风"的社会功用予以肯定。因此，"诗亡"之"诗"应该是包含"风""雅""颂"诗的统称，而不是仅仅指其中某一类。近来也有学者综合诸说，折中立论，认为在西周至春秋时期，"风""雅""颂"各有其时代的使命，后来渐趋衰乱，先是"颂"声不作，继而"雅"诗断绝，最后"风"的采集也停止了，于是《诗经》时代全部终止了。③ 不过，这样的解释过于曲绕，仍难以说通。

又如，把"诗亡"解释成陈诗、采诗机制消亡也令人怀疑。一个原因是，尽管诗中有不少篇目由"采诗观风"而来，但诗不可能都是"采风"之作，"颂"和"雅"中不少由王朝贵族所作。《左传·宣公十二年》云："武王克商。作《颂》曰：'载戢干戈，载櫜弓矢。我求懿德，肆于时夏，允王保之。'又作《武》，其卒章曰：'耆定尔功。'……"④ 由此可见，如果"诗亡"仅仅是"采诗"消亡，也大都只是"风"亡，仍有"颂""雅"存，也不至于因"邪说暴行有作"而促使孔子作《春秋》。另一个原因是，东周时期"礼崩乐坏"虽是事实，但目前来看没有直接史料证明东周时期采诗制度已经消亡，反而战国时期一些诸侯国可能仍有采诗活动，⑤ 至少作诗活动仍然存在。如在出土简帛中我们也发现了不少逸诗，不少学者认为这些诗篇属战国时人创作。退一步讲，即便是采诗制度废止，已有的诗文仍流行于世，完全可以继续发挥教化作用，不太可能成为孔子作《春秋》的动机。

再如，把"诗亡"解释成诗教不存，认为诗只作为文献而不再具有礼乐教化功能同样也有问题。如今，我们有足够的材料证明春秋战国之时诗教不但没消亡，反而十分兴盛。如我们耳熟能详《国语·楚语上》

---

① 胡宁：《从"诗亡隐志"章看孔门〈诗〉教的特点》，《长江大学学报》（社会科学版）2021 年第 3 期。

② 王先谦：《荀子集解》卷四，第 133 页。

③ 糜文开、裴普贤：《诗经欣赏与研究续集·孟子与〈诗经〉》，台北：三民书局，1979年，第 413 页。

④ 阮元校刻《十三经注疏·春秋左传正义》卷二三，第 1882 页。

⑤ 胡宁：《从新出史料看先秦"采诗观风"制度》，《上海大学学报》（社会科学版）2017 年第 6 期。

楚国申叔时论述教育太子时就有言："教之诗，而为之导广显德，以耀明其志。"① 可见当时诸侯贵族对诗教的重视。另外，我们目前所见战国出土文献，诸如上博简、清华简、安大简、郭店简皆有诗类文献或论诗之文，也足以反映当时习诗显德明志之风盛行。

以上可见，尽管历代不少学者在"诗"的含义上作了弥合，但还是无法消除与一些史料的矛盾，以致学界争执不下，莫衷一是。其根本原因在于解释"诗亡"时，过度聚焦于"诗"这一名词的静态含义，而忽视了"诗亡"作为历史现象，是"诗"的状态发生了动态改变。参看孟子所言"诗亡然后《春秋》作"，前半句的重点就是强调"诗"的状态发生了"亡"这样的改变，而正是这一改变推动了孔子修《春秋》。所以，正确解释孟子所谓"诗亡"的关键在于在孟子的语境下，探究"诗"究竟发生了哪种改变，也就是应当更深入地考察"亡"字的含义。

二　"诗亡"与诗之乱象

以前，学界对"亡"作"废止"或"丧失"之意并无疑义，但这样一来，便如前所述，和春秋战国时期诗学发展的实际情况相矛盾，极难圆通。不过，值得注意的是，过去有一些学者已敏锐地发现"诗亡"与当时诗学环境恶劣有关，如俞樾云：

> 所谓亡者，非无诗也，其时士大夫固亦作之且传播之，是故春秋时所赋之诗多出东迁以后，而孔子删诗亦有取焉。然王者不省方，太史不陈诗，则有诗而不收诗之效，虽谓之诗亡可矣。何也？昔日之诗，王者所陈而观之者也。黜幽陟明，彰善瘅恶，皆于此乎在焉；此日之诗，听其自作自传，莫之陈亦莫之观也，虽复忧时感事，陈古刺今，空言而已矣，奚益哉？孔子曰：吾欲托之空言，不如见之行事之深切著明也。此即因诗亡而作《春秋》之旨。②

俞樾提出"诗亡"并非指诗不复存在，而是当时诗学环境恶劣，诗

---

① 　徐元诰：《国语集解》卷一七，第485页。
② 　俞樾：《群经平议》，《续修四库全书》第178册，第536—537页。

成为空言，所以孔子作《春秋》可以起到诗原有的功效。这是非常有价值的见解，道出了诗与《春秋》之间功能上相同的传承关系。不过，"亡"在字义上为何能解释"诗学环境恶劣"，俞樾并未进行说明。受此启发，仔细推敲"诗亡"的词义，我们怀疑这里的"亡"可能不释为传统意义上的"消亡"，而是通"妄"。在古籍中，"亡"与"妄"常通用，《素问·方盛衰论》："道甚明察，故能长久。不知此道，失经绝理，亡言妄期，此谓失道。"张隐庵集注："失神则亡。亡言者，亡妄之言。"①《国语·越语下》："王怒曰：'道固然乎？妄其欺不毂邪？'"王引之曰："妄与亡同。"②《阜阳汉简·周易·无妄》载："无亡，元亨。……初九，无亡。""亡"即读作"妄"。③《礼记·儒行》"今众人之命儒也妄常"，郑玄注："妄音亡，亡，无也。"④"妄"有"乱"义，《说文》："妄，乱也。"⑤《韩非子·八说》云："法令妄而臣主乖。"⑥意为法令乱来妄行，君臣就会离心离德。那么如果"诗亡而《春秋》作"之"亡"按"妄"来理解，这里的"诗亡"就不是说诗丧失了教化的功效，而是说诗出现了混乱，即出现了没有约束、胡乱引用和解释的现象，无法充分发挥诗的原有作用，故而孔子作"深切著明"的《春秋》以继之。

这不仅符合春秋战国之时诗的流传特点，也符合孔子与孟子的诗学观念。我们从四个方面来看春秋战国诗之"乱象"。

第一，解释之乱。我们知道，至少从春秋时代开始，各诸侯国之间外交场合或宾客宴饮上"赋诗断章"现象十分普遍。在诸多史料中，"赋诗断章"只是借用了诗的语汇，已经不太注重原诗的本事本义。当然，"赋诗断章"有其历史与学术价值，既有不少恰当的地方，也有大量牵强附会之处。我们姑且不论"断章取义"是否被孔子和后世儒者肯定，但完全可以推测，即便很多诗篇在创作之初就有弦外之音，但过度"断章取义"必然带来一个负面的结果就是理解与解释的混乱。比如

① 张志聪集注《黄帝内经集注》卷九，杭州：浙江古籍出版社，2002年，第673页。
② 徐元诰：《国语集解》卷二一，第582页。
③ 白于蓝：《简帛古书通假字大系》，福州：福建人民出版社，2017年，第1017页。
④ 阮元校刻《十三经注疏·礼记正义》卷五九，第1671页。
⑤ 许慎：《说文解字》卷一二下，第263页。
⑥ 王先慎：《韩非子集解》卷一八，第428页。

《左传·昭公元年》载：

> 夏四月，赵孟、叔孙豹、曹大夫入于郑，郑伯兼享之。……穆叔赋《鹊巢》。赵孟曰："武不堪也。"①

叔孙豹赋《鹊巢》大抵是将自己比作"鸠"，将赵文子比作"鹊"，意为感激得到赵文子的庇护。但此诗原是一首描写婚礼的诗作，不论后世如何解释，皆不出男女嫁娶范围，与叔孙豹的言外之意与赵文子的理解相去甚远，显然有牵强附会之嫌。

此类"断章取义"的例子在《左传》中屡见不鲜，可见这一现象极可能在春秋战国时期颇为普遍。这就意味着，东周之时，诗成为可以任意择取、运用的语言材料。而孟子则鲜明地反对解诗"断章取义"之风，正好亦可为"诗亡"作解，如《孟子·万章上》载：

> 咸丘蒙曰："舜之不臣尧，则吾既得闻命矣。诗云：'普天之下，莫非王土；率土之滨，莫非王臣。'而舜既为天子矣，敢问瞽瞍之非臣，如何？"曰："是诗也，非是之谓也；劳于王事而不得养父母也。曰：'此莫非王事，我独贤劳也。'故说诗者，不以文害辞，不以辞害志。以意逆志，是为得之。"②

以上这段是孟子借回答咸丘蒙之问来表明"以意逆志"的解诗观点。文中"文"和"辞"历来解释虽略有不同，但"以意逆志"一般认为是以自己的切身体会去理解诗作者的本意。如赵岐《孟子注疏》注云："文，诗之文章所引以兴事也。辞，诗人所歌咏之辞。志，诗人志所欲之事。意，学者之心意也。"③ 孔疏云："故说诗者不以文而害逆其辞，又不可以其辞而害逆其诗人之志，以己之心意而逆求知诗人之志，是为得诗人之辞旨。"④ 朱熹云："文，字也。辞，语也。逆，迎也。言

---

① 阮元校刻《十三经注疏·春秋左传正义》卷四一，第 2021 页。
② 阮元校刻《十三经注疏·孟子注疏》卷九上，第 2735 页。
③ 阮元校刻《十三经注疏·孟子注疏》卷九上，第 2735 页。
④ 阮元校刻《十三经注疏·孟子注疏》卷九上，第 2735 页。

说诗之法，不可以一字而害一句之义，不可以一句而害设辞之志，当以己意迎取作者之志，乃可得之。"①孟子强调，解诗不可"望文生义"，拘泥于个别的词句而过度发挥，否则就会曲解作者原意。因此，他提倡"以意逆志"，是要从整体上把握诗人所要表达的心志。从另一个角度上看，孟子有此观点也正好印证了东周解诗脱离本义、各安其意的乱象。

第二，使用之乱。在西周礼乐制度下，诗是周代礼乐文化的重要载体，也是周代仪式文学的重要代表。诗各篇章的使用往往有固定的场合。比如《仪礼·乡饮酒礼》载：

> 乐正先升，立于西阶东。工入，升自西阶，北面坐。相者东面坐，遂授瑟，乃降。工歌《鹿鸣》《四牡》《皇皇者华》。……
> 笙入堂下，磬南，北面立，乐《南陔》《白华》《华黍》。……
> 乃间歌《鱼丽》，笙《由庚》；歌《南有嘉鱼》，笙《崇丘》；歌《南山有台》，笙《由仪》。乃合乐：《周南·关雎》《葛覃》《卷耳》，《召南·鹊巢》《采蘩》《采蘋》。工告于乐正曰："正歌备。"乐正告于宾，乃降。……②

我们知道，乡饮酒礼十分复杂，间歌和合乐部分所涉及的诗篇均有固定的使用场景和使用人物，这也是当时诗深入礼乐文化、体现礼乐等级制度的一个具体例子。但随着东周"礼崩乐坏"，时人赋诗不再遵守原有的礼乐制度，僭越滥用比比皆是，甚至我们在很多史料中都可以看到孔子的批评。如《论语·八佾》：

> 三家者以《雍》彻。子曰："'相维辟公，天子穆穆'，奚取于三家之堂？"③

孟孙、叔孙和季孙三家祭祖时，唱着只有天子才能唱的诗篇——

---

① 朱熹注《孟子集注》卷九，上海：上海古籍出版社，1987年，第71页。
② 阮元校刻《十三经注疏·仪礼注疏》卷九，北京：中华书局，1980年，第985—987页。
③ 阮元校刻《十三经注疏·论语注疏》卷三，第2465页。

《雍》，这种破坏礼乐上下之分的僭越行为受到孔子的严厉斥责。实际上，除了贵族以外，诗文滥用很可能成了当时社会的普遍现象，《礼记·檀弓下》载：

> 孔子之故人曰原壤，其母死，夫子助之沐椁。原壤登木曰："久矣予之不托于音也。"歌曰："狸首之班然，执女手之卷然。"夫子为弗闻也者而过之。从者曰："子未可以已乎？"夫子曰："丘闻之，亲者毋失其为亲也，故者毋失其为故也。"①

孔子老朋友原壤的母亲去世，原壤登木而歌。胡宁先生考证，原壤所歌"狸首之班然，执女手之卷然"就是佚诗《狸首》中诗句，并认为《狸首》属于穆王时期的仪式乐歌：

> 出于大兴礼乐的需要，仪式乐歌的创作和采录都应以穆王时代为一个高峰期，《狸首》应该就是在这样的时代背景下被采录、加工并用于礼仪的。②

《狸首》若确是盛大礼仪中所歌诗篇，那么原壤居丧歌此诗显然极不适宜，所以从者劝孔子加以制止。虽然《礼记》此段文字的重心在于孔子所言，不过从另一个角度看，这个例子也反映出当时诗被乱用、滥用的现象十分常见。

第三，言志之乱。"诗言志"是古代学者对诗性质的共识，是中国诗论"开山的纲领"。③《尚书·舜典》："诗言志，歌永言，声依永，律和声。"④《庄子·天下》："诗以道志。"⑤《荀子·儒效》："诗言是，其志也。"⑥ 出土文献上博简《孔子诗论》中亦载："孔子曰：'诗无隐志，

---

① 阮元校刻《十三经注疏·礼记正义》卷一〇，第1315—1316页。
② 胡宁：《原壤所歌：逸诗〈狸首〉考》，《历史研究》2014年第4期。
③ 朱自清：《诗言志辨》，上海：开明书店，1947年，第VI页。
④ 阮元校刻《十三经注疏·尚书正义》卷三，第131页。
⑤ 王先谦：《庄子集解》卷八，北京：中华书局，1987年，第288页。
⑥ 王先谦：《荀子集解》卷四，第133页。

乐无隐情，文无隐意。'"① 尽管"志"的具体内涵在长期的历史变迁中不断有伸缩变化，但可以确定"诗言志"背后反映的是言诗者情感的真实表达。② 然而，综观孔子论诗材料，可以明显发现，"志"不可妄言，情感表达并非无所顾忌。换言之，"言志"是有礼法条件的，情感表达是有伦理限制的，"所谓'诗言志'之'志'，很大程度上从属于礼，具有明显的政教意义"。③ 孔子说："诗三百，一言以蔽之，思无邪。"在孔子看来，"诗言志"理应是赋诗者受诗"温柔敦厚"思想的感染，借赋诗传达纯正无邪的情感。比如《论语·学而》篇：

> 子贡曰："贫而无谄，富而无骄，何如？"子曰："可也。未若贫而乐，富而好礼者也。"子贡曰："诗云：'如切如磋，如琢如磨'，其斯之谓与？"子曰："赐也，始可与言诗已矣，告诸往而知来者。"④

此章邢昺疏云：

> 子贡曰："诗云'如切如磋，如琢如磨'，其斯之谓与"者，子贡知师励己，故引诗以成之。此《卫风·淇奥》之篇，美武公之德也。……"子曰：赐也，始可与言诗已矣"者，子贡知引诗以成孔子义，善取类，故呼其名而然之。⑤

子贡引用《卫风·淇奥》"如切如磋，如琢如磨"，以"武公之德"契合孔子之义。孔子说"始可与言诗已矣，告诸往而知来者"，不仅是

---

① 此处"隐"的释读，采用李学勤先生和裘锡圭先生的观点。李学勤：《谈〈诗论〉诗无隐志》，《清华简帛研究》2002 年第 1 期；裘锡圭：《关于〈孔子诗论〉》，《中国哲学》2002 年第 1 期。
② 丁四新：《上博楚竹书〈孔子诗论〉〈参德〉思想合论》，《华中师范大学学报》（人文社会科学版）2022 年第 2 期。
③ 陈民镇：《有"文体"之前：中国文体的生成与早期发展》，上海：上海古籍出版社，2019 年，第 137 页。
④ 阮元校刻《十三经注疏·论语注疏》卷一，第 2458 页。
⑤ 阮元校刻《十三经注疏·论语注疏》卷一，第 2458 页。

因为子贡领会了《诗经》的纯正思想，更在于子贡能够用礼教解释诗，通过赋诗以达到修身善德的教化目的。然而，在孟子所谓"诗亡"的时代，也就是《春秋》创作的时代是"世衰道微，邪说暴行有作"。诗中的"无邪"被"邪说"取代，诗也由此成了人们追名逐利的工具。如果我们进一步分析春秋时期"赋诗断章"的内在动机，就可以发现因功利而摒弃赋诗原则者比比皆是，如《左传·襄公二十八年》所载：

> 庆舍之士谓卢蒲癸曰："男女辨姓。子不辟宗，何也？"曰："宗不余辟，余独焉辟之？赋诗断章，余取所求焉，恶识宗？"①

此段是"赋诗断章"的最早出处，从《左传》叙事的字里行间可以看出其实则是批评卢蒲癸有背礼制。卢蒲癸言"赋诗断章，余取所求焉"，将自身有违礼制的做法与"赋诗断章"类比，意味着在他看来，赋诗之志可以主观上不守诗之本义，不受礼法约束而任意阐发。这就完全背离了儒家提倡的"诗言志"的道德原则。而到了孟子时代，这种现象愈演愈烈，诗成了功利主义者，尤其是战国纵横家逐利的工具，丧失了原本"德义之府"的地位。"诗言志"之"志"不再是道德理想的体现，而完全成为谋取利益的表达。葛立斌《战国〈诗〉学研究》论述道：

> 诗在纵横家那里，不过是一种语言技巧而已，具有突出的实用性与功利性。战国时代，在纵横家笔下，诗与《书》缺失了"德义之府"的特殊位置，不过成了纵横家说服君主的工具。②

职是之故，战国时期，诸子百家言诗"各引一端，崇其所善，以此驰说，取合诸侯"，③甚至在《鬼谷子·内揵》中更是直接写道：

> 故圣人立事，以此先知而揵万物。由夫道德、仁义、礼乐、忠信、计谋。先取《诗》《书》，混说损益，议论去就。欲合者用内，

---

① 阮元校刻《十三经注疏·春秋左传正义》卷三八，第 2000 页。
② 葛立斌：《战国〈诗〉学研究》，博士学位论文，华中师范大学，2013 年，第 34—35 页。
③ 班固：《汉书》卷三〇，第 1746 页。

欲去者用外。外内者，必明道数，揣策来事，见疑决之。①

《内揵》讲的是游说之术，其中所言《诗》《书》完全成为迎合君主、验证己说、达到"内揵"的工具。由此可见，诗在诸侯争霸的时代背景下难以通过"言志"发挥教化功能，"志"亦不再契合诗原有的醇厚思想，而是充斥着急功近利、尔虞我诈、隐情塞郤的心态，正如章学诚所云："情志荡，而处士以横议，故百家驰说，皆为声诗之变也。"②

第四，文本之乱。除以上三点主观方面之外，"诗"之乱还体现在客观的文本之乱上。相较于其他儒家经典，《乐》和《诗》的文本错乱可以说是最严重的。《乐》不必去说，汉时就已失传。这可能是《乐》不便于口头记忆之故，而诗则完全相反，诗的本身特性使之不但受众面广，而且易于口耳传诵。不过，正是太过普及，导致诗的各类选本、抄本数量层出不穷，质量良莠不齐。从目前发现越来越多的战国诗类文献来看，至少在战国时代，异文③、编次④等文本差异极为突出。这也客观上导致了诗的不同传本所传达思想各有偏重与差异，如谢炳军先生就指出新近发现的安大简《诗经》"通过将王风重命名为'侯'和较大幅度削减其诗篇而表达天下无'王'的思想倾向"。⑤ 可以推测，诗在不同学派的文本传抄与口头流传中必然产生诸多异说、邪说，也可能正因如此，孟子才有"诗亡"之感慨。

以上可以说明，诗虽在春秋战国广为流传，但随着东周礼乐崩坏，原有官方的诗学体系被打破，不再有一个正统的制度和封闭的渠道来保证文本传承和诗义理解的统一性，因而解释淆乱无章，使用恣意妄为，言志放辟邪侈，文本错乱无序，诗在东周之世"乱象丛生"。

---

① 许富宏：《鬼谷子集校集注》，北京：中华书局，2010 年，第 53—56 页。

② 叶瑛校注《文史通义校注》，北京：中华书局，2008 年，第 78 页。

③ 比如黄德宽先生在研究安大简《诗经》时就指出"与《毛诗》等传世本和出土文献相校，新发现的楚简《诗经》异文现象非常突出"。黄德宽：《略论新出战国楚简〈诗经〉异文及其价值》，《安徽大学学报》（哲学社会科学版）2018 年第 3 期，第 71 页。

④ 李辉先生比对各类出土诗类文献后指出："综核熹平石经《鲁诗经》、阜阳汉简《诗经》、清华简、安大简《诗经》及海昏侯墓《诗经》等材料，共考出三十六例章次异次（含疑似），其中属于重章异次的有三十一例。"李辉：《〈诗经〉章次异次考论》，《文学遗产》2021 年第 6 期。

⑤ 谢炳军：《安大简〈诗经〉文本编纂的三个思想倾向》，《思想与文化》2020 年第 2 期。

三 诗与《春秋》的传承关系

任何历史现象均可分析为内、外两层原因。东周诗学乱象，不仅在于礼乐崩塌的外部原因，还有诗本身的内在原因。诗的蕴含之意无疑是一个复杂的综合体，① 不管是以诗言志，还是以意逆志，贯穿其中的是"缘于情"。② 孔颖达《左传正义》昭公二十五年疏云："在己为情，情动为志，情、志一也。"③ 即要正确领会诗的内涵思想，需达到用诗之心与作诗之心的共情。但要了解作诗之人的真实心意实属不易，因为我们很难从诗中直接看到创作背景、创作目的、所指向的人和事等关键信息。正如清人魏源所言：

> 作诗者自道其情，情达而止，不计闻者之如何也；即事而咏，不溯到此者何自也；讽上而作，但期上悟，不为他人之劝惩也。④

而且诗在赋比兴的文学加工下，所表达的真实情感往往含蓄不彰，一首诗无论是"美"还是"刺"，往往朦胧婉转，并不直接指名道姓，这使得它具有很大的解释空间。不难想象，在东周官学瓦解、学术下移的背景下，诗内含的言外之意很容易被曲解和过度引申。

同时，与一般典籍不同，诗以"情"相系的特点使自身"明理劝善"的教化作用不仅需要权威解释与传授，更需要用"情"体悟。这意味着，诗于当时虽便于上口，易知易咏，但研习门槛却并不低。也就是说，与诗通"情"无法通过机械的知识传授实现，却是随着学识、阅历与修为的沉淀而自觉感悟，比如《论语》中记载孔子与子贡、子夏言诗：

---

① 晁福林：《上博简〈诗论〉研究》，北京：商务印书馆，2013年，第344页。
② 《诗大序》云："发乎情，止乎礼仪。"（阮元校刻《十三经注疏·毛诗正义》卷一，第272页）《论语·八佾》有："子曰：'《关雎》，乐而不淫，哀而不伤。'"（阮元校刻《十三经注疏·论语注疏》卷三，第2468页）哀、乐者，即"发乎情"；而不淫、不伤即"止乎礼仪"。
③ 阮元校刻《十三经注疏·春秋左传正义》卷五一，第2108页。
④ 《魏源全集·诗古微·毛诗明义一》，第54页。

1. 子夏问曰："'巧笑倩兮，美目盼兮，素以为绚兮。'何谓也?"子曰："绘事后素。"曰："礼后乎?"子曰："起予者商也，始可与言诗已矣。"①

2. 子贡曰："贫而无谄，富而无骄，何如?"子曰："可也。未若贫而乐，富而好礼者也。"子贡曰："诗云：'如切如磋，如琢如磨'，其斯之谓与?"子曰："赐也，始可与言诗已矣，告诸往而知来者。"②

从孔子的话语"始可与言诗已矣"中可以推断，即便是子贡与子夏这样在孔门中悟性颇高的弟子，也不是轻易可以向孔子求教诗的。在孔子看来，唯有自觉地感悟到诗的思想真谛，达到与之共情，才"可与言诗"。

因此，诗教是以自觉的情感体悟以达到内省修身的目的。尽管诗在儒家占据重要地位，对儒家德治教化发挥着无可替代的作用，但诗欲达到的"劝善戒恶""化民成俗"的理想实质上是一种道德倡导。在西周礼乐鼎盛、民心淳朴之时，诗无疑是王朝倡导"经夫妇，成孝敬，厚人伦，美教化，移风俗"的有力工具，而在东周世衰道微之际，诗不仅缺乏有效的约束力和震慑力，甚至被乱臣贼子有心利用、任意曲解，混乱不堪，"邪说暴行有作"。这使其虽仍被孔子所推崇而用于儒学传授，但对于当时"臣弑其君者有之，子弑其父者有之"的动荡社会，显然难以成为拨乱反正的有力武器。

依此线索，我们就可以理解孔子为何要作《春秋》替代诗。如同重症需下猛药，"孔子成《春秋》而乱臣贼子惧"。因为《春秋》借用了史书录实的方式，并取用、融入了微言大义，这要比诗在东周乱世更具震慑力。

首先，《春秋》在思想表达上是直接的。综观儒家五经，《诗》和《春秋》虽文体有所不同，但表达形式最为相似，诗中有美、刺，《春秋》亦有褒、贬。不过，与诗的含蓄朦胧不同，《春秋》褒贬是指名道

---

① 阮元校刻《十三经注疏·论语注疏》卷三，第2466页。
② 阮元校刻《十三经注疏·论语注疏》卷一，第2458页。

姓，指向明晰，少有歧义。笔者推测这极可能也是孔子借史书这一形式作《春秋》的重要原因之一。如《关雎》究竟是西周文王时代的称美之作，还是刺周康王之诗，历来争论不休，就是因为诗中缺乏明确的人和事。但《春秋》中时间、人物、事件是极其明确的，如《春秋·宣公二年》："秋九月乙丑，晋赵盾弑其君夷皋。"① 世人一看就知道是在批评赵盾犯上作恶。类似还有《左传·襄公二十五年》："夏五月乙亥，齐崔杼弑其君光。"② 寥寥几笔，崔杼罪行已昭然若揭。可见，史书形式比诗歌形式更具有震慑力，因为一旦被载于史册，意味着会被永久铭记。"在早期中国，形成文本的历史所受到的重视程度方面远远超过了实际历史本身。"③ 赵盾见到董狐秉笔直书后的嗟悔亡及，崔杼连杀两位史官后的无奈收手，宁惠子去世前对驱赶国君之事耿耿于怀，正是因为惧怕"名藏在诸侯之策"，由此可见，史册直言不讳能够使"乱臣贼子惧"。尽管后世对于《春秋》笔法多有争议，但正是记录了明确的人和事，《春秋》褒贬倾向大都比较明晰，所以《左传》才会说："《春秋》之称，微而显。"④

其次，《春秋》具有神圣性。过去，学者一般认为《春秋》的文献来源是编年体史书，但事实上《春秋》记史笔法如此特殊，其可能并非源自普普通通的史书，而是有着悠久的宗教来源。许多学者已经注意到《春秋》与甲骨文之间存在着颇多相似之处，如谭家健先生说："《春秋》某些记事用词、文法、记事习惯与甲骨卜辞有一定联系。"⑤ 刘节先生说甲骨卜辞"形式与《春秋》记事的例子很相近"。⑥ 近年来，刘源先生归纳了甲骨卜辞与《春秋》极为近似的表述，⑦ 董芬芬先生则进一步提出《春秋》的蓝本鲁《春秋》是鲁国史官向先祖报告世俗消息的文本。⑧

① 阮元校刻《十三经注疏·春秋左传正义》卷二一，第 1866 页。
② 阮元校刻《十三经注疏·春秋左传正义》卷三六，第 1982 页。
③ 史常力：《中国早期史书叙事模式的形成及流变》，广州：中山大学出版社，2019 年，第 2 页。
④ 阮元校刻《十三经注疏·春秋左传正义》卷二七，第 1913 页。
⑤ 谭家健：《中国古代散文史稿》，重庆：重庆出版社，2006 年，第 23 页。
⑥ 刘节：《中国史学史稿》，北京：商务印书馆，2020 年，第 18 页。
⑦ 刘源：《〈春秋〉与殷墟甲骨文》，《光明日报》2013 年 8 月 12 日第 15 版。
⑧ 董芬芬：《试论〈春秋〉的宗教特质——从作者群体、表达方式、时间体例谈起》，《暨南学报》（哲学社会科学版）2016 年第 10 期。

确实，与我们目前包括出土史类文献在内的先秦史著相较，也难以得见像《春秋》这样结构规整，语言精练的史著，可见《春秋》这一特殊的记史形式极可能有其宗教原因。① 倘若《春秋》确实源自向先祖报告的文本，其庄严神圣的性质自然能使"乱臣贼子惧"，因为在当时大众心中，即便周代建立的道德体系已然崩塌，但仍对先祖神灵保持畏惧心理。这很可能成为孔子选用《春秋》这一记史形式的另一原因。

最后，《春秋》文本传抄较为稳定。《春秋》叙事极为凝练，除时间、地点、人物等基本信息外，文字已省无可省，虽然缺乏叙事生动性，甚至被宋人批评为"断烂朝报"，但这种简单的文本结构使《春秋》文本在东周学术纷杂的传抄与口耳相传中保持相对稳定。② 相较于其他先秦典籍，《春秋》不同版本间的文本差异多集中于字词，叙事差异则相对较少。

综上所述，孟子所言"诗亡而《春秋》作"的正确意思是说：东周礼崩乐坏，诗出现了解释之乱、使用之乱、言志之乱、文本之乱等诸多乱象，孔子于是笔削鲁史作《春秋》以"拨乱反正"，进一步补充诗的美刺功能，发挥彰善瘅恶、端正风气的作用。《春秋》不仅言简意赅、褒贬直接，而且庄严神圣、令人敬畏，其文本性质和特点正好弥补了"诗亡"带来"诲尔谆谆，听我藐藐"的功能缺陷。③ 如果我们从这一角

---

① 古今不少学者认为《春秋》经文之所以简略是因为当时竹简书写不便，孙矿、章学诚、阮元等皆持此观点，所以顾颉刚先生说："《春秋》文辞殊简略，盖由于当时记载所用非布帛，而概系竹简，简厚重而幅小，势不可繁书，于史事之记载，只能力求简略。"（顾颉刚讲授《春秋三传及国语之综合研究》，第4页）但这一观点现在看来可以被否定了，姑且不论传世文献（因为传世文献可能受到后世传抄增窜影响而叙事更为丰富），即便是根据我们目前已发现的出土史类文献，叙事也鲜有像《春秋》这样简练的，甚至是语言已非常凝练的《竹书纪年》和清华简《系年》，仍不如《春秋》行文简省。

② 不难理解，文本结构越复杂，文本结构的稳定性一般就越差，在流传中被窜入删改的部分也会越多。比如五经中《周易》和《春秋》经文存在的文本结构问题相对较少，这可能也是因为这两者文本极其凝练精简之故。

③ 当然，这并不是意味着诗在孔子看来不如《春秋》重要，而是在东周乱世，相比诗的谆谆教化，《春秋》更能够发挥令"乱臣贼子惧"的震慑作用。对于诗，孔子仍然重视其政教作用，力图通过诗彰显人性和道德的力量。也就是说，诗和《春秋》虽然在"王者之迹熄而诗亡"语境下具有接替关系，但在儒家道德教化的大背景下并非此消彼长的关系。

度出发，也就可以理解孔子晚年为何要作《春秋》了。

第四节　从传统视角看《左传》的传书属性

《左传》是否为《春秋》之传？这个问题伴随着今古文之争，从西汉至今一直迷雾纷纭，久讼未决。此节尝试厘清前人争论的脉络，总结当下的研究瓶颈，并寻找新的解决途径。

一　《左传》经学属性争论的主线

《左传》经学之争贯穿整个《左传》学史，历时漫长，枝蔓纷繁。以往关于《左传》学术史的著作大都作过重点梳理，这对我们理解《左传》学的历史发展颇有帮助。在前人工作的基础上，倘若就问题的视角去思考，两派这一长达千年的争论实则可归纳为三个方面：（1）《左传》解经合法性之争，（2）《左传》与《公羊传》《穀梁传》解经准确性之争，（3）《左传》经学和史学属性之争。以下将以这三点为主线，尝试作一个提炼与总结。[①]

《左传》解经合法性之争发端于两汉，[②] 延续至近代。

西汉末年，伴随着朝政的日益腐朽，今文经学者逐渐从汉初充满活力、通经致用的学者群体蜕化成墨守成规、日益僵化、不思进取的利益集团。为了打破今文经学对儒学的垄断，改变当时的学术风气，刘歆欲争立古文经于官学。然而，面对当时树大根深的今文学派，刘歆势单力薄，数度碰壁，[③] 遂愤然撰写《移书让太常博士》一文，抨击今文家顽

[①]　《左传》经学之争历时弥久，所论者层出不穷，不胜枚举。鉴于本书并非专门论述《左传》学史，且为了使本书阅读更加清晰简洁，避免冗长，文中仅举具有影响力和代表性的人物及观点，但这并不影响对《左传》争论主线的把握。需要说明的是，这三点组成的主线不是历时性的，并非此消彼长，而是以争论发展的逻辑顺序呈现。

[②]　历经西汉末年刘歆争立，东汉初陈元、范升的争辩，章帝时贾逵、李育的争论，及东汉末年何休、郑玄的论辩。

[③]　《汉书·楚元王传》："（刘歆）欲建立《左氏春秋》及《毛诗》、《逸礼》、《古文尚书》皆列于学官。哀帝令歆与五经博士讲论其义，诸博士或不肯置对。"（班固：《汉书》卷三六，第1967页）；"歆于是数见丞相孔光，为言《左氏》以求助，光卒不肯。"（班固：《汉书》卷八八，第3619页）

固不化，阐明立古文经之理由：①

　　陵夷至于暴秦，燔经书，杀儒士，设挟书之法，行是古之罪，
道术由此遂灭。……故诏书称曰："礼坏乐崩，书缺简脱，朕甚闵
焉。时汉兴已七八十年，离于全经，固以远矣。"……及《春秋》
左氏丘明所修，皆古文旧书，多者二十余通，藏于秘府，伏而未发。
孝成皇帝闵学残文缺，稍离其真，乃陈发秘藏，校理旧文，得此三
事，以考学官所传，经或脱简，传或间编。②

在刘歆看来，今文经残缺不全，而古文经则未历秦火，故比今文经更为
完整。此意味着，古文经比今文经更具权威性，具有传承孔子学说的合
法性。对于《左传》，刘歆认为"左丘明好恶与圣人同，亲见夫子，而
公羊、穀梁在七十子后，传闻之与亲见之，其详略不同"。③《左传》的
作者亲见孔子，所以比《公羊传》《穀梁传》由七十子后学口耳相传更
接近于《春秋》本义。这说明，《左传》比今文两传解经更具有优越性。
实际上，日后今古文派对于《左传》争论的前两个焦点，也是由刘歆的
这两点进一步展开的。

　　刘歆的意见立即遭到了今文家的极力抵制。汉代今文家对学术的合
法性的认同带有浓郁的政治和派系色彩。如《汉书》载大司空师丹"奏
歆改乱旧章，非毁先帝所立"。④ 东汉范升说："（《左传》）非先帝所存，
无因得立。"⑤ 他们从政治上攻击《左传》的合法性。在今文家看来，今
文经为先帝所立，具有唯一的合法性，现在要改弦更张，再立古文经，
自然有悖政治伦常，是不合法的。在《左传》解经优越性方面，今文家
也不以为然。《汉书》记公孙禄言"国师嘉信公（刘歆）颠倒五经，毁

---

① 以往有学者把刘歆提倡古文与王莽联系在一起，最具代表性的便是康有为的《新学伪
　　经考》，将刘歆立《左传》理解成刘为助莽篡汉搭建理论基础。这种观点有穿凿附会
　　之嫌，应该说，刘歆立古文更多的是出于学术原因，可参见郜积意《刘歆与两汉今古
　　文学之争》第二章，博士学位论文，复旦大学，2005 年。

② 班固：《汉书》卷三六，第 1968—1970 页。

③ 班固：《汉书》卷三六，第 1967 页。

④ 班固：《汉书》卷三六，第 1972 页。

⑤ 范晔：《后汉书》卷三六，第 1228 页。

师法，令学士疑惑"，① 公孙禄谴责刘歆"毁师法"，实则代表了绝大多数汉代今文经师的观点。"所谓师法，乃指师长传授之法。由于口耳相传，难免错讹，因此就须以大师所讲的经说为准绳，这样就形成了师法，而大师的经说也便成了'师说'。"② 在今文家的观念中，师说传承是最为有效的经学传播途径，而刘歆所立《左传》，通行于民间，藏于秘府，并未形成《公羊传》《穀梁传》这样严守师法的师说体系。师承不明晰，其准确性难免"令学士疑惑"。刘歆以左丘明与孔子同时，曾亲见夫子，认为左丘明曾得到夫子真传的推断，不仅不被今文经派承认，反而成为被抨击的另一个理由。如范升便言："《左氏》不祖孔子，而出于丘明，师徒相传，又无其人。"③ 认为《左传》"不祖孔子"，未得孔子所传真谛。

为应对今文家的责难，在《左传》政治合法性方面，刘歆之后的东汉古文家不再专注谋求今文经学的认同，重点寄希望自上而下地改变《左传》的地位，即积极争取时下统治者的支持。如陈元上奏反驳范升云：

> 陛下拨乱反正，文武并用，深愍经艺谬杂，真伪错乱，每临朝日，辄延群臣讲论圣道。知丘明至贤，亲受孔子，而《公羊》《穀梁》传闻于后世，故诏立《左氏》，博询可否，示不专己，尽之群下也。④

这番言论颇具艺术性，利用光武帝欲革除旧弊、开创新业的心理，试图将光武帝拉进《左传》阵营。尽管最终没有成功，但毕竟说服光武帝一度立学《左传》。光武帝后来废弃《左传》原因有二：一是由于今文家的激烈反对，出于平息争议、稳定政局的需要；二是《左传》原本不讲图谶，未迎合东汉统治者的喜好。故此后，为扫除障碍，贾逵改变以往古文家为学过于质朴、不晓图谶的倾向，开始积极将图谶引入《左传》：

---

① 班固：《汉书》卷九九下，第 4170 页。
② 黄觉弘：《左传学早期流变研究》，第 168 页。
③ 范晔：《后汉书》卷三六，第 1228 页。
④ 范晔：《后汉书》卷三六，第 1230—1232 页。

　　又《五经》家皆无以证图谶明刘氏为尧后者，而《左氏》独有明文。《五经》家皆言颛顼代黄帝，而尧不得为火德。《左氏》以为少昊代黄帝，即图谶所谓帝宣也。如令尧不得为火，则汉不得为赤。其所发明，补益实多。陛下通天然之明，建大圣之本，改元正历，垂万世则，是以麟凤百数，嘉瑞杂遝，犹朝夕恪勤，游情《六艺》，研机综微，靡不审核。若复留意废学，以广圣见，庶几无所遗失矣。①

　　这些言论确实为提高《左传》的经学地位起到了不少作用，但这并非学理层面的争论，更贴切地说，是古文家迎合当时局势的应对策略，自觉地将《左传》与政治挂钩。随着东汉以后，今古文经学势力发生根本性转变，研习《左传》的学者层出不穷。到唐代《五经正义》的颁布，标志着《左传》经学官方地位的最终确立，《左传》经学的政治合法性已无可动摇。由此，对《左传》政治合法性的争论热度遂逐渐褪去。

　　然而，对学术合法性的争论则有增无减，延续至今。今文家除坚持《公羊传》《穀梁传》本位立场外，又开始寻找《左传》的漏洞。例如，《左传》记事迄于鲁哀公二十七年，而《公羊传》《穀梁传》所本的《春秋》经文则载到哀公十四年，如果《左传》确为解经之作，那么多出的传文怎么解释？历史上一些学者便认为这部分内容本非原传文所有，属于伪造，如王皙云："《左氏》于获麟以后续经至孔丘卒，伪也。"② 刘敞云："至哀十四年非仲尼所修矣。"③ 这一怀疑到清末被进一步放大，随着疑古之风，变得更为全面彻底，从而兴起了刘歆作伪论，给否定《左传》传经找到了一个新的突破口。他们认为，《左传》为刘歆割裂《国语》伪造，《左传》中的解经语也是刘歆伪窜，于是便不存在左丘明"惧弟子人人异端"作《左传》这一说，那么，这自然也就推倒了《左传》传经的合法性。如刘逢禄云："余年十二，读《左氏春秋》，疑其书法是非多失大义。继读《公羊》及董子书，乃恍然于《春秋》非记事之书，不必待《左氏》而明。左氏为战国时人，故其书终三家分晋，而续

① 范晔：《后汉书》卷三六，第1237—1238页。
② 王皙：《春秋皇纲论》卷五，清康熙十九年通志堂刻通志堂经解本。
③ 刘敞：《春秋权衡》卷七，清康熙十九年通志堂刻通志堂经解本。

经乃刘歆欲妄作也。……凡'书曰'之文皆歆所增益；或歆以前已有之，则亦徒乱《左氏》文采，义非传《春秋》也。"① 康有为说："《左氏春秋》至歆校秘书时乃见，则向来人间不见可知。歆治《左氏》，乃始引传文以解经，则今本《左氏》书法，及比年依经饰《左》缘《左》，为歆改《左氏》明证。"② 廖平云："传（《左传》）由《国语》而出，初名《国语》，后师取《国语》文以依经编年，加以说微，乃成传本。"③

另外，针对《汉书·刘歆传》中"初《左氏传》多古字古言，学者传训故而已，及歆治《左氏》，引传文以解经，转相发明，由是章句义理备焉"④ 之记载，今文学者理解为，《左传》原本无义理，没有传文，是刘歆伪造添入传文，《左传》才能"章句义理备焉"。崔适说："传自解经，何待歆引，歆引以解，则非传文。"⑤ 张西堂也说："'传自解经，何待歆引，歆引以解，则非传文'，可见解经的《左氏春秋》从刘歆才有的，在《汉书》上说得再明白不过了。当时诸儒谓'《左氏》不传《春秋》'，及'儒者师丹奏歆改乱旧章，非毁先帝所立'，公孙禄议曰：'国师嘉新公颠倒五经，毁师法，令学士疑惑，宜诛以慰天下'，个中消息，很可见出《左氏》是刘歆杂采诸书，一手编成，所以弄得群情愤激，大家对于他要痛下攻击了！"⑥

然而，这些论断并不能说服古文学者。他们认为，刘歆"引传文解经"不是说刘歆创制解经语，而是由刘歆总结、阐发《左传》中的义理。如章太炎说："'引传解经，章句义理备'者，言传之凡例，始由子骏发挥，非谓自有所造。"⑦ 刘师培云："引传文以解经，转相发明，谓引传例以通他条之经耳，故章句义理，由是而备。非旧传不系年月，歆依经文相附别也。"⑧ 伴随着此后学界从不同角度否定刘歆作伪，如今，大多数学者已摒弃"刘歆伪造《左传》"之说，刘歆伪造传文的争论遂告一段落。

---

① 刘逢禄：《左氏春秋考证》卷上，第2—4页。
② 康有为：《新学伪经考》，《康有为全集》第1集，第430页。
③ 廖平：《古学考》，刘梦溪主编《中国现代学术经典（廖平、蒙文通卷）》，第100—101页。
④ 班固：《汉书》卷三六，第1967页。
⑤ 崔适：《史记探源》卷一，北京：中华书局，2013年，第9页。
⑥ 张西堂：《左氏春秋考证序》，顾颉刚编著《古史辨》第5册，第272页。
⑦ 章太炎：《春秋左传读叙录》，《章太炎全集》（二），第828页。
⑧ 刘师培：《春秋左氏传古例诠微》，《刘申叔遗书》，第324页。

　　除了以上对《左传》合法性的争论外，关于刘歆论及《左传》解经优越性的观点，今古文家从汉代师说层面的争辩延展到对《左传》内在解经的查究，主要涉及两方面。

　　一是解经义理之争。古文家肯定《左传》"以事解经"的形式，认为正确理解《春秋》大义，离不开《左传》的叙事。如桓谭说："左氏经之与传，犹衣之表里，相持而成。经而无传，使圣人闭门思之，十年不能知也。"①刘知几言："《春秋》之义也，欲盖而彰，求名而亡，善人劝焉，淫人惧焉。寻《左传》所录，无愧斯言。此则传之与经，其犹一体，废一不可，相须而成。如谓不然，则何者称为劝诫者哉？"②王维祯谓："左氏释经虽简，而博通诸史，叙事尤详，能令百代之下颇见本末，其有功于《春秋》为多。"③同时，他们又进一步认为，《左传》叙事在义理发挥上要优于《公羊传》《穀梁传》。如贾逵言"《左传》义深于君父，《公羊》多任于权变"；"《左氏》崇君父，卑臣子，强干弱枝，劝善戒恶，至明至切，至真至顺"。④叶适说："《公羊传》《穀梁传》末世口说流传之学，空张虚义。自有《左氏》，始有本末，而简书具存，大义有归矣。故读《春秋》者，不可舍《左氏》，二百五十余年，明若画一。舍而他求，多见其好异也。"⑤湛若水云："圣人之心存乎义，圣心之义存乎事，《春秋》之事存乎传。夫经识其大者也，夫传识其小者也。夫经窃取乎得失之义，则孔子之事也；夫传明载乎得失之迹，则左氏之事也。"⑥甚至他认为《春秋》本以鲁史为基础，故只有同样依托于史事的《左传》方得解经要领，而《公羊传》《穀梁传》这样一字褒贬的"微言大义"实则未得"圣人之心"："夫《春秋》者，鲁史之文而列国之报也。乃谓圣人拘拘焉某字褒、某字贬，非圣人之心也。……义例非圣人立也，《公》《穀》穿凿之厉阶也。"⑦

　　当然，古文家对《左传》解经的推崇遭到了尊崇今文之学者的反

①　李昉等纂《太平御览》卷六一〇引，四部丛刊本。
②　浦起龙释《史通通释》卷一四，第421页。
③　凌稚隆：《春秋左传注评测义》，《续修四库全书·经部》第126册，第607页。
④　范晔：《后汉书》卷三六，第1236—1237页。
⑤　朱彝尊：《经义考》卷一六九，第877页。
⑥　湛若水：《湛甘泉先生文集》卷一七，清康熙二十年黄楷刻本。
⑦　湛若水：《湛甘泉先生文集》卷一七。

对。啖助虽承认《公羊传》《穀梁传》口传容易失真，"乖谬失其纲统"，但言"其大指亦是子夏所传，故二传传经，密于《左氏》"，① 坚持《公羊传》《穀梁传》在义理传承上优于《左传》。而赵匡则彻底否定《左传》解经的准确性："今观《左氏》解经，浅于公穀，诬谬实繁。"② 甚至他以此为据，不承认《左传》是左丘明之作："若丘明才实过人，岂宜若此。"③ 朱熹也批评《左传》义理不正："《左氏》之病，是以成败论是非，而不本于义理之正。尝谓左氏是个猾头熟事，趋炎附势之人。"④ 此外，又有学者批评《左传》叙事大言神异，与孔子不语"怪力乱神"相左，非得孔子真传。王充在《论衡·案语》中称《左传》："言多怪，颇与孔子'不语怪力'相违返也。"⑤ 又东晋范宁撰《春秋穀梁传集解》时云："《左氏》艳而富，其失也巫。"⑥ 唐韩愈亦在《进学解》中称："《春秋》谨严，左氏浮夸。"⑦ 到了清代，依然有学者对《左传》中的神异预言加以评论。如韩菼在为高士奇《左传纪事本末》作序时谈及《左传》："好语神怪，易致失实。"⑧ 以上这些质疑历史上比比皆是，尽管如今学界已不再局限于今古文狭隘的经学立场，但仍有学者找寻《左传》解经各类失误之处，从而推断《左传》并非《春秋》之传。

二是解经结构之争。《左传》与《春秋》记事起始年代不一致，又存在无经之传和有经无传的现象。这与严格依经立传，经、传一一对应的《公羊传》《穀梁传》的解经结构是很不同的。面对这一情况，杜预曾解释说："左丘明受经于仲尼，以为经者不刊之书也。故传或先经以始事，或后经以终义，或依经以辩理，或错经以合异，随义而发。"⑨ 杜预试图弥合《左传》与《春秋》的结构差异，但该说没有言明出现这种现象的深层原因，有臆想猜测之嫌，故后学者对此颇为质疑。在无经之传方面，权德舆直接批评道："《左氏》有无经之传，杜氏又错传分经，诚

① 陆淳：《春秋集传纂例》卷一。
② 陆淳：《春秋集传纂例》卷一。
③ 陆淳：《春秋集传纂例》卷一。
④ 黎靖德编《朱子语类》卷八三，第2149页。
⑤ 黄晖：《论衡校释》卷二九，第1164页。
⑥ 阮元校刻《十三经注疏·春秋穀梁传注疏·春秋穀梁传集解序》，第2361页。
⑦ 马其昶校注《韩昌黎文集校注》卷一，第46页。
⑧ 高士奇：《左传纪事本末·序》，第2页。
⑨ 阮元校刻《十三经注疏·春秋左传正义》卷一，第1705页。

多艳富，虑失根本。"① 刘安世说："《公》《穀》皆解正《春秋》，《春秋》所无者，《公》《穀》未尝言之。……若《左传》则《春秋》所有者或不解，《春秋》所无者或自为传。故先儒以为《左氏》或先经以起事，或后经以终义，或依经以辨理，或错经以合异，然其说亦有时牵合。要之，读《左氏》者，当经自为经，传自为传，不可合而为一也，然后通矣。"② 现代一些学者，诸如赵光贤先生也说："《左传》中有很多重要记事，全不见于经，如晋之始强，自曲沃武公代晋，献公吞并各小国，直到文公称霸；楚国自武王侵略汉东诸国，直到城濮之战以前，两大国的发展是春秋时期重要史实，经几乎全付缺如，传则记载非常详细。还有许多著名的故事，如曹刿论战、宫之奇谏假道、介子推不言禄、弦高犒秦师等等，不可悉数，都为经所无。像这些故事自当另有出处，《左传》编者把它们编辑成书，显然原意也不是作《春秋》的补充读物，而是一部独立的书。因为这些东西是可以独立存在的，不是非依附《春秋》不可的。"③ 针对《左传》有经无传的现象，刘逢禄就批评《左传》"比年阙事"："左氏后于圣人，未能尽见列国宝书，又未闻口授微言大义，惟取所见载籍，如晋《乘》、楚《梼杌》等相错编年为之，本不必比附夫子之经，故往往比年阙事。"④ 廖平亦云："为《春秋》述事，则当每经有事；今有经无传者多，……"⑤

以上质疑促使这些学者断定《左传》与《春秋》不匹配，不为《春秋》之传。赵光贤先生总结说："如果《左传》本来是解释《春秋》的书，那么《春秋》所有的记事，《左传》也应该有；反之，《春秋》所无的，《左传》也应该无，但事实并不是这样，常常是经有传无，或经无传有。这种情况全书中到处可见。"⑥

然而，也有学者认为这些理由并不足以证明《左传》最初非《春秋》传书。赵生群先生全面考察《左传》中的无经传文，详解产生该现象之缘由。例如，他认为"《左传》中的一些无经之传，从内容或形式

---

① 权德舆：《权载之集》卷四〇，清嘉庆十一年朱珪刻本。
② 张尚瑗：《三传折诸》卷首上，清文渊阁四库全书本。
③ 赵光贤：《〈左传〉编纂考》（上），《古史考辨》，第138页。
④ 刘逢禄：《左氏春秋考证》卷上，第18—19页。
⑤ 廖平：《古学考》，刘梦溪主编《中国现代学术经典（廖平、蒙文通卷）》，第101页。
⑥ 赵光贤：《〈左传〉编纂考》（上），《古史考辨》，第138页。

上可以找出解说《春秋》的痕迹，也有一些可能与经文的残缺有关"；①
"《左传》中有些所谓'无经之传'，其实与经文有着最直接的关系，它
们对于理解经文的作用，有时是其他任何内容都无法替代的"。② 同时，
对于《左传》中有经无传的现象，他通过三传统计比较，发现《公羊
传》《穀梁传》有经无传的现象远比《左传》普遍，故他认为经是直文
与凡例的概括，《左传》有经无传的现象不足以否定《左传》为解经之
作。③ 在解经形式方面，张素卿先生提出五点理由，肯定《左传》"以事
解经"的传书体例：

（一）《左传》叙事兼具叙事与诠义的功能。

（二）《左传》以叙事解经，正是顺应《春秋》"见之于行事"
的特质。

（三）叙事为解释《春秋》的基础，所以学者解经明义往往以
《左传》为根柢。

（四）《左传》叙事在缀辞属文、比次行事与探索微义三方面，
模拟《春秋》而津逮后学，具有传承"属词比事"之教的意义。

（五）《左传》叙事的"主意"在诠解《春秋》，"正名"以贞
定人伦为其释义的指向。④

由上可见，否定《左传》传经的学者认为《左传》叙事就是记事，与
《春秋》大义的阐发无关；肯定《左传》解经的学者则认为《左传》叙事
中包含了对《春秋》主旨思想的阐释。这一对《左传》是否依附于《春
秋》经文的争论，实际上又牵扯出《左传》到底是经学还是史学的问题。

不可否认，相较于今文二传，《左传》是可以脱离《春秋》独立阅读
的。在杜预以前，《左传》更是与《春秋》单独别行。这种阅读的独立性
促使一些学者质疑《左传》本就为史书，与经学无涉。晋代王接云："《左

① 赵生群：《〈春秋〉经传研究》，上海：上海古籍出版社，2000 年，第 83 页。
② 赵生群：《〈春秋〉经传研究》，第 101—102 页。
③ 赵生群：《〈春秋〉经传研究》，第 174—185 页。
④ 张素卿：《叙事与解释——〈左传〉经解研究》，台北：花木兰文化出版社，2008 年，
第 198—200 页。

氏》辞义赡富，自是一家书，不主为经发。"①啖助《集传集注义》中言："习《左氏》者，皆遗经存传。谈其事迹，玩其文彩，如览史籍，不复知有《春秋》微旨。"②赵匡亦认为："《公》《穀》守经，《左氏》通史，故其体异耳。"③朱熹云："《左传》是史学，《公》《穀》是经学。史学者记得事却详，于道理上便差；经学者于义理上有功，然记事多误。"④叶梦得曰："《左传》传史不传经，故虽得于三言而莫知《春秋》之义正在于志同。"⑤刘逢禄说："《左氏》以良史之材，博闻多识，本未尝求附于《春秋》之义。后人增设条例，推衍事迹，强以为传《春秋》，冀以夺《公羊》博士之师法，名为尊之，实则诬之，《左氏》不任其咎也。"⑥皮锡瑞云："《春秋》是经，《左传》是史，必欲强合为一，反致信传疑经。"⑦赵光贤先生进而推测"《左传》原系杂采各国史书而成，最初不过是一种史事汇编的性质，并非编年之史，原是一部独立的书，与《春秋》无关"。⑧继承该说，王和先生进一步论断，"最初的《左传》本是一部内容丰富的史事汇编，后由经师按照《春秋》的体裁，将《左传》改编为编年体，逐渐被视作解'经'之'传'"。⑨他举出《左传》原本为纪事本末体的四点理由：

（一）今本《左传》里有很多记事，其经后人割裂的痕迹十分明显。

（二）像王子朝之乱等类记事，叙述十分详细，改编者割裂起来没有困难。但《左传》中还有一类记事，叙事紧凑，一气呵成，改编者很难割裂，只好保持原貌。

（三）《春秋》记事自隐公元年始，至哀公十六年止。《左传》由于本来不是解《春秋》的书，所以其记事并不与《春秋》同始终。

---

①　房玄龄：《晋书》卷五一，第1435页。

②　陆淳：《春秋集传纂例》卷一。

③　陆淳：《春秋集传纂例》卷一。

④　黎靖德编《朱子语类》卷八三，第2152页。

⑤　叶梦得：《石林春秋传》卷一二，清康熙十九年通志堂刻通志堂经解本。

⑥　刘逢禄：《春秋公羊释例后录》卷三，清嘉庆养一斋刻本。

⑦　皮锡瑞：《经学通论》，第13页。

⑧　赵光贤：《〈左传〉编纂考》（上），《古史考辨》，第140页。

⑨　王和：《〈左传〉中后人附益的各种成分》，《北京师范大学学报》（社会科学版）2011年第4期。

（四）《左传》中有些年份的文字，都是由改编者用解经语硬凑出来的。①

以上这些学者肯定《左传》的史学成就，但认为《左传》重于记史，不依从经文，原本是一部独立的史书，甚至推测《左传》的解经文字都是后代经师添加的。但也有一些学者坚持《左传》在最初撰写时就已经编入解经语，如杨向奎先生说：

> 《左传》之书法、凡例等，自《左传》撰述之初，即与各国策书之记事合编为《左氏春秋》，非后人之窜加也。②

赵伯雄先生也有类似的观点：

> 今本《左传》不是由某一个人（不管他是刘歆还是先秦时人）将早先已有的一部现成著作（《左传》原本）改编而成的，而是由左氏（我们姑且这样称呼《左传》的编著者）本着解经的目的，杂取各国的各类史料，同时加进了一些自己解经的话编纂而成的。也就是说，《左传》是一次完成的。这里所谓"一次完成"，主要是指《左传》作为一部完整的解经著作，其排纂史料与撰写解经语是同时进行的，并非如时贤所说，先有一部"记事的《左传》"，后来才出现"解经的《左传》"。当然，这种一次完成的说法并不能排除今本《左传》有后人附益的成分（如"其处者为刘氏"之类即甚可疑），只是此种附益属于《左传》成书以后的个别现象，不能将后人某些文字的增窜与《左传》的编纂混为一谈。③

依此意见，《左传》的最初的目的就是依经立传。同时，亦有学者认为，《左传》的史学属性和经学属性并不冲突。《左传》虽具有史学的形式，但其叙事不是单纯为叙事而叙事，在史学的包裹下，有经学的内

---

① 王和：《〈左传〉的成书年代与编纂过程》，《中国史研究》2003 年第 4 期。
② 杨向奎：《绎史斋学术文集》，第 189 页。
③ 赵伯雄：《春秋学史》，第 25 页。

核。常森先生作过一个具有代表性的总结："《左传》实以先秦文学的一种具体形态，兼具了现代学术立场上史学、文学、哲学（具体表现为经学）的特质；其最表层是史学，中间层是文学，最深层则是经学。"①

以上大致是《左传》经学争论的一条主线，这条主线呈现的是古今学者为此三个核心问题的激烈交锋。预计在未来很长的一段时间内，这个争论仍将延续。这启示我们既要对以往研究脉络作进一步反思，同时要尝试跳出现有的框架，从新的角度来看待这个问题。

二　"传"的概念与《左传》解经

《左传》是否为《春秋》之传，首先取决于对"传"概念的界定。实际上，历史上对《左传》的争论有部分源自对"传"概念的不同理解。这导致在概念的不同层面上得出不同结论。我们认为，历史上对于传书的理解有广义和狭义之分。

"传"字最初本义可能为"传车驿马"之名，后进一步引申为传注之文。②《春秋》传书之"传"的含义，大抵与《论语·子张》"君子之道，孰先传焉"，《论语·学而》"传不习乎"中"传"的意思相同，作传授之解。③

---

① 常森：《二十世纪先秦散文研究反思》，北京：北京大学出版社，2002年，第267页。
② 段玉裁注《说文解字注》，第377页。
③ 沈玉成、刘宁《春秋左传学史稿》曾对"传"书之"传"的含义作过一个较为明确的探析：七十子之徒及其后学一代又一代接受老师的传授，并且采用书面形式写定，就叫"传"或者"记"。……汉人之所以命名"传""记"，意思很清楚，就是传授、记录。《论语·学而》"传不习乎"、《礼记·乐记》"有司失其传也"、《祭统》"传著于钟鼎也"的"传"，《释名》《玉篇》中"记"的解释，都保存了这一比较原始的意义。"传"字在北方话系统中向来有两读。作动词用，发声送气，和"船（chuán）"字同音；作名词用，发声不送气，和"转（zhuàn）"字同音。这如同"道藏""佛藏"的"藏"，今天读作"葬（zàng）"字的音，而实则其义为动词"收藏（cáng）"转化而来。"传记"之传和"传授"之传同母异组的读法始自何时，已难考定。《经典释文·毛诗》言："传，音直恋反。"《毛诗正义》云："传者，传其通义也。"可见，陆德明、孔颖达就已经区分了两种读法，否则就不必对这样常见的字注音注义。不妨想象，《春秋左氏传》《诗毛氏传》，最早可能读成"传授"的"传"；贤人之书名曰"传（zhuàn）"，则是后起的训释和读音。过去有的学者根据《吕氏春秋·必已》"若夫万物之情，人伦之传则不然"高注"传犹转"，以为是"七十子之徒转受经旨，以授后人"（《史通·六家》），这种解释似乎过于曲折。又有学者据《公羊传》定元年"主人习其读而问其传"何注"读谓经，传谓训诂"，认为传就是训释。但证以《易传》《韩诗外传》以及《春秋》三传，内容都不是字义训诂，所以这种解释也未必恰当。见沈玉成、刘宁《春秋左传学史稿》，第4—5页。

在汉代今文家眼中，"传"的概念更为狭窄，"传"仅特指师说传授。春秋战国时期，官学的限制被打破，私学兴起，极大地拓展了学术的传播空间，但同时他们又面临简册繁重难得的境况，阮元云："古人简策，在国有之，私家已少，何况民间。"① 在这样的矛盾中，师徒口授成为学术传承的重要方式，故阮元言道："是以一师有竹帛，而百弟子口传之。"② 葛志毅先生指出，"先秦至西汉，口耳授受是其时各家通行的学术传习方式"。③ 到了西汉大一统，随着社会的稳定及儒学官方地位的确立，经师才将口授内容记于竹帛，从而发展出解经的一种文体——"传"体。因此，狭义传书指的就是西汉的"传"体。罗军凤先生说：

> 汉武帝罢黜百家、独尊儒术之后。"官司典常为经，而师儒讲习为传，其体判然有别"，这句话道出了经传之"体"产生的历史条件：当官方将某一典籍尊为"经"的时候，即需师儒讲习，"传"体以师徒口口相传为特点。师儒经说本为口口相传，这是经传之体的最初表现形态，也是先秦以来学术传承的一种主要方法，带有原始性，却是汉代官方今文学承认的一种传授方法。所谓传，转也，转授师说的意思，因为弟子转授师说的角度、详略各不相同，所以一经而有不同的传。有明确的师传，才能保证经义的纯粹，西汉经学师法意味浓厚，重源头始祖的原因即在此。④

从这个角度讲，《左传》确非"传"体，因为它不是像《公羊传》《穀梁传》那样由师徒口耳相授而来，而是一开始就书于简册，其形式不属于西汉传体。而且，《左传》最初本名《左氏春秋》，并未称为"传"。因此，如果从狭义的文体来看，《左传》确实不为传，也难怪汉代今文家批评《左传》"毁师法"，质疑其传书属性。

但如果广义地把传书之"传"仅当作传授、记录来解释，那么《左

---

① 阮元：《数说》，《揅经室集》三集卷二，第 607 页。
② 阮元：《数说》，《揅经室集》三集卷二，第 607 页。
③ 葛志毅：《今文经学与口说传业——试析古代的讲学传业方式及其文化历史原因》，《历史教学》1994 年第 5 期。
④ 罗军凤：《〈左传〉"经"、"史"性质之辨正》，《学术论坛》2008 年第 3 期。

传》有明晰的传授脉络，有内在的解经体系，因而亦可称得上传书。尽管师徒口耳相传是先秦学术传播的主流方式，但文献的传授亦是重要的传播途径。实际上，《左传》没有师说，是因为《左传》只能通过文献方式传承，而且有条件通过文献方式传承。

《左传》的文献特征决定其很难通过口述方式传授。《左传》内容翔实，事件往往又错综复杂，联珠贯串，想要以一问一答的方式口述，不是一件容易的事。① 另外，除去经文，《左传》传文近 18 万字。我们可以从现今发现的战国竹简的规制看其卷帙规模。据贾连翔统计，战国竹简的长度主要有 55 厘米、48 厘米、45 厘米、39 厘米、33 厘米、27 厘米、16 厘米七种。通常情况下，竹简越长，容字数量越多。其中 55 厘米，标准字、距每简容 52 字；大字、距每简容 42 字；小字、距每简容 65 字。② 我们假设以最极端的情况，取最长 55 厘米简长，最小字、距，那么抄写一部《左传》需要近 2800 支简。如果以一般 40 字一简推算，则需要大约 4500 支简！体量如此庞大，大概无从口授记诵，只能以简册相承。

《左传》的传授世系暗示《左传》有条件以文献相授。我们知道，古代简牍书籍制作复杂，沉重难得，私家一般难以用文献传授。但不同于私家学者传授，如果仔细参看《别录》所记《左传》的传授世系，并比照今文两传的传授脉络，可以发现《左传》传授者的一个特点：大都属于官员阶层。从左丘明到张苍共八人，其中六人明确有仕途经历：左丘明是鲁太史；吴起仕于魏国和楚国；铎椒为楚威王太傅；虞卿为赵相；荀子受楚春申君之用，为兰陵令；张苍为汉初丞相。《左传》最初的编纂者左丘明身为鲁太史，记史是其本职，将《左传》记于简册自然不是难事，故《左传》一开始就有条件记于简册。而后面这些传授者大都身居高位，完全有条件获得、保存大量简册。甚至像

---

① 如杨宽先生就说："要汇集春秋时代二百四十多年各国纪事体的史料，加以整理考订，按年编辑而写定，用以解释《春秋》每年的大事记，使前后贯通而系统化，这是一件繁重而费时的工作，当战国初期要完成这样的工作很不容易。……《左传》虽是《春秋经》的传，但是汇编各国纪事体的史书而成，不可能口说流传，惟有写定成书才行。"杨宽：《战国史》，上海：上海人民出版社，2019 年，第 718 页。

② 贾连翔：《战国竹书形制及相关问题研究——以清华大学藏战国竹简为中心》，上海：中西书局，2015 年，第 149—150 页。

铎椒，因"王不能尽观《春秋》"，抄撮《左传》成《铎氏微》，使之成为国君的教本，这意味着《左传》的传播进入社会的最顶层。那么，在这样的背景下，《左传》文献自然能得到很好的保护。因此，由于《左传》流传者的官员背景，《左传》文献能够在战国动荡的社会中顺利流传。

以上说明，与《公羊传》《榖梁传》今文两传一样，《左传》也有传承，只是它的传承不是全靠师说口授，而是以文献为主要传授手段，因而从"传"字的最初含义"传授"来看，不当否定《左传》为传书。①

我们对"传"应取何种定义呢？用"传"来定义春秋三传可能比三传最初的创作年代要晚，要到战国中晚期至汉代。也就是说，最初发起立传的儒者很可能也未曾以"传"来命名，因而从是否为"传"体来判断《左传》是否为《春秋》之传是一个概念理解的问题。汉代今文家将"传"与师说口授联系在一起，而自《左氏春秋》被改称为《左氏传》后，古文家眼中的"传"则为解释、传承《春秋》之意。双方对"传"内涵的理解不同，自然得出相反的结论。两汉之后，师说师法这些具有汉代经学特征的传授方式逐渐衰落，人们大都不再因非"传"体而批评、否定《左传》。从今天的研究来看，关于《左传》是否为传授、解释《春秋》之作，以及《左传》解经语的来源问题则更是学者争论的焦点。所以，本书对《左传》传书性质的探讨采用广义。

三　《左传》的创作主旨

《左传》与《公羊传》《榖梁传》解经方式的差异，外在表现为

---

① 口授和文献传授究竟孰优孰劣，也是三传长久以来争论的热点，由于今文两传后来也"书于竹帛"，所以至今很多学者也认为文献传授更优。不过，窃以为口传与文献传授各有短长，难分伯仲。在东周那个文字远未普及的时期，口述传承无疑具有较低的传播门槛和较高的传播效率。然而，口述传承难以保证长时间段的信息准确性又是其无法避免的缺陷。而文献传承不仅具有相对较高的可靠性，同时摆脱师徒相传、封闭流通的桎梏，使学说通过文字的形式得以更广泛地传播。但这并不意味着"书于竹帛"就完全优于口述，因为文字无法完全准确地表达思想，甚至会引起截然相反的理解。举个轻松好笑的例子，比如一个女生发微信给一个男生，说"你好讨厌"，如果仅凭文字，没有语气，我们无法确定这位女生是真讨厌呢还是假讨厌真喜欢。文字无法完全诠释孔子的"春秋大义"可能也是今文两传在汉代被"书于竹帛"后仍非常重视师徒口授的重要原因。

《左传》非"传"体，传承主要以文献相授；而在内在方面，表现为《左传》解经思路与《公羊传》《穀梁传》有很大不同。儒家经学最重要的核心是其内在的义理，《春秋》虽依鲁史所修，但究其终极目的也是阐发大义。表面上看，《左传》以叙事的方式解经，尽管也借托历史阐发义理，但其叙事连篇累牍，义理多湮没不彰，确不如《公羊传》《穀梁传》逐字释义显见直接。这样看来，《左传》"以事解经"似乎有些舍本求末，造成了历史上对《左传》传书性质的怀疑。要消除这种误解，有必要探寻"以事解经"形成的原因。如果我们再来审视《史记·十二诸侯年表》的记载，可以发现，《左传》的创作主旨与当时《春秋》学的流传环境有关：

> 七十子之徒口受其传指，为有所刺讥褒讳挹损之文辞不可以书见也。鲁君子左丘明惧弟子人人异端，各安其意，失其真，故因孔子史记具论其语，成《左氏春秋》。①

司马迁对左丘明创作《左传》动机的记载是十分明确的，即左丘明是要制止当时因师说传承造成的"人人异端"。春秋战国时期的师说口授，虽然降低了教学门槛，有利于学术的传播，但却极易造成流传的"失真"。一是口授易受各地方言影响，造成失真；二是口授全凭记忆，辗转多次导致失真。所以陆德明说："典籍之文，虽夫子删定，子思读《诗》，师资已别，而况其余乎？郑康成云：'其始书之也，仓卒无其字，或以音类比方假借为之，趣于近之而已。受之者非一邦之人，人用其乡，同言异字，同字异言，于兹遂生矣。'"② 毛奇龄谈到今文两传："《公》《穀》虽先立于学官，而其初皆经师口授，或记忆之失真，或方音之递转，势所必然，不足为怪。"③ 而从上引《史记》记载可知，这点身为史官的左丘明就已察觉。或许他接触过孔子，亲闻孔子讲授《春秋》；或许他曾将身边的史料与当时流传的各类传书比照，发现其中的诸多曲解。总之，在左丘明看来，《春秋》历史语境下的义理与当时的传书之间存在着一

① 司马迁：《史记》卷一四，第509—510页。
② 吴承仕疏证《经典释文序录疏证》，第13页。
③ 永瑢等：《四库全书总目》卷二九，第237页。

条鸿沟：《春秋》背后的具体史实在历史的长河中逐渐被遗忘和忽视，《春秋》的义理在几经辗转的口传中失去原义，导致七十子之后对《春秋》的解释存在大量的曲解。他害怕众弟子日后会各持己见，各以所解，故要编写一部新的传书，用史家严谨的叙事去解释《春秋》。① 因而可能与其他传书不同，《左传》在创作之初便带有两个目的，不仅要解释《春秋》，而且还要用史实纠正各类传书错误的解释（虽然在今天来看，这些纠正不一定全都正确），期望改变"人人异端，各安其意"的情况。这也解释了为何《左传》与《公羊传》《穀梁传》在解经上有如此多的差异。② 不过，至少从司马迁的这段记载来看，左丘明惧的是后学"人人异端"，他并没有反对口授传指及其他传体形式的传书。因此，《左传》解经的初衷不是推翻《公羊传》《穀梁传》等各类传书，而是对其他传书进行史实的修正和补充。从先秦文献中诸子兼采三传的情况来看，《春秋》各类传书在先秦互为补充，并不存在谁否定谁的纷争。了解了这一点，也许能够帮助我们更好地理解《左传》"以事解经"的解经方式。

四 《左传》中的解经语

如果就现今我们看到的《左传》文本，里面很多内容确确实实是为解释《春秋》而作的。虽然若抛开《春秋》，单独阅读《左传》对了解史实影响不大，但并不意味着《左传》可以脱离《春秋》阅读，如若这样，有些内容就难以通晓。比如《左传·僖公九年》载：

① 虽然《春秋》以阐发"褒贬大义"为终极目的，但孔子本人反对建立在非真实上的阐述，他说："道听而涂说，德之弃也。"（阮元校刻《十三经注疏·论语注疏》卷一七，第2525页）所以，孔子作《春秋》脱胎于真实记载的鲁史，其内核是历史真实。理解《春秋》的基础是历史，不了解《春秋》经文背后的史实，其"大义"自是无从阐释，故《左传》创作的初衷便是弥补后学在历史叙述上的不足。仅就这一点，傅隶朴先生认为，"三传之中，以左氏的贡献最大，因为《春秋》经文都是些门目，就以侵伐薨卒诸例来说吧，僖四年春王正月，'公会齐侯宋公陈侯卫侯郑伯许男曹伯侵蔡，遂伐楚'，乃是伯讨，隐七年'戎伐凡伯于楚丘'，乃是叛王，同一伐名，要不是有《左传》的叙述，谁能辩其是非？鲁桓'公薨于齐'，是被奸夫谋杀，鲁昭'公薨于乾侯'，是避权臣流亡而死，如非有《左传》的记事，谁能知其就里？"傅隶朴：《春秋三传比义》上册，北京：中国友谊出版公司，1984年，前言第3—4页。
② 顾颉刚先生说："《左传》处处故与《公羊》立异也。"见顾颉刚讲授《春秋三传及国语之综合研究》，第57页。

夏，会于葵丘。寻盟，且修好，礼也。①

此段记事缺乏主语，究竟哪些诸侯国"会于葵丘"，《左传》没有明言。但如果把《春秋》对照起来看，则豁然开朗，因为《春秋》写得很清楚：

夏，公会宰周公、齐侯、宋子、卫侯、郑伯、许男、曹伯于葵丘。②

《左传》此处显然是为搭配《春秋》而作，无须原原本本重复《春秋》经文，故而省略了主语。

再比如《左传·僖公二十三年》：

十一月，杞成公卒。书曰"子"，杞，夷也。不书名，未同盟也。凡诸侯同盟，死则赴以名，礼也。赴以名，则亦书之，不然则否，辟不敏也。③

文中出现了"书曰'子'，杞，夷也"。这显然是针对《春秋》经文"冬十有一月，杞子卒"④ 而言的。这里所谓的"书"对应的就是《春秋》。如果没有《春秋》对照，"书曰"这段话就读不懂。

此类不能脱离《春秋》经文的传文在《左传》中大量存在。⑤ 这表明，至少我们现在看到的《左传》里存在大量的解经语，这些解经语能够说明《左传》的传书性质。

那么，这些解经语是否像一些学者所说，为后人添加？我们认为，后世添加的可能性是有的。先秦古籍在流传过程中不可能完全保持最初

---

① 阮元校刻《十三经注疏·春秋左传正义》卷一三，第 1800 页。
② 阮元校刻《十三经注疏·春秋左传正义》卷一三，第 1800 页。
③ 阮元校刻《十三经注疏·春秋左传正义》卷一五，第 1815 页。
④ 阮元校刻《十三经注疏·春秋左传正义》卷一五，第 1815 页。
⑤ 赵生群：《〈春秋〉经传研究》，第 60—72 页。

的原貌，或多或少会有一些后世附益增改的内容。而且，前文已论述，《左传》本身也不是一人一时之作，为累世所成，那么这些解经语亦非出自一人之手也是极可能的。不过，我们不能以此就否定《左传》的解经性质。在《公羊传》《穀梁传》中，也有后人解经的成分。比如《公羊传》中有"子公羊子曰""子司马子曰""子沈子曰"之言，这些战国经师之言论必然也带有不少自身的阐发。所以，看《左传》是否为解经之传，不是看后人有没有添加解经语，而是看最初的创作是否为解经而作。以往一些学者从文气连贯的角度，认为《左传》解经语与记事文字不相协调，可以割裂，从而论证《左传》原本为史书，解经语均属于后来嵌入。在这一点上，前文所引杨向奎、赵伯雄先生的意见是可取的。《左传》取材广泛，来源复杂，其中也很可能包含成形的史书作品。《左传》最初的作者有可能在编纂时摘抄了这些史料，并在中间插入解经语。所以解经语是否属于插入和《左传》是否具有经学性质是没有关系的。

此外，我们还可从《左传》与《公羊传》《穀梁传》的成书流传去解释这一现象。今文两传在先秦本是口耳相传，受承师说，直到汉初才书于竹帛。这意味着，《公羊传》《穀梁传》经过了汉代经师集体的整理编订方著于竹帛，同时，其"一问一答"口语化的表达方式使得解经语言衔接十分顺畅。而《左传》不同，它一开始就不是口授，而是以文献方式流传，由于它篇幅体量巨大，据《汉书·艺文志》记载在汉代有三十卷之多。这些特征使得《左传》在抄写流传过程中极易造成残简、错简。其中一些被过去一些学者视为解经语割裂原有叙事的证据，若仔细推敲，未必能够成立。例如《春秋·僖公二十五年》：

冬十有二月癸亥，公会卫子、莒庆盟于洮。①

与之对应《左传》：

迁原伯贯于冀。赵衰为原大夫，狐溱为温大夫。卫人平莒于我，十二月，盟于洮，修卫文公之好，且及莒平也。晋侯问原守于寺人

---

① 阮元校刻《十三经注疏·春秋左传正义》卷一六，第 1820 页。

勃鞮，对曰："昔赵衰以壶飧从径，馁而弗食。"故使处原。①

表面上，正如一些学者所言，"晋侯问原守于寺人"本该连在"赵衰为原大夫，狐溱为温大夫"之后，"卫人平莒于我"云云这一解经语把连贯的叙事隔成了两截。② 但以此判定这段解经语为后世插入则有些牵强。因为这段解经语若放在该段的开头或者末尾，很容易就可以解决此割裂的问题。如果后世存在一个将《左传》改造成传书的经师，很难想象他在编排解经语时，会放着更好的位置不取，偏要这么割裂地插入一段解经语。因而我们更倾向于王引之《经义述闻》的意见，将其理解为错简。③

又如《春秋·宣公十八年》经文：

秋七月，邾人戕鄫子于鄫。甲戌，楚子旅卒。④

对应《左传》传文：

夏，公使如楚乞师，欲以伐齐。秋，邾人戕鄫子于鄫。凡自内虐其君曰弑，自外曰戕。楚庄王卒，楚师不出。⑤

传文中"邾人戕鄫子于鄫。凡自内虐其君曰弑，自外曰戕"亦被认为是因解经割裂了原本的叙事。⑥ 但我们很容易发现，如果这句解经语放在该段末尾"楚师不出"之后，就能完全避免这一问题。如果后代经师有意插入解经语，本该首选此处下笔，这不仅很容易想到，而且很轻易能够做到。其实，今本《左传》的行文段落顺序常常有颠倒错乱的现象，

---

① 阮元校刻《十三经注疏·春秋左传正义》卷一六，第 1821 页。
② 王和：《〈左传〉中后人附益的各种成分》，《北京师范大学学报》（社会科学版）2011年第 4 期。
③ 王引之言："晋侯以下二十八字，当在卫人平莒于我之前，其曰故使处原，正说赵衰为原大夫之由也，错简在下耳。"王引之：《经义述闻》，台北：世界书局，1975 年，第 412 页。
④ 阮元校刻《十三经注疏·春秋左传正义》卷二四，第 1889—1890 页。
⑤ 阮元校刻《十三经注疏·春秋左传正义》卷二四，第 1890 页。
⑥ 王和：《〈左传〉中后人附益的各种成分》，《北京师范大学学报》（社会科学版）2011年第 4 期。

可能是《左传》流传传抄过程中的讹误，不足为怪。例如《左传·僖公三十三年》末传文：

> 葬僖公缓，作主，非礼也。凡君薨，卒哭而祔，祔而作主，特祀于主，烝尝禘于庙。①

文公元年又有传文：

> 夏，四月丁巳，葬僖公。②

从文理上讲，僖公三十三年"葬僖公缓，作主……禘于庙"放于文公元年这段传文之后更为合理。因为文公元年的《春秋》经文载"夏，四月丁巳，葬我君僖公"，③《左传》常例不会重复《春秋》而无所解说，僖公三十三年的这段传文正好为《春秋·文公元年》的解说。杜注就说："传皆不虚载经文，而此经孤见，知僖公末年传宜在此下。"④

又如《左传·宣公四年》载：

> 楚人谓乳穀，谓虎於菟，故命之曰斗穀於菟。以其女妻伯比。实为令尹子文。⑤

由上可见，今本这段传文"实为令尹子文"在"以其女妻伯比"之后，但这样似乎因"以其女妻伯比"割裂了前后文意。刘勋认为，"遍检《左传》，凡有'实某某'，都是紧接在所说明的名称之后。'实为令尹子文'为补充说明'斗穀於菟'之文，因此应紧接其后"。⑥

再如《左传·成公十五年》：

① 阮元校刻《十三经注疏·春秋左传正义》卷一七，第 1834 页。
② 阮元校刻《十三经注疏·春秋左传正义》卷一八，第 1837 页。
③ 阮元校刻《十三经注疏·春秋左传正义》卷一八，第 1836 页。
④ 阮元校刻《十三经注疏·春秋左传正义》卷一八，第 1837 页。
⑤ 阮元校刻《十三经注疏·春秋左传正义》卷二一，第 1870 页。
⑥ 刘勋：《春秋左传精读》，北京：新世界出版社，2014 年，第 679 页。

> 秋八月，葬宋共公。于是华元为右师，鱼石为左师，荡泽为司马，华喜为司徒，公孙师为司城，向为人为大司寇，鳞朱为少司寇，向带为大宰，鱼府为少宰。荡泽弱公室，杀公子肥。华元曰："我为右师，君臣之训，师所司也。今公室卑而不能正，吾罪大矣。不能治官，敢赖宠乎？"乃出奔晋。二华，戴族也；司城，庄族也；六官者，皆桓族也。①

这段末"二华……皆桓族也"接于叙事之后，显得甚为突兀。从文理上看，应置于"于是华元为右师……鱼府为少宰"之后。因为此前正是历数诸卿所任官职，若紧跟着介绍他们的出身所属，然后叙事，逻辑方得顺畅。因而此处也很可能是《左传》在流传整理中出现了简序编排错误。

除了段落编排出现的讹误，今本《左传》在用字上也存在一些顺序颠倒的错误。如《左传·文公十年》：

> 宋公为右盂，郑伯为左盂。期思公复遂为右司马，子朱及文之无畏为左司马。命夙驾载燧，宋公违命，无畏挟其仆以徇。或谓子舟曰："国君不可戮也。"子舟曰："当官而行，何强之有？《诗》曰：'刚亦不吐，柔亦不茹。''毋纵诡随，以谨罔极。'是亦非辟强也，敢爱死以乱官乎！"②

宋公为右盂，违命本该由右司马惩处，这里却由左司马文之无畏"挟其仆以徇"，颇令人费解。而值得注意的是，《北堂书钞》所引《左传》却作"宋公为左盂"。对此，过去已有学者怀疑今本可能有讹误，③ 清华简

---

① 阮元校刻《十三经注疏·春秋左传正义》卷二七，第 1914 页。
② 阮元校刻《十三经注疏·春秋左传正义》卷一九上，第 1848 页。
③ 例如俞樾说："此《传》必有误。如杜注则当中央者反谓之右司马，而左司马二人当左右，以当右者而得左名，名实之不称甚矣！疑传文本作'期思公复遂为司马，子朱及文之无畏为左右司马'，盖宋郑既分左右，其中央必楚子也。期思公复遂为司马，不言左右，可知其在中矣。子朱及文之无畏为左、右司马，则子朱及左而文之无畏右，故下文宋公违命，无畏得挟其仆，自谓'当官而行'，以右司马宜治右盂也。《传》写者以上文分言'左盂'、'右盂'，遂亦分而言之曰左司马、右司马，致成此误。"俞樾：《茶香室经说》卷一四，台北：广文书局，1971 年，第 699—700 页。

《系年》的公布，更是验证了这一怀疑，其第十一章记载：

> 楚穆王立八年，王会诸侯于厥貉，将以伐宋。宋右师华孙元欲劳楚师，乃行，【简56】穆王使驱孟诸之麋，徙之徒菌。宋公为左孟，郑伯为右孟。……①

《系年》记载"宋公为左孟，郑伯为右孟"，正好与《左传》相反。对此，王红亮先生曾专门撰文认为今本《左传》所记"宋公为右孟，郑伯为左孟"有误，而《北堂书钞》所引《左传》则有坚实的依据。②

以上这些例子旨在说明，《左传》自成书之后，在历代传抄中出现了许多讹误。这些讹误，或割裂正常叙事，或使文义产生偏差。其中一些讹误，是很容易看出来的。如果后世真存在一个改造《左传》的经师，不需要太复杂的操作，例如调整一下段落顺序，改动一些词句很容易就可以避免这些错误。他在编写解经传文时，大概不会犯那么低级的错误。过去把这些传抄讹误作为《左传》一开始就不是传书的证据可能不一定可靠。

事实上，《左传》中还有诸多解经语，与叙事本为一体，是不能分割的。例如《春秋·成公九年》：

> 秦人、白狄伐晋。③

对应《左传》传文：

> 秦人、白狄伐晋。诸侯贰故也。④

"诸侯贰故也"是对《春秋》经文的直接解释。尽管语出简略，但却无法视作后人插入之文，因其与《左传》原来的叙事有着紧密的联系。此

---

① 李松儒：《清华简〈系年〉集释》（修订本），第 173 页。
② 王红亮：《清华简〈系年〉与〈左传〉互证二则》，《文史》2015 年第 4 期。
③ 阮元校刻《十三经注疏·春秋左传正义》卷二六，第 1905 页。
④ 阮元校刻《十三经注疏·春秋左传正义》卷二六，第 1906 页。

前《左传》载：

> 为归汶阳之田故，诸侯贰于晋。晋人惧，会于蒲，以寻马陵之盟。
> 季文子谓范文子曰："德则不竞，寻盟何为？"范文子曰："勤以抚之，
> 宽以待之，坚强以御之，明神以要之，柔服而伐贰，德之次也。"①

很明显看出，为归汶阳之田故，诸侯开始对晋国有二心，导致结果之一
便是之后的"秦人、白狄伐晋"。《左传》此处解经，精辟地道明了秦
人、白狄伐晋的内在原因，它显然与《左传》先前的叙事有着因果联
系，是不能被割裂的。

又如《春秋·成公九年》载：

> 郑人围许。

对应《左传》传文：

> 郑人围许，示晋不急君也。是则公孙申谋之，曰："我出师以围
> 许，为将改立君者，而纾晋使，晋必归君。"②

《左传》"郑人围许"之后的传文皆是解经语，解释郑人在国君被俘情况
下，却还发兵围许的用意。此处解经之文同样不可割裂，因为它与接下
来《左传》的叙事密切相关。《左传·成公十年》：

> 栾武子曰："郑人立君，我执一人焉，何益？不如伐郑而归其君，
> 以求成焉。"晋侯有疾。五月，晋立大子州蒲以为君，而会诸侯伐郑。
> 郑子罕赂以襄钟，子然盟于修泽，子驷为质。辛巳，郑伯归。③

这里交代了晋国对郑国围许的反应——最终释放了郑君，可谓正合公孙

---

① 阮元校刻《十三经注疏·春秋左传正义》卷二六，第 1905 页。
② 阮元校刻《十三经注疏·春秋左传正义》卷二六，第 1906 页。
③ 阮元校刻《十三经注疏·春秋左传正义》卷二六，第 1906 页。

申之预测。它与前文《左传》的解经语前后承接，构成了完整的叙事。

在《左传》中，"凡例""书曰"之类的解经语只占所有解经语的一小部分，《左传》解经的主体是叙事类解经语，这些解经语与《左传》的整体叙事不可分割。因此，本书更倾向于《左传》在编纂之初便已存在解经语。

关于《左传》传文与《春秋》经文矛盾的地方，过去是重点怀疑的对象，尤其是记日上的差异。例如：

> 《春秋·桓公七年》：夏，谷伯绥来朝。邓侯吾离来朝。
>
> 《左传·桓公七年》：春，谷伯、邓侯来朝。名，贱之也。①

相同一事，《春秋》言"夏"，而《左传》记"春"。

又如：

> 《春秋·文公二年》：春三月乙巳，及晋处父盟。
>
> 《左传·文公二年》：夏四月己巳，晋人使阳处父盟公以耻之。②

《春秋》言"春三月乙巳"，而《左传》则记"夏四月己巳"。

这些记日上的参差，过去一些《左传》学者也作过解释，例如对于桓公七年经、传记日不合的差异，杨伯峻注："经书'夏'而传书'春'，杜注以为'以春来，夏乃行朝礼'。赵翼《陔馀丛考》谓二国不用周正。经、传书时，或有乖异，经用周正，传用夏正，此亦宜然。此年实建丑，疑是夏正三月时事，于丑正为四月，故经书'夏'。"③而怀疑的学者则认为这是《左传》非解经之书的明证，例如王和先生说："像这类差异（《春秋》《左传》日期的差异），都是很难弥合一致的，故解经者只好索性不谈。……恰好证明《左传》本不是解经的书。"④ 双

---

① 阮元校刻《十三经注疏·春秋左传正义》卷七，第 1753 页。
② 阮元校刻《十三经注疏·春秋左传正义》卷一八，第 1838 页。
③ 杨伯峻编著《春秋左传注》，第 118—119 页。
④ 王和：《〈左传〉中后人附益的各种成分》，《北京师范大学学报》（社会科学版）2011年第 4 期。

方各持理据，似皆有所本，但细究之，实际上，均是在缺乏绝对证据的条件下，对《春秋》《左传》的这一差异作出合理推测。我们以为，按现有掌握的证据，暂时还难以判断二者产生差异的真实原因。

虽然这一差异值得怀疑，但是否能够说明《左传》原本不是解经之书呢？或许可以尝试从《左传》解经的动机入手去作一个逆向推理。我们假设存在一个伪造或改编《左传》为传书的经师，即他伪造了解经的《左传》，或将原本属于独立史书的《左传》改造成解经之书。那么，他为何想到去编造或改写一部解经的《左传》呢？不管出于何种具体原因，有一点可以确定，至少在他看来，当时存在的各类传书并不能令其满意，所以想要编造出一部能够超越其他传的传书。他在编写、改造《左传》时，自然会发现《春秋》与《左传》原本的日期差异。既然已经选择作假，为何他不索性将《左传》的日期改得和《春秋》一致，却留下那么明显的漏洞供他人怀疑与攻击？何况修改日期非常容易，只要替换成与《春秋》相同的月日就能完全避免这一问题。换言之，如果一个后世经师已想到要伪造一部传书，他考虑的应是如何说服众人相信他编造的传书更符合《春秋》真谛，所以按常理，在编写中会格外注意规避各种漏洞，不至于出现日期不合这样明显的失误。这似乎说明，以上假设很难成立，《左传》解经的内容不是后世特意伪造或改编而来。

所以，本书更倾向于相信，《左传》解经没有经过改编，一开始的创作动机就是解释《春秋》。《左传》的作者广采各类史料以事解经，虽为《春秋》作传，但他始终秉持如实的态度，保持了史料最初的记载，遇到与《春秋》记日不符之处，有原因的作了解释，没有依据的也没有盲目地强解，更没有窜改原始材料使之与《春秋》相符。当然，这也可能是传对经的补正。[①] 所以，《左传》解经体现了史家审慎的修养，这一特征注定《左传》不太可能由后世伪造或改编得来。

五　解经优劣与《左传》传书性质的关系

自汉代《左传》申立官学以来，对三传优劣的争辩就从未停歇。有

---

① 杨伯峻先生说："《左传》有和《经》矛盾的，一般是《左传》对《经》的纠正。"杨伯峻编著《春秋左传注》，第25页。

学者支持今文两传，认为它们"附经立传，经所不书，传不妄起，于文为俭，通经为长"，① 批评《左传》"贪惑异说，采掇过当"，② "不可全信"；③ 然而亦有学者赞同《左传》"博采诸家，叙事尤备"，④ "凡例为得圣人之微"，⑤ 批评《公羊传》《穀梁传》二传"诡辩之言"，⑥ "道听涂说之学，或日或月，妄生褒贬"，⑦ "《公羊传》为中，《穀梁传》为下"。⑧ 这背后折射的是人们对三传谁最能继承孔子《春秋》学说，谁堪称真正传书的争论。换言之，这些争论实际牵扯出在解经优劣层面，人们对于《左传》究竟是否传经的思考。在时人眼中，如果《左传》解经荒诞不经，那么《左传》则"不得圣人深意"，势必动摇其传书地位。

归纳而言，学人对三传优劣的评价包含两个方面。一是解经体裁优劣的比较，二是对解经准确性的比较。前者之前我们曾谈到，解经体裁主要由传书的创作主旨及现实条件所决定，后世学者对不同解经体裁的偏好及门派所属造成了他们对三传优劣的主观评判。从解释学的角度来讲，《左传》"以事解经"和《公羊传》《穀梁传》"逐字逐条解经"作为解释《春秋》的两种途径，孰优孰劣，实则没有客观评判标准。因而古代有些学者接受了《公羊传》《穀梁传》的形式，便认定它们解释《春秋》一定优于《左传》，否定《左传》的传书属性，这一思想未免狭隘，不是科学理性的结论。⑨

而在解释准确性上，今文两传与《左传》也很难有绝对的高下之分。有些地方是《左传》优于今文两传，例如《春秋·隐公元年》：

夏，五月，郑伯克段于鄢。⑩

---

① 房玄龄：《晋书》卷五一，第 1435 页。
② 王皙：《春秋皇纲论》卷五。
③ 程颢、程颐：《二程遗书》卷二〇，上海：上海古籍出版社，2000 年，第 320 页。
④ 陆淳：《春秋集传纂例》卷一。
⑤ 苏颂：《苏魏公文集》卷六四，清文渊阁四库全书补配清文津阁四库全书本。
⑥ 阮元校刻《十三经注疏·春秋左传正义》卷二，第 1712 页。
⑦ 阮元校刻《十三经注疏·春秋左传正义》卷一，第 1703 页。
⑧ 孙猛校证《郡斋读书志校证》，上海：上海古籍出版社，1990 年，第 111 页。
⑨ 当然，时至今日，学者已很少以体裁探讨三传优劣。
⑩ 阮元校刻《十三经注疏·春秋左传正义》卷二，第 1714 页。

对于"克"的解释，今文二传解"克"为"杀"意：

> 《公羊传·隐公元年》：克之者何？杀之也。杀之则曷为谓之
> 克？大郑伯之恶也。曷为大郑伯之恶？母欲立之，己杀之，如勿与
> 而已矣。……①
>
> 《穀梁传·隐公元年》：克者何？能也。何能也？能杀也。何以
> 不言杀？见段之有徒众也。段，郑伯弟也。何以知其为弟也？杀世
> 子母弟目君，以其目君，知其为弟也。……②

而《左传》解"克"为"战胜"，用史实说明共叔段没有被杀，只
是被庄公击败逃亡到"共"：

> 大叔完聚，缮甲兵，具卒乘，将袭郑，夫人将启之。公闻其期，
> 曰："可矣！"命子封帅车二百乘以伐京。京叛大叔段，段入于鄢，
> 公伐诸鄢。五月辛丑，大叔出奔共。书曰："郑伯克段于鄢。"段不
> 弟，故不言弟；如二君，故曰克；称郑伯，讥失教也：谓之郑志。
> 不言出奔，难之也。③

《左传》将郑伯克段的来龙去脉交代得十分清晰，这样看来，"如二君，
故曰克"的解释应有理据。孙复《春秋尊王发微》说：

> 克者，力胜之辞。……郑伯兄不兄，段弟不弟，……④

陈启源《毛诗稽古篇·将仲子条》云：

> 隐公元年郑伯克段传云"讥失教也"，词简而义确矣。《将仲子
> 诗叙》亦言："庄公不胜其母，以害其弟，小不忍，以致大乱。"意

---

① 阮元校刻《十三经注疏·春秋公羊传注疏》卷一，第 2198 页。
② 阮元校刻《十三经注疏·春秋穀梁传注疏》卷一，第 2365 页。
③ 阮元校刻《十三经注疏·春秋左传正义》卷二，第 1716 页。
④ 孙复：《春秋尊王发微》卷一，清文渊阁四库全书本。

与《左氏》合。欲定庄公罪者，当以传叙之言为正，《公》《穀》二传谓春秋甚郑伯，大郑伯之恶，宋人喜为苛论，取二传之说，文致锻炼，以为庄公有意养成弟恶，陷之于死。夫公、穀二子未尝见国史，段实出奔，误以为杀，彼特据传闻以为县断耳。岂能定当日之情事哉？今观两叔于田诗，段所长，止在饮酒田猎，驰马暴虎，直一呆竖子耳，庄公机险百倍于段，心固未尝忌之，只以母所钟爱，远嫌避讥，不加抑制，诗所云畏父母，畏兄弟，畏人之多言是也。致段弗克令终，庄公不得无罪焉，若以谓有意杀弟，恐未必然也。严绯言将仲子首叙，必经圣人之笔，故意与《左氏》合，良不谬矣。①

可见，《左传》此处解经有坚实的史实支撑，对"克"解释也切合情理，比《公羊传》《穀梁传》更为可靠，故司马迁记载《史记·郑世家》即采用了《左传》之说。②

然而，《左传》"以事解经"并不一定都优于《公羊传》《穀梁传》，有些则有明显的疏漏失误。例如《春秋·庄公二十二年》：

> 冬，公如齐纳币。③

《左传》此处阙文，但按照《左传》之前的书写习惯，此处应有类似"非礼也"的话。杨伯峻先生说："纳币不自往，故文二年'公子遂如齐纳币'，传曰'礼也'，成八年'宋公使公孙寿来纳币'，传亦曰'礼也'，则此庄公亲往纳币，其不合当时之礼可知。《公羊传》《穀梁传》俱云：'亲纳币，非礼也。'"④ 王和先生亦有此说，此外他还找到另外两处与之相同的情况。⑤ 那么，如果这些不是《左传》在流传中的脱文，便是《左传》自己的疏漏。相对而言，这些地方《公羊传》《穀梁传》

① 陈启源：《毛诗稽古篇》卷五，清文渊阁四库全书本。
② 《史记·郑世家》载："庄公发兵伐段，段走。伐京，京人畔段，段出走鄢。鄢溃，段出奔共。"司马迁：《史记》卷四二，第1759页。
③ 阮元校刻《十三经注疏·春秋左传正义》卷九，第1774页。
④ 杨伯峻编著《春秋左传注》，第219—220页。
⑤ 王和：《〈左传〉中后人附益的各种成分》，《北京师范大学学报》（社会科学版）2011年第4期。

的解释要更为明确。

又如《春秋·文公二年》：

> 冬，晋人、宋人、陈人、郑人伐秦。①

《左传》对此的解释是：

> 冬，晋先且居、宋公子成、陈辕选、郑公子归生伐秦，取汪及彭衙而还，以报彭衙之役。卿不书，为穆公故，尊秦也，谓之崇德。②

依《左传》的解释，此处晋、宋、陈、郑称"人"不书"卿"，是为了尊秦。然而，这一解释与《左传》其他传文相比照，却可发现矛盾，如《春秋·宣公十六年》：

> 晋人灭赤狄甲氏及留吁。

此处《春秋》经文记晋伐赤狄，亦称"人"未书"卿"，按此前《左传·文公二年》的书例，应该是尊"赤狄"。然而，此处《左传》对应的传文却载：

> 十六年春，晋士会帅师灭赤狄甲氏及留吁、铎辰。三月，献狄俘。晋侯请于王。戊申，以黻冕命士会将中军，且为大傅。于是晋国之盗逃奔于秦。羊舌职曰："吾闻之，'禹称善人，不善人远'，此之谓也夫。《诗》曰：'战战兢兢，如临深渊，如履薄冰。'善人在上也。善人在上，则国无幸民。谚曰：'民之多幸，国之不幸也。'是无善人之谓也。"③

---

① 阮元校刻《十三经注疏·春秋左传正义》卷一八，第 1838 页。
② 阮元校刻《十三经注疏·春秋左传正义》卷一八，第 1839 页。
③ 阮元校刻《十三经注疏·春秋左传正义》卷二四，第 1888 页。

《左传》的解释不仅没有尊"狄"，反而被《春秋》称为"晋人"的士会为此还得到了天子的褒奖，从《左传》的字里行间来看，亦得到了《左传》的高度肯定。可见，在《春秋》中，"人"所伐的对象并非尊崇，而称为"人"亦非贬低。① 那么，以此来看，《左传·文公二年》的解释可能有所不当。

于是，有学者据《左传》传文的失误，便认为《左传》最初不是解《春秋》之作，这些传文是后人添加的，从而否定《左传》最初的传书属性。其思路是，假设存在一部左丘明所作的《左传》，那定然是完全得圣人之意，解经的传文是绝对正确的。这大概是曲解了司马迁的记载，以为为了改变"人人异端，各安其意"而"因孔子史记具论其语"创作的《左传》应是完全解决了以往传书失真的问题。按照这样的推理逻辑，如果今本《左传》出现失误，那么就有两种可能：（1）司马迁的记载是错误的，这就动摇了《左传》最原始记载的可信；（2）司马迁记载是对的，但今本《左传》不是司马迁所言的《左氏春秋》。这两种可能都排斥了《左传》的经学性质。然则，该观点是不正确的。实际上，司马迁是从左丘明的角度，出于对《左传》创作主旨的记载，不表示《左传》所有的传文都优于《公羊传》《穀梁传》。虽然《左传》在当时的条件下作了尽可能严谨的阐释，但人无完人，世上没有绝对完美的作品。任何一部书，有所缺漏都在所难免；任何一种诠释，都无法达到对思想的完全复制。左丘明毕竟不是孔子本人，对《春秋》的阐释难免有凭主观判断、解释不准确的地方。就连《公羊传》《穀梁传》也是无法避免错误的。我们不能因为《左传》有解释疏漏，就否定《左传》解经。

需要特别注意的是，对《左传》传文错误的批判还是要更为审慎。目前能明确《左传》失误的地方还较少，过去学者指出的一些传文错误，大都尚未有确凿的证据。例如《春秋·宣公十年》：

　　齐崔氏出奔卫。②

---

① 浦卫忠：《春秋三传综合研究》，台北：文津出版社，1995年，第67页。
② 阮元校刻《十三经注疏·春秋左传正义》卷二二，第1874页。

《左传·宣公十年》：

> 夏，齐惠公卒。崔杼有宠于惠公，高、国畏其逼也，公卒而逐
> 之，奔卫。书曰"崔氏"，非其罪也，且告以族，不以名。凡诸侯
> 之大夫违，告于诸侯曰："某氏之守臣某，失守宗庙，敢告。"①

按《左传》记载，经文中的"崔氏"便是"崔杼"。但一些学者仔细参
看《左传》中其他有关崔杼的记载，对其年岁产生怀疑。明代郝敬说：

> 按鲁成公十七年，齐灵公始命崔杼为大夫，是后此二十五年也。
> 鲁襄公二十五年也。鲁襄公二十五年崔杼弑君，后此五十年也。计
> 齐惠公时，崔杼始生，遂已擅君宠，逼高、国乎？崔氏世卿，何止
> 一杼？而传纰漏如此。②

郝敬认为"崔杼弑君"（前548）在宣公十年传文的（前599）五十年后，
那么，宣公十年崔杼"始生"，不可能"有宠于惠公，高、国畏其逼"，认
为《左传》解经文"崔氏"为"崔杼"有误。赵光贤先生也赞同这一观
点，他甚至认为这是后人对原始《左传》添改传文的证据，他说：

> 《春秋》则仍鲁史原文。解经者在他所掌握的材料里大概也找
> 不到他的名字，于是自作聪明，认定就是崔杼，写下了这段话。他
> 没有计算年代，此时崔杼还是一个孩子，怎么有宠于惠公，威逼高、
> 国二卿，乃至被逐？而且崔氏在齐是大族，如有此事何必一定就是
> 崔杼？……由此可见，这段话不是根据可信史料，而是为了解释经
> 文"齐崔氏出奔卫"而杜撰出来的。它与下文"书曰"云云同是解
> 经者后加上去的。③

但是仔细推想，这种怀疑并没有很坚实的依据。假设把宣公十年的崔杼

---

① 阮元校刻《十三经注疏·春秋左传正义》卷二二，第1875页。
② 郝敬：《春秋直解》卷一四，明万历郝千秋、郝千石刻本。
③ 赵光贤：《〈左传〉编纂考》（上），《古史考辨》，第144—145页。

定为二十出头的青年，那他已经成年，受宠于惠公，威逼高、国二卿就成为可能。而在此五十年后，到襄公二十五年崔杼弑君时，为七十余岁，这也在人的正常寿命范围内。而且，从一些线索间接可知，崔杼弑君时应年事已高，《左传·襄公二十七年》：

> 齐崔杼生成及强而寡。娶东郭姜，生明。东郭姜以孤入，曰棠无咎，与东郭偃相崔氏。崔成有病，而废之，而立明。成请老于崔，崔子许之。①

上文记载崔杼的儿子崔成因有病，请老于崔。请老即告老，《左传·襄公三年》："祁奚请老，晋侯问嗣焉。"杜预注云："老，致仕。"② 这说明崔成在此时已然年老，故以请老为由，求封于宗邑。此襄公二十七年为崔杼弑君两年之后，可以料想，崔杼那时定然年事已高，若有七十余岁，也实属合理。

总之，我们并不是不承认《左传》中存在解释错误的地方，只是要辨别这些错误还需要更为审慎，目前能确证《左传》解释失误的地方并不是很多，《左传》传文大都有一定的根据。

综上，《左传》与今文两传互有优劣。实事求是地讲，三传虽解经路径各有不同，内容亦有不少差异，但同样也有大量内容是相似或雷同的。我们应该认识到，今古文之争，夹杂了诸多非学理层面的政治因素。另外，尽管三传都标榜得孔子真传，③ 但不可否认的是，任何经典诠释皆无法原原本本地还原经典。因此，三传所谓优劣只能具体针对某一条解经传文而言。更重要的是，解经优劣和《左传》是否解经是两个问题，没有因果的联系。《左传》固然有解释不对的地方，而《公羊传》《穀梁传》也有荒谬妄解之处。没有任何传书能够完全符合客观的真实，

---

① 阮元校刻《十三经注疏·春秋左传正义》卷三八，第1997页。
② 阮元校刻《十三经注疏·春秋左传正义》卷二九，第1930页。
③ 正如杨乃乔先生所言："尽管他们（今文经师和古文经师）在师法和家法的解经方法论上有所悖立与冲突，然而在解经的终极目的上都是为了把自己铸造为'六经'意义的准确提取者，进而把自己铸造为圣人的代言人及其话语言说的权力者。"杨乃乔：《口传注经与诠释历史的真值性——兼论公羊学的诠释学传统和体例及其他》（上），《学术月刊》2016年第9期。

绝对正确地反映孔子的本意。过去一些学者指出《左传》解经的一些错误，就认为只有《公羊传》《穀梁传》二传才是真正的传书是不成立的。

六 《左传》解经的历时形成

结合上述分析，本书认为，至少从目前来看，《左传》仍能视为解经之作，属于广义的传书。但需要指出的是，我们承认《左传》的传书性质，是承认《左传》最初的创作是出于解经的目的，并不是承认《左传》所有解经内容皆为左丘明所作。在此前，我们曾论述，《左传》最有可能最初由左丘明发起立意，继而由其子孙完成主体内容，之后传入民间流传增改。以此观之，《左传》本是"以事解经"，那么解经传文自然亦是由左丘明发起，累世而成。例如赵光贤先生找出很多证据，认为《左传》中的解经语可能出于不同人之手，比如《左传·宣公四年》：

> 夏，弑灵公。书曰："郑公子归生弑其君夷。"权不足也。君子曰："仁而不武，无能达也。"凡弑君，称君，君无道也；称臣，臣之罪也。①

这则解经语按评论可分为三层，赵光贤先生说：

> 在这条里对于郑公子归生弑郑灵公的批评有三种：一是用"书曰"来表示的，即"权不足也"，批评公子归生不会行权；一是用"君子曰"表示的，批评归生"仁而不武"；一是用凡例表示的，批评了归生，也批评了灵公。三种评论不一样，显然不是一人所作。②

虽然本书并不赞成赵先生将其作为《左传》最初不为传的依据，但《左传》中的传文可能出于众手的说法无疑是值得肯定的。了解了这一点，过去对《左传》传书性质的怀疑反而可以得到一个新的解释。

首先，可以解释有经无传的问题。用以往的线索，《左传》有经无

---

① 阮元校刻《十三经注疏·春秋左传正义》卷二一，第 1869 页。
② 赵光贤：《〈左传〉编纂考》（上），《古史考辨》，第 147—148 页。

传现象的产生，可能存在三个原因。

1. 《左传》在流传抄写过程中产生缺简脱文。由于《左传》体量巨大，辗转传抄必然产生讹误脱漏。我们可以拿敦煌写本《春秋经传集解》作为参照。敦煌写卷《春秋经传集解》写于南北朝隋唐时期，大多写于南北朝时期。据李索先生统计，与今日流行的《四部丛刊》本和阮刻本相比，共发现"异文"5800 余条。这些"异文"包括了传世本中"衍、脱、倒、误"现象。① 这还只是拿南北朝、隋唐的本子与今本比较，可以想象，若与《左传》此前的版本对比，差异可能会更多。而且，在杜预以前，《春秋》《左传》本是单独别行。也就是说，在早期《左传》传抄过程中，由于没有经文的参照，抄写脱漏的现象可能会更加严重。因而，《左传》在先秦以来流传过程中必然有不少脱漏，这可能造成某些有经无传的现象。

2. 《左传》编纂中的遗漏。这点此前已论述，以春秋战国的条件，创作《左传》工程艰难，又经累世撰写，因作者一时疏忽，出现一些遗漏也在所难免。

3. 《左传》对其他传书有解释正确的地方，或者没有额外史料可补充的地方，便不再解释。据司马迁所言，《左传》的创作目的是希望后世《春秋》学者不要"各安其意，失其真"，纠正后世传经中的错误。当然，其他传书的解释不可能都是错误的。根据《左传》的创作目的，它认为正确的地方就有可能不作解释。例如《春秋·隐公四年》：

四年春，王二月，莒人伐杞，取牟娄。

此则经文《左传》无传，《公羊传》云：

牟娄者何？杞之邑也。外取邑不书，此何以书？疾始取邑也。②

《穀梁传》记：

---

① 可参见李索《敦煌写卷〈春秋经传集解〉异文研究》，北京：中国社会科学出版社，2007 年。

② 阮元校刻《十三经注疏·春秋公羊传注疏》卷二，第 2204 页。

　　传曰：言伐言取，所恶也。诸侯相伐、取地于是始。故谨而志之也。[1]

　　由上可见，《公羊传》《穀梁传》二传此处解经大体是相同的：（1）《春秋》记载这件事表达对莒人的痛恶；（2）诸侯之间互相攻伐，强占领土的做法从这时开始，所以《春秋》记载了这件事。《公羊传》《穀梁传》对此经文的记载合情合理，故此推测，《左传》可能在没有其他材料可补充的情况下，便不作解释。

　　除以上三种可能外，现如今我们根据《左传》解经累世而成的结论，还可以提供另外一种可能。《左传》的解经语是在传承中逐渐完善的，也就是说，编纂《左传》是一个历经数代的持续性工作。甚至可以想象，在左丘明及其族人完成主体内容传入民间后，仍有不少学者对《左传》进行增补。在先秦，由于社会动荡和史料难寻，《左传》的编纂历程伴随着传承自然延续，没有绝对的期限。其实，不仅仅是《左传》，很多先秦文献皆如此。然而，自汉大一统以后，开始大面积地整理儒家文献，很多先秦文献的内容开始大体固定下来。在刘歆校对《左传》时，可能《左传》还未最终完成左丘明定下的宏伟目标，还遗留部分解经工作尚未完成，因而在《左传》中还存在有经无传的现象。

　　其次，可以解释部分解经不统一的问题。过去有些学者指出《左传》中的解经语有少量不统一的情况。如果《左传》解经不是简单成于一人之手，也就可以很好地解释这种现象。因为，尽管左丘明之后的子孙和民间的传承者秉持相同的目的编纂《左传》，但毕竟对经文的理解很难保持绝对的一致，由此可能产生某些差异。

　　总之，《左传》解经的历时性给我们理解《左传》解经的形成提供了一个新的可能性，能够释通我们过去的一些怀疑。在没有绝对的证据推倒对《左传》的最早记载之前，我们仍需肯定《左传》的传经属性。

　　以上我们从传统视角，分析《左传》在创作之初便是为解经而作。另外，值得庆幸的是，我们现在掌握越来越多的地下文献，这些出土文献给我们提供了诸多线索，对理解《左传》的传书性质同样大有帮助。

────────────

　　①　阮元校刻《十三经注疏·春秋穀梁传注疏》卷二，第 2369 页。

第五节　从出土文献看《左传》的传书性质与特征

以史书为形式的《左传》是否能够包含经学属性？从前文梳理来看，过去支持《左传》为传的学者多集中于宏观历时层面阐明《左传》除史之外的经学性质，无疑均准确地把握了《左传》研究的大方向。但在微观上，《左传》究竟与当时同素材之史书存在何种差异，或者说，《左传》是如何利用与史书相同之史料达到经学化之目的的，却鲜有学者作深入探讨。

面对该问题，日益增多的出土文献资料恰好给我们提供了一个极好的微观切入点。以此为参照，一是可以在史实层面反驳对《左传》"以事解经"可靠性的质疑。从这些大致与《左传》创作于同时代的原始文献中，我们可以发现《左传》中的许多记载皆有凭有据，渊源有自，由此可证《左传》在解经的史料层面具有极高的可信度。此外，甚至从中还可以发现《公羊传》《穀梁传》一些叙事有误之处，《左传》却能得到这些出土材料的印证，从而在一定程度上验证司马迁对《左传》的记述。二是通过将《左传》与题材相同的史类文献对比，进一步发现《左传》借史成传，阐发《春秋》义理的特征与手法。这显然是《左传》区别于史、为经之传的关键。

一　《左传》解经史实的可靠性

《春秋》本是据鲁史而作，其经义是建立在具体历史的基础上的。因而《左传》是否为《春秋》之传的第一个条件便是其还原《春秋》背后的史实是否可靠。若《左传》中记载大多无所依据，"以事解经"自然无从谈起。以往，在记史上能与《左传》系统比对的只有《国语》和《史记》。但《国语》传统上认为也是左丘明所作，而《史记》对于春秋时期的记载，据不少学者考证，有相当一部分取材于《左传》。[①]　那么，

---

①　如班固有言："故司马迁据《左氏》《国语》，采《世本》《战国策》，述《楚汉春秋》，接其后事，讫于天汉。"（班固：《汉书》卷六二，第 2737 页）此后，唐司马贞《史记正义》、张守节《史记索引》，宋王若虚《史记辨惑》、郑樵《通志》，明凌稚隆《史记评林》，清梁玉绳《史记志疑》等皆云《史记》取材《左传》。

以传世的这两本文献验证《左传》史料，便存在一定局限。不过，近年来随着清华简和上博简内一些史类篇章的公布，《左传》解经史料的可信度获得了强有力的支持。下面试举两例：

如《春秋·庄公十年》：

> 秋，九月，荆败蔡师于莘，以蔡侯献舞归。①

不同于《公羊传》《穀梁传》专注于春秋书法，②《左传》把这件事的来龙去脉交代得十分清楚：

> 蔡哀侯娶于陈，息侯亦娶焉。息妫将归，过蔡。蔡侯曰："吾姨也。"止而见之，弗宾。息侯闻之，怒，使谓楚文王曰："伐我，吾求救于蔡而伐之。"楚子从之。秋九月，楚败蔡师于莘，以蔡侯献舞归。③

姑且不论三传解经孰优孰劣。就《左传》自身而言，对于这条经文解释的有效性取决于这则历史记述是否真实可靠。之前，我们很难了解《左传》依何所述。而清华简《系年》第五章正好有与《左传》相似之记载：

> 蔡哀侯取妻于陈，息侯亦取妻于陈，是息妫。息妫将归于息，过蔡，蔡哀侯命止之，【简23】曰："以同姓之故，必入。"息妫乃入于蔡，蔡哀侯妻之。息侯弗顺，乃使人于楚文王【简24】曰："君来伐我，我将求救于蔡，君焉败之。"文王起师伐息，息侯求救

---

① 阮元校刻《十三经注疏·春秋左传正义》卷八，第1766页。

② 该年《公羊传》："荆者何？州名也。州不若国，国不若氏，氏不若人，人不若名，名不若字，字不若子。蔡侯献舞何以名？绝。曷为绝之？获也。曷为不言其获？不与夷狄之获中国也。"《穀梁传》："荆者，楚也。何为谓之荆？狄之也。何为狄之？圣人立，必后至，天子弱，必先叛：故曰荆，狄之也。蔡侯何以名？绝之也。何为绝之？获也。中国不言败，此其言败，何也？中国不言败，蔡侯其见获乎？其言败，何也？释蔡侯之获也。以归，犹愈乎执也。"皆是从字意、书法解释《春秋》。见阮元校刻《十三经注疏·春秋公羊传注疏》卷七，第2232页；《十三经注疏·春秋穀梁传注疏》卷五，第2383页。

③ 阮元校刻《十三经注疏·春秋左传正义》卷八，第1767页。

于蔡，蔡哀侯率师以救息，文王败之于莘，获哀侯以归。①

　　从《左传》与《系年》这段对比来看，二者无论是从叙事逻辑，还是从词句上都十分相近。很可能《左传》和《系年》取自相同之史料。那么，这无疑肯定了《左传》在叙事层面确实渊源有自，正确反映了《春秋》这条经文背后的史实信息。

　　此外，除了这些战国秦汉出土文献的参照，《左传》中的一些历史解经语还可找到更古老的史料依据。如《春秋·僖公十九年》载：

　　　　己酉，邾人执鄫子，用之。②

　　对这条经文，三传解释如下：

　　　　《左传》：夏，宋公使邾文公用鄫子于次睢之社，欲以属东夷。③
　　　　《公羊传》：恶乎用之？用之社也。其用之社奈何？盖叩其鼻以血社也。④
　　　　《穀梁传》：微国之君，因邾以求与之盟。人因己以求与之盟，己迎而执之。恶之，故谨而日之也。用之者，叩其鼻以衈社也。⑤

　　以上在解释《春秋》经文中"用之"之意时，《左传》与《公羊传》《穀梁传》明显不同。《左传》认为"用之"就是杀鄫子以祭祀，而《公羊传》《穀梁传》则以为仅是用鄫子的鼻血衈祭社器。除上述僖公十九年《春秋》经文出现"用之"之外，在昭公十一年也出现了"用之"：

　　　　《春秋·昭公十一年》：冬十有一月，丁酉，楚师灭蔡，执蔡世子有以归，用之。⑥

---

① 李松儒：《清华简〈系年〉集释》（修订本），第108页。
② 阮元校刻《十三经注疏·春秋左传正义》卷一四，第1810页。
③ 阮元校刻《十三经注疏·春秋左传正义》卷一四，第1810页。
④ 阮元校刻《十三经注疏·春秋公羊传注疏》卷一一，第2256页。
⑤ 阮元校刻《十三经注疏·春秋穀梁传注疏》卷九，第2399页。
⑥ 阮元校刻《十三经注疏·春秋左传正义》卷四五，第2059页。

《左传》解释一如僖公十九年。不过，有趣的是，此次《穀梁传》在"用之"解释上亦与《左传》同：

> 《左传》：冬十一月，楚子灭蔡，用隐大子于冈山。申无宇曰："不祥。五牲不相为用，况用诸侯乎？王必悔之。"①
>
> 《穀梁传》：此子也，其曰世子何也？不与楚杀也。一事注乎志，所以恶楚子也。②

然而《公羊传》却解释成用蔡世子修筑防堤：

> 《公羊传》：此未逾年之君也，其称世子何？不君灵公，不成其子也。不君灵公，则曷为不成其子？诛君之子不立，非怒也，无继业。恶乎用之？用之防也。其用之防奈何？盖以筑防也。③

三传的这一差异，以往就受到不少学者关注。如傅隶朴在《春秋三传比义》中就说：

> 《左氏》以楚师为即楚子，世子即隐大子，用之即用之为牲以祭冈山……传未正面释经，但无一字不在释经。
>
> 《公羊》……又释"用之"为用之筑堤防，如果用之筑防，只是服劳役而已，未足为楚子罪，经何必不惮烦的书之？且经之书"用"者，并不始此，僖十九年邾人执鄫子用之，公羊解之曰："用之社也，……盖叩其鼻以血社也。"前后不相照应如此，真荒唐之极。④

此外，关于先前僖公十九年经文之"用之"，杨伯峻《春秋左传注》亦对《公羊传》《穀梁传》之说有所怀疑：

---

① 阮元校刻《十三经注疏·春秋左传正义》卷四五，第 2060 页。
② 阮元校刻《十三经注疏·春秋穀梁传注疏》卷一七，第 2436 页。
③ 阮元校刻《十三经注疏·春秋公羊传注疏》卷二二，第 2319—2320 页。
④ 傅隶朴：《春秋三传比义》下册，第 281—282 页。

"用之"者，谓杀之以祭于社也，书法与昭十一年"楚师灭蔡，执蔡世子有以归，用之"同。"用"义与"用牲于社"之"用"同。《公羊》《穀梁》解"用之"为"扣其鼻以衈社"，则不主杀之，但取其血而已。此说恐不确。《孟子·梁惠王上》言衈钟，明谓"吾不忍见其觳觫而就死地"，则杀之可知。衈礼尚且杀牲，祭礼断无不杀牲之理，《周礼·小子》"掌珥于社稷"，郑众云："珥社稷，以牲头祭也"，得其义矣。[1]

由上述可见，不少学者更倾向于《左传》的记载。更重要的是，对于《左传》的这一解释，我们在甲骨文中也能找到相同的用例。在甲骨卜辞中，"用"字的对象若是人，就是指用人牲，例如：

　　1. 癸丑卜，殼，贞五百仆用。旬壬戌又用仆百。三月。（反）王占曰：其用。（《合集》00559）

　　2. □亥卜，羌二方白其用于祖丁、父甲。（《合集》26925）

　　3. 癸酉，贞射臿以羌用自上甲。于甲申。（《合集》32023）

　　4. 惟五十人用。（《京》4133）[2]

据学者研究，商人祭祀人牲中包含不少方国的首领，[3] 如以上第二例人牲就是羌族的首领，而这与《左传》中鄅子、蔡世子的身份相似。因此，可以确定，《左传》中杀鄅子、蔡世子以祭祀的记载并非毫无根据，它的这一解释有其历史溯源，应当更符合《春秋》所记载的史实。

　　从上举两个小例中，我们可以看到《左传》叙事确实有其历史依据。虽然《左传》所记一些史实的年代与其成书时代相隔久远，且当时还面临官学下移、百家言史、其言不雅驯的环境，但《左传》记史依旧保持极高的可信度。当然，受时代局限，可能某些记载也非历史真相。[4]

---

[1]　杨伯峻编著《春秋左传注》，第 380 页。

[2]　胡厚宣主编《甲骨文合集释文》，北京：中国社会科学出版社，1999 年。

[3]　杨升南：《商代人牲身份的再考察》，《历史研究》1988 年第 1 期。

[4]　同样，本书认为，这点即便是以鲁史为底本的《春秋》经也无法避免。

然而，至少我们应承认，《左传》大都有确实的依据，并非后世好事者凭空臆编，更不用提刘歆作伪。因而，这无疑在史实层面肯定了《左传》解经的价值。

二　《左传》承《春秋》之褒贬

众所周知，"褒贬惩劝"是《春秋》明义的一个核心思想。如司马迁云："夫《春秋》，上明三王之道，下辨人事之纪，别嫌疑，明是非，定犹豫，善善恶恶，贤贤贱不肖，存亡国，继绝世，补敝起废，王道之大者也。"① 又刘勰《文心雕龙·史传篇》云："昔者夫子……因鲁史以修《春秋》，举得失以表黜陟，征存亡以标劝诫；褒见一字，贵逾轩冕；贬在片言，诛深斧钺。"② 作为《春秋》传书之一，《左传》"以事解经"的"事"仅是解经的背景基础，实际上，《左传》并未故步于单纯记史，而是继承了《春秋》褒贬之精髓，将褒贬寓于叙事之中。但这在以前并不被一些攻击《左传》的学者所认同，他们认为《左传》详于事实，略于微言，只是独立的史书。然而，如果我们拿《系年》作为一个典型的对比参照，就可以发现《左传》在编纂上针对历史褒贬的加工与深化。

一是在叙事中蕴含丰富的人物评论。之前我们曾提及，《左传》和《系年》有很多内容来源相同或相似。然而，即便如此，《左传》与《系年》在叙事旨趣上却迥然不同。我们先来看《系年》第六章记载晋国骊姬之乱及公子重耳流亡之史实：

　　晋献公之嬖妾曰骊姬，欲其子奚齐之为君也，乃谗大子共君而杀之，或谗【简31】惠公及文公，文公奔狄，惠公奔于梁。献公卒，乃立奚齐，其大夫里之克乃杀奚齐，【简32】而立其弟悼子，里之克又杀悼子。秦穆公乃入惠公于晋，惠公赂秦公曰："我【简33】苟果入，使君涉河，至于梁城。"惠公既入，乃背秦公弗予。立六年，秦公率师与【简34】惠公战于韩，止惠公以归。惠公焉以其子怀公为质于秦，秦穆公以其子妻之。【简35】文公十又二年居

---

① 司马迁：《史记》卷一三〇，第3297页。
② 范文澜注《文心雕龙注》卷四，北京：人民文学出版社，1962年，第283—284页。

狄，狄甚善之，而弗能入，乃之齐，齐人善之；之宋，宋人善之，亦莫【简36】之能入；乃之卫，卫人弗善；之郑，郑人弗善；乃之楚。怀公自秦逃归，秦穆公乃召【简37】文公于楚，使袭怀公之室。晋惠公卒，怀公即位。秦人起师以内文公于晋……①

《左传》对应《系年》的内容主要分述于庄公二十八年到僖公二十三年的传文。当然，在内容上，《系年》要比《左传》简略很多，似乎仅是对原始史料稍作加工。然而，这种单纯的平铺直叙，即便含有记言内容，也缺乏直接的价值评判。而《左传》则不然，无处不在借他人之口，批评惠公之失德，褒奖文公之贤明，可摘录几处如下：

> 《左传·僖公十年》：丕豹奔秦，言于秦伯曰："晋侯（晋惠公）背大主而忌小怨，民弗与也……"
> 《左传·僖公十四年》：庆郑曰："背施无亲，幸灾不仁，贪爱不祥，怒邻不义。四德皆失，（晋惠公）何以守国？"
> 《左传·僖公二十三年》：楚子曰："晋公子（晋文公）广而俭，文而有礼。其从者肃而宽，忠而能力……"②

二是遵循《春秋》叙事之立场。在第三章中，我们曾论及《左传》中的"即世"和《系年》一样，是一个褒义的称法，这很可能是当时历史书写的惯例。然而《左传》却没有一处用于楚王，相反，对楚王逝世，则依《春秋》言他国国君之文例称"卒"。以此可以得知，《左传》在立场上是与《系年》不同的，而与《春秋》相同。一般认为，《左传》在编纂中博取了各国史料。那么，其中应不乏楚国史料，尤其是关于楚王生卒的记载，但对于包含他国立场的用词，《左传》则依《春秋》体例标准作了注意和修改。这便肯定了《左传》注重用字措辞确有微言褒贬的事实。

以上，我们只是拿《系年》作为一个典型参照。实际上，不仅包括

---

① 李松儒：《清华简〈系年〉集释》（修订本），第122页。
② 阮元校刻《十三经注疏·春秋左传正义》卷一三、一五，第1802、1803、1816页。

目前我们所能见到出土史类文献，也包括至今传世的先秦史书，还没有一部史书能像《左传》那样包含如此丰富的褒贬评论。因此，《左传》叙事，无不在借史明理，借史明义，阐释《春秋》的褒贬内涵。所以，从这个角度上看，《左传》并非单纯之史书，叙事仅仅是一种手段，其终极目的在于进一步发扬《春秋》之义。

三 《左传》超越简单叙事的思想性

《左传》为传的另一个特征是其具有超越简单叙事的思想性。以出土文献比对之视角，可举两个方面的例子。

第一，《左传》在叙事中融入儒家思想。例如重礼思想。传统观念认为，孔子作《春秋》以彰显礼义，司马迁就说："《春秋》者，礼义之大宗也。"① 而《左传》对"礼"的重视也是显而易见的，据杨伯峻先生统计，"礼"在《左传》中共出现 462 次。② 甚至徐复观将《左传》作为春秋"礼"的观念的典型代表，足见"礼"在《左传》中的重要地位：

> 礼的观念，是萌芽于周初，显著于西周之末，而大流行于春秋时代；则《左传》《国语》中所说的礼，正代表了礼的新观念最早的确立。③

那么问题是，《左传》中这些"礼"仅是当时史官的叙事习惯，或者说是《左传》攫取史料中原本就有，还是《左传》依《春秋》特意而为之？这或许可以从一些出土的史类文献中寻得一些答案。

新近公布的《上海博物馆藏战国楚竹书》（九）中有《成王为城濮之行》一文，记载了城濮之战前子文教子玉治兵，现结合诸家释读成果，将释文胪陈如下：

> 成王为城濮之行，王使子文教。子文授师于鄗（睽），一日而毕，不扶一人。子【甲1】玉受师，出之焌（芳），三日而毕，斩三人。举

---

① 司马迁：《史记》卷一三○，第 3298 页。
② 杨伯峻：《试论孔子》，《论语译注》，北京：中华书局，1980 年，第 16 页。
③ 徐复观：《中国人性论史 先秦篇》，上海：上海三联书店，2001 年，第 41 页。

邦贺子文，以其善行师。王归，客于子文，子文甚喜，【甲2】合邦以饮酒。蒍伯赢犹弱，顾持肺饮酒。子文举肺责伯赢曰："谷於菟为【甲3】楚邦老，君王免余罪，以子玉之未患，君王命余授师于鄩（睽），一日而毕，【乙1】不挟一人。子玉出之太（芳），三日而毕，斩三人。王为余家，举邦贺余。汝【乙2】独不余见，食是肺而弃，不思老人之心！"伯赢曰："君王谓子玉未患【甲4】师，即败师已。君为楚邦老，喜君之善而不戚子玉之师之【甲5】｛不患｝……命君教之，君一日而毕，不戮……【乙3】……子玉之……【乙4】成王为城濮之行。①

陈伟先生较早指出《成王为城濮之行》可与《左传·僖公二十七年》"子文教子玉练兵"一段对读②：

楚子将围宋，使子文治兵于睽，终朝而毕，不戮一人。子玉复治兵于芳，终日而毕，鞭七人，贯三人耳。国老皆贺子文，子文饮之酒。芳贾尚幼，后至，不贺。子文问之，对曰："不知所贺。子之传政于子玉，曰：'以靖国也。'靖诸内而败诸外，所获几何？子玉之败，子之举也。举以败国，将何贺焉？子玉刚而无礼，不可以治民。过三百乘，其不能以入矣。苟入而贺，何后之有？"③

《左传》与简文内容相近，叙述结构相同，虽属相同史实的不同版本，但可推测，这两处记载最初的源头应是相同的。如果我们从编纂的角度去考虑它们之间的差异，可以发现二书在子文与伯赢的对话上差别最为明显。虽然《左传》叙事更为简省，但在对子玉的评价上，《左传》的

---

① 最初释文见马承源主编《上海博物馆藏战国楚竹书》（九），上海：上海古籍出版社，2012年，第144—153页。原简整理者最初将其分为甲、乙两本，后经学者讨论，实可合为一本。由于原简散乱，诸家编连各异，但基本均认同甲1+甲2+甲3+乙1+乙2+甲4为一组的排列。本书所引释文主要以李守奎、白显凤先生最新的释文为基础。见李守奎、白显凤《〈成王为城濮之行〉通释》，《中国文字研究》2015年第1期。

② 陈伟：《〈成王为城濮之行〉初读》，简帛网，http://www.bsm.org.cn/? chujian/5956. html，2013年1月5日。

③ 阮元校刻《十三经注疏·春秋左传正义》卷一六，第1822页。

内涵显然要丰富得多，尤其是用了"刚而无礼，不可以治民"，将简单的治兵事件上升到了礼治的范畴。"礼"与民治，在传统儒家的学说中是完全可以找到依据的。如《论语》中《宪问》篇有："子曰：'上好礼，则民易使也。'"《子路》篇又云："子曰：'上好礼，则民莫敢不敬。'"又《礼记·经解》云："安上治民，莫善于礼。"可见，上述《左传》在原始史料素材中插入礼学评价，使得原本单纯的叙事隐喻深刻的儒家思想。

除此之外，这一对原始素材的加工和改造还见于《上海博物馆藏战国楚竹书》（六）中的《申公臣灵王》，该篇释文可见此前第三章所引。此事对应《左传·昭公八年》的记载：

> （楚灵王）使穿封戌为陈公，曰："城麇之役，不谄。"侍饮酒于王，王曰："城麇之役，女知寡人之及此，女其辟寡人乎？"对曰："若知君之及此，臣必致死礼，以息楚。"①

二者的叙事背景基本是相同的，而不同的是陈公的回答：简文记载陈公俯首顺服灵王；《左传》则书陈公言若早知如此，必致死礼。这两处记载看似相反，其实并不矛盾。孔颖达《正义》言："致死礼者，欲为郏敖致死杀灵王也。穿封戌既臣事灵王，而为此悖言，追恨不杀君者，以明在君为君之义，见己忠直。若如今日有人欲谋灵王，己必致死杀之。"② 然而，《左传》在陈公的回答上多添了"死礼"，将陈公这一做法视作"礼"的表现，虽只简单一笔，但这无疑昭示着《左传》对这件事的记述与加工，融入了对君、臣之"礼"的思考。

另外，相比《系年》，《左传》记载固然要丰富得多，但它并未专注于对细节的描述，而在此之中融入诸多儒家的观念，这是像《系年》这样的史著所无法企及的。如《系年》第八章记载了秦晋"崤"之战始末：

---

① 阮元校刻《十三经注疏·春秋左传正义》卷四四，第 2053 页。
② 阮元校刻《十三经注疏·春秋左传正义》卷四四，第 2053 页。

晋文公立七年，秦、晋围郑，郑降秦不降晋，晋人以不憖。秦人舍戍于郑，郑人属北门之管于秦之戍人，秦之【简45】戍人使归告曰："我既得郑之门管已，来袭之。"秦师将东袭郑，郑之贾人弦高将西【简46】市，遇之，乃以郑君之命劳秦三帅。秦师乃复，伐滑，取之。晋文公卒，未葬，襄公亲【简47】率师御秦师于崤，大败之。……①

《左传》对应记载散见于僖公三十年到僖公三十三年传文。从史实基本脉络上看，二者没有明显的差异，可推测所据史料的最初源头是相同的。那么，《左传》多出的细节部分则代表《左传》自身的编纂倾向。而这之中，《左传》许多地方均体现了儒家重仁、尚礼、崇智的观念，如：

僖公三十年记秦军从郑国退兵，晋子犯请求追击，晋文公以"仁""知""武"回拒：子犯请击之，公曰："不可。微夫人力不及此。因人之力而敝之，不仁。失其所与，不知。以乱易整，不武。吾其还也。"亦去之。

僖公三十三年记秦师袭郑，过周北门，王孙满观师言秦师无"礼"：王孙满尚幼，观之，言于王曰："秦师轻而无礼，必败。轻则寡谋，无礼则脱。入险而脱。又不能谋，能无败乎？"

僖公三十三年记"崤"之战前晋国群臣的议论：先轸曰："秦不哀吾丧而伐吾同姓，秦则无礼，何施之为……"②

上引《左传》补充的这些细节言论，事实上包含对"仁""礼""知"等概念的历史界定。《左传》搜集编入这些言论，不是对这些概念作抽象的归纳，而旨在说明"仁""礼""知"的具体做法。值得注意的是，通过与《系年》的通篇比对，这样的例子比比皆是。由此，我们可以清晰看到《左传》阐发《春秋》要义的一大思路，即在史实框架中，建立

---

① 李松儒：《清华简〈系年〉集释》（修订本），第150页。
② 阮元校刻《十三经注疏·春秋左传正义》卷一七，第1831、1833、1833页。

对诸多儒家观念的历史理解。①

　　第二，《左传》阐发《春秋》经义的另一个思想特点是，相比单纯的叙事著作，对历史事件有更深刻的思考。如可先看清华简《系年》第九章：

　　　　晋襄公卒，灵公高幼，大夫聚谋曰："君幼，未可奉承也，毋乃不能邦？犹求强君。"乃命【简50】左行蔑与随会召襄公之弟雍也于秦。襄夫人闻之，乃抱灵公以号于廷曰："死人何罪？【简51】生人何辜？舍其君之子弗立，而召人于外，而焉将置此子也？"大夫悯，乃皆背之曰："我莫命招【简52】之。"乃立灵公，焉葬襄公。【简53】②

该章主要记载了晋襄公去世，群臣推举继任者，可见于《左传·文公六年》与《左传·文公七年》的相关记载：

　　　　《左传·文公六年》：八月乙亥，晋襄公卒。灵公少，晋人以难故，欲立长君。赵孟曰："立公子雍。好善而长，先君爱之，且近于秦。秦，旧好也。置善则固，事长则顺，立爱则孝，结旧则安。为难故，故欲立长君，有此四德者，难必抒矣。"

　　　　《左传·文公七年》：穆嬴日抱大子以啼于朝，曰："先君何罪？其嗣亦何罪？舍适嗣不立而外求君，将焉置此？"出朝则抱以适赵氏，顿首于宣子曰："先君奉此子也，而属诸子曰：'此子也才，吾受子之赐；不才，吾唯子之怨。'今君虽终，言犹在耳，而弃之，若何？"宣子与诸大夫皆患穆嬴，且畏逼，乃背先蔑而立灵公，以御秦师。③

---

①　李明丽亦通过《系年》与《左传》的叙事比对，认为在深层叙事结构上清华简《系年》不同于《左传》的"以礼统力"，而是呈现"以力系事"的特点。参见李明丽《以力统礼——试论清华简〈系年〉的深层叙事结构》，《古籍整理研究学刊》2016年第2期。

②　李松儒：《清华简〈系年〉集释》（修订本），第160页。

③　阮元校刻《十三经注疏·春秋左传正义》卷一九上，第1844、1845页。

对于相似的史料素材，《系年》和《左传》代表了各自不同的编纂思路。《左传》对群臣争论储君人选的记述显然要详细得多。更重要的是，相比《系年》的单纯叙事，《左传》对待立君之事有其自身的看法。借用赵孟之言，《左传》认为，立临难之君，当审视其内在和外在的"四德"，即"置善则固，事长则顺，立爱则孝，结旧则安"。这使得《左传》不再单一局限于事件本身的描述，而是在叙事中借史融入对历史的总结和反思。

由上可知，《左传》叙事不仅丰满，而且带有叙事之外的说理性。这使它具备史学属性的同时，具有超越当时史著的思想性。通过比对，可以发现，在《左传》中，历史素材不再单纯起到历史记忆、历史档案、历史教学的作用，而是成为阐发《春秋》经义的媒介，从而走上经学化的道路。

综上所述，《左传》不仅在史料层面具有相当的可信度，而且具有当时史书不具备的经学内涵。以此视角，这意味着《左传》并非单纯记录历史的史书，而是阐发《春秋》经义之传。相信随着日后更多出土资料的公布和研究的深入，这样一种全新的视角将有助于解答人们对《左传》在经学史上的疑惑。

第五章　《左传》与中国早期史学

第一节　论古书成书对中国早期史学的影响
——以《左传》成书为例

　　古书是我们研究早期中国历史文化无可替代的重要资料。近代以来，人们对于古书成书的认识不断加深，尤其是随着近年出土文献的整理公布，学界对于古书的形成有了更深入的理解和认识。如今学者基本都认同古书大都不是简单的一次成形，而是经历了多阶段漫长的生成过程。传统上的古书成书被视为中国古史史料学的基础问题，但实际上古书成书过程不仅具有文献学意义，还具有史学史研究价值。过去我们在对中国早期史学的研究中，往往忽视了古书成书过程对早期史学发展的贡献。换言之，过去我们研究中国早期史学的发展，大都论及作者、编纂手法、史学思想等内容，却很少将成书过程纳入考察范围。事实上，古书多阶段的成书过程作为早期史书重要的生成方式，客观上促进了春秋战国史学在内容、体裁与思想上的革新，推动了春秋战国史学迈向新的台阶，因而对早期史学的形成、发展与繁荣有重要意义。当然，关于这一问题研究的宏观结论与全新视角需要微观研究的支撑，为此我们选择一部具有代表性的史学作品的形成作为分析个案，并将之置于古书形成的背景中作全方位的考察。在流传至今的先秦史著中，《左传》叙事首尾完备、内容详赡，具有极高的史学造诣，备受历代史学家推崇，[①] 无疑最符合本节研究主旨的要求。因此，本节将以《左传》为代表，尝试揭示其成

---

① 如贺循曾评价："左氏之传，史之极也，文采若云月，高深若山海。"（朱彝尊：《经义考》卷一六九，第875页）刘知几云："《左氏》为书，叙事之最。"（浦起龙释《史通通释》卷八，第222页）吕祖谦言："《左氏》综理微密，后之为史者鲜能及之。"（吕祖谦：《东莱吕太史别集》卷一三《甲午〈左传〉手记》，《吕祖谦全集》第1册，杭州：浙江古籍出版社，2017年，第559页）

书的"三个阶段"及其背后的史学意义，希望给我们研究早期中国史学的发展提供新的启示。

一 《左传》成书"三个阶段"与当时史书形成的环境

作为传世古书，《左传》成书自古受到人们的关注，且至今学界对此仍有争议。然而古书形成是有明确规律的，即古书大都是初步成形之后在其后的传抄、流传、增删过程中逐步形成的。这就意味着传统认识中"作者—文本"的对应模式并不适用于中国古文献生成的实际情况。李学勤先生说："古书开始出现时，内容较少。传世既久，为世人爱读，学者加以增补，内容加多，与起初大有不同。"① 李零先生也谈道："古书多经后人附益和增饰。"② 在抄写本时代，文献的形成是十分复杂的。按照程苏东先生的观点，文本生成的主体可以分为作者、述者、抄者和写手，其中作者、述者、抄手都参与了文本的生成。③ 以此观之，体系宏大、近18万字的《左传》定然经历了一个逐渐增广、修改、整合、重编的过程，也有初创者、抄写者、传授者参与其中，④ 他们共同造就了《左传》非凡的史学成就。上文我们已详细论述，这一过程大抵可分为三个历史阶段：（1）原始史料写定，（2）左氏家族编纂，（3）后世附益。这三个阶段反映了当时史书形成的一般环境。为便于读者阅读，再凝练概括如下。

《左传》成书的第一个阶段是原始史料素材的写定。《左传》记史纪年历日不定，兼采春秋战国时期的多国历法，可证明《左传》中的原始史料当来源不一。⑤ 王和先生曾提出《左传》史料的两个来源：一是"春秋时期各国史官的私人笔记"，二是"流行于战国前期的、关于春秋史事的各种传闻传说"。⑥ 在此基础上，过常宝先生进一步以为，《左传》史料来源有别于别国史官正式通告的"承告"，而是取自史官私下交流

---

① 李学勤：《简帛佚籍与学术史》，第30页。
② 李零：《出土发现与古书年代的再认识》，《李零自选集》，第31页。
③ 程苏东：《写钞本时代异质性文本的发现与研究》，《北京大学学报》（哲学社会科学版）2016年第2期。
④ 例如《左传》中一些预言材料、天文材料等内容，可以肯定不可能成文于左丘明时代。
⑤ 张培瑜：《先秦秦汉历法和殷周年代》，第12页。
⑥ 王和：《〈左传〉材料来源考》，《中国史研究》1993年第2期。

的"传闻"。① 此外，徐中舒先生推测《左传》中还包括由瞽蒙传诵，流传于乐官之中的口头文献。② 这些说法在一定程度上都是贴近历史事实的。③ 也就是说，这些原始素材原本出于不同人之手，而正是有了前人丰富的史料记载，此后才有《左传》宏大的篇幅内容。刘知几云："寻《左氏》载诸大夫词令、行人应答，其文典而美，其语博而奥。述远古则委曲如存，征近代则循环可覆，必料其功用厚薄，指意深浅，谅非经营草创，出自一时，琢磨润色，独成一手。斯盖当时国史已有成文，丘明但编而次之，配经称传而行也。"④ 所以，在《左传》的编纂时代，社会上流通着各类史料，它们原本出于不同人之手，其中相当一部分成为《左传》的资料来源。因此，从这个角度上讲，《左传》丰富的内容并非属于某一个人的成果，而是众人集体智慧的结晶。由此可反映出当时具备良好的史学素养、较丰富的史料基础的学术事实。

《左传》成书的第二阶段是左氏家传编纂，它奠定了《左传》的史学基础（参见第二章第三节）。虽然《左传》不太可能由鲁史左丘明单独所著，但目前的证据还不能完全推翻传统说法，且《左传》充实的内容与成熟的编纂技巧表明其背后一定有史官参与。因此，我们推测，《左传》很可能经过了鲁国史官左丘明与其家族后人的共同编纂。而这一过程也反映了在春秋战国时期，尽管礼崩乐坏、社会动荡，但史官群体对史书的编纂仍具有延续性，这在一定程度上保障了当时史书的专业性和学术性。

《左传》成书的第三个阶段是后世附益。春秋战国学官下移，文献传抄盛行，古书在流传抄写中往往会发生自觉或不自觉的增改，这一观点现今已得到了越来越多出土文献的验证。例如清华简（一）《金縢》篇，可与传世本今文《尚书·金縢》对应。"竹书本《金縢》与今本首尾一致，但中间行文却有详略之异。"⑤ 尽管目前还无法确定二者到底属于前后关系还是共时关系，但至少表明《金縢》的原始文本在流传过程

---

① 过常宝：《〈左传〉源于史官"传闻"制度考》，《北京师范大学学报》（社会科学版）2004 年第 4 期。

② 徐中舒：《〈左传〉的作者及其成书年代》，《历史教学》1962 年第 11 期。

③ 笔者认为，除上述学者提到的来源之外，还不应忽视政府的官方档案，因为即便是史官的私家笔记，其中的一些内容也可能最初来自官方的记载。

④ 浦起龙释《史通通释》卷一四，第 419—420 页。

⑤ 廖名春：《清华简与〈尚书〉研究》，《文史哲》2010 年第 6 期。

中出现了内容的修改增删。又如 1972 年，在山东临沂银雀山两座汉墓中出土了竹简本《晏子》。与传世本《晏子春秋》比对，二者内容基本相同，但互有详略。今本可能是在流传中经后人润色、删减和精简所致。[①]具体到《左传》而言，在左氏史官家族完成主体内容后，《左传》的流传范围开始从史官群体扩展到民间，所以《左传》必然也经历了后人的附益删改。以此观之，当时有大量史书随着史官流动与学官下移流入民间，在民间广泛的传抄中经历了"二次创作"，由此突破了过去史书单纯由史官书写的限制，拥有了更广阔的创作群体。

综上，根据古书成书规律与先秦史官传统，可以推测《左传》今日文本的形成是十分复杂的，其成书经历了"原始史料写定""左氏史官家族编纂""后人附益"三个阶段，这三个阶段共同反映了春秋战国史书诞生的宏观环境。而下文将进一步揭示，这一环境作为孕育春秋战国史学的土壤，促进了春秋战国史学在内容、体裁、思想方面的新发展，直接推动了春秋战国史学迈上新台阶。

二　古书成书推动了史书内容与体裁的变革

《左传》成书的三个阶段实则是古书形成环境的一个缩影。在春秋战国时期，多阶段成书是史书形成的常态，同时，史书的创作来源也是多阶段生成的，这两个因素相互作用，给当时史书的内容与体裁带来巨大革新。

首先，春秋战国古书成书多阶段的现象促进了史料素材的空前繁荣。随着春秋战国官学下移与民间学术兴起，过去政府档案、典藏书籍等官方史料开始散落于社会并与民间的传闻、故事融合，形成了丰富的史料素材。这些素材经过排列、重组，孕育了大量文献，而这些文献或在传抄流传中不断进行着删改附益，或又成为他人著录的材料来源，从而诞生出新的作品。这样一个往复变化的过程使当时社会上流传着形式多样的公共史料，它们由此成为史书编纂的新来源。以《左传》为例，这些史料经过选择与重新加工，成为《左传》叙事的重要部分。近年出土的史类文献正好可以印证这一点。例如《清华大学藏战国竹简》（二）

---

① 李天虹：《简本〈晏子春秋〉与今本文本关系试探》，《中国史研究》2010 年第 3 期。

（《系年》）是一部经系统编撰的战国史著，分章记载了周初至战国初的重大史实，内容多见于《左传》。更为重要的是，《系年》与《左传》在一些历史叙述上有着惊人的相似性。这一相似性不仅体现在文句用词上，也表现在叙事结构上，这说明《系年》与《左传》在编纂取材上关联密切，有着诸多相同的史料来源，而《左传》吸收、改编了这些史料。又例如上博简（六）中有一篇名为《竞公疟》的史类文献，记载了晏子劝谏齐景公勿杀史、祝之事。此事亦见于《左传·昭公二十年》《晏子春秋·内篇·景公病久不愈欲诛祝史以谢晏子谏第十二》和《晏子春秋·外篇·景公有疾梁丘据裔款请诛祝史晏子谏第七》。《左传》与《竞公疟》及《晏子》内外篇叙事脉络相同，提供的信息大同小异。可见这个故事在春秋战国时期颇为流行，从而成为《左传》的编纂素材。

其次，丰富的公共史料资源也给史书的叙事结构带来了新变革，促进了各类体裁交融整合，而《左传》无疑是典型代表。尽管《左传》以《春秋》为纲编年叙事，但它与纯粹的编年体裁分散记事有所不同，而是顺叙、插叙、倒叙等多种叙事手法并用，形成"众星拱月"式的叙事板块结构，① 使重大的历史事件得以集中呈现。例如《左传》对城濮之战的记载就不是简单依照时间叙述，而是围绕城濮之战这条主线，把与之相关的所有事件组合起来，集中编于僖公二十六年到二十八年的传文中。因此，不少学者已发现《左传》带有纪事本末风格的叙事手法，赵光贤先生说："《左传》的成书分为两个阶段，其最初是一部纪事本末体史书，成书最迟在前 430 年后不久，后来改编为编年体的记事兼解经的书，……"② 虽然《左传》最初是一部纪事本末体史书的论断有待商榷，但是赵先生认为《左传》含有纪事本末体的结构则非常具有先见之明。此中原因应和《左传》取材有很大关系。从《竞公疟》单篇成章的特点来看，其内容完整连贯，最初很可能就是以单篇独立流行。余嘉锡先生指出古书"多单篇别行，不自编次"。③ 由此观之，《左传》中一些史料很有可能源自这些单篇的故事，作者将它们改编插入编年体系中，从而形成《左传》叙事带有纪事本末体风格的雏形。

---

① 夏继先：《〈左传〉叙事结构研究》，《河南社会科学》2012 年第 4 期。
② 赵光贤：《〈左传〉编纂考》（上），《古史考辨》，第 187 页。
③ 余嘉锡：《古书通例》，第 103 页

　　再次，《左传》本身多阶段形成同时又大量吸纳多阶段形成的公共资料，意味着它在相对较长的成书过程中可以根据众人的不同偏好选择更为多元的史料，从而形成更客观、更复杂的历史叙事。例如以往史书塑造的人物形象大都比较片面单一，而《左传》塑造的人物形象则复杂多面，这种改变与创新也极可能源于多阶段的成书过程。比如，一般单篇成形的史类文献或诸子言论对楚灵王的评价大都只集中在一个方面。包括《墨子》《管子》《荀子》《韩非子》《战国策》在内的传世文献都把楚灵王塑造成一个奢靡无度、刚愎残忍的暴君。而在近年发现的楚简中，我们发现了一位截然相反的楚灵王，比如上博简（六）《申公臣灵王》记载了这样一个故事：楚灵王在做王子时曾与陈公穿封戌有过节，但他即位后尽弃前嫌，穿封戌随即表示愿为灵王效忠。显然，这个故事凸显了楚灵王的大度包容、心胸宽广。总而言之，以上这两类文献对楚灵王或批评，或褒奖，所表达的立场是单一的，而《左传》对楚灵王的描绘是全面的，既有负面评价，也有正面描写。如它同样用了大量笔墨描写楚灵王的荒淫无道，也记载了楚灵王胸怀广阔、虚怀纳谏的诸多事例（详见第三章第三节）。按何新文、周昌梅先生的话来总结，《左传》塑造的楚灵王"汏侈无厌而不乏人性和真诚，刚愎自用却时有容人之量，强暴骄横又终存悔过自责之心"。① 也就是说，在过去的史学作品中，人物形象很少能像《左传》那样立体全面。《左传》这种变化当然不是某位作者的创举，而是所处不同阶段的不同作者将不同的理解融入《左传》文中造成的，归根结底，这是与当时古书多阶段的成书过程分不开的。

　　最后，古书多阶段的成书过程打破了过去史书单纯由史官书写的模式，由于在传抄过程中历经众人之手，所以形成了比以往史书更为庞大的体量。尽管西周史书大多不存，但我们通过传世文献可以窥看当时史书的一般面貌，它们大都像《尚书》一样以单篇形式存在，或是像《春秋》一样叙事相对简单。② 不过这种情况到东周时随着学术下移、书籍传抄盛行而发生了变化。以《左传》为例，《左传》卷帙之浩繁远超以

---

① 　何新文、周昌梅：《论楚灵王》，《湖北大学学报》（哲学社会科学版）1998 年第 4 期。
② 　尽管《春秋》从隐公开始，但由于《春秋》据鲁史鲁《春秋》所修，我们还是可以推测鲁《春秋》的基本面貌。

往史书,据宋人郑畊老所言,《左传》与《春秋》经文凡 196845 字。①
以每简 40 字计算,《左传》全部写满简书也要用简约 4500 支!(见第四
章第四节)② 这几乎相当于我们目前发现的上博简、清华简、郭店简简
数总和。更重要的是,体量增多使《左传》有更多的编纂空间。《左传》
叙事往往翔实完备,例如《左传》与《系年》均记载了历史上著名的城
濮之战,但《左传》提供的信息量远非《系年》能比。《系年》只记录
了晋文公、楚成王、令尹子玉、周襄王四人,而《左传》则记载三十人
以上,出征将帅、往来使臣必载其名。又如对于时间,《系年》只是开
头记载了晋文公四年,此后便按战争的发展顺序记述而没有具体日期,
《左传》则记录了详细的日期。例如:

> 夏四月戊辰,晋侯、宋公、齐国归父、崔夭、秦小子憗次于
> 城濮。
> 己巳,晋师陈于莘北,胥臣以下军之佐当陈、蔡。
> 甲午,至于衡雍,作王宫于践土。
> 五月丙午,晋侯及郑伯盟于衡雍。③

由此可见,《左传》记事提供了丰富的信息,这使其叙事更为详尽,
有着更高的史料价值。另外,由于创作历程从史官群体延续到民间,所
以《左传》能够广采民间资料,融入更多的私学元素,使之呈现多元
化、多角度、多方面的叙事特征。可以说,《左传》包含了先秦史料的
方方面面,是目前所见内容最为丰富的先秦史籍。

正因如此,时至今日,不论我们研究中国早期历史哪一方面,《左
传》都是必备的参考资料。《左传》如此庞大的体量和丰富的内容,不
是某一位史家独有的贡献,而是众人的结晶。杜维运先生说:"《左传》
翔实、生动、柔美的叙事,非出于作者左丘明一人的经营草创,其所根

---

① 见黄侃校点《黄侃手批白文十三经》,上海:上海古籍出版社,1983 年,第 6 页。
② 贾连翔:《战国竹书形制及相关问题研究——以清华大学藏战国竹简为中心》,第
149—150 页。
③ 阮元校刻《十三经注疏·春秋左传正义》卷一六,第 1825 页。

据的成文已如此。琢磨润色，历经多人之手，至左丘明而集其大成。"①
所以《左传》在左丘明之前，有前人丰富的史料素材；在左丘明之后，
后世学人又不断地补充加工。这说明《左传》比以往史籍经历了更长的
编写时间，经过了更周密的编纂。正是这些人围绕着一个共同的目标不
懈努力，才成就了《左传》体系宏大、内容丰富的特点。

三 古书成书促进了史学思想的创新

古书多阶段的成书过程不仅推动了史学编纂内容与形式的革新，还
促进了史学思想的创新。从官府到民间，从史官到诸子，从史学到经学，
不同阶层、不同学派的各类思想在史书的编纂过程中相互碰撞、相互融
合，从而迸发出新的思想火花。

丰富的历史评论是春秋战国史书的突出特征，更是史学思想发展的
重要表现，而这与当时史书在创作、附益阶段融入诸子之学颇有关系。
目前我们看到的西周史类文献几乎没有作者直接的评论，但从春秋战国
开始，诸子大都以史论理，阐发自己的政治主张，使得历史评论之风盛
行。在这样的氛围影响下，史书创作充分吸收了诸子之学的议论形式，
积极利用历史叙事阐发自己的观点，使其"事"中有"理"，"史"中有
"义"。例如《左传》中有 67 处"君子曰（谓）"的历史评论，这些
"君子曰（谓）"显然不是某位历史人物的评论，而是《左传》创作群
体在成书第二、第三阶段加入的个人议论。这背后反映的是史论意识的
觉醒，揭示了随着学术下移，当时学者编纂史书受到私学的影响，产生
了对历史的自觉思考，从而突破了以往史书"只述不评"的局限，开启
了中国古代史学史论的序幕。②

古书多阶段的形成过程使得史书创作经历了不同的文化环境，从而包
含了不同环境的思想元素。例如《左传》虽然整体体现了儒家思想，但它
也包含了其他学派的思想，如詹子庆先生说："《左传》思想不是正统的孔
孟学派，而更多地倾向于荀子学派，兼容了法、兵家的某些思想成分。"③

---

① 杜维运：《中国史学史》第 1 册，北京：商务印书馆，2010 年，第 93 页。
② 瞿林东：《谈中国古代的史论和史评》，《东岳论丛》2008 年第 4 期。
③ 詹子庆：《论〈左传〉的政治思想倾向》，《史学史研究》1983 年第 4 期。

赵光贤先生认为"《左传》记事有与孔子思想不合"的地方。[①] 这些令后世生疑的别派思想，实际上正是《左传》在不同环境中逐渐累加形成的。可以说，多阶段成书使史书在思想上兼收并蓄，包罗万象，超越了学术派别的限制，甚至在一些时候融合了原本相互矛盾的思想，形成新的历史叙述形式，推动了新的思想飞跃。我们可以以《左传》预言的编纂为例。众所周知，《左传》中包含大量涉及宗教性活动与神异现象的预言，这些预言大都非常灵验，其中不少预言的验证时间发生在《左传》记史下限（哀公二十七年）之后。这些预言当然不是《左传》原有的，而很可能是后人选择当时社会流行的预言故事附益上去的。在今天发现的出土文献中，就有单篇的预言故事。例如上博简（六）有一篇《庄王既成》，记载了志得意满的楚庄王新铸无射钟，问几代享有，沈尹子桱回答不过"四与五之间"。[②] 学者们一致认为，"四与五之间"就是指楚昭王。[③] 楚昭王十年，伍子胥率领吴师入郢，俘获楚国重器，正好验证了这则预言。由此可见当时流行的预言故事充满了宗教迷信色彩。然而，值得注意的是，《左传》对这些预言并不是简单地摘抄拼凑，而是融入了史官的理性思考，使之成为历史因果和道德教训的表达方式。比如《左传·昭公四年》：

> 浑罕曰："国氏其先亡乎！君子作法于凉，其敝犹贪。作法于贪，敝将若之何？姬在列者，蔡及曹、滕其先亡乎！逼而无礼。郑先卫亡，逼而无法。政不率法，而制于心。民各有心，何上之有？"[④]

《左传》通过浑罕之言，把各国灭亡的先后顺序作了准确预言。这当然不是《左传》最初作者的"神机妙算"，而是后世某位传授者附加到《左传》中的。然而，与以往一般的预言单纯传达迷信思想不同，

---

①　赵光贤：《〈左传〉编纂考》（上），《古史考辨》，第 152 页。

②　曹方向：《上博简所见楚国故事类文献校释与研究》，博士学位论文，武汉大学，2013年，第 144 页。

③　可参见凡国栋《读〈上博楚竹书六〉记》，简帛网，http://www.bsm.org.cn/?chujian/4812.html，2007 年 7 月 9 日；陈伟《读〈上博六〉条记》，简帛网，http://www.bsm.org.cn/?chujian/4810.html，2007 年 7 月 9 日。

④　阮元校刻《十三经注疏·春秋左传正义》卷四二，第 2036 页。

《左传》在解释预言时具备一定的理性思维，将原因引到了各国的政治状况，比如蔡及曹、滕"逼而无礼"，郑"逼而无法"，最后它认为国家早亡的征兆归根结底源于"政不率法""民各有心"。这就在一定程度上冲破了原本迷信思维的束缚，呈现出强烈的民本思想。类似这样的例子还有很多。在《左传》中，这些预言展现出前所未有的神异与理性交融的思想特征。这一革新不是《左传》创作一开始就有的，而是在成书过程中融合民间宗教思维与史官理性精神形成的。由此可见，多阶段成书使史书杂糅和包容社会上各类思想，冲破了旧有史学思想的框架，展现出春秋战国史学思想旺盛的活力。（详见本章第三节）

古书多阶段成书还促进了经与史的结合。以《左传》为例，在《左传》之前，人们记录历史大都出于两个目的。一是作为历史记忆的需要，如上古传说承载着人们对远古的历史记忆，殷商甲骨卜辞是商人有意识收集起来的占卜档案，西周青铜器铭文记录着家族的辉煌事迹，等等。这些均体现了人们对于历史记忆超越生命、无限延续的追求。二是从历史中吸取经验教训。西周初年，周人为了巩固新生政权，开始在历史中寻求经验，如《尚书·周书》中《洪范》《酒诰》等篇都是通过历史，总结商人覆灭的教训，为周人统治提供借鉴。总的来说，东周以前的史书大都仍延续着这两种创作主旨。然而，《左传》记载历史不仅仅为记录历史，或者寻求历史经验，它的目的是为《春秋》作传，用史学去解释经学，从而赋予史学经学属性。与其他相关单篇史类文献对比，《左传》富含大量儒家思想。例如新近公布的上博简（九）中有一篇名为《成王为城濮之行》的史类文献，记载了城濮之战前子文教子玉治兵之事，可与《左传·僖公二十七年》"子文教子玉练兵"一段对读，《左传》与简文内容相近，叙述结构相同，但在对子玉的评价上，《左传》的内涵显然要丰富得多，尤其是用了"刚而无礼，不可以治民"，[1] 将治兵上升到了治民与礼治的范畴。"礼"与治民，在传统儒家的学说中是完全可以找到依据的，如《论语》中《宪问》篇有："子曰：'上好礼，则民易使也。'"《子路》篇又云："子曰：'上好礼，则民莫敢不敬。'"又《礼记·经解》云："安上治民，莫善于礼。"可见，上述《左传》在原

---

① 阮元校刻《十三经注疏·春秋左传正义》卷一六，第1822页。

始史料素材中插入礼学评价，使得原本单纯的叙事隐喻深刻的儒家思想。尽管《左传》的这些儒家思想最初源于孔子所修的《春秋》，但是《春秋》出于种种原因，从史学创作的角度来看，其思想是隐晦的，结构是单一的，叙事是单薄的。而《左传》弥补了《春秋》的史学缺陷，将《春秋》的思想理念正式运用到宏大详尽的历史叙事上。尽管《左传》部分内容为累世所成，但这一历程正是《左传》为了给《春秋》作传，通过一代一代编纂者网罗、改编丰富的史料，进行经学诠释而完成的。可以说，《左传》的成书过程是一个由史学升华为经学的过程，同时也是一个史学经学化的历程，标志着中国史学完成了从记录、反映社会到引导、影响社会的转型，对后世史学产生了深远的影响。尽管后来史学从《六艺略》中独立出来，成为四部中单独的一部，但此后史学始终坚持服务于社会的根本目的，实践着经学"善善恶恶，贤贤贱不肖"的不懈追求。（详见本章第二节）

综上，《左传》成书大体经历了"三个阶段"，即在当时丰富的史料条件下，由左丘明及左氏后人数代编写，又经后世附益增删所成。尤为值得重视的是，以《左传》为例，我们可以发现古书多阶段的成书方式对史学发展具有重要意义。在东周时期，一些史著在数代人的传抄中不断编写，不断增改，不断吸收各类文献资源，这一进程使得这些史著比过去体例更为完善，叙事更为生动，内容更为复杂，这也解释了为何从春秋战国开始，很多史书打破以往体例的限制，具备复杂多样的叙事结构和引人入胜的叙事手法。同时，伴随着经学产生，一些史书在解释经学中逐渐形成，从而使史学具备了经学的教化功能，由此奠定了中国传统史学的基本格局。

第二节　从出土文献看《左传》的史学成就

《左传》是中国第一部记事详备的编年史。其叙事首尾完备，内容详赡，古往今来，无数学者高度肯定《左传》的史学造诣。如贺循曾评价"左氏之传，史之极也，文采若云月，高深若山海"[①]；刘知几云"《左氏》

---

① 　朱彝尊：《经义考》卷一六九，第875页。

为书，叙事之最"①；吕祖谦言"《左氏》综理微密，后之为史者鲜能及之"②。这些评论充分肯定了《左传》的史学成就。那么，我们不禁要问，《左传》是否当受如此高的赞誉？如果是，它为何能够达到如此高的史学成就？解答这两个问题不仅需要审视《左传》内在的撰史特征，而且更重要的是需要比对与之同时代的史书。前者是过去研究的主要方式，③ 而以后者为视角的研究却鲜见。这主要是因为过去先秦史籍匮乏，我们只能掌握《国语》《世本》《竹书纪年》等有限的几本史著，缺乏足够的参照样本。值得庆幸的是，近年来随着战国出土典籍的愈加丰富，我们发现了大量史类文献，使学界对战国史书有了更全面的了解。通过与这些地下文献对比，可以将《左传》纳入先秦史学的宏观背景中，从而说明《左传》对先秦史学创作的革新与突破，印证前贤对《左传》史学成就的肯定。④ 因此，本书将结合新出土的史类文献，试对《左传》的史学成就及其形成的原因作一讨论。

一　《左传》的编纂成就

如果我们将史书的创作简单地分为编纂思路和史学思想两个维度，那么可以说，《左传》比前代与当时之史书体系更庞大，内容更丰满，叙事更巧妙，思想更复杂。在编纂方面，《左传》最突出的成就体现在，与我们目前掌握的先秦史类典籍比较，《左传》的内容具有无可比拟的丰富性和完整性。根据近些年来出土的史类文献，结合传世史籍，可以发现，先秦流行的史类文献从内容上大体可分为单篇记事史书和成系统的史著。单篇记事史书诸如《尚书》，西周青铜器上的记事铭文，上博

---

① 浦起龙释《史通通释》卷八，第 222 页。
② 吕祖谦：《东莱吕太史别集》卷一三《甲午〈左传〉手记》，《吕祖谦全集》第 1 册，第 559 页。
③ 过去凡是对中国传统史学的研究，必然要论及《左传》内在的编史理路。
④ 这里有必要说明的是，根据先秦古书的成书规律，《左传》在流传中必然有后人增益的成分，但前文已经论述，刘歆作伪不可信，且在西汉建立之前，《左传》整体内容已基本成形，汉人对其增改内容有限，所以我们仍视《左传》为先秦作品。另外，需要指出，我们现今见到出土的先秦史著，尽管保持了原始面貌，但它们并非最初的原本，也是在当时的传抄修改中形成的。也就是说，《左传》和这些出土文献均是在先秦环境中创作、流传、成形的。因此，通过比对这些出土史类文献，从而审视《左传》在先秦史学中的价值和地位的做法是可行的。

简《成王为城濮之行》《郑子家丧》《平王与王子木》等，这些文献专注于某一历史事件，独立成篇；而成系统的史书例如《世本》，《竹书纪年》，清华简《系年》《楚居》等，它们围绕一个主旨，跨越年代，前后贯通，有系统的叙事架构。然而，至少从目前的材料看，《左传》展现出更加高超的编纂手法。拿单篇记事史书来说，其缺点在于，往往片面专注于某一事件，缺乏宏观的完整性，使我们很难看清完整的事态发展。例如上博简（五）《姑城家父》：

苦成家父事厉公，为士邑行政，迅强，以见恶于厉公。

厉公无道，虐于百舒，百舒叛之。苦成家父以其族三郤征百舒，不使叛。躬与士居管，旦夕治之，使有君【简1】臣之节。三郤中立，以正上下之讹，强于公家。栾书欲作难害三郤。谓苦成家父曰："为此世也，从事何以如是其疾与哉？于言有之：'颠领以至于今哉！【简6】无道正也。伐迁铦犯。'吾子图之。"苦成家父曰："吾敢欲颠领以事世哉？吾直立经行，远虑图后。虽不当世，苟义，毋久，立死何伤哉！"栾书【简7】乃退，言于厉公曰："三郤家厚，取冢君之众以不听命，将大害。"公惧，乃命长鱼矫□【简8】。

□□郤锜闻之，告苦成家父曰："以吾族三郤与【简2】□□□□于君，憨则晋邦之社稷可得而事也，不憨则取免而出。诸侯畜我，谁不以厚？"苦成家父曰："不可。君贵我而授我众，以我为能治。今【简3】吾无能治也，而因以害君，不义，刑莫大焉。虽得免而出，以不能事君，天下为君者，谁欲畜焉。都！在初，吾强立治众，欲以长建冢君而御【简4】事，难。今冢君不铦于吾故，而反恶之。吾毋有他，正公事，虽死，焉逃之？吾闻为臣者，必使君得志于己而有后请。"

苦成家父乃宁百舒。不使从【简5】己位于廷。长鱼矫庚自公所，拘人于百舒以入，囚之。苦成家父捕长鱼矫，梏诸廷，与其妻，与其母。公愠，无告，告库门。库门大夫曰："汝出内库之囚，没而除之兵。"【简9】

库门大夫率，以释长鱼矫，贼三郤。郤锜、郤至，苦成家父立

死，不用其众。三郤既亡，公家乃弱，栾书弑厉公。【简 10】①

这篇战国竹书以苦成家父为视角，记载了晋国三郤灭亡的经过。单从记事的元素来看，该文可分为以下四个子事件：

> a. 郤犫平百舒。
> b. 三郤得罪于厉公。
> c. 郤犫拒绝了栾书先发制人的挑唆。
> d. 三郤遭灭亡。

由上可以看出，a 是一条辅线，记载了郤犫的事迹。b、c、d 构成了叙事的主线，b、c 的共同作用，最终导致了 d 的发生。因而，这四个子事件可再进一步归纳为：（1）郤犫的事迹，（2）三郤灭亡的原因和结果。

在《姑城家父》中，对郤犫以往事迹的记载是比较单薄的，仅记载平百舒，目的主要是突出其为国尽忠的形象，包含作者的情感倾向。实际上，它与三郤最后的命运没有因果联系。这就容易让人得出这样一个结论：三郤灭亡的原因全部来源于外部。

我们来看《左传》对三郤灭亡的记载。《左传》同样也包含了与《姑城家父》相似的外部原因。比如厉公对郤氏的厌恶：

> 《左传·成公十七年》：栾书怨郤至，以其不从己而败楚师也，欲废之。使楚公子茷告公曰："此战也，郤至实召寡君。以东师之未至也，与军帅之不具也，曰：'此必败！吾因奉孙周以事君。'"公告栾书，书曰："其有焉！不然，岂其死之不恤，而受敌使乎？君盍尝使诸周而察之？"郤至聘于周，栾书使孙周见之。公使觇之，信。遂怨郤至。
>
> 《左传·成公十七年》：厉公田，与妇人先杀而饮酒，后使大夫杀。郤至奉豕，寺人孟张夺之，郤至射而杀之。公曰："季子欺余。"②

---

① 此释文简序及释文主要参考黄人二《上博藏简第五册姑城家父试释》，《考古学报》2012 年第 2 期。
② 阮元校刻《十三经注疏·春秋左传正义》卷二八，第 1922 页。

厉公对三郤的反感，使其产生了铲除三郤的决心，这成为三郤灭亡的一个重要原因。另外，《左传》也记载了郤氏拒绝率先作乱之事。尽管《左传》中记载的是郤至，与《姑城家父》有所差异，但从三郤灭亡的原因角度上讲是类似的，即郤氏主动放弃了先发制人的良机：

> 《左传·成公十七年》：郤氏闻之，郤锜欲攻公，曰："虽死，君必危。"郤至曰："人所以立，信、知、勇也。信不叛君，知不害民，勇不作乱。失兹三者，其谁与我？死而多怨，将安用之？君实有臣而杀之，其谓君何？我之有罪，吾死后矣！若杀不辜，将失其民，欲安，得乎？待命而已！受君之禄，是以聚党。有党而争命，罪孰大焉！"①

此处郤至所述与《姑城家父》郤犫之言的中心思想是非常相似的，均表示作为臣子，不该犯上作乱。从这些记载来看，似乎表明《左传》与《姑城家父》看法一致，三郤是受到了挑唆，与厉公产生了误会，但自身又保持克制，导致最后灭亡。然而，事实并非如此。《左传》对历史原因的探究并不停留于此。《左传》作为完善的编年史，对郤氏事迹的记载远比《姑城家父》丰富得多，这些事迹有正面的，也有负面的，它们展现了一个更为完整的郤犫的形象。而其恶行使我们能够了解到，郤犫不得善终不仅仅只有外部原因，也与郤犫自身的飞扬跋扈大有关系，可举几例，如《左传·成公十四年》：

> 卫侯飨苦成叔，宁惠子相。苦成叔傲。宁子曰："苦成家其亡乎！古之为享食也，以观威仪、省祸福也。故《诗》曰：'兕觥其觩，旨酒思柔。彼交匪傲，万福来求。'今夫子傲，取祸之道也。"②

此处记载郤犫举止傲慢无礼，宁惠子就已预言其将亡。

又如《左传·成公十五年》：

---

① 阮元校刻《十三经注疏·春秋左传正义》卷二八，第1922页。
② 阮元校刻《十三经注疏·春秋左传正义》卷二七，第1913页。

> 晋三郤害伯宗，谮而杀之，及栾弗忌。伯州犁奔楚。韩献子曰："郤氏其不免乎！善人，天地之纪也，而骤绝之，不亡何待？"①

此处记载三郤谋害伯宗，韩献子就已预测郤氏将亡。

再如《左传·成公十六年》：

> 宣伯使告郤犨曰："鲁侯待于坏隤以待胜者。"郤犨将新军，且为公族大夫，以主东诸侯。取货于宣伯而诉公于晋侯，晋侯不见公。②

此处记载郤犨因收受贿赂而诽谤鲁成公，亦非光彩之事。

上引郤犨的所作所为显然为他不得善终埋下伏笔。可以说，在《左传》中，郤氏败亡完全有其自身的原因。而这点却很难在《姑城家父》中找到，这就造成了《姑城家父》中郤犨的形象是片面的，对事件因果的探求是单一的。实际上，受限于编纂体裁与篇幅内容，《姑城家父》对人物的活动很难做到完整地呈现。《左传》则不然，利用编年史的体裁，它容纳了更多人物的事迹。借助《左传》的史笔，这些事迹交织在一起使得人物更加鲜活立体，进而在事件因果解释上展现了多线性、多元化的视角。所以陈其泰先生说："（《左传》）开创了记载完整的人物活动的传统。"③

另外，比起同时代的系统史书，《左传》内容更为丰满，线索更为复杂，细节更为丰富。例如我们可以拿清华简《系年》与《左传》对城濮之战的记载作比对。城濮之战见于《系年》第七章：

> 晋文公立四年，楚成王率诸侯以围宋伐齐，戍穀，居缗。晋文公思齐及宋之【简41】德，乃及秦师围曹及五鹿，伐卫以脱齐之戍及宋之围。楚王舍围归，居方城。【简42】令尹子玉遂率郑、卫、陈、蔡及群蛮夷之师以邀文公。文公率秦、齐、宋及群戎【简43】之师以败楚师于城濮，遂朝周襄王于衡雍，献楚俘馘，盟诸侯于践

---

① 阮元校刻《十三经注疏·春秋左传正义》卷二七，第1914—1915页。
② 阮元校刻《十三经注疏·春秋左传正义》卷二八，第1920页。
③ 陈其泰：《〈左传〉在古代史学上的地位》，《人文杂志》1995年第3期。

土。【简 44】①

《系年》以时间为序，记载了城濮之战的起因、经过和结果。起因是楚成王围宋伐齐；经过是晋文公出兵，终与楚战于城濮；结果是楚国战败，晋文公献俘于周天子。可以看出，《系年》记事凝练，将事件本末交代得十分清楚，已是先秦难得的史学佳作。相较而言，《左传》对城濮之战的记载则更为出色。首先是在纵向叙事广度上，《左传》比《系年》有更多的延展。比如城濮之战的起因，《系年》只记楚成王起兵围宋，对于为何围宋则没有记述。而《左传·僖公二十六年》则直奔城濮之战的源头：

> 宋以其善于晋侯也，叛楚即晋。冬，楚令尹子玉、司马子西帅师伐宋，围缗。②

据《左传》所载，我们方知楚成王围宋乃是出自宋国叛楚。再如城濮之战的结果，《系年》只是简单记朝天子、献楚俘、盟诸侯，一笔带过，十分简略。而《左传》对战后的格局作了十分详尽的记载，比如除了《系年》所记之事外，还有晋文公对战后的赏罚：

> 城濮之战，晋中军风于泽，亡大旆之左旃。祁瞒奸命，司马杀之，以徇于诸侯，使茅筏代之。师还。壬午，济河。舟之侨先归，士会摄右。秋七月丙申，振旅恺以入于晋。献俘授馘，饮至大赏，征会讨贰。杀舟之侨以徇于国，民于是大服。③

从《左传》的这则材料，我们得以窥看战后晋国的内政状况。它使我们了解到此后晋文公称霸，不仅仅是因为获得了战争的胜利，更在于对内赏罚有度，政治清明。其实晋文公这些特质亦可以成为晋国最终获得城濮之战胜利的重要原因。

---

① 李松儒：《清华简〈系年〉集释》（修订本），第 140 页。
② 阮元校刻《十三经注疏·春秋左传正义》卷一六，第 1822 页。
③ 阮元校刻《十三经注疏·春秋左传正义》卷一六，第 1826 页。

据上所述，《左传》记史比《系年》完整深入，所以它对事件的来龙去脉，记述得更为透彻；对事件的前因后果，解释得更为深刻。①

其次是在横向的叙事结构上，《左传》比《系年》明显要复杂许多。《系年》的叙事结构是单一的，只是依时间顺叙战事的发展。可以发现，单线顺叙是除《左传》外，几乎所有先秦史书的通常做法，比如《世本》《竹书纪年》等史书也是采用这种叙事方式。《左传》则显然打破常规，其结构是多线的，而且并不简单依照时间叙述，而是顺叙、插叙、倒叙等多种叙事手法并用。具体到城濮之战的记载上，《左传》围绕城濮之战这条主线，还有多条支线，这些支线中又包含诸多子事件，它们共同为城濮之战的结果作了伏笔和铺垫。比如楚国令尹子玉这条支线，《左传》在战前战后记载了不少关于子玉的事，例如《左传·僖公二十七年》记载战前子玉治兵：

> 楚子将围宋，使子文治兵于睽，终朝而毕，不戮一人。子玉复治兵于蒍，终日而毕，鞭七人，贯三人耳。国老皆贺子文，子文饮之酒。蒍贾尚幼，后至，不贺。子文问之，对曰："不知所贺。子之传政于子玉，曰：'以靖国也。'靖诸内而败诸外，所获几何？子玉之败，子之举也。举以败国，将何贺焉？子玉刚而无礼，不可以治民。过三百乘，其不能以入矣。苟入而贺，何后之有？"②

这件事发生在战争之前，如果割裂地看，完全可以成为一个独立的故事。但《左传》在城濮之战中记载该事，显然有它的原因和目的：一是此事

---

① 正如赵辉先生所言："受传注体例的限制，《左传》将一个事件发生的前因后果过程的记述，分解在不同的年份，且这一年份内还要记述不同诸侯国或不同性质的行为事件。但是，《左传》却对各种事件的发生采取了全视角记述。它不仅记述了每一具体事件的来龙去脉，而且通过政治、经济、文化、外交、军事等各方面的相关记述，记述了事件发生发展的大的历史背景。如记晋文公复兴晋国，通过僖公前后二十多年的记载，记述了晋骊姬之难、重耳出亡、秦国与晋国的关系、楚国攻宋、晋国救宋、楚人救卫、楚国的政治及其将领、重耳随从的品格、晋楚城濮之战等等，从政治、经济、文化、外交、军事诸多领域的视角，比较完整地展示了晋国兴盛前后的历史。"赵辉：《经与先秦说、解、传的发生及演化》，《福建师范大学学报》（哲学社会科学版）2019 年第 1 期。

② 阮元校刻《十三经注疏·春秋左传正义》卷一六，第 1822 页。

因城濮之战而起，楚成王要围宋，故派子文、子玉练兵；二是能让读者透过此窥看到楚国战前的军事面貌。

关于子玉的另一个子事件见《左传·僖公二十八年》：

> 初，楚子玉自为琼弁玉缨，未之服也。先战，梦河神谓己曰："畀余，余赐女孟诸之麋。"弗致也。大心与子西使荣黄谏，弗听。荣季曰："死而利国。犹或为之，况琼玉乎？是粪土也，而可以济师，将何爱焉？"弗听。出，告二子曰："非神败令尹，令尹其不勤民，实自败也。"①

此处《左传》插叙了一段子玉梦河神的故事，虽然颇有神异意味，但从令尹怜惜"琼玉""不勤民"的论断反映出楚国当政者的品行及楚国的内政状况。

除了子玉这条支线外，还有晋文公的支线，如《左传·僖公二十七年》：

> 晋侯始入而教其民，二年，欲用之。子犯曰："民未知义，未安其居。"于是乎出定襄王，入务利民，民怀生矣，将用之。子犯曰："民未知信，未宣其用。"于是乎伐原以示之信。民易资者不求丰焉，明征其辞。公曰："可矣乎？"子犯曰："民未知礼，未生其共。"于是乎大蒐以示之礼，作执秩以正其官，民听不惑而后用之。出榖戍，释宋围，一战而霸，文之教也。②

此亦是城濮之战背后的一段独立史实，记载了晋文公执政教民之事。它被《左传》编排到城濮之战前，末尾采用倒叙的方式，甚至将战争的结果提前告知读者。但《左传》的这一做法颇为巧妙，它不仅是对晋国的政治情况和战前准备工作的描述，同时也是对晋文公能够称霸的原因探析。

---

① 阮元校刻《十三经注疏·春秋左传正义》卷一六，第 1826 页。
② 阮元校刻《十三经注疏·春秋左传正义》卷一六，第 1823 页。

由上可见，《左传》中这些支线并非属于城濮之战记事，甚至能够割裂成章，但它们又与战争密切相关，能使读者了解到隐藏在战争背后、决定战争进程的诸多史实。因此，这种多线的叙事表明《左传》已摆脱了单一的因果论。在《左传》的历史观念中，推动历史进程发展的因素不是唯一的，而是复杂的、多方面的。历史的走向是由主线及各种支线交织在一起，共同作用的结果。更难能可贵的是，《左传》对这些支线的编排能够做到杂而不乱、有条不紊、前后呼应，和主线紧密地组合成一个叙事整体。梁启超就称赞《左传》说："（《左传》叙事）有系统，有别裁，确成为一种'组织体的'著述……对于重大问题，时复溯原竟委，前后照应，能使读者相悦以解。"① 可以说，《左传》的这一编纂技巧确实是当时一般史书很难具备的。

再者，《左传》提供的信息量也远非《系年》能比。例如如此重大的城濮之战，《系年》只记录了晋文公、楚成王、令尹子玉、周襄王四人，而《左传》则记载三十人以上，出征将帅、往来使臣必载其名。又如《系年》对时间的记载，只是开头记载了晋文公四年，此后便按战争的发展顺序记述，没有记载日期，而《左传》则记录了详细的日期，例如：

> 夏四月戊辰，晋侯、宋公、齐国归父、崔夭、秦小子慭次于城濮。
> 己巳，晋师陈于莘北，胥臣以下军之佐当陈、蔡。
> 五月丙午，晋侯及郑伯盟于衡雍。
> 甲午，至于衡雍，作王宫于践土。②

由此可见，《左传》记事提供了丰富的信息，这使得《左传》相比《系年》，乃至同时代的史书叙事更为详尽，有着更高的史料价值。

综上考察，《左传》在编纂内容上，弥补了当时单篇史书与系统史书脉络简单、叙事单薄的缺陷，理出了历史发展的线索，从而展现了它对社会的深刻思考，由此标志着中国史书编纂技术的飞跃与成熟。

---

① 梁启超：《中国历史研究法（外二种）》，第22页。
② 阮元校刻《十三经注疏·春秋左传正义》卷一六，第1825页。

那么，同时代为何《左传》会有如此突出的编纂成就？或者说，这一成就究竟是如何形成的？原因可能有以下三点。

第一，纵观传统史学的发展历程，春秋战国时代是史学快速发展并走向成熟的关键时期。其一表现在"文字记载由简单的片段逐步形成正式的史书"。[①]春秋战国史类文献开始摆脱原始记录的桎梏，初步达到成熟史书应具有的规模，而《左传》正是在这种背景下得到了进一步的发展。它充分借鉴了系统史书的构架，熟练地运用编年体裁，因而具有很高的内容延展性，能够容纳丰富的史料，使之呈现更为完整的历史脉络；同时它又吸收了单篇史籍"纪事本末"的叙事方法，对历史事件的叙述能够做到连珠贯串，首尾贯通。其二表现在春秋战国史书的丰富性和多样性。当时除周王朝外，各诸侯国都设立了史官，重视本国史书的编纂。墨子曾说"吾见百国《春秋》"，[②]可见当时史书之盛。另外，官学下移与民间学术的兴起，也促进了史学的繁荣，例如诸子史学的兴起，使得言史、论史成为士人之风尚。上下阶层对历史的共同关注，对史书的重视，暗示社会上流通着丰富的史料，这些史料成为《左传》的编纂素材，孕育了《左传》的诞生，成就了《左传》体系宏大、内容丰富的特点。

第二，与一般私家著史和官修史书的单一属性不同，《左传》既有私学的成分，又有官学的背景，这使《左传》得以兼具二者的优势。《左传》的编纂虽发起于鲁太史左丘明，但它并不是鲁国官方的史书，而是左丘明私下以《春秋》为纲，所作的具有传书性质的史书。所以，它可以摆脱官方史书的固定模式，广采民间资料，融入更多的私学元素，使之呈现多元化、多角度、多方面的叙事特征。它可以不必顾忌官方的书写限制，阐发更多的道德评价，抒发更多的历史评论。同时，左丘明身为鲁太史，《左传》传世的流传人物中大多又具有官员背景，此意味着《左传》的编纂有条件接触到官方档案，记录更全面、更准确的信息。比如历史事件发生精准的日期、地点、人物等，《左传》的记载往往翔实可靠，这又是当时私家史学所不能及的。另外，《左传》编纂流传的官学背景也帮助规模庞大的《左传》得以顺利流传，最终将这样的

---

① 白寿彝主编《中国史学史》第1卷，上海：上海人民出版社，2006年，第32—33页。
② 转引自魏征《隋书》卷二四，第1197页。

突出成就展现在我们面前，没有湮没在列国的战乱和社会的动荡之中。

第三，《左传》于编纂上取得的成就，不是某一位史家独有的贡献，而是众人的结晶。《左传》虽由左丘明发起编纂，然而以当时的时代，仅凭左丘明一人之力，是很难完成像《左传》这样的鸿篇巨制的。杜维运先生说："《左传》翔实、生动、柔美的叙事，非出于作者左丘明一人的经营草创，其所根据的成文已如此。琢磨润色，历经多人之手，至左丘明而集其大成。"① 所以《左传》在左丘明之前，有前人丰富的史料素材；在左丘明之后，后世学人又不断地补充加工。这说明《左传》比当时一般史籍经历了更长的编纂时间，经过了更周密的编纂。正是这些人围绕着一个共同的目标，不懈努力，才使得《左传》内容如此丰富，脉络如此清晰，血肉如此饱满。

综上，《左传》在编纂上取得了极为突出的成就，是先秦史学中最耀眼的一颗明珠。《左传》的这一成就不是突然得到的，而是有着深层的内外原因的。尽管《左传》只是一部史书，但它代表了当时的一批学人，包括史官群体与知识分子在内，他们一方面继承吸收西周以来的史学传统；另一方面站在春秋战国变革时代的风口浪尖，数代持之以恒地实践着对历史表达方式的创新。这一创新"推动了纪传、编年两大史书题材走向成熟"，② 奠定了《左传》在中国传统史学中的重要地位，使之成为中国传统史学发展中极为关键的一环。

二　《左传》的史学思想成就

《左传》史学的另一个成就是其具备更为深刻的史学思想。在《左传》之前，人们记录历史大都出于两个目的。一是作为历史记忆的需要，如上古传说传承着人们对远古的历史记忆，殷商的甲骨卜辞是有意识收集起来的占卜档案，西周青铜器铭文记录着家族的辉煌事迹。这些均体现了人们对于历史记忆超越生命、无限延续的追求。二是从历史中吸取经验教训。西周初年，周人为了巩固新生的政权，开始在历史中寻求经验，如《尚书·周书》中《洪范》《酒诰》等篇都是通过历史，总结商

---

① 杜维运：《中国史学史》第 1 册，第 93 页。
② 陈其泰：《〈左传〉在古代史学上的地位》，《人文杂志》1995 年第 3 期。

人覆灭的教训，为周人的统治提供借鉴。总的来说，秦汉以前的史书大都仍延续着这两种创作主旨。然而，《左传》记载历史，不仅仅为记录历史，或者寻求历史经验，它对历史的理解有了新的突破，开始利用历史来阐发"扬善惩恶"的历史训诫，给历史表述赋予道德内涵。

《左传》的这一创新来自《春秋》。众所周知，"褒贬惩劝"是《春秋》明义的一个核心思想。如司马迁云："夫《春秋》，上明三王之道，下辨人事之纪，别嫌疑，明是非，定犹豫，善善恶恶，贤贤贱不肖，存亡国，继绝世，补弊起废，王道之大者也。"[①] 又刘勰《文心雕龙·史传篇》云："昔者夫子……因鲁史以修《春秋》，举得失以表黜陟，征存亡以标劝诫；褒见一字，贵逾轩冕；贬在片言，诛深斧钺。"[②] 借托于为《春秋》作传，实际上，《左传》并未故步于单纯记史，而是继承了《春秋》褒贬之精髓。不过，《左传》之"褒贬"不是像《春秋》那样通过一字褒贬呈现的，而是通过历史叙事实现的，因而与"史"更为紧密。如果我们拿相关的出土文献作对比参照，可以发现，在《左传》的历史观念中，撰史不仅仅用于档案记录、经验借鉴，而且可用于道德教化和理性分析，这表明《左传》对历史有着更为深入的理解。（详见第四章第五节）

《左传》这一历史观念的形成，主要受内、外两方面因素的影响。从《左传》自身的角度来看，《左传》并不是自觉意义上的史学著作。[③] 至少，它创作的初衷并不是单纯记史，而是解释《春秋》经文，这使得它能够摆脱以往编纂史书的固有思路，在叙事中贯彻善恶评判、道德训诫的精神。尽管这种突破最初来源于原据鲁史所修的《春秋》，但是《春秋》出于经学编纂的种种原因，从史学创作的角度来看，其思想是隐晦的，结构是单一的，叙事是单薄的。而《左传》弥补了《春秋》的史学缺陷，将《春秋》的思想理念正式运用到宏大详尽的历史叙事上。正是这一尝试，标志着中国史学完成了从记录、反映社会到引导、影响社会的转型。事实上，这一趋势可能在周初就已萌芽。武王克商之后，周人开始积极总结先王成功的历史经验及殷商灭亡的教训，在历史书写

① 　司马迁：《史记》卷一三〇，第3297页。
② 　范文澜注《文心雕龙注》卷四，第283—284页。
③ 　谢贵安：《中国史学史》，武汉：武汉大学出版社，2012年，第42页。

中融入理性思考，例如《周书》中不少篇目、西周铭文中不少记载，都不是单纯记史，而是通过史实记录，给周人统治以历史借鉴。但是，这些作品大都针对统治上层，重点关注政治得失，而缺乏对人性善恶的细致探讨。因此，就目前来看，在当时还没有一部史书能像《左传》这样利用如此丰满的史料去诠释正义和道德。这一创作目的转变，代表了中国传统史学不仅重视宏观的政治走向，而且开始微观透过具体的历史事件，反思人性对历史进程的影响。这使得《左传》拥有更广阔的阅读群体，影响面从统治上层延伸到民间士人。大致从《左传》开始，伴随着儒家经典产生，中国史学的视野从单纯地为政治服务拓展到对整个社会的功用。自此之后，中国传统史学开始认识到自身的社会价值，由此促成了史家意识的觉醒，促进了史书创作目的的变革。如之后司马迁便以"究天人之际，通古今之变，成一家之言"为撰写《史记》的最终目标，这使史学正式成为中国传统学术中独立的一员。如果我们纵观中国传统史学的这一发展脉络，从鲁《春秋》到孔子所修《春秋》，然后到《左传》，再到后世史学，可以发现，中国古代史学的这一成熟，离不开经学的影响。即经学脱胎于史学，又通过史学的诠释促进了史学的发展。这是一个由史学升华为经学的过程，同时也是一个史学经学化的历程。尽管后来史学从《六艺略》中独立出来，成为四部中单独的一部，但此后史学始终坚持服务于社会的根本目的，实践着经学"善善恶恶，贤贤贱不肖"的不懈追求。

首先，从外部的环境来看，春秋战国时期，社会无论是在经济、政治还是文化方面都发生重大转型。面对社会的剧烈动荡，原本农耕文化群体所习惯的安定生活被打破，任何人的命运都可能在历史瞬息的变化中沉浮不定，社会渴望探寻未来的发展走向。继承周初以史为鉴的传统，同时又面临时代的巨大变革，促使《左传》在面对丰富的历史素材时产生更深刻的思考，积极在历史叙事中探寻历史规律，从而理性分析、预测历史的发展方向。

其次，春秋战国时期，官学体制被打破，私学兴起，促进了诸子之学的繁荣。诸子大都以史论理，阐发自己的政治主张，使得历史评论之风盛行。"'子有史意'成为诸子作品中相当突出的文本特色，从而推动了史学活动与思想活动的进一步结合，赋予史学活动以更多的价值建设的话语权力。"① 在这样的学术氛围下，《左传》亦受其影响，积极在叙事中融入自己的思想，阐发自己的观点，使其"事"中有"理"，"史"中有"义"，从而能够在叙事上取得突破。

综上所述，《左传》取得了非凡的史学成就，是中国史学永恒的经典名著。它为古代史学创立了范例，奠定了中国传统史学的基本框架，标志着中国传统史学的成熟。故此，《左传》对中国史学的发展产生了极为重要的影响，是中国传统史学发展中至为关键的一环。

第三节 《左传》神异预言与中国古代史学传统

《左传》中包含大量涉及宗教性活动与神异现象的预言，包括卜占、筮占、巫占、梦占、相占、天象占等，据笔者统计共有 95 条。历代学者对这些被描述得灵异无比的预言都有关注。如汉代王充在《论衡·案语》中称《左传》："言多怪，颇与孔子'不语怪力'相违返也。"② 东晋范宁撰《春秋穀梁传集解》时云："《左氏》艳而富，其失也巫。"③ 唐韩愈亦在《进学解》中称："《春秋》谨严，左氏浮夸。"④ 到了清代，依然有学者对《左传》中的神异预言加以评论。如韩菼在为高士奇《左传纪事本末》作序时谈及《左传》"好语神怪，易致失实"。⑤ 大致看来，前人对《左传》中的神异预言多持批评态度，主要是认为那些预言夸张失真。这些批评无疑指出了《左传》中神异预言的基本问题。不过，从史学史的角度审视，《左传》里的神异预言作为《左传》叙事的重要部分，涉及历史诠释、历史思想、历史评价等方面的内容，并且对后代史学产生了极大的影响，因而构成一个具有一定史学内涵的论题。本节拟对《左传》神异预言的史学内涵进行梳理并分析其产生的原因与影响，以期加深对于这类预言本身及其与中国史学传统之关系的认识。

---

① 许兆昌：《传统史学与价值认同》，《史学集刊》2013 年第 6 期。
② 黄晖：《论衡校释》卷二九，第 1164 页。
③ 阮元校刻《十三经注疏·春秋穀梁传注疏·春秋穀梁传集解序》，第 2361 页。
④ 马其昶校注《韩昌黎文集校注》卷一，第 46 页。
⑤ 高士奇：《左传纪事本末·序》，第 2 页。

一 历史的二元解释

在叙事结构上，占测理据是《左传》神异预言撰述的主线，反映为两类截然不同的书写倾向。

一是原始宗教意识下的诠释。上古人的精神世界受到互渗律的支配，包含大量的原逻辑思维。他们眼中，历史的走向可以通过某些神秘的前兆感知。例如自然星象可以是世间变故的征兆，卜兆、筮辞提供对命运的预示，梦境构成对未来的映射，等等。[1] 这些与现代逻辑相违背的思维现象大量体现在《左传》的神异预言中，与生活相关的一切现象均可被赋予象征含义，衍生为天象占、卜筮占、梦占、巫占、相占等占测形式。如《左传》襄公二十八年春，鲁国出现没有结冰的异象，梓慎借此言道："今兹宋、郑其饥乎？岁在星纪，而淫于玄枵，以有时菑，阴不堪阳。蛇乘龙。龙，宋、郑之星也，宋、郑必饥。玄枵，虚中也。枵，耗名也。土虚而民耗，不饥何为？"[2] 这则预言即通过天象占的形式，杂糅星象分野、阴阳变动的观念。"龙"是宋、郑两国的星宿，预言中"岁在星纪，而淫于玄枵"被取象成了"蛇乘龙"，对应"宋、郑其饥"。这一联想经《左传》描述，成了对当时事件因果的权威解释。同样，卜筮、梦境、鬼怪在《左传》中都具有准确兆示未来的效力。经《左传》特意筛选与加工，这些预言在其后的叙事中被表述得极为灵验。据笔者统计，所有95条神异预言，应验的竟有89条之多。史料编选过程并非总是记录在史书文本中，但透过文本常常可以了解史料编选的思路和用意。从以上数据就可以看出，《左传》在叙事中特意塑造宿命的观念，常把历史过程表述为冥冥预定之事。

二是超越宗教的因果探究。神异化的历史解释固然是《左传》神异预言里最为显见的特点，但与此同时，《左传》并未彻底被这种思维所禁锢，在预言叙述中也会根据世俗的或现实的理据议论因果。这方面的表现可归结为两种情况。

1. 将合理的阐释寓于与预言相关的历史叙事中。先看此则楚灵王卜

---

① 参见列维-布留尔《原始思维》第二章"互渗律"，丁由译，北京：商务印书馆，1985年。

② 阮元校刻《十三经注疏·春秋左传正义》卷三八，第1998页。

命不吉之预言：

> 初，灵王卜曰："余尚得天下。"不吉，投龟，诟天而呼曰："是区区者而不余畀，余必自取之。"①

此处占卜的结论兆示着楚王的结局。然而《左传》对此预言的理据不仅局限于神异占卜的解释，此外，叙事中合理的分析如《左传·襄公三十一年》：

> 卫侯在楚，北宫文子见令尹围之威仪，言于卫侯曰："令尹似君矣！将有他志，虽获其志，不能终也。《诗》云：'靡不有初，鲜克有终。'终之实难，令尹其将不免。"公曰："子何以知之？"对曰："《诗》云：'敬慎威仪，惟民之则。'令尹无威仪，民无则焉。民所不则，以在民上，不可以终。"②

此处，北宫文子对当时身为令尹的楚公子围带有预言性的分析，并没有依赖神异思想。又如，《左传·昭公元年》继续记载楚令尹的盛气凌人：

> 赵孟谓叔向曰："令尹自以为王矣，何如？"对曰："王弱，令尹强，其可哉！虽可，不终。"赵孟曰："何故？"对曰："强以克弱而安之，强不义也。不义而强，其毙必速。《诗》曰：'赫赫宗周，褒姒灭之。'强不义也。令尹为王，必求诸侯。晋少懦矣，诸侯将往。若获诸侯，其虐滋甚。民弗堪也，将何以终？夫以强取，不义而克，必以为道。道以淫虐，弗可久已矣！"③

这类分析，主要是基于当时的政治历史经验，也未依赖神异思想。其后，到"昭公四年"的叙事中有：

---

① 阮元校刻《十三经注疏·春秋左传正义》卷四六，第 2070 页。
② 阮元校刻《十三经注疏·春秋左传正义》卷四〇，第 2016 页。
③ 阮元校刻《十三经注疏·春秋左传正义》卷四一，第 2021 页。

（1）子产见左师曰："吾不患楚矣，汏而愎谏，不过十年。"左师曰："然。不十年侈，其恶不远，远恶而后弃。善亦如之，德远而后兴。"①

（2）楚子欲迁许于赖，使斗韦龟与公子弃疾城之而还。申无宇曰："楚祸之首，将在此矣。召诸侯而来，伐国而克，城，竟莫校。王心不违，民其居乎？民之不处，其谁堪之？不堪王命，乃祸乱也。"②

通过记述上述历史事件与人物言论，《左传》以世俗政治经验的观点，描绘了一个"无威仪""不义而强""道以淫虐""汏而愎谏"的楚灵王，并没有借用神异现象进行历史叙述。这些世俗理据从本质上阐明了灵王卜命不吉的真实原因。

2. 排斥神异思维。《左传》在叙述一些神异预言时，虽然借用了"神异"的现象，但却对"神异"联想加以排斥。例如《左传·僖公十六年》的天象占：

十六年春，陨石于宋五，陨星也。六鹢退飞，过宋都，风也。周内史叔兴聘于宋，宋襄公问焉，曰："是何祥也？吉凶焉在？"对曰："今兹鲁多大丧，明年齐有乱，君将得诸侯而不终。"退而告人曰："君失问。是阴阳之事，非吉凶所生也。吉凶由人，吾不敢逆君故也。"③

通过周内史之口说出的"是阴阳之事，非吉凶所生也""吉凶由人"的言论，虽然表达出《左传》对泛神异思维的保留，但认为自然界阴阳之变未必一一与人事对应，人间吉凶祸福还在于人自己的作为。不仅如此，《左传》甚至曾怀疑"神灵"的力量。《左传·庄公三十二年》如此载虢国发生的"神降"事件：

---

① 阮元校刻《十三经注疏·春秋左传正义》卷四二，第 2035 页。
② 阮元校刻《十三经注疏·春秋左传正义》卷四二，第 2035 页。
③ 阮元校刻《十三经注疏·春秋左传正义》卷一四，第 1808—1809 页。

神居莘六月。虢公使祝应、宗区、史嚚享焉。神赐之土田。史嚚曰："虢其亡乎！吾闻之：国将兴，听于民；将亡，听于神。神，聪明正直而壹者也，依人而行。虢多凉德，其何土之能得？"①

依"史嚚"所言，不修德政而过分迷信于神灵，只会自取灭亡，所以他提倡求神不如听民。经此解释，"神"大幅度去除了神秘性而与人相近。这一推论与我们现代思维已有相通处。

综上所述，神异化阐述是《左传》神异预言中最为直观的特性。借托一些神乎其神的记叙，《左传》笔下的历史进程受到天意的主宰。然而即使在此类记述中，理智的现实阐释仍有线索可循，但长期受人忽视。可以说，《左传》神异预言的诠释话语蕴含极为复杂的思想纠结，它既依托于宗教语境又超越了宗教思维，以此形成了独特的叙事理路。

二 历史理解的多层构建

蕴含在《左传》神异预言里的对于天道人伦的历史思考，并非抽象的概念探讨，而是借助具体史实的构建。这可举出以下三个方面的内容。

1. 天人观。对于"天""人"的思考从文献上可追溯至商代。虽然商代卜辞中的"天"字尚未具有更深层次的"天道"之意，但殷民对于上帝的信仰实则代表了他们的天人观。② 到周初，这种信奉上帝的思想得到继承与改造，开始赋予"天"明确的道德内容。比如《尚书·召诰》里记载召公说道："皇天上帝改厥元子，兹大国殷之命。惟王受命……天既遐终大邦殷之命，兹殷多先哲王在天，越厥后王后民，兹服厥命。"又说："天亦哀于四方民。其眷命用懋。王其疾敬德。"③ 到东周，社会的剧烈动荡使得人们对于天人思考的热情有增无减，而且比起先前来更进一步地分化出类似"体"与"用"的两种趋向。其中，以老子等为代表的诸

---

① 阮元校刻《十三经注疏·春秋左传正义》卷一〇，第 1783 页。
② 例如陈梦家先生和胡厚宣先生都曾大量地搜集过关于帝与上帝的卜辞材料，可参见陈梦家《殷墟卜辞综述》第十七章，北京：中华书局，1988 年。胡厚宣：《殷卜辞中的上帝和王帝》（上），《历史研究》1959 年第 9 期；《殷卜辞中的上帝和王帝》（下），《历史研究》1959 年第 10 期。
③ 阮元校刻《十三经注疏·尚书正义》卷一五，第 212 页。

子偏重对天道运行形而上的本体解释。而以《左传》为代表的史家群体，则是借记叙事实，继续阐释天影响人的现实作用。在《左传》"神异"预言中，此类重"实用"的天人观念可见于《左传·僖公二十三年》重耳流亡至楚之事：

> （重耳）及楚，楚子飨之，曰："公子若反晋国，则何以报不穀？"对曰："子、女、玉、帛则君有之，羽、毛、齿、革则君地生焉。其波及晋国者，君之余也，其何以报君？"曰："虽然，何以报我？"对曰："若以君之灵，得反晋国。晋、楚治兵，遇于中原，其辟君三舍。若不获命，其左执鞭、弭、右属橐、鞬，以与君周旋。"子玉请杀之。楚子曰："晋公子广而俭，文而有礼。其从者肃而宽，忠而能力。晋侯无亲，外内恶之。吾闻姬姓唐叔之后，其后衰者也，其将由晋公子乎！天将兴之，谁能废之。违天，必有大咎。"乃送诸秦。①

《左传》于此对"天""人"关系的描述包含两层认识。一是突出"天"命作为最高的意志不能有所违背，即楚子对"天将兴之，谁能废之"深信不疑，因而他认为"违天，必有大咎"。二是分析重耳为何受此天命，不仅依据"唐叔之后，其后衰者"的神秘传言，更根据"晋公子广而俭，文而有礼。其从者肃而宽，忠而能力"的高尚品行。所以，《左传》神异预言里，天既神秘诡异，命不可违，让人心生敬畏，又通乎人情，合乎情理，依据道德而客观评判。

《左传》神异预言中的天人观基本上延续了周代的认知。不过，预言对于"天"的理解有所增益与发展，具体表现为对其道德内涵的延伸，天意评判的道德标准可细化到个人的具体品行。由此，周初以来的"道德"天观得到了进一步的完善与宣扬。

2. 善恶观。善恶界定一直是春秋战国学术上的一个核心命题，除了我们所熟知诸子之间对于人性善恶的争论外，在出土文献中也屡见，如郭店简《五行》篇第二章就探讨对"善"的认识："德之行五，和谓之

---

① 阮元校刻《十三经注疏·春秋左传正义》卷一五，第1815—1816页。

德，四行和谓之善。善，人道也。德，天道也。"① 在《左传》里，同样蕴含大量对善、恶的判定，不同的是这里的善恶不是理论化的哲学解释，而是具体的历史叙述。判断善恶的标准涵盖直接的面貌、内在的性情、外在的行为等诸多因素，如《左传·昭公二十八年》记叔向之母预言其孙：

> 初，叔向欲娶于申公巫臣氏，其母欲娶其党。叔向曰："吾母多而庶鲜，吾惩舅氏矣。"其母曰："子灵之妻杀三夫，一君，一子，而亡一国、两卿矣，可无惩乎？吾闻之：'甚美必有甚恶。'是郑穆少妃姚子之子，子貉之妹也。子貉早死，无后，而天钟美于是，将必以是大有败也。昔有仍氏生女，黰黑，而甚美，光可以鉴，名曰玄妻。乐正后夔取之，生伯封，实有豕心，贪惏无餍，忿类无期，谓之封豕。有穷后羿灭之，夔是以不祀。且三代之亡、共子之废，皆是物也，女何以为哉？夫有尤物，足以移人，苟非德义，则必有祸。"叔向惧，不敢取。平公强使取之，生伯石。伯石始生，子容之母走谒诸姑，曰："长叔姒生男。"姑视之，及堂，闻其声而还，曰："是豺狼之声也。狼子野心，非是，莫丧羊舌氏矣。"遂弗视。②

在《左传》看来，人的外在特征是其内心的真实表现，"豺狼之声"代表着"狼子野心"，因此记述叔向之母闻声便能认定此子性恶，预言他终将"丧羊舌氏"。然而新生儿尚未经世，恶从何来？叔向母言："吾闻之：'甚美必有甚恶。'"她坚信巫臣氏女正是如此，并以子灵之妻杀三夫和玄妻生伯封的历史告诫叔向勿娶此恶女。可见，神异预言中心性是可以遗传的，母"恶"促成所怀之子也为"恶"。但是，善恶并非只有这唯一来源，它取自两方面，既承自先祖的德行，又源自后天的品行。后者之例如《左传·襄公二十八年》预言楚灵王将死：

> 子大叔归，复命。告子展曰："楚子将死矣！不修其政德，而贪昧于诸侯，以逞其愿，欲久，得乎？《周易》有之，在复䷗之颐䷚，

---

① 陈伟等：《楚地出土战国简册（十四种）》，北京：经济科学出版社，2009 年，第 181 页。

② 阮元校刻《十三经注疏·春秋左传正义》卷五二，第 2118 页。

曰：'迷复，凶。'其楚子之谓乎！欲复其愿，而弃其本，复归无所，是谓迷复，能无凶乎？君其往也，送葬而归，以快楚心。楚不几十年，未能恤诸侯也，吾乃休吾民矣。"

　　禅灶曰："今兹周王及楚子皆将死。岁弃其次，而旅于明年之次，以害鸟、帑，周、楚恶之。"①

楚子"不修其政德""贪昧于诸侯，以逞其愿"的恶行完全由后天的欲念所致，在《左传》善恶观念里，自然非天道所容，于此叙事交代中已然兆示其恶报的下场。

　　综合来看，"善恶"在《左传》绝大多数神异预言中均有所涉及。借助神异预言的形式，善恶相报的观念被巧妙地予以历史验证，从而将其塑造成道德真理传递给读者。

　　3. 对时与势的理解。"时"是《左传》预言寻求未来预测的重要依据。瞿林东先生说："时与势这两个概念，在中国古代历史观念也是很重要的。《易经·贲卦》说：'观乎天文，以察时变，观乎人文，以化成天下。'这表明'时'与'天文'有关。"② 在《左传》中，有相当一部分的预言也是从天象灾异中观得时变，从时变中预测结局，例如《左传》记僖公五年，晋国兵围上阳，当晋献公询问何时能灭虢时，卜偃依据天象回答道："童谣云：'丙之晨，龙尾伏辰，均服振振，取虢之旂。鹑之贲贲，天策焞焞，火中成军，虢公其奔。'其九月、十月之交乎！丙子旦，日在尾，月在策，鹑火中，必是时也。"③ 可见"时"是预言得以应验的前提条件。这一时限除了日期，还可用其他方式表达，例如《左传》庄公二十二年："初，懿氏卜妻敬仲，其妻占之，曰：吉，是谓'凤皇于飞，和鸣锵锵，有妫之后，将育于姜。五世其昌，并于正卿。八世之后，莫之与京！'"④ 这里的"五世""八世"不是明确的年数，但也可用以表示时限。而且，"时"的概念不仅体现于具体的时间点上，

---

①　阮元校刻《十三经注疏·春秋左传正义》卷三八，第 1999 页。
②　瞿林东：《天人古今与时势理道——中国古代历史观念的几个重要问题》，《史学史研究》2007 年第 2 期。
③　阮元校刻《十三经注疏·春秋左传正义》卷一二，第 1795 页。
④　阮元校刻《十三经注疏·春秋左传正义》卷九，第 1775 页。

也表现在时间的先后排序中，昭公四年，郑国作丘赋，浑罕对此言道："国氏其先亡乎！君子作法于凉，其敝犹贪。作法于贪，敝将若之何？姬在列者，蔡及曹、滕其先亡乎！逼而无礼。郑先卫亡，逼而无法。政不率法，而制于心。民各有心，何上之有？"①《左传》没有指明各国灭亡的具体时间，但经各国间比较形成了以"时"序为条件的预言。所以，预言中"时"的内涵是极其丰富的，多样的表达方式使"时"能够在不同撰述情景下成为决定事物发展的关键，因而在预言文本撰写中显得尤为重要。

"势"是指事物正处在积累的量变阶段，它具有朝着质变发展的趋向。《左传》虽没有明确地将"势"的概念抽象出来，但兆示的叙述本身即具有"势"的内涵。比如闵公元年，晋毕万因功受封于魏地，卜偃据此言道："毕万之后必大。万，盈数也；魏，大名也；以是始赏，天启之矣。天子曰兆民，诸侯曰万民。今名之大，以从盈数，其必有众。"②在卜偃看来，"名"与"实"是必将相符的，他认为"万""魏"都具有"盈""大"这一趋向，以此推断"毕万之后必大"，肯定了毕万在封魏的时候就已经呈现出"其必有众"的趋势。此后，经其后代在魏不断努力，终于促其完成，在前403年迎来时变，受封诸侯。

结合以上分析，"时""势"是影响预言预测极为重要的条件，是预言得以最终应验的背后推力。在《左传》中，历史的发展不是静止的，事物的量变会形成趋"势"，趋"势"随着"时"变最终将引发质变，因而"时""势"始终贯穿着历史的发展。

三 寓论于史的评价

通观《左传》，在"神异"预言中，借助人物的议论，辨析是非、臧否人物之史学旨趣得以充分体现，从评价对象来分，主要包括三个方面。

1. 对国家的评论。如上文举过昭公四年浑罕的评论："国氏其先亡乎！君子作法于凉，其敝犹贪。作法于贪，敝将若之何？姬在列者，蔡

---

① 阮元校刻《十三经注疏·春秋左传正义》卷四二，第2036页。
② 阮元校刻《十三经注疏·春秋左传正义》卷一一，第1786页。

及曹、滕其先亡乎！逼而无礼。郑先卫亡，逼而无法。政不率法，而制于心。民各有心，何上之有？"① 《左传》把国氏家族与蔡、曹、滕、郑等国视为反面教材，对国氏"作法于贪"、蔡曹等国"逼而无礼"、郑"逼而无法"的做法进行严厉批评。它认为政治不遵循法度，就会人心难定，国将不存。为此，《左传》毫不忌讳自己的笔墨，预言国氏家族与这些国家均将灭亡。

2. 对事件的评析。如见昭公六年载郑人铸刑书时，士文伯所述的一段预言："火见，郑其火乎？火未出，而作火以铸刑器，藏争辟焉。火如象之，不火何为？"② 显然，《左传》非常反对"作火以铸刑器"，对其评价是"藏争辟焉"，认为国家"铸刑器"意味着兴刑法，如此将导致祸乱发生，"火见"正是上天对此的警示。

3. 对人物的品评。这包括借用历史人物的评价以及《左传》的直接评价，前者如《左传》记载城濮之战前，子玉梦见河神对他说只需赠予自己琼弁、玉缨，自己便可使其获得宋国之地。但子玉不舍其财，荣季劝谏道："死而利国。犹或为之，况琼玉乎？是粪土也。而可以济师，将何爱焉？"可子玉不纳其言，为此荣季感慨道："非神败令尹，令尹其不勤民，实自败也。"③ 借这些言论，《左传》不仅准确地评价了子玉，又以此表明"天道远，人道迩"的观点。关于直接评价，我们知道，在《左传》中有不少带有"君子曰"的直接评语，这在"神异"预言中也存有一例，如《左传·文公十三年》：

> 邾文公卜迁于绎。史曰："利于民而不利于君。"邾子曰："苟利于民，孤之利也。天生民而树之君，以利之也。民既利矣，孤必与焉。"左右曰："命可长也，君何弗为？"邾子曰："命在养民。死之短长，时也。民苟利矣，迁也，吉莫如之！"遂迁于绎。五月，邾文公卒。君子曰："知命。"④

---

① 阮元校刻《十三经注疏·春秋左传正义》卷四二，第 2036 页。
② 阮元校刻《十三经注疏·春秋左传正义》卷四三，第 2044 页。
③ 阮元校刻《十三经注疏·春秋左传正义》卷一六，第 1826 页。
④ 阮元校刻《十三经注疏·春秋左传正义》卷一九下，第 1852 页。

郗文公将民之利益放于君王之前，即便为此殒命也在所不惜。对此，《左传》用"知命"来评价他。虽区区两字，但实际涵盖了两层含义：一是对郗文公民本思想的肯定，二是对天命的无所质疑。

上举诸例中，不论是对国家的评论，对事件的评析，还是对人物的品评，均是《左传》宣扬崇德、尊礼、重民等价值观的体现。它将这些理念融于"神异"预言之中，从而形成了别具一格的道德说教方式。

四 预言叙事的成因与影响

作为独特的叙事方式，《左传》"神异"预言产生于特定的历史环境，源自对历史认知的深化与"道德"信仰的重建，并以此最终形成了中国古代史学的一大传统。

首先，春秋战国时期，社会无论是在经济、政治还是文化方面都在发生重大转型。面对社会的剧烈动荡，原本农耕文化群体所习惯的安定生活被打破，任何人的命运都可能在历史瞬息的变化中沉浮不定，社会的心理随即陷入一种对前途未知的恐慌。古人受限于知识水平，注定无法用完全理性的眼光去分析这些历史的变化，因此他们更愿意转而从各类神异占测中去寻求精神上的信仰与慰藉。从近年来出土的大量卜筮、日书、术数类文献可以看出，神异占测在古人的生活中占有极为重要的地位。形成于此时的《左传》，受此共时环境与巫史传统的影响，于是在叙事中大量结合神异预言。但是，史官的上层地位与良好的教育背景让其拥有更加宽阔的眼界与更为理智的推理思维，从而可以在撰写神异预言时理性阐明历史发展的真实动因。此即形成了神异预言独特的历史二元解释，一方面宣扬宗教性思维，另一方面又对预言作出合理阐释。

其次，"春秋无义战"使得"弑君三十六，亡国五十二"的现象屡见不鲜，因此周代建立的道德丧失了它原有的约束力。作为道德捍卫者，在地位上曾经比肩三公的史官愈发不受到统治阶层的重视，如上博简（六）《竞公疟》记载齐景公患病，裔款、梁丘据欲将责任嫁祸给史、巫，建言杀之，说明史官此刻成了可以被轻易掠杀的代罪羔羊，毫无地位可言。①

---

① 马承源主编《上海博物馆藏战国楚竹书》（六），上海：上海古籍出版社，2007年，第159—189页。

又《左传·襄公二十五年》记载崔杼为了掩盖弑君的事实，连杀两位秉笔直书的史官。这从另一个角度折射出道德已然缺乏对行为的约束力，即便是史官以生命为代价去捍卫它，也很难遏制道德的日益沦丧。原有道德秩序的崩塌给史家群体带来了前所未有的精神焦虑，为此，《左传》把内心复杂的纠结与期待融于神异预言这种叙事手法之中，以希望重建符合这个时代的道德良知。

从宏观角度上看，观念的重塑也存在着客观的推动力。历史的发展呈现一种规律，当人类文明发展到某个阶段对某一方面极力排斥与摒弃时，就会产生一种不可抗拒的思想转向，从而出现一群文化精英竭力从各个角度去寻求它的复兴。这一复兴如同我们耳熟能详的 14 世纪开始的欧洲文艺复兴，并不是纯粹意义上的复古，而是在思古中寻求新的解答。就像儒家从礼教里重拾周初的道德信仰，《左传》便利用原始遗留的宗教思维去重塑道德的权威。所以，在《左传》神异预言中，"善德者获得赐福，弃德者遭受天谴"的道德史观被披上宗教的外衣，它希望道德借此被大众所认可并重新确立它"放之四海而皆准，历时古今而不变"的神圣地位。

综观先秦典籍，目前还未能发现一部完整的史学作品像《左传》那样在记史中融入如此之多的"神异"预言，然而这种记叙方式却在中国后代史书之中屡屡得见，例如《史记·始皇本纪》就载有谶语式的预言"亡秦者胡也"，预示秦至二世而亡；[1] 三十六年又有"今年祖龙死"，兆示始皇病死之期。[2] 又如《三国志》在《先主传第二》中记载刘备儿时以"神树"当天子车盖，可见其在幼时就有继汉之征兆。[3] 后代这样的例子实在不胜枚举，这些预言既受前代记史传统的影响，同时又继续传承着这种叙事文化。它对中国传统史学的影响，总体而言，兼具正反两个方面。

一是推动了道德教化的传扬。史书通过对神异事件的记载树立了道

---

[1] 司马迁：《史记》卷六，第 252 页。
[2] 司马迁：《史记》卷六，第 259 页。
[3] 《三国志》云："先主少孤，与母贩履织席为业。舍东南角篱上有桑树生高五丈余，遥望见童童如小车盖，往来者皆怪此树非凡，或谓当出贵人。先主少时，与宗中诸小儿于树下戏，言：'吾必当乘此羽葆盖车。'"陈寿：《三国志》卷三二，北京：中华书局，1964 年，第 871 页。

德的权威，使得贵族的统治权力受到了道德的制约，大众的生活受到了道德的规范。所以，历代修史、撰史，都十分看重道德教化功用，重视道德与神异的结合。因为宗教性道德具有的道德理念能被社会各个阶层广泛接受与实践，所以一定程度上也造成了整个中国古代社会的道德不需要强大的宗教政治也能具备长期的稳定性与延续性。

二是造成了史书神异内容的泛滥，后代史书每每论及重大的历史变故，尤其涉及王朝更替之事，则必言"灾异""天命"等神异观念。这些观念不仅影响人们的历史观，也直接影响了整个时代的史学创作风貌。如秦汉谶纬之风横行，人们事事都到经书、史书中寻找神异依据，若寻求不得，便自撰纬书谶史，牵强附会。在他们笔下，历史的发展与变革被蒙上了一层神异外衣，"天意"的作用被过分地夸大，从而背离了科学分析的理性精神，成为中国古代史学中的一大糟粕，长期受人诟病。

综上所述，神异预言是《左传》历史叙事中不可分离的重要部分，是中国史学发展过程中不可忽视的重要现象，它在特定的历史环境中形成并对中国古代史书的创作产生了深远的影响，最终成为中国古代史学传统的一大突出特点。

第六章　余论

第一节　从《左传》看《周易》"元"之释义

"元"在《周易》卦爻辞中共出现26次，乃经文中最难疏通又是极为关键的文字之一。故历代治《易》，无不重视对"元"的训释。值得一提的是，古今不少学者已注意到《左传》中对该字的解释，并结合《文言传》将"元"训为"善"，颇为明智。仔细揣摩《左传》相关筮例，可以发现，在《左传》筮例中的"元"除"善"外还包含"长"之义，意为德高望重、身居正位的君子。这样的解释不仅文通字顺，且多与《彖》《象》二传相合。现将这一观点浅论如下。

一　诸家歧义辨析

诸家释"元"，影响最大的主要有训为"始"、训为"大"和训为"善"。

首先来看将"元"训为"始"，"元"在一些文献中确有"初""始"之义，如《说文解字》云："元，始也。"[①]《公羊传·隐公元年》："元年者何？君之始年也。"徐彦疏："《春秋说》云：'元者，端也。'"[②]所以，乾卦"元亨利贞"，孔颖达疏就引《子夏传》："元，始也。"现代学者亦多从此说，如黄寿祺、张善文先生《周易译注》翻译"元亨利贞"："元始，亨通，和谐有利，贞正坚固。"[③]

然而，旧训为"始"并不能自圆其说。以"始"训"元"，虽尚能说通"乾""坤""屯"这些初始之卦，但无法说通像"大有""蛊""临"这些亦含有"元亨"的卦。然而这些卦在卦序上已非初始之卦，

---

① 许慎：《说文解字》，第1页。
② 阮元校刻《十三经注疏·春秋公羊传注疏》卷一，第2196页。
③ 黄寿祺、张善文：《周易译注》卷一，上海：上海古籍出版社，2011年，第1页。

无法以"初始"释之,所以黄氏译注又将这些卦辞中的"元"改训为"大",例如译"大有"卦辞"元亨"为:"大获所有,至为亨通。"[①] 如此造成前后训释不一。此外,训"始"还存在卦辞与爻辞逻辑上的问题。如"坤"卦卦辞:"坤,元,亨,利牝马之贞。"而在其六五爻爻辞中又一次出现"元":"黄裳,元吉。"让人疑惑不解的是,"元"在"坤"卦六爻爻辞中仅此一见。那么,既然"坤"是"初亨",为何其他五爻中皆无提及,偏偏只有六五爻重提"元"。因此,释"元"为"始"恐怕难以通解《周易》。

再来看将"元"训为"大"。训"元"为"大"在当代易学界颇为流行。以"大"释"元",在训诂上是有所依据的。如《诗·六月》:"元戎十乘。"《毛传》:"元,大也。"[②]《尚书·金滕》:"今我即命于元龟。"孔传:"就受三王之命于大龟。"[③] 因而高亨、李镜池、周振甫、朱伯崑等先生虽对"元""亨"的"亨"的训解有所分歧,但均将"元"解释为"大"。如高亨在《周易大传今注》中说:"元,大也。亨即享字,祭也。利即利益之利。贞,占问。卦辞言:筮遇此卦,可举行大享之祭,乃有利之占问。"[④] 李镜池《周易通义》云:"元亨约等于大吉。"[⑤] 而对"元吉",他们的看法一致,均认为是大吉之兆。这样的解释貌似可通,实际上亦可能存在逻辑上的错误。

《周易》表示大,往往直接用"大"字,如"大川""大人""大君",除"元吉"外,也常常用"大吉"。二者频繁出现,在意义上恐怕是有所差别的。更重要的是,《周易》中蕴含辩证思想,所以整个卦不可能都是吉。例如"鼎"卦,卦辞云:"元,吉,亨。"如果把"元吉"解释成"大吉",吉中之最,那么,意味着占得此卦便是吉利至极,实际上并非如此。因为"鼎"卦九四爻爻辞就明确记:"鼎折足,覆公𫗧,其形渥,凶。"[⑥] 如此一来,概括整个卦卦义的卦辞便与爻辞发生矛盾。因而,将"元"训为"大",表示程度,可能是有

---

① 黄寿祺、张善文:《周易译注》卷三,第 90 页。
② 阮元校刻《十三经注疏·毛诗正义》卷一〇二,第 425 页。
③ 阮元校刻《十三经注疏·尚书正义》卷一三,第 196 页。
④ 高亨:《周易大传今注》,济南:齐鲁书社,1979 年,第 53 页。
⑤ 李镜池:《周易通义》,北京:中华书局,1981 年,第 1 页。
⑥ 阮元校刻《十三经注疏·周易正义》卷五,第 61 页。

问题的。①

以上两种释法是将《周易》简单化，将其与普通占辞的性质相等同。实际上，《周易》不单是卜筮之书，更是一本以卜筮为名的哲理之书。《史记》就载："孔子晚而喜《易》，序《彖》《系》《象》《说卦》《文言》。读《易》，韦编三绝，曰：'假我数年，若是，我于《易》则彬彬矣。'"② 且马王堆帛书《要》篇明确记载："夫子老而好易，居则在席，行则在橐。"③ 所以，如果把"元吉"解释成"大吉""始吉"，就等于把前途定论，与一般占卜之辞无异，没有任何哲理可言，故不可能引起"近鬼神而远之"的孔子的兴趣。由此可见，"元"于《周易》应具有深厚的哲学内涵。

基于以上论述，最后我们来看将"元"训为"善"。在字义上，"元"有"善"义是没问题的。《尚书·舜典》："柔远能迩，惇德允元。"孔传："元，善之长。"④《国语·晋语七》："抑人之有元君，将禀命焉。"韦昭注："元，善也。"⑤《逸周书·谥法》："能思辨众曰元，行义说民曰元，始建国都曰元，主义行德曰元。"⑥ 而且，这一解释与《文言传》相合："元者，善之长也。亨者，嘉之会也。利者，义之和也。贞者，事之干也。君子体仁足以长人……"⑦ 同时在《左传》的筮例中也能找到佐证，《左传·襄公九年》记载了穆姜解"随"卦之事：

> 穆姜薨于东宫。始往而筮之，遇"艮"之八䷳。史曰："是谓'艮'之'随'䷐。'随'其出也。君必速出。"姜曰："亡。是于《周易》曰：'随，元亨利贞，无咎。'元，体之长也；亨，嘉之会也；利，义之和也；贞，事之干也。体仁足以长人，嘉德足以合礼，

---

① 实际上，"元"训为"大"并非不确，只是这个"大"不是形容后面的"吉"或者"亨"，而是作为"亨"或"吉"的条件，这个"大"是指居于尊贵身份地位。具体依据将稍后论述。

② 司马迁：《史记》卷四七，第1937页。

③ 廖名春：《马王堆帛书周易经传释文》，杨世文等编《易学集成》第3卷，成都：四川大学出版社，1998年，第3043页。

④ 阮元校刻《十三经注疏·尚书正义》卷三，第130页。

⑤ 徐元诰：《国语集解》卷一三，第402页。

⑥ 黄怀信等：《逸周书汇校集注》（修订本），上海：上海古籍出版社，2013年，第666页。

⑦ 阮元校刻《十三经注疏·周易正义》卷一，第15页。

利物足以和义，贞固足以干事，然，故不可诬也，是以虽《随》无
咎。今我妇人而与于乱。固在下位而有不仁，不可谓元。不靖国家，
不可谓亨。作而害身，不可谓利。弃位而姣，不可谓贞。有四德者，
《随》而无咎。我皆无之，岂《随》也哉？我则取恶，能无咎乎？
必死于此，弗得出矣。"①

上述穆姜明确提出"元"为"善"，因为自己"不善"，所以不得亨
通。换言之，想要做到亨通，行"善"为前提。所以，在"元"的诸多
释义中，训"善"为佳。因为它限定了吉的条件，表明只有做到善，方
得亨通吉利。这已超越直接的占筮结果，而是告诉占筮者该如何达到他
所期待的结果——那就是要做到"善"。显然，这样的解释最符合儒家
哲理。然而，训"善"虽几近正确，但疑仍不够周延。若"元"就是
"善"，那照理"亨"或"吉"之前都应加"元"，但许多卦爻辞只有
"亨""吉"却没有"元"，例如噬嗑卦卦辞："亨。利用狱。"按"元"
训"善"的思路，这个"亨"前面应也加"元"，施用刑法亦需"善"，
行刑公正有度，才能亨通，不过这条卦辞却没有"元"。另外，只把
"元"解释为"善"要说通一些爻辞所对应的《象传》《彖传》也比较
勉强。例如履卦的上九爻："视履考祥，其旋元吉。"如果将"元"解释
为"善"，那么爻辞的意思是说：看看过去的行为，考察吉凶的征兆，
复返于善，就会吉祥。光从爻辞来讲是文从字顺的，但问题是该爻的
《象传》云："元，吉在上，大有庆也。""吉在上"意为"在上之吉"，
恐非单独行"善"就能实现。因此，笔者怀疑"元"内涵可能非单纯与
"善"等同。

二　《左传》之解论释

其实，《文言传》和《左传》对"元"的释义除了"善"外还有
"长"。《文言传》云："元者，善之长也……君子体仁足以长人……"②
《文言传》在解释"元"时不仅提到"善"，还两度提到"长"。过去我

---

① 阮元校刻《十三经注疏·春秋左传正义》卷三〇，第 1942 页。
② 阮元校刻《十三经注疏·周易正义》卷一，第 15 页。

们把前一个"长"理解为善的程度，意为最善，或善之大，现在看来似乎不对。"善之长"实际上应指居于上位的"善"，即大人之善。"长"有君长、首领之意，《孟子·梁惠王下》："君行仁政，斯民亲其上，死其长矣。"① 司马相如《喻巴蜀檄》："南夷之君，西僰之长，常效贡职，不敢怠堕。"② 而"元"亦含有"君"义。《广雅·释诂一》："元，君也。"③ 所以，这个"长"不是指道德，而是指人所处的地位，故《左传》的版本中又有"元，体之长也……"孔颖达《春秋左传正义》疏曰："于人则谓首为元。元是体之长。"④ "首"居身体之上位，所以"善之长"当引申为行善之君长。君长之"长"作动词时意为统率、统治。《国语·周语下》："晋闻古之长民者，不堕山，不崇薮，不防川，不窦泽。"⑤ 三国魏嵇康《太师箴》："许由鞠躬，辞长九州。"故"体仁足以长人"⑥ 指的是做到仁义，就能够领导众人。因此，"元"不仅包含"善"，还含有"长"。为何如此作解呢？我们可以拿《左传》作为例证，《左传》中对"元"的释义共有三处。如果我们详加推敲，就会发现这三处均有道德上"善"和身份上"长"之含义，让我们首先回顾之前提到的穆姜解卦：

> 穆姜薨于东宫。始往而筮之，遇"艮"之八☶。史曰："是谓'艮'之'随'☲。'随'其出也。君必速出。"姜曰："亡。是于《周易》曰：'随，元亨利贞，无咎。'元，体之长也……体仁足以长人……今我妇人而与于乱。固在下位而有不仁，不可谓元……"⑦

穆姜在言及自身不可谓"元"时明确提到："固在下位而有不仁，不可谓元。"也就是说，穆姜不为"元"，不仅仅是因为"不仁"，还因

---

① 阮元校刻《十三经注疏·孟子注疏》卷二下，第 2681 页。
② 司马迁：《史记》卷一一七，第 3044 页。
③ 王念孙：《广雅疏证》卷一上，北京：中华书局，1983 年，第 5 页。
④ 阮元校刻《十三经注疏·春秋左传正义》卷三〇，第 1942 页。
⑤ 徐元诰：《国语集解》，第 92—93 页。
⑥ 鲁迅辑校《嵇康集》，北京：朝阳出版社，2018 年，第 117 页。
⑦ 阮元校刻《十三经注疏·春秋左传正义》卷三〇，第 1942 页。

"固在下位"，即违反了孔子所谓的"不在其位，不谋其政"的原则。①换言之，要做到"元"，不仅要仁德，而且要居于正位。再来看《左传·昭公七年》卫灵公立位之筮例：

> 晋韩宣子为政，聘于诸侯之岁，婤姶生子，名之曰元。孟絷之足不良，能行。孔成子以《周易》筮之，曰："元尚享卫国主其社稷。"遇"屯"䷂。又曰："余尚立絷，尚克嘉之。"遇"屯"之"比"䷇。以示史朝。史朝曰："'元亨'，又何疑焉？"成子曰："非长之谓乎？"对曰："康叔名之，可谓长矣。孟非人也，将不列于宗，不可谓长。且其繇曰'利建侯'。嗣吉，何建？建非嗣也。二卦皆云，子其建之。康叔命之，二卦告之，筮袭于梦，武王所用也，弗从何为？弱足者居，侯主社稷，临祭祀，奉民人，事鬼神，从会朝，又焉得居？各以所利，不亦可乎？"故孔成子立灵公。②

当孔成子以《周易》择嗣君人选时，史朝用"屯"卦初九爻解之："'元亨'，又何疑焉？"成子问道："非长之谓乎？"也就是说，孔成子以为，"元"就是为"长"，于此卦中意为众子中地位最高的"长子"。而史朝回答："康叔名之，可谓长矣。"也是借康叔名之来表达"元"的尊贵地位。由上可见，在春秋时人的传统观念里，"元"确实有表示地位的"长"意。此外，这一含义还可见于《左传·昭公十二年》南蒯之筮：

> 南蒯之将叛也，其乡人或知之，过之而叹，且言曰："恤恤乎，湫乎，攸乎！深思而浅谋，迩身而远志，家臣而君图，有人矣哉！"南蒯枚筮之，遇"坤"䷁之"比"䷇，曰："黄裳元吉。"以为大吉也，示子服惠伯，曰："即欲有事，何如？"惠伯曰："吾尝学此矣，忠信之事则可，不然必败。外强内温，忠也。和以率贞，信也。故曰'黄裳元吉'。黄，中之色也。裳，下之饰也。元，善之长也。中不忠，不得其色。下不共，不得其饰。事不善，不得其极。外内

①　阮元校刻《十三经注疏·论语注疏》卷八，第2487页。
②　阮元校刻《十三经注疏·春秋左传正义》卷四四，第2051页。

倡和为忠，率事以信为共，供养三德为善，非此三者弗当。且夫《易》，不可以占险，将何事也？且可饰乎？中美能黄，上美为元，下美则裳，参成可筮。犹有阙也，筮虽吉，未也！"①

南蒯欲叛季孙氏，占筮遇"坤"之"比"，以"坤"卦六五爻"黄裳元吉"解之，以为大吉。而子服惠伯则说："黄，中之色也。裳，下之饰也。元，善之长也。中不忠，不得其色。下不共，不得其饰。事不善，不得其极。"在子服惠伯看来，"黄""裳""元"象征三种地位，身居高位的君长要做到"善"，居于中位的卿大夫要做到"忠"，处在下位的臣仆要做到"恭"，如此方吉利。所以他说："中美能黄，上美为元，下美则裳"，"元"为"上美"，即"居于上位且德行善美"，南蒯为"费邑宰"，不得上位，又欲叛，不能继续恭敬地作下饰之裳，即如孔颖达《春秋左传正义》所云："身体之下，犹名位之下，为下不共，则不得其裳之饰也。"② 故言南蒯不得吉。

除以上三例之外，《左传》中还有一例旁证，同样表明"元"具有"长"义，见《左传·哀公九年》阳虎之筮：

> 晋赵鞅卜救郑，遇水适火，占诸史赵、史墨、史龟。史龟曰："是谓沉阳，可以兴兵。利以伐姜，不利子商。伐齐则可，故宋不吉。"史墨曰："盈，水名也。子，水位也。名位敌，不可干也。炎帝为火师，姜姓其后也。水胜火，伐姜则可。"史赵曰："是谓如川之满，不可游也。郑方有罪，不可救也。救郑则不吉，不知其他。"阳虎以《周易》筮之，遇"泰"▤▤之"需"▤▤，曰："宋方吉，不可与也。微子启，帝乙之元子也。宋、郑，甥舅也。祉，禄也。若帝乙之元子归妹，而有吉禄，我安得吉焉？"乃止。③

赵鞅欲攻宋救郑，阳虎筮《周易》，遇"泰"之"需"，以"泰"

---

① 阮元校刻《十三经注疏·春秋左传正义》卷四五，第 2063 页。
② 阮元校刻《十三经注疏·春秋左传正义》卷四五，第 2063 页。
③ 阮元校刻《十三经注疏·春秋左传正义》卷五八，第 2165 页。

卦六五爻"帝乙归妹以祉，元，吉"①解之："宋方吉，不可与也。微子启，帝乙之元子也。"我们知道，微子启为帝乙长子，宋国的始封君，此处称帝乙之元子，可见"元""长"在该语境下同义。另外，阳虎虽没有直接解释"元，吉"之"元"，但他将"泰"卦六五爻解释为："若帝乙之元子归妹，而有吉禄"，省去了"吉禄"前的主语，从上下文看显然是指"帝乙之元子"，亦即"宋国"有"吉禄"。所以，此处省去"元，吉"之"元"是因为这个"元"就是指代"帝乙之元子"。

从以上《左传》的筮例中，我们确实可以看出《周易》中"元"所包含的"善""长"两层含义。那么，为何《周易》中的"元"会有"善"义，兼有"长"义呢？其实二者并不矛盾，在周人的观念中，身份尊卑往往与德行密切相关，只有德行广大才能位居高位，或者说身居高位者必须广施仁德方能永葆福禄。如上古传说中的尧舜禹统有天下，无不是因德禅让。同时，文王革命也是因德取得天下，如《诗·周颂·维天之命》："维天之命，於穆不已。於乎不显！文王之德之纯。"②所以，在《左传》看来，《周易》中的"元"，讲的是德位合一，不但是道德要求，同时也是身份限定。当占筮者占遇带有"元"卦爻辞时，不仅要内省自身是否做到"善"，还需审视自己是否处于"长"的地位，只有二者兼具，方得吉利。《中庸》所谓"虽有其位，苟无其德，不敢作礼乐焉；虽有其德，苟无其位，亦不敢作礼乐焉"，③即强调德、位兼备，因此，"元吉""元亨"前提针对的是德高望重、身居正位的君子，这也很好解释了为何《周易》中有些吉、亨前面有"元"，有些却没有。

三 卦爻辞验证

以上我们主要从《左传》的筮例中找到释"元"的依据。那么《左传》的解释是否周延，还需带入具体的卦爻辞逐一检验。"元"在《周易》卦爻辞中共出现 26 次，为便于清晰分析，兹统计列表 6-1 如下。

---

① 阮元校刻《十三经注疏·周易正义》卷二，第 28 页。
② 阮元校刻《十三经注疏·毛诗正义》卷一九一，第 583—584 页。
③ 阮元校刻《十三经注疏·礼记正义》卷五三，第 1634 页。

表6-1 《周易》卦爻辞中的"元"

卦名	卦辞	爻辞
乾	元，亨，利；利贞	
坤	元，亨，利牝马之贞。君子有攸往，先迷，后得主，利。西南得朋，东北丧朋。安贞，吉	六五：黄，裳，元；吉
屯	元，亨；利贞。毋用有攸往，利建侯	
讼		九五：讼，元，吉
比	吉；原筮，元，永贞，无咎。不宁方来，后夫凶	
履		上九：视履考祥，其旋元，吉
泰		六五：帝乙归妹以祉，元，吉
大有	元，亨	
随	元，亨；利贞，无咎	
蛊	元，亨。利涉大川，先甲三日，后甲三日	
临	元，亨；利贞。至于八月有凶	
复		初九：不远，复，无祗悔，元，吉
无妄	元，亨；利贞。其匪正，有眚，不利有攸往	
大畜		六四：童牛之牿，元吉
离		六二：黄离，元吉
睽		九四：睽孤，遇元夫，交孚，厉，无咎
损	有孚，元，吉，无咎，可贞，利有攸往。曷之用？二簋可用享	六五：或益之，十朋之龟弗克违，元吉
益		初九：利用为大作，元，吉，无咎
		九五：有孚，惠心，勿问。元，吉。有孚，惠我德
萃		九五：萃有位，无咎。匪孚；元，永贞，悔亡
升	元，亨；用见大人，勿恤；南征，吉	
井		上六：井收，勿幕。有孚，元，吉
鼎	元，吉，亨	
涣		六四：涣其群，元，吉；涣有丘，匪夷所思

资料来源：阮元校刻《十三经注疏·周易正义》。

以下我们将对表 6-1 的卦爻辞逐一进行分析。①

1. 乾，元，亨，利；利贞

卦辞"元，亨，利；利贞"，是说刚健，若能居于正位，广施仁善，就能亨通，利于贞定而不争。② 《彖传》："大哉乾元，万物资始，乃统天。云行雨施，品物流形。大明始终，六位时成，时乘六龙以御天。乾道变化，各正性命，保合大和，乃利贞。首出庶物，万国咸宁。"从《彖传》来看，乾卦"统天"，身居高位，又"大明始终……保合大和"，是为善之至。因而将"元，亨"解读为仁义之君必得亨通是符合《彖传》主旨的。

2. 坤，元，亨，利牝马之贞；君子有攸往，先迷，后得主，利。西南得朋，东北丧朋。安贞，吉

与乾卦刚健不同，坤卦讲求柔顺。坤卦卦辞为何会有居于上位之"元"？因为"乾""坤"为《周易》之门户，"乾""坤"衍生八卦，在诸卦中地位最高，《说卦传》就云："乾为父，坤为母。"乾、坤同为至善之卦。坤卦《彖传》曰："至哉坤元！万物资生，乃顺承天。坤厚载物，德合无疆。含弘光大，品物咸亨……"其实，坤卦主旨柔顺，不仅讲人臣顺从于上，也讲君王礼贤于下。所以，坤卦"元，亨"讲的是仁君之道，即居于上位要仁善，礼贤下士就能亨通。马王堆帛书《衷》篇云："东北丧崩（朋），西南得崩（朋），求贤也。"③ 而"利牝马之贞；君子有攸往，先迷，后得主，利"讲的是人臣之事，如牝马般投奔顺从仁主自然得吉。这一思想在六五爻中更得体现。

　　　　六五：黄，裳，元；吉。

如前文所引《左传》："黄，中之色也。裳，下之饰也。元，善之长也。""黄""裳""元"代表了三种不同的等级，位于中下位要做到

---

① 　以下《周易》经传未作特殊说明皆引自中华书局 1980 年版阮元校刻《十三经注疏》本。

② 　"元亨利贞"之"贞"诸家解释甚多，廖名春先生将其解释为"贞固"，置于诸卦皆通，其义见长。见廖名春《〈周易·乾〉卦新释》，《社会科学战线》2008 年第 3 期。

③ 　廖名春：《马王堆帛书周易经传释文》，杨世文等编《易学集成》第 3 卷，第 3039 页。

"谦顺"，马王堆帛书《二三子》："……兼（谦），'黄、裳'近之矣。"①而在上者要做到"元善"，礼贤下士，故而"中美能黄，上美为元，下美则裳"，上下融洽，各司其职，这样的局面自然堪称吉利。

3. 屯，元，亨；利贞。毋用有攸往，利建侯

"屯"是讲面临草创艰难，利于分封建侯团结做事。孔颖达《周易正义》云："世道初创，其物未宁，故宜利建侯以宁之。"那么，从原义上讲，何人有能力建侯？必然是天子或国君这样身份的人。所以为人君若能够积极行善，广资辅助，必然得吉。

4. 讼，九五：讼，元，吉

讼卦讲的是争讼。那么讼卦九五爻为何称"元，吉"？其九五爻《象传》曰："'讼，元，吉'，以中正也。"这里《象传》所指代的对象当然不是各持己意的争执双方，显然是指不偏不倚持守"中正"的仲裁者。在争讼中，仲裁人处于尊位，若能够做到公正裁决，自然获得吉利。

5. 比，吉；原筮，元，永贞，无咎。不宁方来，后夫凶

"比"是讲要与人亲比，但这个想要亲比的不是一般人，是要达到"不宁方来，后夫凶"的首领，因而这个"元"是指仁君，即既要有威望，又要有仁德，永久保持，才能四方服顺。《象传》曰："比，吉也，比，辅也，下顺从也……'不宁方来'，上下应也……"又《大象传》云："比，先王以建万国，亲诸侯。"均可证此意。

6. 履，上九：视履考祥，其旋元，吉

履卦主旨是小心行走。"视履考祥"是说"看看过去的行为，考察吉凶的征兆"，②但需要说明的是，"其旋元"颇难理解，传统上将"旋"训为"返"。孔颖达《周易正义》云："'其旋元吉'者，旋谓旋反也。"但若"其旋元"理解为返复于"善"，似乎说明现在"不善"，所以要返回以前，这于理不合。按爻位之说，如黄寿祺说："此句承前句意，说明上九居乾极，能转身下应兑三，为刚能返柔、履能守谨之象，故获吉至大。"③这一解释又过于迂曲，扞格难通。疑"旋"当释为本义，

---

① 廖名春：《马王堆帛书周易经传释文》，杨世文等编《易学集成》第3卷，第3025页。
② 廖名春：《周易经传十五讲》（第2版），北京：北京大学出版社，2012年，第78页。
③ 黄寿祺、张善文：《周易译注》卷二，第72页。

《说文》："周旋，旌旗之指麾也。"① 徐锴《说文解字系传》云："朳、匹为旋，人足随旌旗也。"② "旋"作动词最初可能表示旋绕在麾下。军队往往以旌旗作为前进的方向。《左传·成公二年》："师之耳目，在吾旗鼓，进退从之。"③ 而"元"作为仁善的首领，即为"指麾"的引申。"其旋元"解释为追随有德的首领，可得吉利，似乎更为通顺。

7. 泰，六五：帝乙归妹以祉，元，吉

帝乙归妹以祉。帝乙下嫁公主以福佑之。双方首领结亲，做到真挚仁善，自得吉祥。

8. 大有，元，亨

大有卦象征大获所有，若身居尊位，不居尊自傲，柔善公正待下，可得亨通。《彖传》曰："'大有'，柔得尊位大中，而上下应之曰大有。其德刚健而文明，应乎天而时行，是以元，亨。"

9. 随，元，亨；利贞，无咎

"随"卦上文引《左传》穆姜之言已释之。兹不复赘述。

10. 蛊，元，亨。利涉大川，先甲三日，后甲三日

"蛊"卦讲拯弊治乱的问题。能整治朝纲的必定是有德的掌权之人，《彖传》云："……元亨而天下治也……"君子居临高位，仁义施政，自然天下大治。故《象》曰："蛊，君子以振民育德。"

11. 临，元，亨；利贞。至于八月有凶

临卦义为"监临"，金文如人俯视之形。"临"卦象征统治者居高临下，若能做到善政，就能使天下臣民无不有惧，皆为服顺。帛书《衷》篇云："林之卦自谁不无瞿（惧）。"④ 又《象传》曰："临，君子以教思无穷、容保民无疆。"

12. 复，初九：不远，复，无祗悔，元，吉

复卦讲的是阳刚回复。初九爻意为，走得不远，及时回复，没有灾祸悔恨，若仍能身居正位，及时行善，可得吉利。

---

① 许慎：《说文解字》卷七上，第137页。
② 徐锴：《说文解字系传》卷一三，第139页。
③ 阮元校刻《十三经注疏·春秋左传正义》卷二五，第1894页。
④ 廖名春：《马王堆帛书周易经传释文》，杨世文等编《易学集成》第3卷，第3037页。

13. 无妄，元，亨；利贞。其匪正，有眚，不利有攸往

无妄，为何做到"元"，就能亨？《彖》曰："无妄，刚自外来而为主于内。动而健，刚中而应，大亨以正，天之命也……"又《象》曰："……先王以茂对时，育万物。"皆强调要居正位，行善政。

14. 大畜，六四：童牛之牿，元吉

六四爻爻辞"童牛之牿"之"童"当依廖名春先生意见，为去尽、脱光之义。"童牛之牿"就是去尽、脱尽牛的笼口。① 人对牛来说处于尊位，去掉牛之笼口，使牛获得解放，故因行善而得吉。

15. 离，六二：黄离，元吉

离是明亮之意。"黄"上文已提到，是指"中之色也"。所以"黄离"是说朝臣有明德，能够尽心辅佐，那么仁善的君主理当得吉。故《象》曰："黄离，元，吉，得中道也。"即《左传》中所谓的"中美能黄"，中而得忠。

16. 暌，九四：暌孤，遇元夫，交孚，厉，无咎

暌卦九四爻是说遇到暌违困境之时，遇到居于上位仁德之人，能够交信，得其点拨提携，虽目前状况糟糕，但已朝好的趋势发展，所以也无咎害。

17. 损，有孚，元，吉，无咎，可贞，利有攸往。曷之用？二簋可用享

损卦是讲减损之道，为何居于上能得吉？因为《彖传》载："损，损下益上，其道上行。损而有孚，元，吉，无咎……"即意为在上的统治者有仁德，能够自除癝症，可以为吉。

六五：或益之，十朋之龟弗克违，元吉

六五爻辞是说上天赠我价值十朋的大宝龟，若能身居正位，善为处理，就能受之无愧，得到吉利。《象》曰："六五'元吉'，自上佑也。"《正义》云："'自上佑'者，上谓天也。"

18. 益，初九：利用为大作；元，吉，无咎

"益"卦主旨为增援、帮助。初九爻爻辞意思是有德之君增援帮助

---

① 廖名春：《周易经传十五讲》（第2版），第94页。

贤能，利用他们去实践大作为，便能获得吉利而没有咎害。这些居于下位的贤能，本有所能而无法施展，受到仁善之君的提携，必将感恩戴德。故《象》曰："'元，吉，无咎'，下不厚事也。"

九五：有孚，惠心，勿问。元，吉。有孚，惠我德

九五爻"问"读为"闻"，① 整句是说，做到诚信，遍施仁义，不追求闻名，居尊有德之君就能吉利。对人诚信，人就会回报以恩情。《程传》云："人君至诚益于天下，天下之人，无不至诚爱戴，以君之德泽为恩惠也。"②

19. 萃，九五：萃有位，无咎。匪孚；元，永贞，悔亡

"萃"卦九五爻意为，身居高位，以此作为汇聚能人的手段虽没有咎害，但未能取信于众，若能永久保有正位，广施仁德，做到"元"，悔恨就会消亡。孔颖达《周易正义》云："夫修仁守正，久必悔消，故曰：'元，永贞，悔亡。'"③

20. 升，元，亨；用见大人，勿恤；南征，吉

升卦讲的是上升的过程。身居正位的君子做到善，就能亨通。有利于受到大人提拔重用，无须疑虑，向南征讨，获得吉利。

21. 井，上六：井收，勿幕。有孚，元，吉

"井"卦上六爻爻辞是说，水井治理完成，不要遮盖井口。只要有诚信，居尊的仁君就会获得吉利。这里为何会有居尊之"元"，因为《象传》曰："元，吉在上，大成也。"

22. 鼎，元，吉，亨

按《周易》两两相对、非覆即变的原则，"鼎"卦与之前的"革"卦相对，"革"卦是讲革命，"鼎"则是讲革命成功后的稳定、巩固，所以仁善居正之君能够获得吉利，亨通。所以《象传》曰："……鼎。君子以正位凝命。"

---

① 　廖名春：《周易经传十五讲》（第 2 版），第 114 页。
② 　程颐：《伊川易传》卷三，文渊阁四库全书本。
③ 　阮元校刻《十三经注疏·周易正义》卷五，第 58 页。

23. 涣，六四：涣其群，元，吉；涣有丘，匪夷所思

"涣"本字当作"奂"，指文采焕然。① 六四爻爻辞"涣其群"是说使其群朋文采焕美，那么居中的首领受周边文焕贤才所助，可得吉利。《吕氏春秋·恃君览·召类篇》所引史墨解《易》曰："'涣其群元吉'者，其佐多贤也。"②

综上，我们将《周易》中出现的"元"解释为"善、长"，并逐一带到卦爻辞进行验证，不但均可释通，且多与《彖》《象》二传相合。故在《左传》看来，"元"是"亨"或"吉"的条件，既从德行上进行限定，也从身份上进行定义。这一解释是十分贴切的，不仅文通字顺，也符合《周易》行善守正的儒家思想。

第二节　东周史体的分衍与融合

作为史书的外在形态，史体与史著相伴而生。中国古代史学历来十分重视史体的分类与总结，如《隋书·经籍志》将史书体裁分为十三类，《四库全书总目》又将之分为十五类。在史评方面，"刘勰、刘知几、胡应麟和章学诚等都对史书编纂体裁做过系统的理论阐述，体现了传统历史编纂学的理论自觉意识"。③ 近代百年以来，中国史学史研究获得了长足发展，有关史书体裁的研究论著更是层出不穷。这些研究不仅指明了中国古代史体的多姿多彩，而且也注意到不同史体之间并非判若鸿沟、泾渭分明，而是彼此关联、相互影响。④ 纵观中国古代史体的演变轨迹，史体的相互作用滥觞于东周时期。东周是中国古代历史上的大变革时期，也是中国古代史学从幼年走向成熟的关键时期。这不仅体现在史书内容、思想等内在方面，也体现在史书外在的体裁上。东周史书在体裁上多有创新，"已初步出现了多种体裁的历史撰述"，并且"多种

---

① 廖名春：《周易经传十五讲》（第 2 版），第 134 页。
② 许维遹：《吕氏春秋集释》卷二〇，北京：中华书局，2010 年，第 562 页。
③ 汪高鑫：《中国传统历史编纂学的发展路径——以史书编纂体裁为中心的考察》，《河北学刊》2021 年第 5 期。
④ 白云：《史书体裁研究的回顾与展望》，《中国史研究动态》2001 年第 3 期；姜萌：《范式转移与继往开来：中国史学史研究一百年》，《清华大学学报》（哲学社会科学版）2020 年第 2 期。

体裁之综合运用的初步尝试也开始出现了"。① 东周史体的这一革新究竟是如何产生的？由于过去先秦史籍匮乏，有关东周史学的研究著论尚未深入探讨这一问题。随着近年来出土文献的涌现，我们掌握了更多东周史著与史类文献，从而能够由点到面地了解当时史学的发展面貌。本书即结合传世与出土文献，论述东周各类史体的关联，认为史体的分衍与融合是东周史学变革的一个重要特征，它对东周史体的多样性及多种史体的综合运用产生了极为重要的影响。

一 东周史体的历时演变：史体分衍

尽管先秦尚未有诸如纪传体、编年体、纪事本末体等史体概念，但古人很早就开始依体分类。《汉书·艺文志》云："左史记言，右史记事，事为《春秋》，言为《尚书》。"② 虽然学界对"左史记言，右史记事"尚有争议，但可以肯定，记言、记事是较早的历史记载形式。③《左传·昭公十二年》记载楚灵王称赞左史倚相"能读《三坟》《五典》《八索》《九丘》"。④ 虽然《三坟》《五典》《八索》《九丘》的真实样貌至今仍众说纷纭，但其中一些很可能是上古时期不同体裁的历史档案或文献。⑤

虽然先秦资料稀缺，史体种类难以历数，但根据一些材料可以推测周代史体的主要类别。如《国语·楚语上》记载申叔时曾言及《春秋》《世》《语》《故志》《典训》等，⑥ 这些名称由来已久，最初有着固定的书写格式，广义上亦可泛指各种史体。经过东周变革之世，它们受当时社会与学术环境的影响而加速演变，突破原有体式的限制，分衍出各类新体裁或新形态。⑦

---

① 瞿林东：《中国史学史纲》，北京：北京师范大学出版社，2010 年，第 96 页。
② 班固：《汉书》卷三〇，第 1715 页。
③ 瞿林东：《中国史学史纲》，第 28 页。
④ 阮元校刻《十三经注疏·春秋左传正义》卷四五，第 2064 页。
⑤ 如贾逵云："'三坟'，三王之书；'五典'，五帝之典；'八索'，八王之法；'九丘'，九州亡国之戒。"阮元校刻《十三经注疏·春秋左传正义》卷四五，第 2064 页。
⑥ 徐元诰：《国语集解》卷一七，第 485 页。
⑦ 当时存在一些难以被后世严格史体标准界定的历史叙事形态，它们显然也深刻影响了东周史体的发展，所以本书也将之纳入讨论范围。

例如，我们从司马迁《史记·十二诸侯年表》中可以看到春秋编年体的分衍：

> 是以孔子明王道，干七十余君，莫能用，故西观周室，论史记旧闻，兴于鲁而次《春秋》，上记隐，下至哀之获麟，约其辞文，去其烦重，以制义法，王道备，人事浃。七十子之徒口受其传指，为有所刺讥褒讳挹损之文辞不可以书见也。鲁君子左丘明惧弟子人人异端，各安其意，失其真，故因孔子史记具论其语，成《左氏春秋》。铎椒为楚威王傅，为王不能尽观《春秋》，采取成败，卒四十章，为《铎氏微》。赵孝成王时，其相虞卿上采《春秋》，下观近势，亦著八篇，为《虞氏春秋》。吕不韦者，秦庄襄王相，亦上观尚古，删拾《春秋》，集六国时事，以为八览、六论、十二纪，为《吕氏春秋》。及如荀卿、孟子、公孙固、韩非之徒，各往往捃摭《春秋》之文以著书，不可胜纪。①

这段文字不仅记述了《春秋》《左传》《铎氏微》《虞氏春秋》等书的成书背景，实际上也暗含了编年体逐渐分化出其他史体的过程。在司马迁看来，编年体的变革发源于孔子。《春秋》虽"遵鲁史之遗文"，② 但经过孔子"约其辞文，去其烦重"，在叙事上已开始注重事件记录的连续性，突破了编年体史书最初分散记事的局限。③ 但如果说孔子所修《春秋》还大部分保留旧有编年体结构的话，那么，《左传》则进一步摆脱原始体裁的束缚，虽仍以编年为主，却兼具了纪传体和纪事本末体的部分特征，呈现编年体演进的新面貌。④ 而抄撮、删拾《左传》而来的《铎氏微》《虞氏春秋》更彻底打破了编年体结构。尽管二者皆已失传，但我们仍能大致推测其体裁。白寿彝说："《虞氏春秋》可能是用史事类编的形式写的，每一篇名似即表示某一类的史事。《铎氏微》可能是用

---

① 司马迁：《史记》卷一四，第509—510页。
② 浦起龙释《史通通释》卷一，第7页。
③ 许兆昌：《〈系年〉、〈春秋〉、〈竹书纪年〉的历史叙事》，上海：中西书局，2015年，第306—307页。
④ 马卫东：《〈左传〉叙事成就与中国古典史学的诞生》，《社会科学战线》2020年第8期。

纪事本末的形式写的，也可能是用史事类编的形式。"① 可以肯定的是，《铎氏微》《虞氏春秋》虽脱胎于《左传》，但已从《左传》中分化出另一种新体裁。

编年体的可塑性同样受到诸子的关注，他们亦对编年体进行改造，进而衍生出一种叙事新形态。从"荀卿、孟子、公孙固、韩非之徒，各往往捃摭《春秋》之文以著书"中可见，子、史关系极为密切，不少诸子作品亦是从史学中派生出来的，② 故其体裁依稀可见脱胎于编年体的痕迹。如《吕氏春秋》《晏子春秋》等之所以被司马迁称为"春秋"，很可能不仅在于它们具有类同《春秋》以史道义、以史说理的创作目的，还因为它们的体裁具有编年体的某些特征。比如《吕氏春秋》仿照《春秋》体例"以十二月令为纪首言之"。又如《晏子春秋》不少内容可能出于《齐春秋》，③ 全书虽无确切编年，但整体结构仍保留着编年体的孑遗。银雀山汉简《晏子春秋》的发现，更证明传世本的史体结构早已有之，并非经后世传抄才形成。④ 故而有学者推测《晏子春秋》在刘向以前是以晏子一生经历先后编排，即便在经刘向整理过的文本中，有些篇章仍以晏子的经历先后为序。⑤ 这些子书虽非严格意义上的史书，但如果从更宏大的史体视角来看，亦可视为一种历史书写的新形式，同样影响了当时史体的革新与发展。

综上，从史体发展的角度看，《十二诸侯年表》清晰地勾勒出编年体的一条分衍轨迹。受官学下移与孔子作《春秋》的影响，从《春秋》到传体史著，再到各类"微"体史籍和诸子史作，古老的编年体在东周广泛的传抄与改编中逐渐分化、衍生出各类新史体与新形态。

在目前可见的资料中，除编年体史著之外，"世"体、"书"体史籍亦发生类似演变。"世"这一体裁起源很早，从殷墟王卜辞到西周青铜器史墙盘、逨盘等铭文，我们都可以看到诸多相关材料。此类文献皆以

---

① 白寿彝：《白寿彝文集》第 4 卷，开封：河南大学出版社，2008 年，第 34 页。
② 吴国武：《周秦诸子书多出于国史、家乘论》，《古籍整理研究学刊》2005 年第 4 期。
③ 如清代孙星衍说："《孔丛子·顺说》及《风俗通》疑其文出于齐之《春秋》……虽无年月，尚仍旧名。"孙星衍：《孙渊如先生全集·问字堂集》卷三，清嘉庆兰陵孙氏刻本。
④ 李天虹：《简本〈晏子春秋〉与今本文本关系试探》，《中国史研究》2010 年第 3 期。
⑤ 王绪霞：《晏子春秋成书考论》，博士学位论文，西北师范大学，2006 年，第 123 页。

时间为序，以姓氏血缘为纽带，以亲缘树谱为形式展开历史记述。正如陈璪所言："父子相继为世，世所自出为系，盖丁之则，知本原之所自。"① 然而，到了东周时，"世"体除延续旧传统之外，也衍生出一种新体式，其所记人物之间并没有血缘关系，而是具有某种相同特征。例如清华简（三）中收有一篇整理者题为《良臣》的古史作，依次记述了二十余位历代贤君及其对应的良臣：

> 黄帝之师：女和、蟜人、保侗。
>
> 尧之相舜，舜有禹，禹有伯夷，有益，有史皇，有咎囚。
>
> 唐有伊尹，有伊陟，有臣扈。②

有学者指出，简文行文"某某有（某某）"与"世"体常见套话"某生某"相类，可认定为"世"体文献发展而来的衍生文献。③ 虽然《良臣》延续"世"体格式，但它在体裁上有两点尤为值得关注：一是跳出了以往"世"体史著人物关系的局限，不再严格以血缘为纽带，而是依据才能与品行对人物进行排列；④ 二是在行文布局上将时代顺序与国别分域相结合，⑤ 即从黄帝至周成王以历史顺序排列，从晋文公至郑子产以国别编排。作为原有"世"体的变体，《良臣》让我们看到了"世"体的分衍。⑥

我们在"书"体文献中也发现了相似情况。"书"与"史"渊源颇深，"书"广义上可纳入史学考察范围，刘起釪说："所有《尚书》的较早篇章是夏、商、周三代统治者在政治活动中讲话的记录。"⑦ 除传世今文《尚书》与《逸周书》外，近年来随着出土文献的涌现，我们得见大量战国时期的"书"体及类"书"体文献，尤其是类"书"体，它

---

① 徐元诰：《国语集解》卷一七，第 485 页。

② 李学勤主编《清华大学藏战国竹简》（三），上海：中西书局，2012 年，第 157—158 页。

③ 杨博：《战国楚竹书史学价值探研》，第 50 页。

④ 郭丽：《清华简〈良臣〉文本结构与思路考略》，《山东理工大学学报》（社会科学版）2015 年第 4 期。

⑤ 李学勤：《新整理清华简六种概述》，《文物》2012 年第 8 期。

⑥ 靳宝：《简帛文献与中国早期史学史研究》，《中国史研究动态》2019 年第 5 期。

⑦ 刘起釪：《尚书学史》，北京：中华书局，1989 年，第 34 页。

们类似"书"体，但又不完全符合"书"体的定义，属于从"书"体
中分化出来的衍生体裁。如清华简《保训》曾被视作《尚书》的佚篇
而受到广泛关注。但随着讨论的深入，逐渐有学者认为《保训》成文
时代较晚，并非文王亲述，①与严格意义上的"书"体不符，应是由后
人借托"书"体进行的创作。又如上博简《鲍叔牙与隰朋之谏》记述了
鲍叔牙与隰朋向齐桓公进谏之事，②此篇文献非"书"体而更像"语"
体，但在追述殷武丁祭祀时，祖己对"有雄雉于彝前"的评论与《尚
书·高宗肜日》篇相似，故而有学者认为简文可能将《高宗肜日》内容
进行了改编，③使原来的"书"体结构发生了改变。

　　由上可知，随着东周官学下移与变革思潮的兴起，史学也迎来了重
大革新，史体分衍就是其中一个重要体现。原有史体出于不同创作目的，
在传抄中或分化出不同体裁，或衍生出不同形态，从而突破了旧有体裁
的局限，推动了各种史体的史书如雨后春笋般涌现。

二　东周史体间的共时作用：史体融合

　　史体分衍是东周史体多元化的突出表现，而史体融合则是史体分衍
的重要方式。比如清华简《良臣》从"世"体史著中分化而来，而造成
这一结果的是背后的史体融合。尽管《良臣》行文极为简略，却见有不
同史体的影子，所记人物起初按历史顺序排列，但从晋文公开始，则以
国别排列，这部分内容可能是吸收了当时国别体结构。另外，这些良臣
分属不同君主，又形成了以人物为专题的结构，似又具有纪传体的些许
特征。

①　刘光胜：《清华简与先秦〈书〉经传流》，《史学集刊》2012 年第 1 期；程浩：《"书"
　　类文献辨析》，《出土文献》2016 年第 1 期。

②　最初整理者将之分为《鲍叔牙与隰朋之谏》与《竞建内之》两篇，后经李学勤、陈剑
　　等学者研究，这两篇简文内容前后相连，应合为一篇。参见李学勤《试释楚简〈鲍叔
　　牙与隰朋之谏〉》，《文物》2006 年第 9 期；陈剑《谈谈〈上博（五）〉的竹简分篇、
　　拼合与编联问题》，简帛网，http://www.bsm.org.cn/?chujian/4424.html，2006 年 2 月
　　19 日。

③　刘信芳：《竹书〈鲍叔牙〉与〈管子〉对比研究的几个问题》，《文献》2007 年第 1
　　期；鲁家亮：《〈鲍叔牙与隰朋之谏〉与〈管子·戒〉对读札记》，《华中科技大学学
　　报》（社会科学版）2007 年第 3 期；杨博：《新出简帛文献与"书"类文献的历史书
　　写》，《东岳论丛》2019 年第 1 期。

史体融合最为典型的传世史籍当数《左传》。《左传》虽有意仿照《春秋》体例而作，但与当时一般的编年体史书有很大不同。如果细致分析《左传》的史体结构，会发现《左传》在编年体的框架中还包含着多元结构。例如有不少学者关注到《左传》纪事本末的叙事手法。① 如《左传·隐公元年》所载"郑伯克段于鄢"时间横跨数十年，但首尾连贯，内容完整。如果删除开头的"初"和末尾的"书曰"，拆分出来完全可以作为独立的故事。此类材料在《左传》中比比皆是，如"赵盾弑其君""重耳流亡""吕相绝秦""声子说楚""季札出聘"等历史记述，均是终始本末，首尾连贯。这也就意味着《左传》将编年体与纪事本末体两种史体进行了巧妙结合，使之在历史编纂中熔于一炉。

近年来大量出土文献的发现，也给我们提供了这两种史体融合的重要线索。如上博简（六）中有一篇名为《竞公疟》的史类文献，记载了晏子劝谏齐景公勿杀史、祝之事。此事亦见于《左传》，两者记事脉络相同，行文也大体相似。《竞公疟》内容完整连贯，最初很可能就是以单篇独立流行。余嘉锡指出古书"多单篇别行，不自编次"。② 由此观之，像《竞公疟》这样具有"具一事之本末"雏形的单篇记事文献在东周颇为流行，它们极易成为不同史体史著共同的史料来源。就《左传》而言，《左传》中一些史料很有可能源自这些记事史作，作者将它们改编融入编年体，从而造成《左传》具有纪事本末体的雏形。

作为目前所见内容最为丰富的东周史书，《左传》所吸收的当然远不止一种史体，而是广采各类史籍，从而能够使各类史体杂糅其间，融为一体。可再以《左传》所采"语"体文献为例予以阐述。《汉书·艺文志》言："左史记言，右史记事，事为《春秋》，言为《尚书》。"③ 尽管这句话历代争论很大，但它指出了早期史学的两大体类。从《春秋》可知，编年体史书原本确实很少有记言内容。然而，编年体发展到《左传》时，已可兼具记事与记言两种史体特征。《左传》存在大量记言内

<hr />

① 易平：《〈左传〉叙事体例分析——"每事自为一章"》，《南昌大学学报》（人文社会科学版）1983年第4期；李兴宁：《〈左传〉中的纪事本末体》，《中国文化研究》2006年第1期；张高评：《〈左传〉叙事见本末与〈春秋〉书法》，《中山大学学报》（社会科学版）2020年第1期。

② 余嘉锡：《古书通例》，第103页。

③ 班固：《汉书》卷三〇，第1715页。

容，甚至不少是大段的人物议论。过去不少学者认为《左传》记言内容大多与《国语》相似，认为《左传》编纂曾取材于《国语》。虽然这种说法仍有待进一步探讨，但《左传》采用了不少当时"语"体文献是可以确定的。目前出土了不少单篇"语"体史作，可知这些文献于当时流传甚广。《左传》吸收了大量"语"体文献，将之杂糅整合，使历史记述言事相兼。①

实际上，东周各类史体的融合是极其复杂的，并非单向的，而是多向的，即某一史体能够融入另一种史体，同时其自身也能够吸收别的史体。如上述"语"体能够融入编年体，同时"语"体本身也能够吸收其他史体，构建更为复杂的形态。早期"语"体史著记事极少，但到了东周时，"语"体文献不止于记言，亦开始吸收纪事本末体结构。如《国语》各篇叙事结构大多采用"背景+言语+结果"三段式或"背景+言语+小结果+大结果"四段式，② 20世纪70年代长沙马王堆帛书《春秋事语》和阜阳汉简《春秋事语》的发现，可以证明这种三段式、四段式的结构在战国末至汉初业已形成。如今随着清华简《越公其事》的公布，则完全可以证明"语"体吸收其他史体的现象至少在战国中后期就已出现。《越公其事》的体裁是很值得探讨的，因为其体裁虽属"语"体，但又非纯粹的"语"体。③

《越公其事》全篇七十五支竹简，原作者已将之分为十一章，可以分为勾践求和、勾践治国、勾践灭吴三大部分，④ 内容层层递进，环环相扣。《越公其事》每章并非只有人物对话或议论，而是皆有背景或结局的记述，甚至第四章、第七章、第八章、第九章几乎全部记事，第五章、第六章、第十章则是言、事兼备，比如，第五章记述了越王勾践归国后恢复农业生产的主要措施，从篇章结构上看，可明显分为三部分，内容除了劝农的具体过程外，还有背景与最终结果。可以说，这三段结构形成了一个有头有尾、细节丰富的完整叙事。当然，这种结构不独见于第五章，《越公其事》几乎每章都是一个完整的小故事。《越公其事》

---

① 夏德靠：《先秦语类文献形态研究》，北京：中华书局，2015年，第189页。
② 李佳：《〈国语〉研究》，第157—174页。
③ 李学勤主编《清华大学藏战国竹简》（七），第130页。
④ 李守奎：《〈越公其事〉与句践灭吴的历史事实及故事流传》，《文物》2017年第6期。

与《国语》内容存在异同，且全文句式并不统一，表明这些小故事有着不同的史料来源，其中很可能不仅有"语"体文献，亦有传记体文献、本末体文献，甚至有诸子文献，作者吸收这些史料，将之改编、整合到一起，形成了立场统一、结构分明的历史叙事。① 这也使之具备了多种史体特征，既有"语"体特点，也有纪事本末体的特征，在论述五政时亦有子书说理的风格。虽然我们根据《越公其事》整体的文本结构，将之视为"语"体史作，但事实上《越公其事》的体裁十分复杂，很难说属于纯粹的"语"体文献，甚至很难严格用某一史体去界定。这就是因为东周大量史著通常会围绕一个特定的历史主题，融合多种体裁。

当然，东周史体的融合并不意味着它们之间没有主次而丧失原有体裁的主体性。例如《左传》虽然吸纳了不同体裁的史料，具备多种史体特征，但它并不是简单拼凑这些史料，而是按照《春秋》体例进行了编整与加工，使之"具有首尾，不可以分剟"，② 因此我们仍认为其属于编年体史书。又如，《越公其事》诸多章节虽与严格的"语"体文献有所差异，但内容上使用了大量对话，语言上文辞华丽，双音节丰富，整体具有典型的"语"体特征，因而诸多学者认为其属"语"体也并无不可。也就是说，史体的融合并不是凌乱的"大杂烩"，而是围绕一个主要史体，兼收并蓄其他史体。就如同被称为"万园之园"的圆明园，虽然内建有不少欧式宫苑，在建筑艺术上，形成了中西合璧的独特风格，但就其整体建筑而言，仍不失为中式皇家园林的典范。

综上分析，东周史体的分衍给融合提供了丰富的素材，而史体的融合又推动了分衍进程。一方面，旧有体裁沿着自身发展道路继续演进，分化出与旧有体裁并存的新史体或新形态；另一方面，众多史体相互吸收与交融，从而能够在原有史体的基础上具备其他史体特征，更进一步地推动了东周史体的百花齐放。

三 东周史体分衍与融合的原因及影响

史体的分衍与融合使东周史学突破了过往历史书写的固有格式，形

---

① 黄爱梅：《〈越公其事〉的叙事立场及越国史事》，《社会科学战线》2020年第8期。
② 方苞：《方苞集集外文》卷四，《方苞集》，上海：上海古籍出版社，1983年，第613页。

成了体裁纷繁多样与多种体裁综合运用的新格局。那么，为何史体会在这一时期迎来井喷式发展？当然，我们宏观上可以笼统地用东周大变革的历史背景加以解释，即在中国文化发展的"轴心时代"，中国古代学术迎来巨大变革，史学受此影响，从外在形式到内在思想皆产生重要变化。然而，共性寓于个性之中，倘若深入探究，其中的原因可能要复杂得多。

从客观层面来说，东周史体的分衍与融合并不只是出于史著作者或编者的主观目的，而同样与特定时期的历史书写环境与古书成书方式密不可分。随着东周礼崩乐坏与私学兴起，过去政府档案、典藏史籍等官方文献逐渐散落于社会，成为可供当时各类知识分子采集与加工的公共资源，从而摆脱了官修史书的体式制约。比如清华简《良臣》的体裁很明显源自官方的世谱文献，但《良臣》记载的人物之间并无血缘关系，又与以往的"世"体明显不同。又如《战国策》虽以记言为主，但"比起《国语》来，它更善于把记言跟生动的叙事结合起来"，[①] 使其中不少篇章已具有"事语体"特征。[②] 可见，东周史体的分衍滋生出大量新体史作。而在这背后，各类史体相互吸收与融合，使这些史作杂糅了不同史体，又推动了自身史体的进一步分衍。古书的成书方式使这一进程产生了更为显著的叠加效果。先秦文献大都不是一次成形，往往是出于众手，经历多个阶段形成的。史籍或史类文献亦如此，因而它们或在传抄流传中不断删改附益，或又成为他人著史的史料来源。这样一个往复变化的过程使史体在历时分衍中不断被吸收与重组，从而形成融汇不同史体的复杂结构。比如，《左传》从最初编纂到最终成书"非成于一时"，书中不少内容的体例也有所差异。而这也恰恰证明了这些不同体式的内容是《左传》在编纂与流传中逐渐融入的。正因如此，尽管《左传》以《春秋》为纲编年叙事，但已与纯粹的编年体分散记事有所不同，而是顺叙、插叙、倒叙等多种叙事手法并用，形成"众星拱月"的板块结构，[③] 使重大的历史事件得以集中呈现。例如对城濮之战的记载就不是简单依照时间叙述，而是围绕城濮之战这条主线，把所有相关事件组合起来，集中编于僖公二十六年（前 634）到二十八年（前 632）的传文

---

① 瞿林东：《中国史学史纲》，第 88 页。
② 张阳：《先秦"语"体综说》，《郑州大学学报》（哲学社会科学版）2020 年第 5 期。
③ 夏继先：《〈左传〉叙事结构研究》，《河南社会科学》2012 年第 4 期。

中，从而使之具有纪事本末体的雏形。

从主观层面来看，尽管目前没有证据表明东周时人已产生对史体理论的思考，但新的创作目的与需求无疑有利地推动了史体革新。比如，为了突出史书的资政功能，解决当时不能尽观的问题，出现了一批"采取成败"的抄撮辑录本。杨宽认为，"所谓'上采《春秋》、下观近世'，就是要使得《春秋》适应'近世'政治上的需要而把史事分门别类地加以辑录"。① 可见，这些抄撮辑录本具有鲜明的创作目的，对母本的摘抄与改编经过了精心选择与重新编排。尽管新作品与母本在部分行文上存在相似或雷同，但原有的史体结构已经改变，由此衍生出"微"体史作。又如《竹书纪年》对社会巨大变动尤为关注，使之跳出了旧有编年体的范围，不仅"开编年记事之通史的先河"，② 而且在体例上比《春秋》灵活，有些写法并未严格按照"编年相次"的体式。③ 此外，受到了诸子学术潮流的影响，东周一些史作以阐发特定的思想理念为创作导向，不仅局限于历史记录与历史借鉴，更成为诸子说理的载体，于是叙事文本被拆分、重组成以历史议论为核心的新结构。像《晏子春秋》《战国策》这类亦子亦史的作品，正是编年体、"语"体融入子书结构的体现。可以说，史著体裁的形成与发展往往经历了一个从"用"到"体"的过程。东周史著创作的不同用途，推动了史体的分衍与融合，造就了丰富的史学形态。

要之，东周时期的历史书写环境与史著创作目的共同推动了史体的分衍与融合。值得深思的是，造成此结果并非出于史家的主观目的。对于当时的知识分子而言，体裁远不及内容受人关注。也可能正因如此，后世对于东周史体的研究也远不及史书笔法、史学思想等领域那样深入，但事实上，东周史体的分衍与融合给当时乃至后世史体的发展带来了极为重要的影响。

首先，东周史体的变革推动了一大批混合形态史作的诞生。可以清华简《系年》为例试作说明。《系年》是一部经过系统编撰的战国史著，分章记载了周初至战国初的重大历史事件。自公布以来，《系年》的体裁曾引起学界极大的关注与争论。最初，整理者以"篇中多有纪年，文

---

① 杨宽：《战国史》，第 719 页。
② 瞿林东：《中国史学史纲》，第 86 页。
③ 白寿彝主编《中国史学史》第 1 卷，第 158—159 页。

字体例与若干内容又近似西晋汲冢出土的《竹书纪年》",① 认为《系年》是一种编年体史书。② 不过,很快就有学者发现《系年》不但与传统编年体史书有显著差异,而且具备其他史体特征,由此提出了纪事本末体说③、故志体说④、事语体说⑤、"微"体说⑥、国别体说⑦等诸多观点。实际上,如果我们拿这些史体与《系年》比对,会发现各家所论皆有所据。如《系年》史事多有纪年,所记史事上起西周之初,下到战国前期,基本按历史由远及近叙事,从主体结构上看,确实符合编年体特征。同时,《系年》记史因事成篇、纪事本末,每章都可以作为一个完整的叙事内容,因而说它具备纪事本末体特点也未尝不可。此外,尽管《系年》并不一定是《铎氏微》,也并非《左传》的摘抄,但它与"采取成败"的"微"体史著体式相似,也与"使知废兴者而戒惧"的故志体相仿,极可能与这两类体裁颇有关联。再有,《系年》分篇记载多国史事,这与《国语》《战国策》结构近似,将之归属国别体也能说得通。然而,《系年》又很难严格说属于哪一种体裁,说它属于编年体,却又不完全像编年史那样"编年相次",不少章节开篇没有纪年,甚至第十四章、第十七至第十八章、第二十章在时间先后顺序上有错乱;说它属于纪事本末体,又与后世成熟完备的纪事本末体仍有一定差距;⑧ 说它属于"微"体,但因内容与《左传》互有异同,显然与《铎氏微》《虞氏春秋》这类抄撮《左传》而来的"微"体史作不完全相似。也就是说,《系年》是一种"似像似不像"体裁的史著,这也是引起各家争论的重要原因。如果我们抛开绝对的体裁标准,用多元史体的视角探究《系年》的形成,可以发现《系年》恰好是东周史体分衍与融合的产物。

---

① 李学勤主编《清华大学藏战国竹简》(二),第 135 页。
② 李学勤:《初识清华简》,《光明日报》2008 年 12 月 1 日。
③ 许兆昌、齐丹丹:《试论清华简〈系年〉的编纂特点》,《古代文明》2012 年第 2 期;廖名春:《清华简〈系年〉管窥》,《深圳大学学报》(人文社会科学版)2012 年第 3 期。
④ 陈民镇:《〈系年〉"故志"说——清华简〈系年〉性质及撰作背景刍议》,《邯郸学院学报》2012 年第 2 期。
⑤ 刘全志:《论清华简〈系年〉的性质》,《中原文物》2013 年第 6 期。
⑥ 陈伟:《清华大学藏竹书〈系年〉的文献学考查》,《史林》2013 年第 1 期。
⑦ 侯文学、李明丽:《清华简〈系年〉的叙事体例、核心与理念》,张富贵主编《华夏论坛》第 8 辑,长春:吉林文史出版社,2012 年。
⑧ 杨博:《裁繁御简:〈系年〉所见战国史书的编纂》,《历史研究》2017 年第 3 期。

作为通史的《系年》显然不是史官的原始记录，[①] 且从它与《左传》的内容异同可以看出其史料来源绝非单一。更值得注意的是，《系年》整体虽由楚文字书写，却存在不少三晋文字，有学者推测《系年》的母本可能来自晋国。[②] 那么，它从最初编纂到跨国传抄，最终形成我们今日所见的面貌，又定然经历了一个相对较长的历史过程。这样的成书背景使《系年》在参照编年体创作时，得以广泛取材各国的多元史料，[③] 从而很自然地融入不同史体，形成了独特的结构形态。

其次，东周史体的分衍与融合使得史籍较之以往叙事更为丰富，结构更为复杂。就我们目前掌握的资料来看，东周以前的"世"体史著结构简单，少有叙事，每位世系成员所用笔墨大都仅有寥寥数字，甚至难以成句。然而，到了东周之时，由于史体的分衍与融合，"世"体文献逐渐从早期片段式的世代记录走向复杂的历史叙事。这一点我们以清华简《楚居》来讨论。作为出土文献，《楚居》保留了战国文本的原貌，记述了历代楚君居住建都之地，近似《世本》的《居篇》。但《世本》的成书与流传极为复杂，如今仅存只言片语，难以探明其最初面貌，因而未经后世传抄改动的《楚居》无疑是东周此类史著的真实写照。《楚居》开篇便通过大段叙事讲述楚国族源，其中穿插了季连、鬻熊娶妻与楚人得名的故事，这些内容与楚国迁都甚至没有直接关系。更值得注意的是，《楚居》中的不少内容还具有一些纪事本末体的特征，如记述楚人祭祀"秎"和楚都"郢"的名称由来，两处记载都包含完整事件的前因后果，非常生动翔实，如果把上述内容摘取出来，也完全可以作为独立的故事。但这些故事并非割裂的，而是考虑到叙事的连贯性，皆在句首用了"至"一词，将楚王世代的迁都事迹整合成一个完整的叙事文本。

另外，关于楚国迁都的缘由，《楚居》大都有明确交代，如：

> 若敖起祸，焉徙居烝之野。
>
> 阖庐入郢，焉复徙居秦溪之上。

---

① 许兆昌、姜军：《试论〈春秋〉历史叙事的成就——兼论清华简〈系年〉的史料来源问题》，《史学月刊》2019年第1期。

② 李守奎、肖攀：《清华简〈系年〉文字考释与构形研究》，第294—299页。

③ 黄儒宣：《清华简〈系年〉的成书背景及相关问题考察》，《史学月刊》2016年第8期。

> 白公起祸，焉徙袭湫郢。
> 中谢起祸，焉徙袭肥遗。
> 邦大瘠，焉徙居郑郢。[①]

《楚居》对这些迁都背景的记述改变了以往"世"体文献"某人"居"某地"的简单书写结构，从早期链条式的世代记录向发散式的历史叙事转变。显然，正是由于不同体式的融入，《楚居》史体的复杂性是之前"世"体史著所不能比的。

此外，先秦史著最初大多以单篇形式流行。然而，伴随着东周史体的分衍与融合，这些文献经过传抄中的不断重组与聚合，逐渐形成"复合"结构。如我们虽可把《尚书》所有篇目划归"书"体，但其史体实际上是一个包含了典、谟、训、诰、誓、箴、诵、语等多种体裁的集合。幸运的是，从目前我们掌握的出土书体文献中，可以发现各种单篇"书"体文献走向聚合的迹象。比如清华简《赤鹄之集汤之屋》主要记载了伊尹奔夏的故事，有较浓厚的神话巫术色彩，不少学者将之归类为"小说家言"，其与传统《尚书》体裁显然有较大差异。但有学者指出，该篇与《尹诰》《尹至》同抄一卷，三者显然有紧密关系。根据竹简形制、简背刻画线、字体及文本内容，可以推知，清华简《赤鹄之集汤之屋》与《尹至》、《尹诰》组成了较为完整的历史叙事，不能排除是早期《尚书》文献的可能。[②] 可见，这三篇原本不同体式的文献经过创作者或传抄者的编纂与加工，组合为统一的叙事整体。当然，这组文献仅有三篇，所呈现的可能只是东周史类文献聚合的一个中间状态。可以想象，当更多不同体裁的文献，甚至篇组，围绕着同一个主题，融合成统一的史著时，宏大的历史叙事就在这样的复杂结构中诞生了。

因此，东周史体分衍与融合的第三个影响，即催生了更为宏大的历史叙事，表现为更高超的编纂手法、更宽广的叙事视野与更深刻的历史解释。我们目前所能见到东周以前的史类文献叙事结构是单一的，大都是依时间顺叙，而到了东周之时，由于各类史体的分化与杂糅，一些史

---

① 李学勤主编《清华大学战国竹简》（1），第 181 页。
② 于凯：《早期古史书写及其体例的流变与分衍——以近 40 年新发现涉史类简帛为中心》，《社会科学战线》2018 年第 10 期。

书开始打破常规，超越了记录单一事件的简单架构，使得相关叙事内容多线并举，各种叙事手法齐头并进，从而更为全面地展现了历史的多维面相。关于这点，《左传》显然是一个极佳的例子，如《左传》对晋楚城濮之战前后整个事件的记载就融合了多种史体，构建了城濮之战宏大的历史叙事。其中自然有作为主体结构的编年体，如《左传·僖公二十八年》：

> 夏四月戊辰，晋侯、宋公、齐国归父、崔夭、秦小子憖次于城濮。
> 甲午，至于衡雍，作王宫于践土。
> 五月丙午，晋侯及郑伯盟于衡雍。①

也有"语"体，如《左传·僖公二十七年》：

> 晋侯始入而教其民，二年，欲用之。子犯曰："民未知义，未安其居。"于是乎出定襄王，入务利民，民怀生矣，将用之。子犯曰："民未知信，未宣其用。"于是乎伐原以示之信。民易资者不求丰焉，明征其辞。公曰："可矣乎?"子犯曰："民未知礼，未生其共。"于是乎大蒐以示之礼，作执秩以正其官，民听不惑，而后用之。出穀戍，释宋围，一战而霸，文之教也。②

这件事记载了战前晋文公执政教民之事，如果割裂地看这段记载，它完全可以成为一个独立的"语"体文献，因而它很可能是由最初的"语"体文献改编而来。这段"语"体文本融入城濮之战的叙事整体，不仅是对晋国政治情况和战前准备工作的记述，更是晋文公能够称霸的原因探析。

此外，还有纪事本末体文本，如《左传·僖公二十八年》记载了这样一个预言故事：

---

① 阮元校刻《十三经注疏·春秋左传正义》卷一六，第 1825 页。
② 阮元校刻《十三经注疏·春秋左传正义》卷一六，第 1823 页。

初，楚子玉自为琼弁、玉缨，未之服也。先战，梦河神谓己曰："畀余，余赐女孟诸之麋。"弗致也。大心与子西使荣黄谏，弗听。荣季曰："死而利国。犹或为之，况琼玉乎？是粪土也，而可以济师，将何爱焉？"弗听。出，告二子曰："非神败令尹，令尹其不勤民，实自败也。"①

从这则故事开头的"初"来看，它原本也很可能是一个首尾完整的独立故事，与编年体并不相类，《左传》插入了一段子玉梦河神的预言故事，虽颇有神异意味，但令尹怜惜"琼玉""不勤民"的论断反映出楚国当政者的品行及楚国的内政状况，从而更全面地展现了城濮之战的前因后果与发展脉络。

作为《左传》整合不同史体的缩影，上述例子使《左传》在晋楚城濮之战的记述上有了不同维度的对比。在《左传》的多线叙事中，推动历史进程发展的因素不是唯一的，而是复杂的、多方面的。历史的走向是由主线及各种支线交织在一起，共同作用的结果。而这一宏大的历史叙事与深刻的历史解释，正是《左传》综合运用了多种体裁，进行连珠贯串的编排实现的。

显而易见，宏大叙事带来的一个显著影响是史书体量的增大。除去经文，《左传》传文近18万字。我们可以从现今发现战国竹简的规制看其卷帙规模。据贾连翔统计，战国竹简的长度主要为16—55厘米，通常情况下，55厘米简，按字距大小每简可容42—65字。② 假设以最极端的情况，取最大55厘米简长，最小字距，那么抄写一部《左传》需要近2800支简。如果以一般简长、字距推算，则需要大约4500支简！如此庞大的史书体量是前所未见的，远远超过了以往史著，这恐怕也正是在东周史体革新的背景下形成的。

当然，上述影响也极大地推动了后世史学的发展。比如，作为纪传体通史的开山之作，《史记》就是史体长期分衍与融合的积累与结晶。"司马迁在他的历史著述中，有意识地综合运用或自己创造出不同的体例

---

① 阮元校刻《十三经注疏·春秋左传正义》卷一六，第1826页。
② 贾连翔：《战国竹书形制及相关问题研究——以清华大学藏战国竹简为中心》，第149—150页。

形式，构建成一个有机整体"，① 形成了共计 130 卷，52 万余字的史学巨著，《史记》由此成为中国古代史学的丰碑。

综上所述，史体分衍是东周史体多元化的重要呈现，史体融合则是与之相伴随的动态过程。它们交织在一起，背后所折射的不仅仅是历史书写体裁的变革，更是中国古代史学从幼年走向成熟的重要表现之一。在东周时期，随着礼崩乐坏，旧有的史官史学衰落，无数史料流散于社会，原有史体受到新环境的影响，衍生出新体裁与新形态。同时，当时史著又在数代人的传抄、整理与增改中不断碰撞与交融，使得大量碎片式的历史文本重新聚合与整编，从而打破以往体裁的限制，开始出现多种体裁之综合运用，推动了史体的演变。这不仅为当时及后世史体的完善与成熟奠定了基础，更深层次地讲，也为历史书写赋予更多意义与价值。

---

① 白寿彝主编《中国史学史》第 2 卷，第 109—110 页。

结　语

　　本书在结合传世文献与出土新资料的基础上，深入分析《左传》的文献形成与历史书写，重构其创作成因、撰写过程与叙事特征等多维面相。

　　从古至今，《左传》文献问题一直是《左传》学领域的研究焦点。自汉代古文经学兴起以来，伴随着质疑和争论，相关研究著作可谓层出不穷，汗牛充栋。这些研究给我们提供了丰富参考资料，尤其是清代以后，许多研究视角广泛，考证细密，涉及预言故事、天文历法、风俗制度、语言用词等众多领域，这些研究时至今日仍非常值得重视。

　　从目前能够掌握的线索来看，相较于诸家各类假说，我们认为传统的说法仍最为可取，这不仅是因为它出自最早的记载，还因为它具有客观的合理性。

　　第一，左丘明在其时代已具备三个条件：一是这些史料在左丘明时代已然完备；二是在当时的历史环境下，这些史料已能够被左丘明接触到；三是身为史官的左丘明具备创作《左传》的素养。

　　第二，通过利用语言学的成果，尤其是那些加入出土资料的语言学成果，可以发现，《左传》的语言特征符合左丘明的时代特点。

　　第三，《左传》对鲁国传统的格外关注折射出《左传》作者对鲁国浓厚的情感，符合《左传》作者身为鲁人的书写心理。

　　第四，《左传》的思想与孔子的思想具有不少相通性，符合《论语》对左丘明的描述。

　　故从以上四点可见，传统的说法有其内在的理据。但是，从左丘明的年寿及古书的流传情况来看，《左传》并非完全由左丘明所作，它的编纂分为三个历史阶段。

　　（1）原始史料素材的写定。正是有了前人丰富的史料积累，而后才有《左传》宏大的篇幅内容。

　　（2）左氏家族编纂。左丘明是《左传》的立意者和最初编纂者。由于史官群体始终注重世代相守、家学传承，所以在左丘明之后，《左传》交由左氏族人继续编写，由左氏族人共同完成了《左传》的主体内容。

（3）后人的附益。《左传》在流传中，有后人附益增改的成分是必然的。但是，就目前的线索来看，这些增益改动对《左传》全文的影响是有限的。

鉴于《左传》的创作动机及最初的编纂工作来源于左丘明，他很可能被后世托名为《左传》的作者。这一命名符合古人的认知习惯，在这样的理解下，传统之说是可以成立的。

为了考察司马迁对于《左传》记载的准确性，本书重新审视了《左传》和《国语》的关系，认为确如司马迁所言，《国语》和《左传》均经左丘明之手。《国语》最初是由左丘明借用了一些之前撰写《左传》所搜集的原始史料，同时又网罗了一些新史料，将它们作了进一步加工，后又经后人的进一步搜集、整理、完善而成。虽然《国语》更多地保留了原始史料的体裁特征，但如果以创作动机与起始编纂时间比较，《国语》要晚于《左传》。除了传世材料，近些年日益增多的出土文献同样给我们了解《左传》的文本形成和史料来源提供了巨大的帮助。在与清华简《系年》的比对中，可以发现，《左传》《系年》虽然属于两个体系的史著，但由楚地书写的《系年》与《左传》在编纂上有着紧密联系，二者有诸多共同的史料来源。由于不少学者根据《系年》取材年代的下限，国君谥号的缺载，字体书写的特征，推断《系年》最可能成文于楚肃王时期，所以《系年》的创作抄写可能与《左传》或《左传》史料流传至楚有关。另外，通过与马王堆帛书《事语》的比对，我们认为，《事语》成文当晚于《左传》，在创作过程中参考、摘抄过《左传》，是《左传》学在周秦汉初流传的典型代表。还有一些出土史类文献，虽然与《左传》没有直接的联系，但它们共同反映了当时社会上的史料构成，同时也是《左传》创作的史料背景。从这些材料中，可以发现《左传》的史料来源、内容组成及人物塑造皆有脉络可循。

《左传》的先秦传授世系一直疑团重重。自唐末以来，不断有人对《别录》所记的《左传》流传世系产生怀疑。就目前我们掌握的材料尚不足以全然否定唐人所引《别录》的真实性。另外，值得重视的是，清华简《系年》也给我们提供了另外一条线索。《系年》的用词习惯、文字特征、叙事轮廓表明《系年》不太可能为楚人所作，而是与三晋颇有渊源，这暗示了传授世系中，吴起传《左传》的可能性。然而，随着近年来出土典籍的增多，以我们现今对古书成书、流传的认识，《左传》的传承绝非仅限一条路径。尽管《别录》的这条世系历历可考，但也只是反映《左传》于先秦流传的一个方面，这是我们需要注意的。

《左传》经学性质的前提是《春秋》的经学属性。《春秋》是"大义微言"还是"断烂朝报"，从古至今也是争论不休。在既往研究的基础上，我们根据出土文献作出一些新尝试，通过比对分析，发现《春秋》叙事的特殊之处，证明春秋笔法确实存在。在《左传》是否传经方面，没有足够的证据否定传统的观点，同时，基于学界对古文献流传的最新理解，过往对《左传》经学性质的一些怀疑也能找到合适的解释。因而本书更倾向于《左传》最初就是为解释《春秋》而作，确属于《春秋》之传。另外，值得庆幸的是，我们现在掌握了越来越多的地下文献，这些出土文献给我们提供了诸多线索，从而可以从一个全新的角度证明《左传》的经学性质。通过与同时代出土史书的比对，可以发现，《左传》虽然利用了与史书相同之史料，但它并非单纯记录历史的史书，而是具有超越简单叙史的思想性，无不在借史明理、以史明义，阐释《春秋》的褒贬内涵。

作为中国史学从童年走向成熟的标志，《左传》代表了先秦史学的最高成就。从微观上来看，《左传》编纂最突出的成就体现在，与我们目前掌握的先秦史类典籍比较，《左传》的内容具有无可比拟的丰富性和完整性。而另一个成就是其具备更为深刻的史学思想，表现在两个方面：一是《左传》利用历史来阐发"扬善惩恶"的历史训诫，赋予历史表述道德教化的功能；二是表现在《左传》开始利用历史，分析未来的走向趋势。这两点体现了《左传》赋予历史记载新内涵。在《左传》的历史观念中，历史不仅仅用于档案记录、经验借鉴，而且还可用于道德教化和理性预测。这表明《左传》对历史有着更为深入的理解。

从宏观上来说，古书成书不仅属于文献学问题，还具有史学史研究价值。多阶段的成书过程作为早期史书生成的主要方式之一，对中国早期史学产生了重要影响。以《左传》成书的三个阶段为例，春秋战国史学的发展与繁荣与当时古书的成书方式密不可分。春秋战国时期诸多史著在初步成形之后，又在数代人传抄中不断编写、增改中，不断吸收各类文献资源，这一进程使得它们比过去体例更为完善、叙事更为生动、内容更为复杂。同时伴随着经学产生，一些史书在解释经学中逐渐形成，从而使史学具备了经学的教化功能，由此奠定了中国传统史学的基本格局。

本书最后分析了从《左传》文献延展出的两个问题。首先分析了《左传》对《周易》中的"元"的解释。在《左传》中，"元"当训为"善"，兼有"长"之义，意为德行仁善且身居尊位的君子。故"元"是"亨"或"吉"的条件，既从德行上进行限定，也从身份上进行定义。《左传》的解释显然融入了深刻的儒家思想。接着本书重点利用《左传》等东周史籍，探讨东周史体间的互动及影响，认为史体分衍是东周史体多元化的重要呈现，史体融合则是与之相伴随的动态过程。它们交织在一起，背后所折射的不仅仅是历史书写体裁的变革，更是中国古代史学从幼年走向成熟的重要表现之一。

以上是本书的主要观点。《左传》的文献形成与历史书写问题历来盘根错节，纷繁复杂。限于学力，本书所述乃一管之见，难免有疏漏舛讹之处，诸多疑惑还有待日后作更深入的探讨。相信随着日后新材料不断增多，以及研究理论、方法的进一步提升，我们对《左传》文献形成与历史书写的理解将愈加明晰。

参考文献

一　古籍及注疏

[1] 安井衡：《左传辑释》，台北：广文书局，1967年。

[2] 班固：《汉书》，北京：中华书局，1964年。

[3] 陈奇猷校释《吕氏春秋新校释》，上海：上海古籍出版社，2002年。

[4] 陈启源：《毛诗稽古篇》，清文渊阁四库全书本。

[5] 陈造：《江湖长翁集》，明万历刻本。

[6] 陈振孙：《直斋书录解题》，上海：上海古籍出版社，1987年。

[7] 程颢、程颐：《二程遗书》，上海：上海古籍出版社，2000年。

[8] 程树德：《论语集释》，程俊英、蒋见元点校，北京：中华书局，1990年。

[9] 崔述：《崔东壁遗书》，顾颉刚编订，上海：上海古籍出版社，1983年。

[10] 董增龄：《国语正义》，成都：巴蜀书社，1985年。

[11] 段玉裁注《说文解字注》，上海：上海古籍出版社，2011年。

[12] 范文澜注《文心雕龙注》，北京：人民文学出版社，1962年。

[13] 范晔：《后汉书》，北京：中华书局，1973年。

[14] 房玄龄：《晋书》，北京：中华书局，1974年。

[15] 冯李骅、陆浩：《春秋左绣》，新北：文海出版社，1967年。

[16] 傅隶朴：《春秋三传比义》，北京：中国友谊出版公司，1984年。

[17] 高士奇：《左传纪事本末》，北京：中华书局，1987年。

[18] 高塘：《高梅亭读书丛抄》，清乾隆五十三年广郡永邑培元堂杨氏刊本。

[19] 顾实讲疏《汉书艺文志讲疏》，上海：上海古籍出版社，1987年。

[20] 郝敬：《春秋直解》，明万历郝千秋、郝千石刻本。

[21] 何宁：《淮南子集释》，北京：中华书局，2011年。

[22] 黄晖：《论衡校释》，北京：中华书局，1990年。

［23］黄侃校点《黄侃手批白文十三经》，上海：上海古籍出版社，
1983 年。

［24］黄汝成集释《日知录集释》，栾保群、吕宗力校点，上海：上海古
籍出版社，2006 年。

［25］黄震：《黄氏日钞》，元后至元刻本。

［26］蒋礼鸿：《商君书锥指》，北京：中华书局，2011 年。

［27］焦循：《孟子正义》，沈文倬点校，北京：中华书局，1987 年。

［28］康有为：《新学伪经考》，《康有为全集》第 1 集，姜义华、张荣华
编校，北京：中国人民大学出版社，2007 年。

［29］孔广森：《春秋公羊经传通义》，崔冠华校点，北京：北京大学出
版社，2012 年。

［30］黎靖德编《朱子语类》，王星贤点校，北京：中华书局，1986 年。

［31］李昉等：《太平御览》，四部丛刊本。

［32］廖名春：《荀子新探》，北京：中国人民大学出版社，2014 年。

［33］林宝：《元和姓纂》，北京：中华书局，2012 年。

［34］凌稚隆：《春秋左传注评测义》，《续修四库全书·经部》第 126
册，上海：上海古籍出版社，2002 年。

［35］刘敞：《春秋权衡》，清康熙十九年通志堂刻通志堂经解本。

［36］刘逢禄：《左氏春秋考证》，顾颉刚校点，上海：朴社，1933 年。

［37］刘文淇：《春秋左氏传旧注疏证》，北京：科学出版社，1959 年。

［38］刘勋：《春秋左传精读》，北京：新世界出版社，2014 年。

［39］陆淳：《春秋集传纂例》，清武英殿聚珍版丛书本。

［40］马端临：《文献通考》，上海师范大学古籍研究所、华东师范大学
古籍研究所点校，北京：中华书局，2011 年。

［41］马其昶校注《韩昌黎文集校注》，马茂元整理，上海：上海古籍出
版社，1986 年。

［42］浦起龙释《史通通释》，上海：上海古籍出版社，1978 年。

［43］权德舆：《权载之集》，清嘉庆十一年朱珪刻本。

［44］阮元：《揅经室集》，邓经元点校，北京：中华书局，1993 年。

［45］阮元校刻《十三经注疏·春秋左传正义》，北京：中华书局，
1980 年。

［46］阮元校刻《十三经注疏·春秋公羊传注疏》，北京：中华书局，1980 年。

［47］阮元校刻《十三经注疏·春秋穀梁传注疏》，北京：中华书局，1980 年。

［48］阮元校刻《十三经注疏·尔雅注疏》，北京：中华书局，1980 年。

［49］阮元校刻《十三经注疏·礼记正义》，北京：中华书局，1980 年。

［50］阮元校刻《十三经注疏·论语注疏》，北京：中华书局，1980 年。

［51］阮元校刻《十三经注疏·毛诗正义》，北京：中华书局，1980 年。

［52］阮元校刻《十三经注疏·孟子注疏》，北京：中华书局，1980 年。

［53］阮元校刻《十三经注疏·尚书正义》，北京：中华书局，1980 年。

［54］阮元校刻《十三经注疏·周易正义》，北京：中华书局，1980 年。

［55］邵博：《邵氏闻见后录》，刘德权、李剑雄点校，北京：中华书局，1983 年。

［56］司马迁：《史记》，北京：中华书局，2009 年。

［57］宋衷注，秦嘉谟等辑《世本八种》，上海：商务印书馆，1957 年。

［58］孙复：《春秋尊王发微》，清文渊阁四库全书本。

［59］孙希旦：《礼记集解》，沈啸寰、王星贤点校，北京：中华书局，1989 年。

［60］孙诒让：《周礼正义》，王文锦、陈玉霞点校，北京：中华书局，2008 年。

［61］王溥：《唐会要》，北京：中华书局，1955 年。

［62］王夫之：《船山全书》第 3 册，长沙：岳麓书社，1996 年。

［63］王利器校注《风俗通义校注》，北京：中华书局，2013 年。

［64］王皙：《春秋皇纲论》，清康熙十九年通志堂刻通志堂经解本。

［65］王先慎：《韩非子集解》，钟哲点校，北京：中华书局，2003 年。

［66］王引之：《经义述闻》，台北：世界书局，1975 年。

［67］闻人军：《考工记导读》，成都：巴蜀书社，1988 年。

［68］吴承仕疏证《经典释文序录疏证》，张力伟点校，北京：中华书局，2008 年。

［69］吴则虞：《晏子春秋集释》，北京：中华书局，1982 年。

［70］徐天麟：《西汉会要》，清文渊阁四库全书本。

［71］徐元诰：《国语集解》，王树民、沈长云点校，北京：中华书局，2002 年。

［72］徐中舒编注《左传选》，北京：中华书局，1985 年。

［73］许富宏：《鬼谷子集校集注》，北京：中华书局，2010 年。

［74］许慎：《说文解字》，北京：中华书局，2014 年。

［75］荀悦、袁宏：《两汉纪》，北京：中华书局，2002 年。

［76］严可均校辑《全上古三代秦汉三国六朝文》，北京：中华书局，1958 年。

［77］杨伯峻：《列子集释》，北京：中华书局，1985 年。

［78］杨伯峻：《孟子译注》，北京：中华书局，1988 年。

［79］杨伯峻编著《春秋左传注》，北京：中华书局，2009 年。

［80］永瑢等：《四库全书总目》，北京：中华书局，2008 年。

［81］俞正燮：《癸巳类稿》，涂小马等校点，沈阳：辽宁教育出版社，2001 年。

［82］湛若水：《湛甘泉先生文集》，清康熙二十年黄楷刻本。

［83］张尚瑗：《三传折诸》，清文渊阁四库全书本。

［84］张廷玉：《明史》，北京：中华书局，1984 年。

［85］赵汸：《春秋师说》，清皇清经解续编本。

［86］赵翼：《陔余丛考》，栾保群、吕宗力校点，石家庄：河北人民出版社，1990 年。

［87］郑樵：《六经奥论》，清文渊阁四库全书本。

［88］郑樵：《通志二十略》，王树民点校，北京：中华书局，2012 年。

［89］周广义：《孟子四考》，清乾隆六十年省吾庐刻本。

［90］朱杰人等主编《新订朱子全书（附外编）》第 7 册，上海：上海古籍出版社，2022 年。

［91］竹添光鸿：《左氏会笺》，成都：巴蜀书社，2008 年。

［92］朱熹注《孟子集注》，上海：上海古籍出版社，1987 年。

二 研究著作

［1］Bernhard Karlgren：《左传真伪考及其他》，陆侃如译，上海：商务印书馆，1936 年。

［2］白寿彝主编《中国史学史》第 1 卷，上海：上海人民出版社，

2006 年。

[3] 蔡仁厚：《孔孟荀哲学》，台北：学生书局，1984 年。

[4] 常森：《二十世纪先秦散文研究反思》，北京：北京大学出版社，2002 年。

[5] 晁福林：《上博简〈诗论〉研究》，北京：商务印书馆，2013 年。

[6] 晁岳佩选编《民国期刊资料分类汇编·春秋学研究》，北京：国家图书馆出版社，2009 年。

[7] 陈厚耀等：《春秋长历》，《泰州文献》第四辑，南京：凤凰出版社，2015 年。

[8] 陈美东：《中国科学技术史·天文学卷》，北京：科学出版社，2003 年。

[9] 陈民镇：《有"文体"之前：中国文体的生成与早期发展》，上海：上海古籍出版社，2019 年。

[10] 陈其泰：《清代公羊学》，上海：上海人民出版社，2011 年。

[11] 陈苏镇：《〈春秋〉与"汉道"：两汉政治与政治文化研究》，北京：中华书局，2011 年。

[12] 陈伟主编《秦简牍合集》（一），武汉：武汉大学出版社，2014 年。

[13] 陈遵妫：《中国古代天文学简史》，上海：上海人民出版社，1955 年。

[14] 崔适：《史记探源》，北京：中华书局，2013 年。

[15] 戴维：《春秋学史》，长沙：湖南教育出版社，2004 年。

[16] 邓飞：《商代甲金文时间范畴研究》，北京：人民出版社，2013 年。

[17] 杜维运：《中国史学史》第 1 册，北京：商务印书馆，2010 年。

[18] 方朝晖编著《春秋左传人物谱》，济南：齐鲁书社，2001 年。

[19] 冯澂：《春秋日食集证》，上海：商务印书馆，1929 年。

[20] 顾颉刚编著《古史辨》第 5 册，上海：上海古籍出版社，1982 年。

[21] 顾颉刚讲授《春秋三传及国语之综合研究》，刘起釪笔记，成都：巴蜀书社，1988 年。

[22] 郭沫若：《天地玄黄》，上海：新文艺出版社，1954 年。

[23] 何乐士：《左传虚词研究》，北京：商务印书馆，2004 年。

[24] 洪诚：《洪诚文集·雒诵庐论文集》，南京：江苏古籍出版社，2000 年。

［25］洪业：《洪业论学集》，北京：中华书局，1981年。

［26］黄觉弘：《左传学早期流变研究》，北京：中国社会科学出版社，2010年。

［27］吉林大学古籍研究所编《吉林大学古籍研究所建所30周年纪念论文集》，上海：上海古籍出版社，2014年。

［28］贾连翔：《战国竹书形制及相关问题研究——以清华大学藏战国竹简为中心》，上海：中西书局，2015年。

［29］蒋庆：《公羊学引论——儒家的政治智慧与历史信仰》，沈阳：辽宁教育出版社，1995年。

［30］金永健：《清代〈左传〉考证研究》，北京：社会科学文献出版社，2013年。

［31］李佳：《〈国语〉研究》，北京：中国社会科学出版社，2015年。

［32］李零：《李零自选集》，桂林：广西师范大学出版社，1998年。

［33］李零：《兰台万卷：读〈汉书·艺文志〉》，北京：三联书店，2011年。

［34］李明晓：《战国楚简语法研究》，武汉：武汉大学出版社，2010年。

［35］李明晓等：《战国秦汉简牍虚词研究》，成都：四川大学出版社，2011年。

［36］李守奎：《古文字与古史考——清华简整理研究》，上海：中西书局，2015年。

［37］李守奎、肖攀：《清华简〈系年〉文字考释与构形研究》，上海：中西书局，2015年。

［38］李松儒：《清华简〈系年〉集释》（修订本），上海：中西书局，2022年。

［39］李索：《敦煌写卷〈春秋经传集解〉异文研究》，北京：中国社会科学出版社，2007年。

［40］李学勤：《简帛佚籍与学术史》，南昌：江西教育出版社，2004年。

［41］李学勤主编《清华大学藏战国竹简》（一），上海：中西书局，2010年。

［42］李学勤主编《清华大学藏战国竹简》（二），上海：中西书局，2011年。

[43] 李学勤主编《清华大学藏战国竹简》（五），上海：中西书局，2015 年。

[44] 李学勤主编《清华大学藏战国竹简》（六），上海：中西书局，2016 年。

[45] 李学勤主编《清华大学藏战国竹简》（七），上海：中西书局，2017 年。

[46] 李学勤主编《清华大学藏战国竹简》（八），上海：中西书局，2018 年。

[47] 梁启超：《中国历史研究法（外二种）》，石家庄：河北教育出版社，2000 年。

[48] 刘丽文：《春秋的回声——〈左传〉的文化研究》，北京：北京燕山出版社，2000 年。

[49] 刘梦溪主编《中国现代学术经典（廖平、蒙文通卷）》，石家庄：河北教育出版社，1996 年。

[50] 刘梦溪主编《中国现代学术经典（黄侃、刘师培卷）》，石家庄：河北教育出版社，1996 年。

[51] 刘汝霖：《汉晋学术编年》，北京：中华书局，1987 年。

[52] 刘师培：《刘申叔遗书》，南京：江苏古籍出版社，1997 年。

[53] 刘师培：《刘师培史学论著选集》，上海：上海古籍出版社，2006 年。

[54] 刘坦：《论星岁纪年》，北京：科学出版社，1955 年。

[55] 刘雨、卢岩：《近出殷周金文集录》（二），北京：中华书局，2002 年。

[56] 刘正浩：《周秦诸子述左传考》，台北：台湾商务印书馆，1980 年。

[57] 刘正浩：《左海钩沉》，台北：东大图书股份有限公司，1997 年。

[58] 罗倬汉：《史记十二诸侯年表考证》，重庆：商务印书馆，1943 年。

[59] 刘节：《中国史学史稿》，北京：商务印书馆，2020 年。

[60] 马承源主编《上海博物馆藏战国楚竹书》（四），上海：上海古籍出版社，2004 年。

[61] 马承源主编《上海博物馆藏战国楚竹书》（五），上海：上海古籍出版社，2005 年。

[62] 马承源主编《上海博物馆藏战国楚竹书》（九），上海：上海古籍

出版社，2012 年。

［63］皮锡瑞：《经学通论》，北京：中华书局，1954 年。

［64］平势隆郎：《从城市国家到中华：殷周 春秋战国》，桂林：广西师范大学出版社，2014 年。

［65］浦卫忠：《春秋三传综合研究》，台北：文津出版社，1995 年。

［66］钱穆：《先秦诸子系年》，北京：中华书局，1985 年。

［67］钱穆：《两汉经学今古文平议》，北京：商务印书馆，2017 年。

［68］裘锡圭主编《长沙马王堆汉墓简帛集成》（三），北京：中华书局，2014 年。

［69］单周尧：《〈左传〉学论集》，台北：文史哲出版社，2000 年。

［70］陕西省考古研究所等编《陕西出土商周青铜器》第 2 册，北京：文物出版社，1980 年。

［71］上海人民出版社编《章太炎全集》（二），上海：上海人民出版社，1982 年。

［72］上海人民出版社编《章太炎全集》（三），上海：上海人民出版社，1984 年。

［73］上海人民出版社编《章太炎全集》（六），上海：上海人民出版社，1986 年。

［74］沈玉成、刘宁：《春秋左传学史稿》，南京：江苏古籍出版社，1992 年。

［75］沈长云：《上古史探研》，北京：中华书局，2002 年。

［76］史常力：《中国早期史书叙事模式的形成及流变》，广州：中山大学出版社，2019 年。

［77］睡虎地秦墓竹简整理小组编《睡虎地秦墓竹简》，北京：文物出版社，1990 年。

［78］孙飞燕：《清华简〈系年〉初探》，上海：中西书局，2015 年。

［79］谭家健：《中国古代散文史稿》，重庆：重庆出版社，2006 年。

［80］汤志彪编著《三晋文字编》，北京：作家出版社，2013 年。

［81］童书业：《春秋左传研究》，北京：中华书局，2006 年。

［82］王韬：《春秋历学三种》，曾次亮点校，北京：中华书局，1959 年。

［83］王天然：《〈穀梁〉文献征》，北京：社会科学文献出版社，2014 年。

[84] 王彤伟：《〈三国志〉同义词及其历时演变研究》，成都：巴蜀书社，2010 年。

[85] 卫聚贤：《古史研究》第 1 集，上海：新月书店，1928 年。

[86] 魏源全集编委会编《魏源全集·诗古微》，长沙：岳麓书社，1989 年。

[87] 吴守一：《春秋日食质疑》，济南：齐鲁书社，1997 年。

[88] 萧春源：《珍秦斋藏金——秦铜器篇》，澳门：澳门基金会，2006 年。

[89] 谢贵安：《中国史学史》，武汉：武汉大学出版社，2012 年。

[90] 徐复观：《中国人性论史 先秦篇》，上海：上海三联书店，2001 年。

[91] 许雪涛：《公羊学解经方法——从〈公羊传〉到董仲舒春秋学》，广州：广东人民出版社，2006 年。

[92] 许兆昌：《先秦史官的制度与文化》，哈尔滨：黑龙江人民出版社，2007 年。

[93] 杨博：《战国楚竹书史学价值探研》，上海：上海古籍出版社，2019 年。

[94] 杨宽：《战国史》，上海：上海人民出版社，2019 年。

[95] 杨向奎：《绎史斋学术文集》，上海：上海人民出版社，1983 年。

[96] 姚曼波：《〈春秋〉考论》，南京：江苏古籍出版社，2002 年。

[97] 姚鼐：《惜抱轩全集》，北京：中国书店，1991 年。

[98] 姚尧：《〈春秋公羊传〉语言研究》，上海：复旦大学出版社，2014 年。

[99] 姚振宗：《快阁师石山房丛书》，上海：开明书店，1936 年。

[100] 叶梦得：《春秋考》卷三，清武英殿聚珍版丛书本。

[101] 伊格尔斯：《二十世纪的历史学——从科学的客观性到后现代的挑战》，何兆武译，沈阳：辽宁教育出版社，2003 年。

[102] 余嘉锡：《古书通例》，上海：上海古籍出版社，1985 年。

[103] 俞樾：《茶香室经说》，台北：广文书局，1971 年。

[104] 张家山二四七号汉墓竹简整理小组编著《张家山汉墓竹简〔二四七号墓〕》（释文修订本），北京：文物出版社，2006 年。

[105] 张金梅：《春秋笔法与中国文论》，北京：中国社会科学出版社，2008 年。

[106] 张沐：《春秋疏略》，四库全书存目丛书编委会编《四库全书存目丛书》，济南：齐鲁书社，1997年。

[107] 张培瑜：《先秦秦汉历法和殷周年代》，北京：科学出版社，2015年。

[108] 张舜徽：《广校雠略 汉书艺文志通释》，武汉：华中师范大学出版社，2004年。

[109] 张素卿：《叙事与解释——〈左传〉经解研究》，台北：花木兰文化出版社，2008年。

[110] 张心澂编著《民国丛书第三编·伪书通考》，上海：上海书店，1992年。

[111] 张新科主编《〈左传〉学术档案》，武汉：武汉大学出版社，2016年。

[112] 张以仁：《张以仁先秦史论集》，上海：上海古籍出版社，2010年。

[113] 张玉金：《出土战国文献虚词研究》，北京：人民出版社，2011年。

[114] 张政烺：《张政烺文史论集》，北京：中华书局，2004年。

[115] 王重民通解《校雠通义通解》，上海：上海古籍出版社，2009年。

[116] 赵伯雄：《春秋学史》，济南：山东教育出版社，2004年。

[117] 赵光贤：《古史考辨》，北京：北京师范大学出版社，1987年。

[118] 赵生群：《〈春秋〉经传研究》，上海：上海古籍出版社，2000年。

[119] 赵岩：《简帛文献词语历时演变专题研究》，北京：中国社会科学出版社，2013年。

[120] 中国社会科学院考古研究所编《殷周金文集成》（修订增补本），北京：中华书局，2007年。

[121] 钟柏生等编《新收殷周青铜器铭文暨器影汇编》，台北：艺文印书馆，2006年。

[122] 朱骏声：《说文通训定声》，武汉：武汉市古籍书店，1983年。

[123] 朱文鑫：《天文考古录》，上海：商务印书馆，1933年。

[124] 平势隆郎：《左传の史料批判研究·中文摘要》，东京：汲古书院，1998年。

三 论文

[1] 白寿彝：《〈国语〉散论》，《人民日报》1962年10月16日。

[2] 卞辑:《国语的史料价值》,《古籍整理研究学刊》1999 年第 5 期。

[3] 曹方向:《上博简所见楚国故事类文献校释与研究》,博士学位论文,武汉大学,2013 年。

[4] 陈鸿超:《试论〈左传〉与清华简〈系年〉的文献关系》,邬文玲主编《简帛研究》2017 年秋冬卷,桂林:广西师范大学出版社,2018 年。

[5] 陈鸿超:《〈左传〉神异预言与中国古代史学传统》,《古代文明》2014 年第 1 期。

[6] 陈剑:《〈成王为城濮之行〉的"受"字和"穀菟余"》,复旦大学出土文献与古文字中心网站,http://www.fdgwz.org.cn/Web/Show/2144,2013 年 1 月 7 日。

[7] 陈民镇:《〈系年〉"故志"说——清华简〈系年〉性质及撰作背景刍议》,《邯郸学院学报》2012 年第 2 期。

[8] 陈民镇:《〈春秋〉文本生成的物质性背景——试论简牍形制及格式对〈春秋〉文本形态的影响》,《文学评论》2023 年第 3 期。

[9] 陈其泰:《〈左传〉在古代史学上的地位》,《人文杂志》1995 年第 3 期。

[10] 陈其泰:《〈国语〉的史学价值和历史地位》,《中国史研究》2015 年第 2 期。

[11] 陈桐生:《〈国语〉的性质和文学价值》,《文学遗产》2007 年第 4 期。

[12] 陈伟:《读〈上博六〉条记》,简帛网,http://www.bsm.org.cn/?chujian/4810.html,2007 年 7 月 9 日。

[13] 陈伟:《不禁想起〈铎氏微〉:读清华简〈系年〉随想》,简帛网,http://www.bsm.org.cn/?chujian/5783.html,2011 年 12 月 19 日。

[14] 陈伟:《〈成王为城濮之行〉初读》,简帛网,http://www.bsm.org.cn/?chujian/5956.html,2013 年 1 月 5 日。

[15] 陈伟:《清华大学藏竹书〈系年〉的文献学考查》,《史林》2013 年第 1 期。

[16] 大西克也:《论上古汉语否定词"弗""不"分用说》,《日本中国学会报》第 40 集,1988 年。

［17］ 大西克也：《并列连词"及""与"在出土文献中的分布及上古汉语方言语法》，郭锡良主编《古汉语语法论集》，北京：语文出版社，1998 年。

［18］ 丁四新：《上博楚竹书〈孔子诗论〉〈参德〉思想合论》，《华中师范大学学报》（人文社会科学版）2022 年第 2 期。

［19］ 董芬芬：《试论〈春秋〉的宗教特质——从作者群体、表述方式及时间体例谈起》，《暨南学报》（哲学社会科学版）2016 年第 10 期。

［20］ 董珊：《读〈上博六〉杂记》（续二），简帛网，http://www.bsm.org.cn/?chujian/4821.html，2007 年 7 月 11 日。

［21］ 凡国栋：《读〈上博楚竹书六〉记》，简帛网，http://www.bsm.org.cn/?chujian/4812.html，2007 年 7 月 9 日。

［22］ 方晓阳、施继龙：《唐代雕版印刷的相关文献研究》，《中国印刷与包装研究》2011 年第 1 期。

［23］ 方炫琛：《春秋左传刘歆伪作窜乱辨疑》，硕士学位论文，台湾政治大学，1979 年。

［24］ 冯庆余、阎忠：《春秋战国时期的人才流动》，《史学集刊》1991 年第 1 期。

［25］ 冯沅君：《论〈左传〉和〈国语〉的异点》，《新月》第 7 期，1928 年。

［26］ 傅刚：《略说先秦的语体与语书》，《中山大学学报》（社会科学版）2013 年第 5 期。

［27］ 傅刚：《孔子修〈春秋〉与〈春秋〉义例论》，《文学遗产》2019 年第 2 期。

［28］ 傅刚：《论〈左传〉的性质》，《北京大学学报》（哲学社会科学版）2023 年第 2 期。

［29］ 葛立斌：《战国〈诗〉学研究》，博士学位论文，华中师范大学，2013 年。

［30］ 葛志毅：《今文经学与口说传业——试析古代的讲学传业方式及其文化历史原因》，《历史教学》1994 年第 5 期。

［31］ 葛志毅：《战国诸子史学思想发凡》，《大连大学学报》2008 年第 5 期。

[32] 顾涛：《新城新藏由岁星纪事推证〈左传〉著作年代之研究法驳论》，《中国文化研究》2007 年第 2 期。

[33] 过常宝：《〈左传〉源于史官"传闻"制度考》，《北京师范大学学报》（社会科学版）2004 年第 4 期。

[34] 何乐士：《左传否定副词"不"、"弗"特点的比较》，高思曼、何乐士主编《第一届国际先秦汉语语法研讨会论文集》，长沙：岳麓书社，1994 年。

[35] 何新文、周昌梅：《论楚灵王》，《湖北大学学报》（哲学社会科学版）1998 年第 4 期。

[36] 侯文学、李明丽：《清华简〈系年〉的叙事体例、核心与理念》，张富贵主编《华夏论坛》第 8 辑，长春：吉林文史出版社，2012 年。

[37] 胡波：《先秦两汉常用词演变研究与语料考论》，博士学位论文，浙江大学，2013 年。

[38] 胡念贻：《〈左传〉的真伪和写作时代问题考辨》，中华书局编辑部编《文史》第 11 辑，北京：中华书局，1981 年。

[39] 胡宁：《原壤所歌：逸诗〈狸首〉考》，《历史研究》2014 年第 4 期。

[40] 胡宁：《从新出史料看先秦"采诗观风"制度》，《上海大学学报》（社会科学版）2017 年第 6 期。

[41] 胡宁：《从"诗亡隐志"章看孔门〈诗〉教的特点》，《长江大学学报》（社会科学版）2021 年第 3 期。

[42] 胡新生：《异姓史官与周代文化》，《历史研究》1994 年第 3 期。

[43] 湖北省文物考古研究所、随州市博物馆：《湖北随州叶家山西周墓地发掘简报》，《文物》2011 年第 11 期。

[44] 黄爱梅：《〈越公其事〉的叙事立场及越国史事》，《社会科学战线》2020 年第 8 期。

[45] 黄成：《上古汉语三组常用词演变研究》，硕士学位论文，西南大学，2011 年。

[46] 黄觉弘：《"孔子作〈左传〉说"再议》，《聊城大学学报》（社会科学版）2005 年第 2 期。

[47] 黄觉弘：《孔子作〈左传〉说源流考》，《武汉大学学报》（人文科

学版）2007 年第 5 期。

[48] 黄丽娜：《试论〈左传〉中纪事本末手法的运用》，硕士学位论文，吉林大学，2014 年。

[49] 黄儒宣：《清华简〈系年〉成书背景及相关问题考察》，《史学月刊》2016 年第 8 期。

[50] 贾连翔：《新释〈左传〉一则筮例兼谈战国楚地筮占的来源》，《中国史研究》2016 年第 1 期。

[51] 简逸光：《〈公羊传〉、〈穀梁传〉比较研究》，博士学位论文，佛光大学，2008 年。

[52] 姜萌：《范式转移与继往开来：中国史学史研究一百年》，《清华大学学报》（哲学社会科学版）2020 年第 2 期。

[53] 靳宝：《简帛文献与中国早期史学史研究》，《中国史研究动态》2019 年第 5 期。

[54] 景海峰：《从"口耳相传"到"著之竹帛"——儒家经典形式转换的诠释学意义》，《学术月刊》2022 年第 5 期。

[55] 李建军：《帛书〈春秋事语〉考论》，《图书馆理论与实践》2006 年第 5 期。

[56] 李守奎：《楚简文献中的教育与清华简〈系年〉性质初探》，复旦大学出土文献与古文字研究中心编《出土文献与古文字研究（第六辑）——复旦大学出土文献与古文字研究中心成立十周年纪念文集》，上海：上海古籍出版社，2015 年。

[57] 李守奎：《〈越公其事〉与句践灭吴的历史事实及故事流传》，《文物》2017 年第 6 期。

[58] 李天虹：《简本〈晏子春秋〉与今本文本关系试探》，《中国史研究》2010 年第 3 期。

[59] 李兴宁：《〈左传〉中的纪事本末体》，《中国文化研究》2006 年第 1 期。

[60] 李学勤：《帛书〈春秋事语〉与〈左传〉的传流》，《古籍整理研究学刊》1989 年第 4 期。

[61] 李学勤：《初识清华简》，《光明日报》2008 年 12 月 1 日。

[62] 李学勤：《论清华简〈保训〉的几个问题》，《文物》2009 年第

6 期。

[63] 李学勤:《〈系年〉出版的重要意义》,《邯郸学院学报》2011 年第 4 期。

[64] 李学勤:《从〈系年〉看〈纪年〉》,《光明日报》2012 年 2 月 27 日。

[65] 李学勤:《清华简〈系年〉解答封卫疑谜》,《文史知识》2012 年第 3 期。

[66] 梁静:《〈上博六·景公疟〉重编新释与版本对比》,《中国历史文物》2010 年第 1 期。

[67] 廖名春:《清华简与〈尚书〉研究》,《文史哲》2010 年第 6 期。

[68] 廖名春:《清华简〈系年〉管窥》,《深圳大学学报》(人文社会科学版) 2012 年第 3 期。

[69] 林语堂:《左传真伪与上古方音》,《语丝》第 4 卷第 27 期,1929 年。

[70] 刘国忠:《从清华简〈系年〉看周平王东迁的相关史实》,陈致主编《简帛·经典·古史》,上海:上海古籍出版社,2013 年。

[71] 白国红、刘国忠:《〈春秋〉始于隐公新解——以清华简〈系年〉为切入点》,《中国史研究》2019 年第 4 期。

[72] 刘娇:《西汉以前古籍中相同或类似内容重复出现现象的研究——以出土简帛古籍为中心》,博士学位论文,复旦大学,2009 年。

[73] 刘金文、单承彬:《建国以来"春秋笔法"研究述评》,《古籍整理研究学刊》2017 年第 5 期。

[74] 刘全志:《出土文献视域下的〈左传〉成书过程》,《北京师范大学学报》(社会科学版) 2022 年第 4 期。

[75] 刘巍:《读刘歆〈移书让太常博士〉——汉代经学"古文"争议缘起及相关经学史论题探》,《社会科学研究》2012 年第 4 期。

[76] 刘伟:《马王堆汉墓帛书〈春秋事语〉性质论略》,《古代文明》2010 年第 2 期。

[77] 刘源:《〈春秋〉与殷墟甲骨文》,《光明日报》2013 年 8 月 12 日第 15 版。

[78] 罗军凤:《〈左传〉"经"、"史"性质之辨正》,《学术论坛》2008 年第 3 期。

[79] 罗新慧：《马王堆汉墓帛书〈春秋事语〉与〈左传〉——兼论战国时期的史学观念》，《史学史研究》2009 年第 4 期。

[80] 吕绍纲：《孟子论〈春秋〉》，《史学史研究》1986 年第 1 期。

[81] 马王堆汉墓帛书整理小组：《马王堆汉墓出土帛书〈春秋事语〉释文》，《文物》1977 年第 1 期。

[82] 马卫东：《〈左传〉叙事成就与中国古典史学的诞生》，《社会科学战线》2020 年第 8 期。

[83] 妹尾达彦：《唐代长安东市的民间印刷业》，中国古都学会编《中国古都研究（第十三辑）——中国古都学会第十三届年会论文集》，太原：山西人民出版社，1998 年。

[84] 孟岩：《〈姑成家父〉文本集释及相关问题研究》，硕士学位论文，吉林大学，2009 年。

[85] 宁登国：《"左史记言，右史记事"考辨》，《古籍整理研究学刊》2011 年第 5 期。

[86] 牛鸿恩：《厌弃〈春秋〉尊〈左传〉——姚曼波女士〈春秋〉"蓝本"作于孔子说驳议》，《聊城大学学报》（哲学社会科学版）2002 年第 1 期。

[87] 乔治忠：《〈左传〉〈国语〉被刘歆窜乱的一项铁证——历史年代学家刘坦之说申论》，《北京师范大学学报》（社会科学版）2016 年第 3 期。

[88] 裘锡圭：《帛书〈事语〉校读》，《湖南省博物馆馆刊》第 1 期，长沙：《船山学刊》杂志社，2004 年。

[89] 沈建华：《试说清华〈系年〉楚简与〈春秋左传〉成书》，陈致主编《简帛·经典·古史》，上海：上海古籍出版社，2013 年。

[90] 孙海波：《〈国语〉真伪考》，《燕京学报》第 16 期，1934 年。

[91] 孙玉文：《〈经典释文〉成书年代新考》，《中国语文》1998 年第 4 期。

[92] 唐子恒：《论汉语词汇发展中的更替现象——以〈左传〉〈史记〉用词差异为例》，《山东大学学报》（哲学社会科学版）2012 年第 1 期。

[93] 腾兴建：《从孔子的"行夏之时"主张看中国古代四季的划分》，

《孔子研究》2018 年第 6 期。

[94] 汪高鑫：《司马谈与〈史记〉》，《安徽史学》2002 年第 2 期。

[95] 汪高鑫：《中国传统历史编纂学的发展路径——以史书编纂体裁为中心的考察》，《河北学刊》2021 年第 5 期。

[96] 王丁：《孔子敬事鬼神原因新探》，《孔子研究》2014 年第 3 期。

[97] 王和：《论左传预言》，《史学月刊》1984 年第 6 期。

[98] 王和：《〈左传〉材料来源考》，《中国史研究》1993 年第 2 期。

[99] 王和：《〈左传〉的成书年代与编纂过程》，《中国史研究》2003 年第 4 期。

[100] 王和：《〈左传〉中后人附益的各种成分》，《北京师范大学学报》（社会科学版）2011 年第 4 期。

[101] 王红亮：《清华简〈系年〉与〈左传〉互证二则》，《文史》2015 年第 4 期。

[102] 王莉：《〈春秋事语〉研究二题》，《古籍整理研究学刊》2003 年第 5 期。

[103] 王叔民：《国语的作者和编者》，徐元诰：《国语集解·附录》，王树民、沈长云点校，北京：中华书局，2002 年。

[104] 王晓鹃：《〈左传〉现当代研究史回顾》，《南京师大学报》（社会科学版）2014 年第 3 期。

[105] 魏慈德：《清华简〈系年〉与〈左传〉中的楚史异同》，《东华汉学》第 17 期，2013 年。

[106] 吴爱琴：《先秦服饰制度形成研究》，博士学位论文，河南大学，2013。

[107] 吴荣曾：《读帛书本〈春秋事语〉》，《文物》1998 年第 2 期。

[108] 吴天明：《〈春秋〉书名语源考》，《中南民族大学学报》（人文社会科学版）2008 年第 5 期。

[109] 谢炳军：《安大简〈诗经〉文本编纂的三个思想倾向》，《思想与文化》2020 年第 2 期。

[110] 新城新藏：《由岁星之记事论〈左传〉〈国语〉之著作年代及干支纪年法之发达》，《东洋天文学史研究》第六编，沈璿译，上海：中华学艺社，1933 年。

[111] 徐仁甫：《马王堆汉墓帛书〈春秋事语〉和〈左传〉的事、语对比研究——谈〈左传〉的成书时代和作者》，《社会科学战线》1978年第4期。

[112] 徐仁甫：《论刘歆作〈左传〉——与持不同意见的同志商讨》，中华书局编辑部编《文史》第11辑，北京：中华书局，1981年。

[113] 徐中舒：《〈左传〉的作者及其成书年代》，《历史教学》1962年第11期。

[114] 许兆昌、齐丹丹：《试论清华简〈系年〉的编纂特点》，《古代文明》2012年第2期。

[115] 许兆昌、姜军：《试论〈春秋〉历史叙事的成就——兼论清华简〈系年〉的史料来源问题》，《史学月刊》2019年第1期。

[116] 杨博：《裁繁御简：〈系年〉所见战国史书的编纂》，《历史研究》2017年第3期。

[117] 杨博：《新出简帛文献与"书"类文献的历史书写》，《东岳论丛》2019年第1期。

[118] 杨升南：《商代人牲身份的再考察》，《历史研究》1988年第1期。

[119] 杨新勋：《北宋〈春秋〉学的主要特点》，《中州学刊》2003年第2期。

[120] 姚曼波：《孔子作〈春秋〉即"春秋传"说初证》，《文献》1994年第3期。

[121] 易平：《〈左传〉叙事体例分析——"每事自为一章"》，《南昌大学学报》（人文社会科学版）1983年第4期。

[122] 于凯：《早期古史书写及其体例的流变与分衍——以近40年新发现涉史类简帛为中心》，《社会科学战线》2018年第10期。

[123] 俞志慧：《语：一种古老的文类——以言类之语为例》，《文史哲》2007年第1期。

[124] 斋藤国治、小泽贤二：《春秋之天文记录》，《中国古代天文记录之验证》，东京：日本东京雄山阁出版株式会社，1992年。

[125] 张高评：《〈左传〉叙事见本末与〈春秋〉书法》，《中山大学学报》（社会科学版）2020年第1期。

[126] 张居三：《〈国语〉研究》，博士学位论文，东北师范大学，

2008 年。

[127] 张培瑜：《试论〈左传〉〈国语〉天象纪事的史料价值》，《史学月刊》2009 年第 1 期。

[128] 张世超：《词义的时代性与古书辨伪》，《古籍整理研究学刊》1990 年第 1 期。

[129] 张伟：《〈左传〉为何没有楚人引〈易〉的记载——兼论春秋时期文献流传之特点》，《周易研究》2017 年第 5 期。

[130] 张为民、王钧林：《左丘明姓氏推考》，《管子学刊》2001 年第 1 期。

[131] 张西堂：《左氏春秋考证序》，顾颉刚编著《古史辨》第 5 册，上海：上海古籍出版社，1982 年。

[132] 张须：《先秦两汉文论》，《国文月刊》第 51 期，1947 年。

[133] 张阳：《先秦“语”体综说》，《郑州大学学报》（哲学社会科学版）2020 年第 5 期。

[134] 张荫麟：《论史实之选择与综合》，《思想与时代》第 18 期，1943 年。

[135] 张政烺：《〈春秋事语〉解题》，《文物》1977 年第 1 期。

[136] 赵辉：《经与先秦说、解、传的发生及演化》，《福建师范大学学报》（哲学社会科学版）2019 年第 1 期。

[137] 赵平安：《〈厚父〉的性质及其蕴含的夏代历史文化》，《文物》2014 年第 12 期。

[138] 赵琪：《从“好聚鹬冠”看〈左传〉的历史叙事特点》，《北京师范大学学报》（社会科学版）2020 年第 5 期。

[139] 赵争：《马王堆帛书〈春秋事语〉性质再议——兼与刘伟先生商榷》，《古代文明》2011 年第 1 期。

[140] 中国社会科学院考古研究所、北京市文物研究所琉璃河考古队：《北京琉璃河 1193 号大墓发掘简报》，《考古》1990 年第 1 期。

[141] 钟肇鹏：《七略别录考》，《文献》1985 年第 3 期。

[142] 朱露川：《论中国古代史学话语体系中的“叙事”》，《四川师范大学学报》（社会科学版）2020 年第 5 期。

[143] 朱晓海：《清华简所谓〈系年〉的书籍性质》，《中正汉学研究》

第 2 期，2012 年。

[144] 朱彦民：《〈春秋〉何以名"春秋"》，《管子学刊》2017 年第 2 期。

[145] 诸葛忆兵：《畏天命 敬鬼神——论孔子的"天命"观和鬼神观》，《云南社会科学》1995 年第 1 期。

[146] 浅野裕一：《史書としての清华简〈系年〉の性格》，浅野裕一、小沢賢二：《出土文献から見た古史と儒家経典》，东京：汲古书院，2012 年。

[147] F. Richard Stephenson and Kevin K. C. Yau, "Astronomical Records in the Chun-Chiu Chronicle," *Journal for the History of Astronomy*, Vol. 23, No. 1, 1992.

[148] Li Feng, "Ancient Reproductions and Calligraphic Variations: Studies of Western Zhou Bronzes with Identical Inscriptions," *Early China*, Vol. 22, 1997.

[149] Li Feng, "Literacy Crossing Cultural Borders: Evidence from the Bronze Inscriptions of the Western Zhou Period (1045-771 B. C.)," *Bulletin of the Museum of Far Eastern Antiquities*, Vol. 74, 2002.

[150] Lothar von Falkenhausen, "Issues in Western Zhou Studies: A Review Article," *Early China*, Vol. 18, 1993.

后 记

本书是在我的博士学位论文的基础上修改而成的。犹记得 2010 年我考入吉林大学，师从许兆昌先生攻读先秦史硕士时，购入的第一本学术典籍是杨伯峻先生的《春秋左传注》，聆听的第一节课是"《左传》导论"，构思的第一篇课程论文也是关于《左传》的。在许师指导下，此篇小文不仅指明了我硕士论文的方向，也有幸得到毕业论文答辩主席东北师范大学赵轶峰先生的赏识与指点，约稿于《古代文明》期刊，成为我发表的第一篇学术论文。

2013 年，我考入清华大学历史系历史文献学专业，师从廖名春先生。甫一入学，我便向廖师请教毕业论文选题，廖师认为《左传》是大经，我又有基础，可以结合出土文献，从文献角度继续作《左传》。但当时我却着实犯难，因为《左传》文献问题既是传统问题，也是个老大难问题。面对横跨千年的学术争论与浩如烟海的研究论著，自觉难以再寻突破。但廖师既已指明方向，我亦不想轻言放弃。

凭着有限的学力，我尝试先从《左传》文献研究的学术史梳理入手。虽然《左传》学领域不乏优秀厚重的学术史研究，但大都按作者的写作年代或观点进行梳理。我则尝试从诸家研究方法角度进行梳理，以便能够明晰各类方法的长处与局限。当然，任何研究都无法达到绝对完美。因此我尽可能做到客观理性，对前人成果不盲目附和，亦不全盘否定。甚至我认为，即便是今天看来颇为荒诞的说法，也有深刻的历史成因与可取之处，其背后往往有着容易让人忽视的视角与线索。此部分最初只是想做一个纲目让自己方便掌握各类方法的脉络，并不打算行文，但纲目越写越多，也逐渐有了不少感悟，于是便成了本书第二章的内容，而后续的研究也正是在这部分的基础上展开的。

蒙时代之幸，我们比前人能够接触更多的出土文献，尤其是不少文献与《左传》密切相关或相互印证，这给《左传》文献研究带来了新契机。我受清华史学学风的熏陶，在传统研究的基础上，注重利用这些出土文献，尝试为《左传》史料编纂、文献性质、历史书写等问题提供研究新视角，拓宽研究空间，以期本书能够成为持续系统研究《左传》文献过程的一环。这便是我的博士学位论文的大略内容，亦即本书的初始面貌。

2017 年博士毕业以后，我回到家乡温州，任教于温州大学。这几年我一方面以《左传》为基础，继续补充与完善博士学位论文，并展开对早期史学的研究；另一方面结合温州大学历史学的专业特色，在杨祥银教授指导下，开始从事口述历史的学习、实践与研究，目前累计进行了上百人的口述访谈，发表了多篇学术论文。口述历史是 1948 年诞生于美国哥伦比亚大学的年轻学科，改革开放后在国内日趋流行，似乎与延续千年的古典文献研究风马牛不相及。但我认为，正是这几年口述历史的研习，我对《左传》的文献形成与历史书写，乃至中国早期史学的发展有了更深入的理解。这不仅是因为中国古代史学具有悠久的口述传统，尤其是先秦典籍不少内容来源于口述，甚至一些文献最初也是通过口述流传，还因为口述历史实践使原本仅是历史研究者的我有机会转变为历史的记录者与书写者，从而能够切身地感受历史是如何通过记忆与口述转换成文字的。故而本书不少内容也受到了口述史学理论与实践的启发，得以从另一个视角窥看早期史书的形成与东周史学的新特征与新变化。

本书得以出版，首先要感谢我的硕士研究生导师许兆昌先生与博士研究生导师廖名春先生。许师温文尔雅，学识渊博，手把手引领我步入先秦史之门。作为南方人，我记忆最深刻的是东北的冬天，我们同级师门三人踩着皑皑白雪，赴许师家中听课，屋外寒风凛冽，屋内却是暖意融融。许师所讲授的《汉书·艺文志》《隋书·经籍志》《四库全书总目提要》等目录文献学典籍及西方史学与人类学理论，使我受益至今。初入师门，年轻气盛，想法不断，写了文章就兴冲冲地拿给老师看。这些文章现在看来颇为稚嫩，但许师从不轻言否定，总是赞许我的学术热情，并循循善诱，指导我发现与改正存在的问题。可以说，我今天能将学术作为自己的一项事业，很大程度上也正是来自许师的鼓励。廖师大雅宏达，博通经史。我每遇困惑，廖师总能敏锐地指明解决方向。就读清华期间，每逢廖师授课，我必欣然前往。因为即便每年上相同的课程，廖师都会结合新近的研究成果讲授新内容。课后廖师常步行至校园西门乘坐地铁归家，我亦每每同行相送至地铁站。师徒在清华园中踱步漫谈，其乐融融，春风化雨，其间自然受廖师诸多点拨。如《左传》成书三个阶段的想法正是在踱步中向廖师求教而萌发的。假如本书对《左传》研究有所创见，实则有赖于两位导师的悉心指导。

于此特别感谢李学勤先生。李学勤先生是公认的古史大家，声名远播。很早就听闻李先生的课从来都是座无虚席，精彩纷呈。但遗憾的是，我考入清华时李先生年事已高，不再授课，因而罕有机会能向李先生当面请教。毕业论文预答辩之时，李先生刚做完手术不久，原本只是勉力前来参加本门弟子的答辩，甚至系里考虑到李先生身体虚弱，特意安排先生不必发言。令我颇感意外的是，李先生临走前特意把我叫到跟前，与我握了握手，并递给我一张亲笔手书的信纸，说："《左传》文献问题争论多，难度大，你写得很好，很难得。这里我列了几本论著供你进一步参考。"我本不是先生弟子，此前亦无缘受教，但李先生不仅认真看过我的论文，还给予了如此细致的指导意见，这令我心里充满感动，也备受激励。虽然李先生已离世，再未有机会聆听教诲，但先生当时的鼓励之言时刻鞭策我继续前行。

尤为感谢沈长云、赵轶峰、傅刚、宫长为、李守奎、李峰、李锐、侯旭东、刘乐贤、刘国忠、刘伟、宁镇疆、马卫东、马楠、白国红、程浩、王坤鹏、刘力耘、赵争、梁玉龙等师长与学友，他们都曾给本书提供了非常宝贵的建议。

经典之学博大精深而又历久弥新，要把握并讲清楚《左传》的文献形成与历史书写并不容易。受时间与学力所限，书稿还存在诸多不足，亦有不少问题尚需继续讨论，希望有机会能够改进与完善。

陈鸿超

2024 年 6 月 20 日